Susanne Gry Troll

die auslandsreise

2023

ARBEITEN, STUDIEREN UND LERNEN IM AUSLAND

Alles über Arbeitsaufenthalt, Au-pair, Sprachschulen, Praktikum, Studienaufenthalt, Homestay, Erlebnisreisen im Ausland und vieles mehr.

ST

Titel:
Susanne Gry Troll
die auslandsreise 2023

ISBN 978-3-937094-20-5

Verlag:
Susanne Troll Verlag
Von-Kling-Straße 2
83109 Großkarolinenfeld

Herausgeber:
Susanne Gry Troll

www.dieauslandsreise.de
info@dieauslandsreise.de

Wie organisiert man einen Auslandsaufenthalt und welche Möglichkeiten gibt es für Schüler und Studenten, aber auch für alle, die Inspiration für eine Auszeit im Ausland suchen. Im Nachschlagewerk „die auslandsreise“ sind alle wichtigen Informationen übersichtlich dargestellt. „die auslandsreise“ ist damit eine ideale Entscheidungshilfe für den richtigen Auslandsaufenthalt und das zukünftige Berufsleben.

„die auslandsreise“ erscheint jährlich in aktualisierter Auflage.
21. Jahrgang

Pressestimmen

„Das Buch informiert über unterschiedliche Angebote, stellt Organisationen vor und beantwortet die wichtigsten Fragen. Dabei öffnet die Autorin auch den Blick für Auslandsaufenthalte, auf die man vielleicht nicht selbst gekommen wäre: Wie wäre es zum Beispiel mit einem Karrieretraining in Washington? Oder dem Ausgraben von Dinosaurierüberresten in Yorkshire? Auch ein Salsakurs auf Kuba ist möglich. Die Angebote lassen sich hier gut miteinander vergleichen und sind zudem aktuell..."

WDR-Schulfernsehen

„Dieses Buch ist ein Muss für jeden, der mit dem Gedanken spielt, sich im Ausland fortzubilden. „die auslandsreise. Arbeiten, Studieren und Lernen im Ausland" gehört an jede Schule, an jede Universität, in jede Bibliothek und in jede Arbeitsagentur..."

stellenboersen.de / ausland-sprachreisen.de

„So kompakt wie in diesem Buch finden Jugendliche und junge Erwachsene, an die das Buch sich vorwiegend wendet, keine Informationen über die verschiedenen Angebote für Auslandsaufenthalte, seien es Arbeitsaufenthalte, interkulturelle Begegnungen, Freiwilligenarbeit und -dienste oder Weiterbildungs- bzw. Schul- und Studienmöglichkeiten..."

ekz-Rezension (ID bzw. IN 2013/31)

„Wer die Zeit nach dem Abi im Ausland verbringen möchte, ist mit dem Nachschlagewerk „die auslandsreise" bestens bedient .. „

High potential CHANCES

„Für alle, die es während der Schulzeit, vor, während oder nach dem Studium in die Ferne zieht, ist das Buch „die auslandsreise" von Susanne Gry Troll ein hilfreicher Ratgeber..."

abimagazin sowie unimagazin, Bundesagentur für Arbeit

„Menschen haben unterschiedliche Gründe, beruflich ins Ausland zu gehen. Aber eines haben alle gemeinsam: Sie benötigen umfassende Informationen für den Start im Ausland...Susanne Troll weiß wovon sie spricht..."

stern, Campus&Karriere

„Mit Ihrem Buch „die auslandsreise" hat sie ein Nachschlagewerk verfasst, das seinesgleichen in der Branche sucht....bietet die Autorin einen hervorragenden und vor allem wertungsfreien Leitfaden für einen perfekten, individuell ausgearbeiteten Auslandsaufenthalt..."

Ausbildung und Beruf, Bremer Tageszeitungen

Liebe Leserinnen und Leser,

mittlerweile gibt es in jeder deutschen Tageszeitung einen Leitartikel über geschlechtergerechte Gendersprache. Für mich als Dänin eine interessante und bemerkenswerte Entwicklung. Wurde mir doch bisher meine freie (fehlerhafte) Nutzung der vielen deutschen bestimmten und unbestimmten Artikel als sehr charmant, fast zu vergleichen mit dem fehlenden „h" der Französinnen, attestiert. KI und Google lernen zwar täglich neue Begrifflichkeiten dazu, sind aber kaum in der Lage, eine genderneutrale Übersetzung zu liefern. Was hat das alles mit Auslandsreisen zu tun? Na ja, ganz viel interkulturelle Kommunikation! Da gibt es also diese Sternchen, den Doppelpunkt, das Binnen-I und oder. Und jedes Land macht das anders... oder gar nicht, je nachdem wie sich die Grammatik des jeweiligen Landes etymologisch entwickelt hat. Interkulturelle Kommunikation lernt man deshalb am besten vor Ort unter Menschen. Die genderneutrale Sprache gibt es also nicht und jede Sprache geht unterschiedlich damit um. In USA ruft man nicht mehr nach dem Fireman sondern den Firefighter, die Stewardess wird zum Flight attendent. Das geht natürlich nicht mit allen Begriffen, ohne den Sinn zu verändern.

Es gibt also viele Gründe, Auslandserfahrung zu sammeln. Und wer mehr erfahren will, dem kann ich nur dieses Buch „die auslandsreise 2023" empfehlen.

Die 21. Ausgabe gibt Anregungen und Fakten für die Planung des nächsten Auslandsaufenthalts und ist in vielen Kapiteln aktualisiert. Die wichtigsten Fragen bleiben:

Warum soll ich ins Ausland gehen?
Wann ist der beste Zeitpunkt für einen Auslandsaufenthalt?
Welcher Auslandsaufenthalt ist der beste?
Was erwartet mich dort?
Wer hilft mir bei der Organisation des Auslandsaufenthaltes?
Wo finde ich weiterführende Informationen?
Was kostet so ein Aufenthalt?
Wie finanziere ich diesen?

Das aktuelle Nachschlagewerk „die auslandsreise 2023" beantwortet genau diese Fragen.

Mein besonderer Dank gilt allen Schülern und Jugendlichen, die ihre Erfahrungen hier für alle Leser zur Verfügung gestellt haben. Ein Dank gilt auch meinem Vater Georg Harmsen, der die dänische Ausgabe Rejsebogen bereits 1983 startete und mir immer Inspiration und eine große Unterstützung ist.

Viel Spaß beim Lesen!

Eure
Susanne Gry Troll

Susanne Gry Troll ist die Herausgeberin und Autorin der auslandsreise. Als gefragte Referentin hält sie Vorträge auf vielen Messen und Veranstaltungen rund um das Thema Weiterbildung im Ausland und ist als Übersetzerin tätig.

Die Diplom-Kauffrau studierte an der Universität Odense in Dänemark Economics and Modern Languages. Nach dem Abitur machte die Dänin einen Kibbuzaufenthalt in Israel und während des Studiums weitere Auslandsaufenthalte: unter anderem Homestay, einen Sommerjob in der Schweiz sowie ein Volontariat an der königlich dänischen Botschaft in Berlin. Susanne Gry Troll war neben dem Studium außerdem Interviewerin von zukünftigen USA-Au-pairs.

INHALT

DIE AUSLANDSREISE - EINFÜHRUNG 7

ARBEITSAUFENTHALT IM AUSLAND 15
Au-pair, Demi-pair 15
Praktikum 35
Work & Travel 57
Camp Counselor 69
Tourismus 75
Jobsuche im Ausland 85
Arbeitsagentur 97

FREIWILLIGENARBEIT- UND DIENSTE 101
Flexible Freiwilligenarbeit und -dienste im Ausland 101
Ökologische Arbeit/Dienste, Farmstay, Wildlife Experience 117
Staatlich geförderte Langzeitprogramme 129
Kibbuz und Moschaw 163
Archäologische Ausgrabungen 169

SCHULE, STUDIUM UND WEITERBILDUNG 175
Schulaufenthalt im Ausland 175
Aus- und Weiterbildung im Ausland 205
Studium im Ausland 217

SPRACHEN LERNEN IM AUSLAND 241
Sprachreisen und Sprachschulen 241
Summer School 263

HOMESTAY / INTERKULTURELLE BEGEGNUNGEN 273

ERLEBNISREISEN 283

FINANZIERUNG UND EU-FÖRDERUNG 293

VERSICHERUNG, REISE, TRANSPORT UND CHECKLISTEN 307

WICHTIGE KONTAKTE 319

REGISTER 331

Erläuterungen zum Darstellungsschema

Alle im Buch dargestellten Organisationen werden nach dem gleichen Schema strukturiert. Unter Punkt 17 ist immer das Reiseziel aufgeführt, auch wenn die Punkte 15 und 16 keine zusätzlichen Informationen enthalten und daher ausgelassen wurden. Punkt 1 ist die einleitende Darstellung einer Organisation. Deshalb wurde hier auf die Nummerierung verzichtet.

Folgende Informationen werden dargestellt:

1. Die Firma / der Verein / die Organisation / die Einzelperson veranstaltet oder vermittelt:
Themenschwerpunkte
Worum geht es, was wird gemacht

2. Name:
Ggf. Abkürzung, der volle Name,
sowie die internationale Bezeichnung

3. Anschrift:
Kontaktanschrift

4. Kontaktinformationen:
Kontaktdaten, Öffnungszeiten

5. Ansprechspartner:
Ansprechpartner

6. Altersbegrenzung:
Mindest- oder Höchstalter

7. Spezielle Voraussetzungen:
Z.B. nur für Personen mit einer näher beschriebenen Ausbildung, speziellen Sprachkenntnissen oder mit Kenntnissen zur Kinder- und Jugendarbeit

8. Dauer des Aufenthalts:
Zeitraum und Informationen bezüglich des Aufenthalts

9. Abreisezeitpunkt:
Reisebeginn, konkrete Reisedaten

10. Anmeldefrist oder Bewerbungsfrist:
Zeitpunkt oder Empfehlung für die Bewerbung
Begrenzte Kontingente

11. Kosten:
Preisbeispiel für die Angebote
(Reisekosten, An- und Abreise, Unterbringung, Vermittlung)

12. Lohn während des Aufenthalts:
Z.B. „Kost und Logis frei"

13. Kosten während des Aufenthalts:
Zusätzliche Kosten, die der Reisende selbst tragen muss, z.B. Taschengeld und Versicherungen

14. Finanzielle Förderung:
Finanzielle Unterstützung des Aufenthalts sowohl von der Organisation selbst, als auch von anderen (Stipendien, Studienförderung)

15. Träger von FSJ, DJiA, FÖJ, ESK, IJFD u.ä.:
Ist die Organisation beispielsweise Träger von freiwilligem sozialen / diakonischem / ökologischem Jahr / vom Europäischen Solidaritätskorps, Internationaler Jugendfreiwilligensdienst u.ä.

16. Bestimmte Staatsangehörigkeit vorausgesetzt:
Können z.B. auch Schweizer, Österreicher oder andere EU-Bürger bzw. Nationalitäten teilnehmen?

17. Länder / Gebiete des Aufenthalts:
Reiseziele für den Aufenthalt. Auch für kürzere Aufenthalte in Verbindung mit einer Durchreise

Auslandsaufenthalt, aber wann, wo und wie?

DREI FRAGEN

Im Alltag und in der Schule setzt sich heute jeder mit den unterschiedlichsten Kulturen und Sprachen auseinander und natürlich kann man über das Internet fast alles über andere Länder erfahren. Aber der Fremdsprachenunterricht in der Schule und der kulturelle Austausch über das Fernsehen kommt doch schnell an seine Grenzen. Und die Neugier wächst, den eigenen Horizont zu erweitern, eigene Kontakte und persönliche Erfahrungen zu machen und neue Herausforderungen zu meistern. Es gibt viele Gründe und Möglichkeiten mal eine Zeit im Ausland zu verbringen. Die ersten Gedanken und Überlegungen sind gemacht. Allerdings ist es schwierig einen Überblick über den Markt zu bekommen und sich für den passenden Auslandsaufenthalt zu entscheiden. Wie kommt man zu der richtigen Entscheidung? Um diese Frage zu beantworten ist es hilfreich, die unterschiedlichen Aspekte einmal genauer zu betrachten.

Die Erfahrung hat gezeigt, dass es sich bei der Planung und der Entscheidung für einen Auslandsaufenthalt wie bei vielen anderen Dingen im Leben verhält. Je früher man mit der Planung anfängt, desto besser. In der Regel ist 1 Jahr Vorlauf ideal, die Zielsetzung der Reise, die Auswahl des Reiseortes und die Organisation der Reise zu planen. Es kann aber auch Gründe geben, wie z.B. das Warten auf einen Studienplatz, die kurzfristig einen Auslandsaufenthalt ermöglichen, und dann nur 1-3 Monate für die Vorbereitung verbleiben. Auch in solchen Fällen gibt es viele Möglichkeiten für Kurzentschlossene, wie sich unter dem Punkt Anmeldefrist (Pkt. 10) bei den unterschiedlichen Organisationen nachlesen lässt.

Der wichtigste Aspekt ist die eigene Motivation für einen Auslandsaufenthalt. Der Sprachkurs oder ein Praktikum als Vorbereitung auf eine bestimmte Berufsausbildung erfordert eine andere Vorbereitung als ein soziales oder ökologisches Jahr im Ausland. Sprachliche Vorkenntnisse, persönliches Organisationstalent und die, vor allem altersbedingte, Selbständigkeit sollten bei der Wahl der richtigen Unterstützung durch eine Organisation berücksichtigt werden. Und wieviel „Organisation" brauche ich eigentlich?

Bei den Kosten sind neben den Reisekosten für An- und Abreise sowie für den Aufenthalt vor Ort auch die Organisations- und Betreuungskosten zu berücksichtigen. Dabei entstehen Organisationskosten und Organisationsaufwand auch bei selbst organisierten Reisen. Viele Länder haben Arbeits- und Aufenthaltsbestimmungen, die zu beachten sind. Organisationen haben hier Ansprechpartner und Kontakte vor Ort, die bei der Betreuung von Schülern und Jugendlichen immer für Fragen zur Verfügung stehen, auch wenn es zwischendurch einmal nur um Heimweh geht.

Hier also die wichtigsten Fragestellungen und Antworten:

1. ***Warum, wann und welcher Auslandsaufenthalt ?***

2. ***Wer hilft mir und wo finde ich Informationen ?***

3. ***Was erwartet mich im Ausland ?***

WARUM IST EINE AUSLANDSREISE SINNVOLL?

...Weil man ein Land, eine Kultur oder ein Sprachgebiet kennenlernt

Die ersten Kontakte mit fremden Kulturen sind meist die persönlichen Eindrücke aus den Ferien mit der Familie. Oder man ist gefangen von der Geschichte eines Kinofilms oder eines spannenden Buches. Seitdem es die Bücher von Tolkien als Filme gibt, sind alle fasziniert von Neuseeland. Und viele wollen unbedingt dorthin. Andere Kulturen kennen lernen und verstehen erweitert den Horizont und fördert Toleranz.

Eine Auslandsreise verbindet immer mehrere Aspekte miteinander wie Kultur, Sport, Sprache und die Lebensweise. Zum Beispiel das Leben auf einer Farm in Lateinamerika und die Portugiesische Sprache. So ergeben sich die unterschiedlichsten Facetten. Portugiesisch zu können ist super. Gut in Portugal, klar. Aber die Portugiesische Sprache ist ja auch die Amtsprache in Brasilien, Äquatorialguinea, Mosambik und Macau (gehört zur Volksrepublik China).

Sprachen lernt man am besten, und schnellsten, im jeweiligen Land. Es gibt ja auch Länder, in denen mehrere unterschiedliche Sprachen gesprochen werden. In Kanada die Sprachen Englisch und Französisch. Sollte Kanada also das Traumziel sein, muss überlegt werden, welcher Teil bereist werden soll.

Unter dem Punkt Länder / Gebiete des Aufenthalts. (Pkt. 17) werden alle Sprachgebiete für die jeweiligen Angebote aufgeführt, die auch im Index zu finden sind. Somit lassen sich gezielt Angebote in dem jeweils gewünschten Sprachgebiet oder Land finden.

...Weil man eine bestimmte Studienrichtung oder ein bestimmtes Berufsziel verfolgt

Wenn es um Auslandsreisen geht ist es eigentlich gut zu wissen, dass es nicht die richtige oder die falsche Entscheidung gibt. Egal für welche Variante man sich entscheidet, man kommt immer mit ganz besonderen Fähigkeiten und Erfahrungen nach Hause, die man sonst nirgendwo bekommen hätte. Die Frage, ob ein Betriebspraktikum nach dem Abitur sinnvoller für ein Studium ist als ein Au Pair- oder Work & Travel-Aufenthalt ist also eher zweitrangig.

Es geht um die sogenannten „Soft Skills“. Neben dem Erwerb einer neuen Sprache lernt man ganz nebenbei Durchalte- und Durchsetzungsvermögen, Flexibilität, Orientierungs- und Anpassungsfähigkeit, Toleranz, interkulturelle Kommunikation und vieles mehr. Alles was ein künftiger Arbeitgeber zu schätzen weiß. Also warum nicht mal über einen Freiwilligendienst in einem Kinderdorf nachdenken.

...Weil man mal eine Auszeit, Denkpause, Spaß braucht und sich orientieren möchte

In Skandinavien und Großbritannien hat ein GAP- oder Sabbat-Jahr lange Tradition. Typisch als Überbrückung zwischen Schule und Studium oder Berufsausbildung. Ein Auslandsaufenthalt ist immer ein toller Rahmen für eine Auszeit, Denkpause oder als Orientierung in Bezug auf die weitere Ausbildungs- und Lebensplanung. Und da eine Auszeit im Ausland immer auch Selbständigkeit, Toleranz und neuer Horizont bedeuten, ist der schöne Nebeneffekt gleichzeitig ein positiver Eintrag im Lebenslauf.

WANN IST EINE AUSLANDSREISE SINNVOLL?

...Während der Schulzeit

Die ersten Auslandserfahrungen lassen sich idealerweise in der Schulzeit machen. Natürlich gibt es altersbezogene Einschränkungen. Auslandsreisen für Schüler sind meistens auf die Ferien begrenzt. Aber es bieten sich viele tolle Möglichkeiten an: Homestay, Summer School, oder Schülerpraktika. Und soll es für längere Zeit sein, ist der Schulaufenthalt wie z.B. an einer High School die Lösung.

...Zwischen Abi und Studium, zwischen Schule und Berufsausbildung

Der perfekte Zeitpunkt eine Auslandsreise für längere Zeit zu machen ist nach dem Abitur. Es gibt genügend Zeit, sich in eine andere Kultur zu vertiefen. Nicht nur für 2-3 Wochen. Man ist noch nicht auf einen Beruf festgelegt und daher offen für Erlebnisse, für die Orientierung und für die persönliche Entwicklung. Für diejenigen, die mit 18 Jahren den Schulabschluß haben, steht die Welt offen. Für 17-Jährige Schulabgänger gibt es leider noch einige Begrenzungen in Bezug auf Arbeitsaufenthalte, bei denen im Ausland die Volljährigkeit Voraussetzung für Arbeitsverträge ist. Über den Punkt Altersbegrenzung (Pkt. 6) lassen sich aber bei einigen Organisationen interessante Angebote finden.

...Während des Studiums – oder danach

Spätestens im Studium sollte ein Auslandsaufenthalt eingebaut werden. Besonders wenn sich vorher noch nicht die Möglichkeit geboten hat. Während des Studiums muss sehr viel in sehr kurzer Zeit gelernt werden. Darum ist es eine gute und effektive Lösung, die Praxis im Ausland zu erleben - Sprachkenntnisse und „Soft Skills“ sind heute im Berufsleben unabdingbar. Ab dem 2-4 Semester ist die beste Zeit, einen Auslandsaufenthalt einzubauen, beispielsweise in Form von einem Praktikum oder Auslandssemester. Informationen zur Finanzierung gibt es im Kapitel Finanzierung und EU-Förderung.

WELCHER AUSLANDSAUFENTHALT IST DER RICHTIGE?

Das Buch schaff einen guten Überblick über die verschiedenen Möglichkeiten ins Ausland zu gehen. Die verschiedenen Kapitel sind nach der jeweiligen Zielsetzung in einzelne Themenschwerpunkte eingeteilt, um die Wahl des richtigen Aufenthalts zu erleichtern.

Arbeitsaufenthalte im Ausland:
Es gibt viele Angebote, bei denen man sich das Geld für die Reise vor Ort verdienen kann. Wieviel man verdient hängt natürlich sehr stark von den eigenen Vorkenntnissen und Fähigkeiten ab. Aber es ist für jeden etwas dabei: Au-pair/Demi-pair, Praktikum, Work & Travel, Camp Counselor, Tourismus und eigene Jobsuche.

Freiwilligenarbeit- und Dienste:
Soziales Engagement und kultureller Austausch stehen im Vordergrund. Der Einsatz ist meist ehrenamtlich, aber ein wichtiger Beitrag vor allem auch für die Entwicklungshilfe in vielen Ländern: Soziale Arbeit/Dienste, Ökologische Arbeit/Dienste, Farmstay, Wildlife Experience.

Schule. Studium und Weiterbildung:
In diesem Abschnitt steht die Ausbildung im Vordergrund. Umso wichtiger ist die Wahl der passenden Schule, Universität und Sprachregion. Vorkenntnisse der Sprache werden bereits auf unterschiedlichem Niveau vorausgesetzt, je nach Schulaufenthalt, Aus- und Weiterbildung oder Studium. Im Kapitel Finanzierung und EU-Förderung gibt es nützliche Hinweise für bestimmte Bildungswege.

Sprachen lernen im Ausland:
Der klassische Weg eine Sprache zu lernen und zu vertiefen sind: Sprachreisen, Sprachschulen oder Summerschool. Ein Intensivkurs nur für die Sprache. Ein Tipp: besser ohne Freunde von zuhause anreisen, sonst ist die sprachliche Ablenkung größer als der Lernerfolg.

Homestay / Interkulturelle Begegnungen / Erlebnisreisen
In diesem Kapitel finden sich viele Anregungen auch in Kombination mit anderen Angeboten, um ein Land intensiver kennen zu lernen. Homestay ist dabei der intensivste Weg Kultur und Leben in einem fremden Land zu erleben.

Die Frage nach dem richtigen Auslandsaufenthalt ist vor allem eine persönliche Entscheidung, die von vielen Faktoren abhängt. Deshalb ist der Fragebogen für die Organisationen gleichzeitig auch eine Checkliste für die Wahl des richtigen Aufenthaltes. Die Sprachkenntnis gibt sicher das Wunschreiseziel/-Sprachgebiet (Pkt. 17) vor, weitere Rahmenbedingungen wie das Alter des Reisenden (Pkt. 6) sind ebenfalls zu beachten. Folgende Fragen werden daher in den einzelnen Kapitel beantwortet:

Gibt es spezielle Voraussetzungen (Pkt. 7), die erfüllt werden müssen, um teilnehmen zu können?

Wie lange dauert der Aufenthalt (Pkt. 8)? Ist man rechtzeitig zum neuen Schuljahr oder Studium zurück?

Liegt der Abreisezeitpunkt (Pkt. 9) nach dem Schulabschluss bzw. in den Schulferien?

Gibt es eine Anmelde- oder Bewerbungsfrist (Pkt. 10)?

Wie hoch sind die Kosten (Pkt. 11), befinden sie sich innerhalb des Budgetrahmens?

Gibt es bei Arbeitsaufenthalten einen Lohn während des Aufenthalts (Pkt. 12)?:

Fallen zusätzliche Kosten während des Aufenthalts (Pkt. 13) an, wie z.B. Taschengeld und Versicherungen?

Gibt es eine finanzielle Förderung (Pkt. 14) wie Stipendium oder Studienförderung?

Welche Träger von Freiwilligendiensten wie FSJ, DJiA, FÖJ, ESK, IJFD gibt es (Pkt. 15)?

Ist eine bestimmte Staatsangehörigkeit vorausgesetzt (Pkt. 16), oder kann jeder teilnehmen?

WER HILFT UND WO GIBT ES INFORMATIONEN?

Bundesweit gibt es viele informative (Ausbildungs-)Messen für Schüler und Jugendliche (siehe Kapitel wichtige Kontakte). Ein idealer Marktplatz für erste Informationen, da auf den Messen viele unterschiedliche Organisationen vertreten sind. Die Ansprechpartner haben meist persönliche Erfahrungen mit und im Ausland gesammelt und können individuell beraten und daher auch gute Tipps geben. Ganz wichtig ist: nicht nur die Eltern sollten sich hier einen Eindruck von den Leistungen machen, sondern vor allem die Reisenden selbst müssen für sich herausfinden, wieviel Unterstützung und Beratung benötigen sie im Vorfeld und dann vor Ort und was kann man selbst organisieren. Im Kapitel Jobsuche im Ausland wird an drei Beispielen die eigenorganisierte Jobsuche dargestellt. Ein guter Einblick, was es alles zu beachten gilt, oder von einer Organisation übernommen werden soll.

Weitere Anlaufstellen sind die Beratungslehrer an den Schulen und die Berufs- und Informationscentren (BIZ) bei der Arbeitsagentur oder eine der über 50 Beratungsstellen von eurodesk in Deutschland. Hier gibt es kostenlose, neutrale und trägerübergreifende Beratung. Neben weiterführender Literatur zu den einzelnen Themen werden Informationsveranstaltungen und Vorträge angeboten. Auf der Suche nach dem Wunschstudium und der richtigen Universität helfen die Berater in den Akademischen Auslandsämtern. Dort kann man erfahren, welche Partneruniversitäten und Teilstudiengänge es gibt.

Zum Einlesen in das Thema und zur Vorbereitung findet man natürlich online zahlreiche Internetportale wie www.rausvonzuhaus.de/Wege-ins-Ausland

WAS ERWARTET MICH IM AUSLAND?

Sprache

Schon zwei Sekunden nach Ankunft im Land wird klar: der Alltag findet auf einer anderen Sprache statt und die Urlaubsbetreuung fällt weg. Je nach Vorkenntnissen führt das zu interessanten Herausforderungen im alltäglichen

Leben. In der Schule, am Arbeitsplatz und in der Freizeit muss man sich auf einer anderen Sprache durchsetzen und sich verständlich machen. Es dauert aber in der Regel nicht lange, bevor man vergisst, dass man sich auf einer anderen Sprache unterhält. Die ersten „Soft Skills" sind somit bereits erworben und das aufkommende Heimweh ist bald überwunden.

Kultur(-Schock)

Jede Kultur hat seine Besonderheiten, und selbst in Nachbarländern kann man erleben, dass Dinge ganz anders laufen als gewohnt. Der kleine Kulturschock lauert an jeder Ecke und mit ein bisschen Neugier und Toleranz gibt es viel zu entdecken. Wir Dänen tanzen an Weihnachten um den Christbaum und es mag etwas befremdlich wirken wieviel Senf, Ketchup und Remoulade auf einen Hotdog passen. In China gibt es exotische Speisen, die Engländer fahren auf der „falschen" Seite mit dem Auto und und und... Der Erfahrungsaustausch mit anderen, vor allem über das menschliche Miteinander im Reiseland kann sehr von Vorteil sein. Chat-Gruppen im Internet bei einer von den vielen „Expat"-Portalen und persönliche Treffen vor Ort (offline!) helfen bei der Verständigung.

Wettbewerb

Farmstay und der Pferdehof. Mädchen möchten gerne Reiten und die Natur geniesen. Das Erwachen auf einem australische Reiterhof kommt schnell. Die Anforderungen an die Mitarbeit sind hoch und der Wettbewerb auf die begehrten Stellen ist ebenso hoch und vor allem international. Volontäre aus Ländern wie Irland werden oft bevorzugt, da die Vorkenntnisse und persönlichen Fähigkeiten wie Motorradfahren und Traktor lenken schon von Kindesbeinen trainiert wurden und die Sprache kein Hindernis darstellt. Wichtigster Rat: Die eigenen Stärken und Schwächen ehrlich einschätzen und bei der Reisewahl berücksichtigen.

Better safe than sorry!,

Ausweis, Arbeitspapiere, Kontaktadressen und Ansprechpartner für den Notfall bereithalten. Wenn mehrere Länder bei einer Work & Travel-Rundreise nach Fernost eingeplant werden, muss es vorher sicher sein, ob Visum, und Impfungen vorhanden sind und die Sicherheit gewährleistet ist. Daher ist ein Besuch auf der Website des Auswärtigen Amtes immer eine gute Idee. Am besten die Kopien aller Unterlagen bei der Heimatadresse oder in der Cloud hinterlegen, falls doch etwas in 2.000 km Entfernung verloren geht.

AU-PAIR / DEMI-PAIR

Au-pair oder Demi-pair bietet 3 in 1: Familie, Kultur und Sprache

Der Aufenthalt über mehrere Monate als Au-pair ist eine hervorragende Möglichkeit für junge Menschen mit kleinem Budget, in einem anderen Sprach- und Kulturraum zu leben, um die jeweilige Sprache, Kultur und Lebensgewohnheiten kennen zu lernen. Einigen dient die Au-pair-Zeit bereits als Vorbereitung auf einen längeren Aufenthalt im Ausland, z.B. für Studium und/oder Beruf.

Die Gastfamilie übernimmt die Kosten für Unterkunft und Verpflegung des Au-pairs und zahlt zusätzlich ein Taschengeld. Begleitet wird der Aufenthalt durch den Besuch einer Sprachschule, in der an Grammatik und Aussprache etc. gefeilt wird. Die Aufgaben eines Au-pairs liegen hauptsächlich in der Kinderbetreuung. Fälschlich wird das Au-pair gelegentlich als Haushaltshilfe bezeichnet, was es jedoch nicht ist. Erwartet wird eine ausschließlich kindbezogene leichte Mithilfe im Haushalt. Die überwiegende Mehrzahl macht auf Anhieb gute Erfahrungen mit der Gastfamilie und bleibt ihr über Jahre hinweg verbunden.

Es gibt jedoch auch Fälle, in denen die Integration nicht gelingt. Wenn man sich mit anderen Vorstellungen auf den Weg gemacht hat oder tatsächlich ausgenutzt worden ist, dann gibt es über die vermittelnde Organisation den Weg zurück oder einen neuen Start.

Demi-pair bedeutet halb Schüler und halb Au-pair: Wer an der Kinderbetreuung interessiert ist und gleichzeitig die Sprache unter professioneller Anleitung lernen oder perfektionieren möchte, kann an einem Demi-pair Programm teilnehmen. Man arbeitet halbtags als „Nanny" und verbringt zusätzlich einige Stunden am Tag in einer Sprachschule.

Die Aupair Society e.V.

Aupair (auf Gegenseitigkeit) – Aupairs sind junge Menschen, die als Gegenleistung für eine begrenzte Mitwirkung an den laufenden familiären Aufgaben, von einer Gastfamilie im Ausland bei freier Koste und Logis und Zahlung eines Taschengeldes aufgenommen werden. Sie haben dort die Möglichkeit ihre Sprachkenntnisse zu vervollständigen oder zu verbessern und die Traditionen und Kultur des Gastlandes kennen zu lernen.

Was sind die Aufgaben eines Aupair?

Sie verrichten leichte Hausarbeiten, helfen mit die Wohnung in Ordnung zu halten, oder helfen beim Waschen und Bügeln; es könnte zu Ihren Aufgaben zählen, das Frühstück und einfache Mahlzeiten zuzubereiten; Aupair betreuen die Kinder in der Gastfamilie, das heißt, sie zu beaufsichtigen und auf dem Weg in den Kindergarten, in die Schule oder zu bestimmten Veranstaltungen zu begleiten; mit ihnen spazieren zu gehen oder zu spielen bzw. sie aktiv zu beschäftigen; auch das Haus bzw. die Wohnung könnte zu hüten sein und die Haustiere zu betreuen. Die häusliche Mithilfe umfasst (inkl. Babysitting) maximal 5-6 Stunden pro Tag bei maximal 30 Stunden pro Woche. Dafür bekommen Sie mindestens eineinhalb zusammenhängende freie Tage in der Woche. Sie haben einen Anspruch auf den Besuch eines Sprachkurses und Ihnen steht ein bezahlter Urlaub zu. Was genau zu tun ist, das klärt jede Familie ganz individuell mit ihrem Aupair bereits im Vorfeld während der Vermittlung. Klar ist aber: schwere Hausarbeit oder schwere Gartenarbeit sind auf keinen Fall erlaubt!

Und außerdem?

Sie sind ein Familienmitglied auf Zeit und sollten sich auch so verhalten!
Sie bekommen ein eigenes Zimmer im Haus der Gastfamilie.
Sie erhalten ein Taschengeld
Die Kosten für Kranken-, Unfall- und Haftpflichtversicherung übernimmt, je nach Programm, Ihre Gastfamilie für Sie.

Bitte beachten Sie: Der Bundesverband Aupair Society e.V. führt selbst keine Vermittlungen durch.

Die Aupair Society e.V. wurde bereits im Jahr 2000 gegründet und ist ein beim Bundestag registrierter Verband, der die Verbesserung des Au-pair-Wesens in Deutschland, aber auch innerhalb der EU und in Zusammenarbeit mit Partnern weltweit zum Ziel hat. Der Verband vertritt die Bundesrepublik Deutschland nicht nur als Mitglied in ECAPS, dem European Committee for Au Pair Standards, sondern auch in der IAPA (International Au Pair Association). Die Vorstände des Aupair Society e.V. waren an der von der Bundesregierung initiierten Ausarbeitung der neuen Qualitätsstandards für ein RAL Gütezeichen beteiligt und der Aupair Society e.V. ist Fördermitglied der RAL Gütegemeinschaft AuPair e.V. Die dem Verband angeschlossenen Mitgliedsorganisationen sind seit vielen Jahren in der Vermittlung und Betreuung von Au-pairs tätig und verpflichten sich dabei zur Einhaltung hoher Qualitätsstandards. Die Mitgliedsagenturen des Aupair Society e.V. arbeiten in einem bundesweiten Netzwerk zusammen und unterstützen sich gegenseitig in vielen Bereichen.

Angesichts der verwirrenden Fülle von nationalen und internationalen Agenturen, sowie vor allem der reinen Selbstvermittlungsagenturen, bietet der Verband eine Orientierungshilfe für Gastfamilien, Au-pairs und Agenturen, die alle gleichermaßen von den Leistungen des Aupair Society e.V. profitieren: Der Bundesverband führt selbst keine Vermittlungen durch.

Weitere Infos: https://www.aupair-society.de/

„die beste Entscheidung die ich je getroffen habe". Sarah, Au Pair auf Island.

Ich bin nun seit 4 Monaten hier in Bolungarvík in den Westfjorden in Island als Aupair und muss sagen, dass es mich wohl kaum besser treffen hätte können und meine Erwartungen an meine Aupairzeit bei Weitem übertroffen wurden. Ich bin vollkommen in Island angekommen und wurde von Anfang an mit offenen Armen von allen empfangen. Meine Familie hat mich direkt als Teil der Familie aufgenommen und auch von allen ihren Freunden wurde ich direkt super herzlich willkommen geheißen.
Da ich mich direkt willkommen und als Familienmitglied gefühlt habe musste ich glücklicherweise auch so gut wie nie mit Heimweh kämpfen.
Die Zeit mit den Kindern ist für mich unglaublich erfüllend und bringt mir jeden Tag so viel Neues bei. Gerade bei der Jüngsten sieht man mit ihren 16 Monaten täglich wie sie neues lernt und es ist unglaublich toll zu sehen was sie alles versteht und lernt. Da ich mit ihr einen Großteil meiner Tage verbringe haben wir eine ganz besondere Bindung aufgebaut und es ist etwas ganz besonderes für mich ihr vollkommenes Vertrauen in mich zu sehen und mit ihr jeden Tag neue Abenteuer zu erleben und ihre süßesten Umarmungen und Küsse zu bekommen.
Aber auch mit den anderen Kindern habe ich eine echt tolle und jeweils einzigartige Verbindung aufbauen können. Die 5 Jährige stellt mich immer überall als ihre große Schwester vor und fragt abends immer ob 'systir minn' ihr noch ein deutsches Connie-Buch vorlesen kann bevor sie ins Bett muss. Der 8 jährige war mir hingegen von Anfang an eine riesige Hilfe und bringt mir jeden Tag neue isländische Wörter bei und will mir immer helfen. So fragt er häufig wenn wir mit seinen Hausaufgaben fertig sind, ob er mir jetzt bei meinen isländisch Hausaufgaben helfen kann. Bei ihm war es besonders beeindruckend, wie schnell er das Englisch aufgenommen hat und sich vollkommen mit mir auf Englisch unterhalten kann als würde er es sein ganzes Leben sprechen. Außerdem haben wir zurzeit auch noch den Neffen meiner Gastmutter vorübergehend als Pflegekind bei uns aufgenommen der einem auch immer so viel Neues erzählen und beibringen will.
Das tollste ist es natürlich immer die Kinder gemeinsam spielen zu sehen, gerade wie viel Spaß sie beim Spiel mit ihrer jüngsten Schwester haben oder auch wenn sie wenn sie traurig sind zu mir kommen wollen und bei mir seien wollen. Auch mit meinen Gasteltern habe ich eine unglaublich gute Beziehung da sie beide noch relativ jung sind. Sie haben mich auch immer einbezogen in alle Entscheidungen und mich von Anfang an an allem Teil haben lassen und so verbringen wir viele Film und Spielabende zusammen.
Schon vor meiner Ankunft hatte meine Gastmutter mich hier vor Ort zuerst zu einem online isländisch Kurs, und dann auch zu einem Präsenz Kurs angemeldet. Ich gehe zweimal die Woche zu diesem Kurs und es macht mir unglaublich viel Spaß diese Sprache zu lernen und in dem Kurs habe ich auch so viele nette Leute kennen gelernt. Leider ist meine engste Freundin hier vor Ort, ein anderes Aupair aus den Niederlanden, Weihnachten wieder nach Hause zurückgekehrt. Da unsere Kinder in sehr ähnlichen Altern sind konnten wir uns von Anfang an immer austauschen und es war unglaublich toll mich immer mit ihr treffen zu können, da wir einander vollkommen verstanden haben. Aber dafür kam jetzt auch ein neues Aupair mit dem ich mich auch sehr gut verstehe und auch ansonsten habe ich hier einige gute Bekannte und Freunde gefunden.

Ich habe mich dann (auch im Hinblick auf die Coronalage) entschieden, Weihnachten hier in Island mit meiner Gastfamilie zu verbringen. So konnte ich nicht nur meine weißen Weihnachten erleben sondern auch die isländischen Weinachtstraditionen kennenlernen und wirklich in die isländische Kultur eintauchen. Das war für mich wirklich eine wunderschöne Erfahrung und dank meiner Gastfamilie habe ich mich auch vollkommen Willkommen gefühlt. Ich bin hier wirklich vollkommen angekommen und habe ein zweites Zuhause und eine zweite Familie gefunden, die ich niemals mehr missen möchte. Meine Träume und Erwartungen wurden mehr als übertroffen und auf diese Reise zu gehen war die beste Entscheidung die ich je getroffen habe.

...viele Grüße aus Island, Sarah (die Reise wurde von active abroad organisiert)

Als Demi-Pair in Spanien. Klara berichtet.

Hola,
eine Woche ist es nun her, dass mein Auslandsjahr ein Ende nahm und immer noch fällt es mir schwer, anzukommen und mich wieder an das deutsche Leben gewöhnen zu müssen. Ich kann gar nicht glauben, wie schnell die Zeit verging. Wie fasse ich denn 10 Monate zusammen, bei allem, was ich erlebt habe? Das ist gar nicht so einfach:)
Ich bin Klara und ich hatte die Chance, meinen Demi-Pair-Aufenthalt im wunderschönen Spanien zu verwirklichen – eine Erfahrung für die Ewigkeit! Ohne jegliche Spanischvorkenntnisse saß ich Anfang September vergangenen Jahres also im Flieger, der mich nach Spanien bringen sollte. Der neuen Herausforderung stand ich optimistisch gegenüber und war sehr gespannt auf alles, was mich erwarten würde.
Mit meiner Gastfamilie, bestehend aus dem Gastvater und seiner achtjährigen Tochter, hab ich mich von Anfang an super verstanden. Natürlich benötigte es etwas Zeit, bis sich mein Gastkind an mich gewöhnte und mich als Teil der Familie respektierte. Jedoch verbesserte sich unsere Beziehung Stück für Stück und ich kann nicht leugnen, dass sie mir sehr ans Herz gewachsen ist. Sehr dankbar bin ich außerdem, dass sie mich an vielen Ausflügen teilnehmen lassen haben. So wurde ich in die spanische Kultur integriert. Die Mentalität und die Gastfreundlichkeit der Spanier empfinde ich als etwas ganz Besonderes. Ich hatte die Möglichkeit, sehr viele Menschen kennenzulernen und in der Sprachschule, die ich 6 Monate besuchte, konnte ich Freundschaften fürs Leben schließen.
An meinen freien Wochenenden genossen wir oft die Sonne an der Playa, erkundeten gemeinsam diverse Orte, reisten in die verschiedensten Städte und ließen uns vom Charme der spanischen Gassen verzaubern, radelten durch die Stadt, nahmen an einem Paella-Kochkurs teil, besuchten Veranstaltungen oder machten viel Musik im Park, um nur einen kleinen Einblick zu geben. Ich verlasse Spanien mit einem sehr guten Sprachniveau, welches mir ermöglicht, spanische Konversationen zu führen und zu verstehen und mit meiner Gastfamilie werde ich auch weiterhin den Kontakt aufrechterhalten. Die Zeit in Spanien hat mich als Mensch wachsen und meine Persönlichkeit stärken lassen. Die Erfahrungen, die ich gemacht und Erinnerungen, die ich geschaffen habe, werden mich mein Leben lang begleiten!

Klara, als Demi-Pair in Spanien
mit Active Abroad

....Ach, und das Essen sowie den leckeren frischgepressten Orangensaft werde ich besonders vermissen!!

„Ich habe in diesem Jahr unfassbar viel für mich selbst gelernt" - Au Pair, USA.

Hi! Ich bin Annabell, 21 Jahre alt und mein Traum war es schon immer Amerika zu besuchen. Vor ca. zwei Monaten bin ich nun aus dem Land der unbegrenzten Möglichkeiten wieder zurück nach Deutschland gekommen.
Meine Reise begann im September 2021. Den Großteil meiner Au Pair Zeit habe ich in Austin, Texas verbracht. Eine kleine Besonderheit bei mir war nämlich, dass ich mit meiner Gastfamilien, die aus Gastmutter, Gastvater und einem 2- (später 3-) jährigen Mädchen bestand, umgezogen bin. Das bedeutet die ersten 6 Wochen habe ich in Omaha, Nebraska gelebt und die Zeit danach in Austin.
Meine ersten Tage waren sehr schön und ich wurde sehr herzlich aufgenommen. Um einander ein bisschen mehr kennenzulernen haben wir viel unternommen, wie ein Besuch im Zoo oder einfach nur quality time zu Hause verbracht. Anfangs war es nicht einfach sich auf das neue Land und die neue Kultur einzulassen, aber meine Gastfamilie hat mich sehr unterstützt mich in meinem neuen zu Hause einzuleben.
Der Umzug hat uns alle noch ein bisschen mehr zusammengeschweißt, es war nicht einfach aber wir haben es gut gemeistert! Als wir dann in unserem neuen Haus in Texas angekommen waren, begann das Auspacken. Alle halfen zusammen und ich wurde in jegliche Entscheidungen miteinbezogen. Ehrlicherweise habe ich mich dort wohler gefühlt als in Nebraska und ich habe mich endlich richtig angekommen gefühlt. Ab da konnte mein au Pair Jahr so richtig starten.
Ich habe die Zeit so sehr genossen und mein Gastkind und ich sind zusammengewachsen wie Schwestern. Wir haben viel unternommen von Kindermuseen, Spaziergänge im Park bis zu Bastelaktionen und kleinen Tanzpartys zu Hause. Es gibt unendlich viele Möglichkeiten.
Was während meinem Jahr natürlich auch nicht zu kurz kam war das Reisen. Ich reiste zusammen mit meiner Gastfamilie und der Familie meiner Gastmutter im Dezember an die Outer Banks, wo wir eine wundervolle Woche verbrachten. Ich wurde von allen sofort in die Familie aufgenommen und in alle möglichen Aktivitäten miteinbezogen. In meiner ersten Urlaubswoche im März besuchte mich dann mein Freund aus Deutschland und wir machten einen kleinen Roadtrip von Los Angeles mit Besuch im Disneyland, nach Las Vegas und dann nach San Diego. Mein persönliches Highlight war San Diego. In meiner zweiten Urlaubswoche im August reiste ich mit einer sehr guten Freundin aus Texas zuerst nach Boston, danach ging es für ein paar Tage nach New York und anschließend noch nach Philadelphia und Washington D.C. Es ist atemberaubend was es alles zu sehen gibt! Zwischenzeitlich verbrachte ich noch ein Wochenende, ebenfalls mit einem anderen Au Pair in einem Nationalpark in Texas, wo wir wie im wilden Westen auf Pferden geritten sind.
Ich habe in diesem Jahr unfassbar viel für mich selbst gelernt. Ich bin jetzt selbstbewusster in manchen Dingen und lege nicht mehr so viel Wert darauf, was andere über mich denken oder sagen. Der Abschied war sehr schwer, vor allem weil die kleine Maus das ganze noch nicht so verstanden hat. Ich hatte auch ein wenig Angst, dass sie mich vergessen wird, aber ich stehe zum Glück immer noch im Kontakt mit meiner Gastfamilie und sie erzählen mir, wie mein Gastkind öfters über mich redet.
Also falls du überlegt auch ein Auslandsjahr zu machen, tu es! Ich habe mir immer gesagt: Wenn du es jetzt nicht machst, wirst du es nie machen. Und jetzt kann ich es kaum glauben das das Ganze einfach schon wieder 2 Monate her ist. Ich habe es keine Sekunde bereut!

(Annabelle ist mit Active Abroad gereist)

The Au Pair Experience: Interview with Lydia.19 years old. From Germany

What motivates someone to become an au pair?
Lydia's main motivation for being an au pair is the cultural exchange and the opportunity to earn money. She also said that living with a family in another country gives her security instead of living alone by herself. She always wanted to come to Australia – being an au pair made that dream possible.

Should a first-time au pair be scared and concerned?
When she first arrived in Australia and met her host-family, Lydia didn't feel scared or worried at all. She said she felt nervous at first but the host-family was very nice so she instantly felt comfortable, later on she did, however, miss her twin sister dearly, who was an au pair for another family, just two suburbs away. This was the first time ever they spent time apart.

What was the reaction of the family?
It's perfectly normal for any parent to worry about their children. In Lydia's case, her parents did react shocked and were worried for her. She understood why her parents reacted that way knowing that their daughter will travel to another country by herself. But Lydia's friends were okay with it because they already knew what au pairing is and some of them already experienced being an au pair as well. They were a bit less concerned since her twin sister decided to be join her and become an au pair as well.

How much does it cost to go to Australia?
The three most important expenses for au pairs (depending on where you are coming from) are the airplane ticket, visa, and the bank account deposit. Lydia paid around 1000 euros on her flight, 300 euros on her visa, and deposited 3,500 euros ($5,000 AUD) into her bank account. She also got insurance which was around 200 euros covering the whole year. Doing your research pays off.

Was it easy to bond with the host family?
Lydia's host-family already had an experience with au pairs so they understand that some au pairs prefer to explore new places on their own. This is why even though they invited Lydia to go somewhere, she was still free to go and discover places by herself.

How easy was it to connect to other au pairs?
Facebook and WhatsApp made it easier for Lydia to meet with other au pairs around the area. But she also came with a friend and her twin sister, so they were quick to adjust, as they were au pairs as well. She shared with us how happy she was to find more au pairs like her that are nice and are fun to be with.

Do you consider yourself a different person now that you're an au pair?
Lydia was quick to answer us and said how she was able to learn how to cook now that she's an au pair. She's vegetarian so she had to prepare a different meal for her host-family which helped her discover her hidden cooking skills. She also discovered that she is great at organising the everyday activities and was even more structured than her family, which is what they loved.

Will being an au pair benefit you in the future?
Having been an au pair has taught Lydia to become an independent and responsible woman. She said the traits she learned are going to be a big help in her future carrier.

What advice can you give for another au pair?
If you're thinking about being an au pair, Lydia advises that you stop overthinking or worrying about everything because it doesn't help. You have to have a positive attitude by thinking that everything is going to be alright. Always be open to anything – whether it is learning new things or meeting new people.

[Editor note: Lydia has graduated from Copenhagen Business School in Denmark and has since been working as a Consulting Associate at PWC (=Unternehmensberatung) and has visited Australia multiple times since].

Lydia was inteviewed by 99aupairs.com about her journey to Melbourne, 2019

active abroad
WHERE YOUR JOURNEY BEGINS

active abroad GmbH Freising/München

active abroad wurde 1998 gegründet und bietet in Zusammenarbeit mit ausgewählten Partnern weltweit eine zuverlässige Vermittlung und Betreuung an. Wir helfen abenteuerlustigen, jungen Menschen mit einer individuellen und persönlichen Beratung bei der Auswahl des passenden Programmes. Im Sommer 2012 wurde uns als einer der ersten deutschen Au Pair Agenturen das RAL Gütezeichen verliehen, welches sicherstellt, dass die von der Gütegemeinschaft Au Pair e.V. vorgegebenen Qualitätsstandards eingehalten werden. Wir vermitteln junge Leute als Au Pair / Au Pair Expert / Demi Pair in die USA, nach Kanada, Australien, Neuseeland, China, Chile und in viele europäische Länder. Das Demi Pair Programm mit Sprachunterricht am Vormittag und Mithilfe in der Gastfamilie am Nachmittag bieten wir in Irland, Frankreich, Spanien, Italien, Australien, Neuseeland und Kanada an. Weitere Programme, die wir anbieten: „Work & Travel“, „Camp Counselor“, „Flex. Freiwilligenarbeit“, „Ök. Arbeit im Ausland, Farmstay, Wildlife Experience“ und „Sprachreisen“.

2. Name:
active abroad GmbH

3. Anschrift:
Obere Hauptstr. 8, 85354 Freising

4. Kontaktinformationen:
Tel: 08161-40288-0, Fax: 08161-40288-20
contact@activeabroad.net / www.activeabroad.de
Social Media: activeabroad

5. Ansprechspartner:
Maria Riedmaier, Sabine Harrar, Anna Cieslak

6. Altersbegrenzung:
Ab 18 Jahren

7. Spezielle Voraussetzungen:
Kinderbetreuungserfahrung, Liebe zu Kindern, Bereitschaft zur Mithilfe im Haushalt, ausreichende Kenntnisse der Landessprache bzw. Englischkenntnisse, Führerschein (je nach Zielland)

8. Dauer des Aufenthalts:
Demi Pair: Ab 3 Monaten; Au Pair: Australien, Neuseeland, Kanada, China sowie Europa 6-12 Monate. Ausnahmen: Au Pair USA mindestens 12 Monate (verlängerbar)
Sommer-Au Pair und Au Pair Chile ab 3 Monaten

9. Abreisezeitpunkt:
Ganzjährig möglich

10. Anmeldefrist oder Bewerbungsfrist:
Je nach Zielland ein bis sechs Monate vor Abreisetermin

11. Kosten:
Vermittlungsgebühr Au Pair ab 339,00 inkl. Mehrwertsteuer
Bei Demi Pair abhängig von Dauer und Länge des Sprachkurses bzw. Aufenthaltes, Visumskosten

12. Lohn während des Aufenthalts:
Au Pair: Unterkunft und Verpflegung sowie monatliches Taschengeld: Europa ca. 320 – 500 EUR;

USA mind. 783 USD + Flugkosten; Australien ca. 800 – 1.200 AUD; Neuseeland ca. 840 – 1.360 NZD; Chile 150 – 300 EUR; China 1.500 RMB + Flugkostenzuschuss; China, Australien, Neuseeland und Kanada zahlen i.d.R. einen Bonus nach erfolgreicher Beendigung des Programms.
Demi Pair: Unterkunft und Verpflegung, sowie teilweise ein wöchentliches Taschengeld (z.B.: Spanien und Italien 50 EUR; Neuseeland 75 - 90 NZD).

13. Kosten während des Aufenthalts:
persönlichen Ausgaben

14. Finanzielle Förderung:
Bei Demi Pair Weiterzahlung des Kindergeldes
Au Pair USA 500/1.000 USD Zuschuss zu Collegekursen

16. Bestimmte Staatsangehörigkeit vorausgesetzt:
EU Staatsangehörigkeit, bzw. für Länder mit Working Holiday, Visa Abkommen (AUS, NZ, KAN, Chile)

17. Länder / Gebiete des Aufenthalts:
Au Pair: Europa, USA, Kanada, Australien, Neuseeland, China, Chile; Demi Pair: Irland, Frankreich, Spanien, Italien, Australien, Neuseeland, Kanada

AIFS
American Institute For Foreign Study
Bonn

AIFS EDUCATIONAL TRAVEL

AIFS ist eine der ältesten und größten Organisationen für kulturellen Austausch weltweit und ein führender Anbieter im Bereich Jugend- und Bildungsreisen. AIFS vermittelt Au Pair Aufenthalte in den USA sowie Kanada, Australien und Neuseeland. (für Australien, Neuseeland und Kanada auch Männer), In allen genannten Ländern gibt es neben Au Pair Classic auch das Programm Au Pair For Professionals – ein spezielles Programm für junge Frauen und Männer, die über eine abgeschlossene Ausbildung im Bereich der Kinderbetreuung verfügen sowie das Programm EduCare (USA), bei dem die Kinderbetreuung mit einem Schnupperstudium kombiniert werden kann. Siehe auch unter „Work & Travel“, „Camp Counselor“, „Flex. Freiwilligenarbeit“, „Schule“, „Studium“, „Sprachreisen“ und „Erlebnisreisen“.

2. Name:
AIFS (American Institute For Foreign Study)

3. Anschrift:
Friedensplatz 1
53111 Bonn

4. Kontaktinformationen:
Tel.: +49 (0)228/95730-0; E-Mail: info@aifs.de/info@aifs.at/ info@aifs.ch; www.aifs.de/www.aifs.at/www.aifs.ch

5. Ansprechspartner:
Meike Burschkies

6. Altersbegrenzung:
USA: 18 bis 26 Jahre; Kanada, Australien und Neuseeland: 18 bis 30 Jahre

7. Spezielle Voraussetzungen:
Erfahrung in der Kinderbetreuung (je nach Land mind. 50 bis 200 Stunden in den letzten 3 Jahren. Für Au Pair for Professionals sogar 400 Stunden), Führerschein (USA, Kanada, Australien, Neuseeland), Englischkenntnisse, abgeschlossene Schulausbildung, kinderlos und nicht verheiratet, keine medizinischen Einschränkungen, Visumsbestimmungen der einzelnen Länder.

8. Dauer des Aufenthalts:
USA: 12 Monate (um weitere 6, 9 oder 12 Monate verlängerbar); Kanada 9 oder 12 Monate; in Neuseeland und Australien ab 3 Monate.

9. Abreisepunkt:
monatlich

10. Anmeldefrist oder Bewerbungsfrist:
USA: mind. 3 Monate vor Ausreise; Kanada, Australien, Neuseeland: 4-6 Monate vor Ausreise

11. Kosten:
Die Kosten variieren je nach Zielland und Art des Programms. So startet das Au Pair For Professionals USA Programm bereits ab 690 EUR. Detaillierte Informationen zu den Preisen und Leistungen gibt es auf Website zu finden.

Vorteile:
mehr als 30 Jahre Erfahrung in der Au Pair Vermittlung Orientierungstage im Gastland mit anderen Au Pairs persönliche und individuelle Betreuung von AIFS Spezialisten, die oft ebenfalls Au Pairs waren, ausführliches Handbuch (auch als App) mit vielen Informationen und Tipps zum Au Pair Aufenthalt, kostenlose Webinare zu Au Pair relevanten Themen, kostenlose Vorbereitungstreffen für Au Pairs und deren Eltern, Taschengeld zur Finanzierung deiner Reisen bezahlter Urlaub, 24/7 Notfall-Hotline, Ansprechpartner vor Ort, Teilnahme-Zertifikat und Option am AIFS Bonusprogramm teilzunehmen

12. Lohn während des Aufenthalts:
Variiert ja nach Land und Programm.

13. Kosten während des Aufenthalts:
private Ausgaben während des Aufenthaltes

16. Bestimmte Staatsangehörigkeit vorausgesetzt:
USA, Österreich, Schweiz; Kanada: Deutschland oder Österreich; Australien: Deutschland (weitere Nationalitäten auf Anfrage); Neuseeland: Deutschland, Österreich (weitere Nationalitäten auf Anfrage)

17. Länder / Gebiete des Aufenthalts:
USA, Kanada, Australien, Neuseeland

AU-PAIR / DEMI-PAIR

ASSE Germany GmbH
Köln

ASSE (ASSE International Student Exchange Programs) ist eine der größten und renommiertesten Schüleraustauschorganisationen weltweit. Seit den Anfängen, die bis ins Jahr 1938 zurückreichen, hat ASSE seine Angebote stetig erweitert und bietet neben Austauschprogrammen für Schüler auch Austauschmöglichkeiten für Au Pairs, Abiturienten, Studierende, Work & Travel Teilnehmer, Praktikanten und Trainees an. Im Jahr 1988 rief ASSE, als eine der ersten von der amerikanischen Regierung zugelassenen Austauschorganisationen, das EurAupair Au Pair Programm ins Leben. Die jungen Frauen leben für mindestens ein Jahr in einer amerikanischen Gastfamilie und betreuen die Kinder der Familie. So verbessern sie nicht nur ihre Sprachkenntnisse, sondern lernen auch die amerikanische Kultur und das Familienleben kennen. Seit der Gründung des Programms im Jahr 1988 haben bereits tausende Au Pairs aus Deutschland über den Partner iSt – Internationale Sprach- und Studienreisen die Möglichkeit genutzt, ein Jahr als EurAupair Au Pair in Amerika zu verbringen. Anfang 2016 wurde ASSE Germany als Geschäftsstelle in Deutschland eröffnet, um deutschen Bewerbern die verschiedenen Austauschprogramme nun auch direkt anbieten zu können. Siehe auch unter: „Schule“ und „Studium im Ausland“.

2. Name:
ASSE Germany GmbH

3. Anschrift:
Bobstraße 6-8, 50676 Köln

4. Kontaktinformationen:
Tel: 0221 6507 6060
E-Mail: info@assegermany.de, www.assegermany.de

6. Altersbegrenzung:
18 - 26 Jahre (Au Pair Regular) bzw.
20 - 26 Jahre (Au Pair Par Expérience)

7. Spezielle Voraussetzungen:
Au Pair (Regular): einen Schulabschluss, eine abgeschlossene Ausbildung oder einen Hochschulabschluss; Schulenglischkenntnisse; Nichtraucher/in; Führerschein Klasse B, gesund und verantwortungsbewusst
Au Pair (Par Expérience): mind. 2 Jahre Vollzeitberufserfahrung mit Kindern oder eine abgeschlossene Ausbildung im pädagogischen oder pflegerischen Bereich (Erzieherin, Grundschullehrerin, usw.)

8. Dauer des Aufenthalts:
Ein Jahr (12 Monate + optional einen Monat zum Reisen). Die Au Pairs haben ein eigenes möbliertes Zimmer im Haus der Gastfamilie. Die Gasteltern erwarten eine liebevolle, sichere, zuverlässige Unterstützung für ihre Kinderbetreuung an bis zu 45 Stunden pro Woche. Bei Fragen oder Problemen steht vor Ort ein Betreuer mit Rat und Tat zur Seite. Ein weiterer Bestandteil des Au Pair Programms ist der Besuch von Kursen an einem College oder einer Universität, um so einen noch besseren Einblick in das amerikanische Leben zu erhalten. Diese Kurse werden von der Gastfamilie mit bis zu 500 US-Dollar bezuschusst.

9. Abreisezeitpunkt:
Monatlich (Januar bis November)

10. Anmeldefrist oder Bewerbungsfrist:
Mind. 3-4 Monate vor der gewünschten Ausreise

11. Kosten:
300 EUR für Au Pairs mit Erfahrung in der Kleinstkinderbetreuung (mind. 200 Stunden Erfahrung mit unter 2jährigen Kindern), die 19 Jahre alt sind und Kinder unter 24 Monaten betreuen möchten; 400 EUR für Au Pairs ohne Erfahrung in der Kleinstkinderbetreuung. 200 EUR Au Pair Par Expérience. Umfangreiches Versicherungspaket in der Programmgebühr enthalten.

12. Lohn während des Aufenthalts:
Freie Kost und Logis bei der Gastfamilie; Freizeit: 1 freies Wochenende pro Monat und 1,5 aufeinanderfolgende Tage pro Woche frei; 2 Wochen bezahlter Urlaub und einem „13. Reisemonat“ am Programmende; Taschengeld: 195.75 USD als Au Pair und 250 USD als Au Pair Par Expérience; 500 USD Zuschuss für deine Collegekurse. Als Au Pair Par Expérience erhältst du nach erfolgreichem Programmabschluss einen Bonus in Höhe von 600 USD.

13. Kosten während des Aufenthalts:
Ausgaben für den persönlichen Bedarf (Kleidung, Kosmetika etc.), Ausflüge/Reisen, Freizeitgestaltung.

14. Finanzielle Förderung:
Ein Teil der Programmleistungen wird von der Gastfamilie erbracht.

16. Bestimmte Staatsangehörigkeit vorausgesetzt:
Neben deutschen Staatsbürgern, nehmen wir auch Schweizer und Österreicher in unsere Programme auf, sowie Bewerberinnen mit unbefristeter Aufenthaltsgenehmigung.

17. Länder / Gebiete des Aufenthalts:
USA

Siegel/Listings: International Au Pair Association (IAPA), Council on Standards for International Educational Travel (CSIET), WYSE Travel Confederation, Alliance for International Exchange

Cultural Care Germany GmbH
Berlin

CULTURAL CARE AU PAIR

Mit Cultural Care Au Pair entscheidest Du Dich für die größte und erfahrenste Au Pair Organisation weltweit. Du profitierst von unserer überdurchschnittlich großen Auswahl an Gastfamilien und umfangreicher Vorbereitung sowie Unterstützung durch persönliche Ansprechpartner in Deutschland und den USA. In über 30 Jahren konnten wir schon mehr als 145.000 junge Menschen als Au Pairs in die USA vermitteln. Au Pairs leben für ein Jahr (oder länger) bei einer Gastfamilie und passen auf deren Kinder auf. Im Gegenzug erhalten sie freie Kost und Logis, ein wöchentliches Taschengeld und die Möglichkeit, zu reisen und in den USA zu studieren.

2. Name:
Cultural Care Germany GmbH

3. Anschrift:
Am Karlsbad 16, 10785 Berlin

4. Telefon/E-Mail/Homepage:
Tel: 030 203 474 00
E-Mail: aupair.de@culturalcare.com
Homepage: www.culturalcare.de
Instagram & TikTok: cultural_care_germany

6. Altersbegrenzung:
Bei Ausreise 18 bis einschließlich 26 Jahre alt. Die Bewerbung kann bereits vorher angefangen werden.

7. Spezielle Voraussetzungen:
Mind. 200 Stunden nachweisbare Erfahrung in der Kinderbetreuung (innerhalb oder außerhalb der Familie), Schulabschluss (mind. Realschulabschluss) oder eine abgeschlossene Berufsausbildung, einwandfreies polizeiliches Führungszeugnis, Pkw Führerschein, guter Gesundheitszustand, Nichtraucher, gute Englischkenntnisse.

8. Dauer des Aufenthalts:
Mindestens 12 Monate plus ein zusätzlicher 13. Reisemonat. Eine Verlängerung um 6, 9 oder 12 Monate ist möglich.

9. Abreisezeitpunkt:
Wöchentlich (außer an bestimmten US Feiertagen).

10. Anmeldefrist oder Bewerbungsfrist:
Wir empfehlen ca. 6 bis 9 Monate vor Ausreise. Optimal sind 12 Monate vor der geplanten Ausreise.

11. Kosten:
Programmgebühr: 1740 EUR. Die einmalige Zahlung beinhaltet ein umfassendes Versicherungspaket für das Au Pair Jahr, die Kosten für den Hin- und Rückflug (bei erfolgreichem Programmabschluss), Unterkunft und Verpflegung, globale Unterstützung rund um die Uhr und alle weiteren zusätzlichen Programmvorteile wie Trainings und Workshops (Stand: April 2023, Änderungen vorbehalten). Nicht im Programmpreis enthalten: Folgende Kosten, die nicht direkt an Cultural Care bezahlt werden, für die Teilnahme am Au Pair Programm aber notwendig sind, entstehen: Visumsgebühr: ca. 135-160 EUR, Polizeiliches Führungszeugnis: ca. 13 EUR, Gesundheitszeugnis: Einige wenige Hausärzte berechnen dafür eine Gebühr, Internationaler Führerschein: ca. 15-20 EUR, Reisepass: ca. 70-90 EUR, zusätzliches Gepäck/Übergepäck (Informationen auf der Webseite der jeweiligen Fluggesellschaft).

12. Lohn während des Aufenthalts:
Mind. USD195,75 wöchentliches Taschengeld (max. 45 Stunden/Woche), freie Unterkunft und Verpflegung, zwei Wochen bezahlter Urlaub und ein zusätzlicher Reisemonat am Ende der Au Pair Zeit, USD500 für Collegekurse.

13. Kosten während des Aufenthalts:
Abhängig von den individuellen Bedürfnissen (z.B. für Freizeitaktivitäten oder Reisen), Steuern.

14. Finanzielle Förderung:
Mögliche Rabatte auf die Programmgebühr (nicht miteinander kombinierbar): Mind. 500 Betreuungsstunden mit Kindern unter 2 Jahren – 200 EUR, Professional Rabatt: Au Pairs, die nachweislich folgendes Studium/folgende Ausbildung beendet haben: LehrerInnen, ausgebildete ErzieherInnen, Kinder- oder FamilienpflegerInnen, Diplom-SozialpädagogInnen, Sozialpädagogische AssistentInnen, KinderkrankenpflegerInnen, Kinderkrankenschwestern – 300 EUR, nachweisbare Au Pair Erfahrung: Au Pairs, die vor mind. 2 Jahren ein erfolgreiches Jahr oder länger in den USA oder für mind. 6 Monate einen erfolgreichen Au Pair Aufenthalt in einem anderen Land als den USA verbracht haben) – 300 EUR.

16. Bestimmte Staatsangehörigkeit vorausgesetzt:
Deutsche Staatsbürgerschaft oder uneingeschränkte Aufenthaltsgenehmigung für Deutschland.

17. Länder / Gebiete des Aufenthalts:
USA

EXPERIMENT
DEINE AUSTAUSCHORGANISATION

Experiment Bonn

Explore. Exchange. Experience.
Experiment ist Deutschlands älteste gemeinnützige Austauschorganisation und sitzt in Bonn. Seit über 90 Jahren hat sie es sich zum Ziel gesetzt, den Austausch zwischen Menschen aller Kulturen, Religionen und Altersgruppen zu fördern. Der Verein bietet eine große Bandbreite an interkulturellen Programmen in vielen verschiedenen Ländern, darunter Schüleraustausche, Freiwilligendienste, Ferienprogramme, Praktika und Sprachreisen. Experiment ist Gründungsmitglied des „Arbeitskreises gemeinnütziger Jugendaustausch"(AJA), und legt großen Wert auf die Qualität der Austauschprogramme.

Demi Pair: Die Teilnehmenden besuchen halbtags einen Sprachkurs, den sie auf Wunsch mit einem internationalen Zertifikat abschließen können. Sie wohnen in einer Gastfamilie und helfen für 15 bis 25 Stunden in der Woche bei der Kinderbetreuung und im Haushalt mit. Der Aufenthalt wird durch ein ausführliches Vor- und Nachbereitungsseminar in Deutschland von Experiment sowie durch die Partnerorganisation vor Ort begleitet. Siehe auch unter „Praktikum", „Flex. Freiwilligenarbeit", „Gef. Freiwilligendienste", „Schulaufenthalt" und „Homestay"

2. Name:
Experiment – Deine Austauschorganisation

3. Anschrift:
Gluckstraße 1, 53115 Bonn

4. Kontaktinformationen:
Tel.: 0228 95722-0, Fax: 0228 358282
E-Mail: info@experiment-ev.de
Internet: www.experiment-ev.de
Social Media: experiment.ev

5. Ansprechspartner:
Ana Klähn, klaehn@experiment-ev.de

6. Altersbegrenzung:
18 bis 30 Jahre

7. Spezielle Voraussetzungen:
Erfahrungen in der Kinderbetreuung, Vorlage von zwei Referenzen, Interesse an interkulturellem Austausch, Offentheit und Toleranz

8. Dauer des Aufenthalts:
3 bis 9 Monate

9. Abreisezeitpunkt:
Ausreise ganzjährig möglich (außer im Dezember)

10. Anmeldefrist oder Bewerbungsfrist:
Verbindliche Anmeldung spätestens drei Monate vor der Ausreise

11. Kosten:
ab 2.000 EUR je nach Dauer und Land, inkl. aller Transfers, Kranken-, Unfall- und Haftpflichtversicherung, Sprachkurs, Betreuung vor Ort, freie Kost und Logis, Vor- und Nachbereitungsseminar

12. Lohn während des Aufenthalts:
Kost und Logis frei in der Familie, Kindergeldberechtigung während des Sprachkurses, z.T. Taschengeld

13. Kosten während des Aufenthalts:
Taschengeld, Transport zur Sprachschule, ggf. Kosten für erforderliche Quarantäne

14. Finanzielle Förderung:
Teilstipendien von Experiment zwischen 1.000 und 2.000 EUR

16. Bestimmte Staatsangehörigkeit vorausgesetzt:
Reisepass mit Working-Holiday-Abkommen für einige Länder

17. Länder / Gebiete des Aufenthalts:
Australien, Ecuador, Irland, Kanada, Spanien und Neuseeland

GO4AUPAIR
Löchel & Mäder GbR
Dresden

GO4AUPAIR

Young. Global. Adventurous.
GO4AUPAIR - Eine junge Agentur mit langjähriger Erfahrung in der Vermittlung von Auslandsaufenthalten wie Au Pair, Elderly Companion und Language Assistant innerhalb Europas, nach Australien, Neuseeland, Kanada und in die USA.
Wir sind stolzes Mitglied der IAPA (International Au Pair Association) und arbeiten eng mit unseren Partnerbüros in den jeweiligen Gastländern zusammen. Alle unsere Programmteilnehmer profitieren von unserem Rundum-Sorglos-Service. Wir unterstützen den Bewerbungsprozess, begleiten die Vermittlung an eine Gastfamilie und stellen eine professionelle Betreuung im Gastland sicher. Unsere Teilnehmer haben somit immer einen Ansprechpartner, sollten Fragen oder Probleme auftauchen.
Neben dem klassischen Au Pair Programm bieten wir auch Elderly Companion (Alltagsbegleiter für ältere Menschen in Neuseeland) und Language Assistant (Nachhilfe in Englisch, Deutsch oder Französisch für die Kinder der Gastfamilien in Spanien) an.
Ein Sprachkursbesuch vor Ort ist, wenn gewünscht, in jedem Gastland problemlos möglich.

2. Name:
GO4AUPAIR
Löchel & Mäder GbR

3. Anschrift:
Straße des 17. Juni 25, Eingang 103B, 01257 Dresden

4. Kontaktinformationen:
Tel.: (0351) 25 38 20 60
Email: info@go4aupair.de
Web: www.go4aupair.de
Social Media:
www.instagram.com/go4aupair
www.facebook.com/go4aupair

5. Ansprechspartner:
Kati Mäder & Korinna Löchel

6. Altersbegrenzung:
17-35 Jahre

7. Spezielle Voraussetzungen:
kinderlieb, weltoffen, erfahren im Umgang mit Kindern

8. Dauer des Aufenthalts:
2-24 Monate

9. Abreisezeitpunkt:
ganzjährig in Absprache mit der Gastfamilie

10. Anmeldefrist oder Bewerbungsfrist:
2-6 Monate vor Ausreise

11. Kosten:
ab 390 EUR

12. Lohn während des Aufenthalts:
wöchentliches Taschengeld, freie Unterkunft und Verpflegung

13. Kosten während des Aufenthalts:
Versicherungen und ein eventueller Sprachkursbesuch, Kosten für Visumsbeantragung

14. Finanzielle Förderung:
Unsere Rabatte: Freunde Special – zwei Freunde reisen gemeinsam; Kombi Paket – Kombination von zwei oder mehreren Programmen; Geschwister Bonus – Bruder oder Schwester war bereits mit go4aupair im Ausland
Einzelheiten unter www.go4aupair.de/specials

16. Bestimmte Staatsangehörigkeit vorausgesetzt:
Australien (Working Holiday Visum): Deutsch; Australien (Studentenvisum): Deutsch, Schweiz und einige EU -Staaten; Neuseeland (Working Holiday Visum): Deutsch; Kanada (Working Holiday Visum): Deutsch; USA (J1-Visum): alle Nationalitäten; Innerhalb Europas: Deutsch, EU und Schweiz

17. Länder / Gebiete des Aufenthalts:
Australien, Neuseeland, Kanada, USA, Irland, England, Frankreich, Italien, Spanien, Island, Schweiz, Luxemburg

AU-PAIR / DEMI-PAIR

IN VIA

IN VIA Deutschland e.V
Freiburg (Sitz der Bundeszentrale)

Der Zusammenschluss der katholischen Au-pair Beratungsstellen in Deutschland vermittelt Au-pair Aufenthalte in Europa. IN VIA ist Ansprechpartner für Au-pairs und Gastfamilien. Die Mitglieder der Au-pair-BAG IN VIA (Adressen siehe: www.aupair-invia.de) bieten Au-pair Treffen, Ausflüge und Au-pair Seminare an. In London hat IN VIA eine eigene Anlaufstelle, den German YMCA. Dort werden regelmäßig Au-pair Treffen angeboten. Für Gastfamilien in Deutschland stellen wir Bewerberinnen zur Auswahl vor, beraten Gastfamilien in allen administrativen Fragen (Ausländerbehörden, Arbeitsamt, Botschaften) und unterstützen die Familien und Au-pairs während des Aufenthaltes. IN VIA vermittelt Au-pairs aus der ganzen Welt. Die meisten Bewerbungen kommen aus Mittel- und Osteuropa. Au-pairs sind eine Unterstützung, eine Bereicherung, aber auch eine Herausforderung für jede Gastfamilie: Heimweh, Schwierigkeiten mit der Fremdsprache und das Eingewöhnen in die neue Umgebung und Kultur - dabei müssen Gastfamilien erst einmal behilflich sein (Familienanschluss bieten und Kontakte vermitteln). Au-pairs sind keine billigen Arbeitskräfte, sondern junge Menschen, die sich in einer Familie engagieren und gleichzeitig für ihr Leben lernen möchten. Au-pair-Aufenthalte basieren auf einem Geben und Nehmen. Die in der Au-pair-BAG IN VIA zusammengeschlossenen Au-pair-Agenturen betreuen bundesweit kompetent und zuverlässig ausländische Au-pairs, Gastfamilien und deutsche Au-pairs während des Aufenthaltes. Rechtsträger der Au-pair-BAG ist IN VIA Deutschland (Fachverband im Deutschen Caritasverband und Mitglied im Internationalen Verband ACISJF-IN VIA). IN VIA unterstützt die Ziele der Gütegemeinschaft Au pair im Hinblick auf die Qualitätssicherung in der Au-pair-Arbeit."
Siehe auch unter „Soziale Arbeit".

2. Name:
Au-pair-Bundesarbeitsgemeinschaft IN VIA
c/o IN VIA Katholischer Verband für Mädchen- und Frauensozialarbeit – Deutschland e.V.

3. Anschrift:
Karlstr. 40, 79104 Freiburg

4. Kontaktinformationen:
Telefon: 0761 200-206,
Dienstag 10.00 h – 12.00 h, 13.30 – 15.30 h
Donnerstag 14.00 – 16.00 h
Fax: 0761 200-638
www.aupair-invia.de
www.weaupair.com
au-pair.invia@caritas.de

5. Ansprechspartner:
Sachbearbeitung Au-pair

6. Altersbegrenzung:
Mindestalter: 18 Jahre, Höchstalter: 27 Jahre

7. Spezielle Voraussetzungen:
Grundkenntnisse der Landessprache, kinderlos, physisch und psychisch gesund und belastbar, konkrete Erfahrungen und Freude im Umgang mit Kindern, gute Erfahrungen in hauswirtschaftlichen Tätigkeiten und Bereitschaft zur Mithilfe bei täglich anfallenden Hausarbeiten. Bereitschaft, sich in die Familie zu integrieren. Selbständigkeit, Eigenverantwortung und Flexibilität.

8. Dauer des Aufenthalts:
6-12 Monate

9. Abreisezeitpunkt:
Individuell zu vereinbaren.

10. Anmeldefrist oder Bewerbungsfrist:
Ca. 8 Wochen vor dem gewünschten Beginn des Aufenthaltes.

11. Kosten:
Reisekosten (Hin- und Rückreise), Vermittlungsgebühr

12. Lohn während des Aufenthalts:
Freie Unterkunft und Verpflegung
Taschengeld ca. 260 EUR im Monat, je nach Gastland unterschiedlich, in Irland z.B. 320 EUR.

13. Kosten während des Aufenthalts:
Sprachkursgebühr, ggf. private Unfall- und Haftpflichtversicherung, Verkehrsmittel im Land ggf. Übernachtung und Verpflegung für die Tage der Vermittlung im German YMCA (London).

16. Bestimmte Staatsangehörigkeit vorausgesetzt:
nein

17. Länder / Gebiete des Aufenthalts:
Australien, Frankreich, Irland, Italien, Neuseeland, Spanien, italienischsprachige und französischsprachige Schweiz.

King Au Pair
Berlin

King Au Pair

KING! Au Pair organisiert internationale Au Pair Abenteuer für Jungs und Mädchen weltweit. Unsere Au Pairs erhalten Zugang zur dreitägigen Au Pair Schulung in Deutschland.

Sie möchten ein gemeinsames Familienabenteuer? Wir unterstützen Sie auch bei der Suche eines ausländischen Au Pairs für ihr deutsches Zuhause.

Wir sind Mitglied der international au pair association (IAPA).

2. Name:
King Au Pair

3. Anschrift:
Bessemerstraße 82, 12103 Berlin

4. Kontaktdaten:
www.king-aupair.de
info@king-aupair.de
0177 2187816
king_au_pair

5. Ansprechspartner:
Tom König

6. Altersbegrenzung:
17 - 29 Jahre für Bewerbung
Ausreise ab 18 Jahren

7. Spezielle Voraussetzungen:
- mindestens 120 Stunden Erfahrungen mit Kindern
- Kein Führerschein notwendig jedoch von Vorteil

8. Dauer des Aufenthalts:
Europa: mindestens 3 Monate
Oversea: mindestens 6 Monate
USA: mindestens 12 Monate

9. Abreisezeitpunkt:
Ganzjährig möglich
Beste Vermittlungschance bei Start im Juni – September

10. Anmeldefrist oder Bewerbungsfrist:
So früh wie möglich bewerben.
Mindestens jedoch 2 Monate vor geplanter Ausreise.

11. Kosten:
Wir verlagern die meisten Kosten auf unsere 3.000 Gastfamilien.
Dich erwartet eine einmalige Programmgebühr in Höhe von 440 – 1190 EUR.
Im Programm „USA“ werden sogar die Kosten für deinen Flug, Versicherung und College Kurs von deiner Gastfamilie übernommen.

12. Lohn während des Aufenthalts:
Freie Kost und Logis
70 – 300 EUR wöchentliches Taschengeld
Teilweise: Bonuszahlungen, Beteiligung bei Flugkosten – Versicherung – Sprachkurs.

13. Kosten während des Aufenthalts:
Keine

14. Finanzielle Förderung:
Wir schreiben jährlich einige Stipendien aus. Bewerbung unter „Weltbürger – Stipendium“ möglich. Mit dem Rabattcode: „AUSLANDSREISE“ sparst du 10% auf all unsere Programme.

16. Bestimmte Staatsangehörigkeit vorausgesetzt:
Neben der deutschen Staatsangehörigkeit sind auch Österreicher und Schweizer willkommen.

17. Länder / Gebiete des Aufenthalts:
USA, Kanada, Neuseeland, China, Australien, England, Irland, Spanien, Frankreich, Belgien, Italien, Polen.
Wunschstädte/Gebiete können kostenlos angegeben werden.

99aupairs.com
Melbourne, Australien

Mit 99aupairs entscheidest du dich für Australiens beliebteste and bestbewertete Deutsch/Australische Agentur, bei der du nicht nur eine Nummer bist. Bei uns profitierst du von persönlicher Betreuung vor und nach der Vermittlung, umfangreicher Vorbereitung (Covid-19 Reisevorbereitung inklusive), und einem/r Au Pair Buddy vor Ort. Je nach Erfahrung und Studien erhältst du ein Taschengeld zwischen 840 AUD und 2,000 AUD pro Monat. Du wirst die Möglichkeit haben, nebenbei einen Sprachkurs zu besuchen oder ein Praktikum bei 99aupairs zu absolvieren.

2. Name:
99aupairs.au

3. Anschrift:
97 Victor Rd, Bentleigh East (Melbourne), VICTORIA, 3165, Australien

4. Kontaktdaten:
Tel: +61 0485868287, WhatsApp: +61 468918536
E-Mail: support@99aupairs.com
Homepage: www.99aupairs.au
Instagram, Facebook, Youtube & TikTok: 99aupairs

6. Altersbegrenzung:
Bei Ausreise 18 bis einschließlich 30 Jahre alt. Die Bewerbung kann bereits vorher erfolgen.

7. Spezielle Voraussetzungen:
Mind. 200 Stunden nachweisbare Erfahrung in der Kinderbetreuung (in- oder außerhalb der Familie), Schulabschluss (mind. Realschule) oder eine abgeschlossene Berufsausbildung, einwandfreies polizeiliches Führungszeugnis, Pkw Führerschein, guter Gesundheitszustand, Nichtraucher, gute Englischkenntnisse. Wir akzeptieren auch Au Pairs mit weiterführender Berufserfahrung: ein abgeschlossenes Au Pair Jahr oder mind. 2 Jahre Vollzeitberufserfahrung mit Kindern oder eine abgeschlossene Ausbildung im pädagogischen oder pflegerischen Bereich (Erzieherin, Grundschullehrerin, usw.). Vorraussetzung für die Kleinstkinderbetreuung (Kinder unter 24 Monaten): mind. 20 Jahre alt, mind. 200 Stunden Erfahrung mit unter 2-jährigen Kindern.

8. Dauer des Aufenthalts:
Mindestens 6-12 Monate. Eine Verlängerung um bis zu 12 Monate ist unter weiteren Bedingungen möglich.

9. Abreisezeitpunkt:
Ganzjährig. Das genau Ausreisedatum wird in Absprache mit der Gastfamilie festgelegt.

10. Anmeldefrist oder Bewerbungsfrist:
Mind. 2-4 Monate vor der gewünschten Ausreise.

11. Kosten:
Programmgebühr: **keine Vermittlungsgebühr**. Folgende Kosten entstehen, die nicht direkt an 99aupairs bezahlt werden, aber für die Teilnahme notwendig sind: Visumgebühr: ca. 135-155 EUR, Polizeiliches Führungszeugnis: ca. 13 EUR, Gesundheitszeugnis: Einige Hausärzte berechnen dafür eine Gebühr, Internationaler Führerschein: ca. 15-20 EUR, Reisepass: ca. 70-90 EUR, zusätzliches Gepäck/Übergepäck (Informationen auf der Webseite der jeweiligen Fluggesellschaft), PCR-Test ca. 110 EUR, Agenturgebühr: falls du durch eine Agentur in Deutschland an uns vermittelt wurdest, dann fallen Gebühren an die vermittelnde Agentur an.

12. Lohn während des Aufenthalts:
AUD 210-500 wöchentliches Taschengeld (max.35 Stunden/Woche), freie Unterkunft und Verpflegung, zwei Wochen bezahlter Urlaub (12 monate Aufenthalt) oder zwei Wochen extra Taschengeld. Zeit für einen Sprachkurs. Freizeit: 1 freies Wochenende pro Monat und 1,5 aufeinanderfolgende Tage pro Woche frei;

13. Kosten während des Aufenthalts:
Ausgaben für den persönlichen Bedarf (Kleidung, Telefon, Kosmetika etc.), Ausflüge/Reisen, Freizeitgestaltung.

14. Finanzielle Förderung:
Unter den Au Pair Bewerbern vergeben wir ein Stipendium pro Quartal: Dies beinhaltet einen subventionierten Hinflug (bis zu 1,000 AUD), Ausgewählte subventionierte Reisen in Australien (bis zu 500 AUD), Freiwilligen- und Praktikumsmöglichkeit mit Nachweis in der Pädagogik oder im Wirtschaftsbereich. Wir fördern Au Pairs, die mind. 500 Betreuungsstunden mit Kindern unter 2 Jahren mitbringen oder das nachweislich folgende Studium/folgende Ausbildung beendet haben: LehrerInnen, ausgebildete ErzieherInnen, Kinder- oder FamilienpflegerInnen, Diplom SozialpädagogInnen, Sozialpädagogische AssistentInnen, Kinderkrankenpflegerlnnen, Kinderkrankenschwestern mit Führerschein, die bis zu 12 Monate bleiben möchten.
Es lohnt sich mit Freunden zu reisen! Wir bieten auch einen Vermittlungsbonus von 300 AUD für erfolgreich vermittelte Au Pairs.

16. Bestimmte Staatsangehörigkeit vorausgesetzt:
Neben deutschen Staatsbürgern nehmen wir auch Schweizer und Österreicher in unsere Programme auf. Weitere europäische Länder sind willkommen. Am besten Kontakt aufnehmen für genauere Details.

17. Länder / Gebiete des Aufenthalts:
Australien (vor allem, aber nicht ausschließlich Melbourne).

TravelWorks Münster

Au Pair

Siehe auch unter „Praktikum“, „Work & Travel“, „Flex. Freiwilligenarbeit“, „Schule“, „Sprachreisen“, „Summer School“ und „Erlebnisreisen“.

2. Name:
TravelWorks

3. Anschrift:
Münsterstr. 11, 48155 Münster

4. Kontaktinformationen:
Tel: 02506-8303-350, Fax: 02506-8303-230
E-Mail: aupair@travelworks.de
Homepage: www.travelworks.de
Öffnungszeiten: 09:00 Uhr bis 16:00 Uhr

6. Altersbegrenzung:
Ab 18 Jahren, je nach Land Altersbegrenzung (bis 30 Jahre: Großbritannien, Spanien, Australien, Neuseeland, bis 27 Jahre: Irland, bis 26 Jahre: USA).

7. Spezielle Voraussetzungen:
Gute bis sehr gute Englischkenntnisse. Spanien: Spanischkenntnisse von Vorteil, aber nicht notwendig. Mind. 200 Stunden nachgewiesene Erfahrung in der Kinderbetreuung bzw. -fürsorge außerhalb des eigenen Familienkreises sowie mind. 2 Kinderbetreuungsreferenzen. Außerdem ist eine Charakterreferenz notwendig. Erweitertes polizeiliches Führungszeugnis, ärztliche Gesundheitsbescheinigung, PKW-Führerschein, Nichtraucher, Kochkenntnisse sind von Vorteil, Liebe und Begeisterung für Kinder, Toleranz, Anpassungsfähigkeit und Eigeninitiative, Australien/Neuseeland: Kostenpflichtiges Working Holiday-Visum und Nachweis über genügend finanzielle Mittel (ca. 5.000 AUD bzw. 4.200 NZD, 2.500 CAD) bei Einreise.

8. Dauer des Aufenthalts:
2 bis 12 Monate, je nach Land und Programm. Verlängerung ggf. möglich. In Spanien 1 Monat als Sommer-Au Pair möglich.

9. Abreisezeitpunkt:
Ganzjährig, in Absprache mit der Gastfamilie.

10. Anmeldefrist oder Bewerbungsfrist:
Je nach Land mindestens 2-4 Monate vor Abreise, gerne früher.

11. Kosten:
Spanien: ab 890 EUR, Irland: ab 890 EUR, USA: ab 890 EUR, Australien: ab 990 EUR, Neuseeland: ab 990 EUR, Chile: ab 1.000. Enthaltene Leistungen z.B. USA: Online-Vorbereitung, Hilfe bei der Visumsbeantragung inkl. SEVIS-Gebühr, Hin- und Rückflug, Online-Orientierungsveranstaltung, Platzierung in einer sorgfältig ausgewählten Gastfamilie, Unterkunft und Verpflegung, wöchentliches Taschengeld von 195,75 USD, 500 USD Bildungszuschuss für Collegekurse, US-amerikanische Kranken- und Unfallversicherung, bezahlter Urlaub, 24-Stunden-Notrufnummer, Betreuung durch eine feste Programmkoordinatorin während der Vorbereitungen uvm. Alle enthaltenen Leistungen, Programmvarianten und Details siehe www.travelworks.de.

12. Lohn während des Aufenthalts:
Spanien: ca. 80-150 EUR pro Woche (i.d.R. 25-40 Stunden pro Woche, ggf. am Wochenende, 1 Woche bezahlter Urlaub pro 6 Monate Arbeit). Irland: 130 EUR Taschengeld pro Woche (i.d.R. 35-40 Wochenstunden ggf. am Wochenende) Urlaub ist in Absprache mit Gastfamilie möglich. USA: 195,75 USD pro Woche (max. 45 Stunden bzw. 5,5 Tage pro Woche, ggf. am Wochenende) uvm. (siehe enthaltene Leistungen.) Australien: 250 AUD pro Woche (i.d.R. 25-35 Stunden pro Woche, ggf. am Wochenende, Bonus von 500 AUD bei Programmende, 2 freie Tage pro Woche, oft am Wochenende). Neuseeland: 240-210 NZD (i.d.R. 30-45 Stunden pro Woche, ggf. am Wochenende, 4 Wochen bezahlter Urlaub bei 12 Monaten Arbeit, Bonus von 10 NZD pro Woche bei erfolgreicher Beendigung des Programmes)

13. Kosten während des Aufenthalts:
Richten sich nach den individuellen Bedürfnissen (für Freizeitaktivitäten).

16. Bestimmte Staatsangehörigkeit vorausgesetzt:
Je nach Land deutsche, italienische, österreichische, Schweizer oder EU-Staatsangehörigkeit.

17. Länder / Gebiete des Aufenthalts:
USA, Australien, Neuseeland, Spanien, Irland, Chile.

vij verein für internationale jugendarbeit

vij
Verein für internationale Jugendarbeit Bundesverein e.V. Stuttgart

Als Fachverband der Diakonie arbeitet der vij gemeinnützig und steht für langjährige Erfahrung und professionelle Vermittlung in der Au-pair-Arbeit. Unsere 12 Beratungsstellen in Deutschland gewährleisten sichere Au-pair-Aufenthalte, die der beruflichen und persönlichen Qualifikation von jungen Menschen dienen. Interkulturelle Kompetenz und Fremdsprachenkenntnisse verbessern sich durch einen Auslandsaufenthalt.In Paris haben wir ein eigenes Büro, ansonsten kooperieren wir mit anerkannten Agenturen in Europa, Neuseeland.

2. Name:
vij
Verein für Internationale Jugendarbeit Bundesverein e.V.

3. Anschrift:
Glockenhofstr. 14
90478 Nürnberg

4. Kontaktinformationen:
Tel: 0711 5188 5875
E-Mail: au-pair@vij.de
Homepage: www.au-pair-vij.org
www.weaupair.com

Öffnungszeiten: Mo – Do 9.00 – 13.00 Uhr

6. Altersbegrenzung:
Je nach Gastland, zwischen 18 und 30 Jahren

7. Spezielle Voraussetzungen:
Gute Grundkenntnisse der Landessprache, nachweisbare Erfahrungen in der Kinderbetreuung

8. Dauer des Aufenthalts:
6 oder 12 Monate

9. Abreisezeitpunkt:
Jederzeit, bevorzugt jedoch in den Sommermonaten

10. Anmeldung oder Bewerbungsfrist:
10 – 12 Wochen vor dem gewünschten Antrittstermin

11. Kosten:
An- und Abreise / Zug- bzw. Flugkosten, je nach Anbieter unterschiedlich
Beratungs- und Vermittlungsentgelt 150 EUR

12. Lohn während des Aufenthalts:
Freie Unterkunft und Verpflegung im Haus der Gastfamilie
Monatliches Taschengeld zwischen 270 und 350 EUR

13. Kosten während des Aufenthaltes:
Private Kranken-, Unfallversicherung,
ca. 35 EUR / Monat
Kosten für einen Sprachkurs

16. Bestimmte Staatsangehörigkeit vorausgesetzt:
Wir vermitteln alle Nationalitäten, sofern es die Einreisegesetzte des Ziellandes zulassen

17. Länder / Gebiete des Aufenthalts:
Frankreich, Großbritannien, Irland, Italien, Neuseeland, Niederlande, Schweden, Spanien

Allgemeine Au-Pair Verbände und weitere Adressen:

Die Gütegemeinschaft Au pair e.V.

Die Gütegemeinschaft Au pair e.V. wurde im November 2004 gegründet, um eine Verbesserung der Qualität und eine Transparenz für Gastfamilien wie Bewerber und Bewerberinnen im Au-pair-Wesen zu erreichen. Ziel ist die Überprüfung und Kennzeichnung einer Güte in der Au-pair-Vermittlung und -Betreuung, die durch das anerkannte RAL-Gütezeichen und die Güte- und Prüfbestimmungen von einer neutralen Zertifizierungsinstanz den Verbrauchern eine klar definierte Qualität garantieren. Die Gütegemeinschaft Au pair ist ein eingetragener Verein, in dem alle Organisationen und Agenturen Mitglied werden können, die Au-pairs nach Deutschland vermitteln. Die Mitgliedschaft ist freiwillig. Das Ziel ist eine Regulierung des Au-pair-Wesens in Deutschland auf Basis einer freiwilligen Zertifizierung. Wir wollen Qualität in der Vermittlung und Betreuung überprüfbar und sichtbar machen, um Familien wie Au-pairs ein sicheres, seriöses Jugendaustauschprogramm und interkulturelle Familienmitgliedschaft auf Zeit gewährleisten zu können.

Weitere Informationen:
Gütegemeinschaft Au pair e.V.
Eisenerzstr. 34
53819 Neunkirchen-Seelscheid
Tel.: 02247 9194-942, Fax: 02247 9194-82
info@guetegemeinschaft-aupair.de
www.guetegemeinschaft-aupair.de

Aupair World

www.aupair-world.net
Internetportal für Familien und Au-Pairs, die ohne Agentur zueinander finden möchten.

Au-Pair Wizard

www.au-pair.com
Service für Au-Pairs, Familien und Vermittler

Au-pair-Agenturen.de

www.au-pair-agenturen.de
Ein kostenloser Service für Au-pairs und Gastfamilien mit dem Ziel, ein möglichst aktuelles und vollständiges Verzeichnis deutscher Au-pair Agenturen anzubieten.

Bundesverband der Au-pair-Vermittler, Gasteltern und Au-pairs: Au-pair Society e.V.

www.au-pair-society.org
Der Au-pair Society e.V. (Satzung) ist der Bundesverband für Au-Pair-Agenturen, Gastfamilien und Au-pairs in Deutschland und besteht seit nunmehr über 10 Jahren. Die dem Verband angeschlossenen Mitgliedsorganisationen sind seit vielen Jahren in der Vermittlung und Betreuung von Au-pairs tätig und verpflichten sich dabei zur Einhaltung hoher Qualitätsstandards. Die Mitgliedsagenturen des Au-pair Society e.V. arbeiten in einem bundesweiten Netzwerk zusammen und unterstützen sich gegenseitig. Der Au-pair Society e.V. ist ein vom Bundestag akkreditierter, gemeinnütziger Verein, der die Verbesserung des Au-Pair-Wesens in Deutschland, aber auch innerhalb der EU und in Zusammenarbeit mit Partnern weltweit zum Ziel hat. Der Verband vertritt die Bundesrepublik Deutschland nicht nur als Mitglied in ECAPS, dem European Committee for Au-Pair Standards, dessen Ziel die Definition und Einführung europaweiter Qualitätsstandards für das Au-Pair-Programm ist, sondern auch in der IAPA (International Au Pair Association).

International Au Pair Association (IAPA)

Internet: www.iapa.org

Literaturtipps

Caudera-Preil, Susanne:
Als Au-pair ins Ausland
Calypso-Verlag. 2008.

Lavalle, Henriette:
Abenteuer Au-Pair
Interconnections. 2016

Kurz, Carmen:
Au-pair Guide: Der Wegbegleiter für deine Zeit im Ausland
flyOUT. 2013

PRAKTIKUM

Mit einem Praktikum sammelt man die besten Erfahrungen

Ein Praktikum ist eine hervorragende Möglichkeit, Einblicke in das Berufsleben zu gewinnen oder sich darüber Klarheit zu verschaffen, wo die berufliche Entwicklung langfristig hingehen soll. Zusätzliche Vorteile bergen dabei Praktika, die im Ausland absolviert werden (engl.: traineeship oder internship, frz.: stage, span.: practicas). Denn Auslandserfahrung, interkulturelle Kompetenz und Fremdsprachenkenntnisse sind heute wichtige Faktoren für die Einstellung gerade in international ausgerichteten Unternehmen.

Es gibt drei Grundtypen: In einem „Schnupper-Praktikum" kann man erfahren, ob der Wunschberuf tatsächlich der richtige ist und den Fähigkeiten und Neigungen entspricht. Eine interessante Möglichkeit ist das Kombi-Jahr. Die Kombination aus Schule und Praktikum. Das Praktikum im Studium (akademisches Praktikum) vermittelt praktische Fähigkeiten und Kenntnisse als Ergänzung zu Studium und Ausbildung. Das Berufspraktikum schließlich dient der Weiterbildung oder vermittelt Zusatzqualifikationen.

Es gibt zwei Wege, einen Praktikumsplatz im Ausland zu bekommen: Durch die direkte Kontaktaufnahme zu den Firmen oder durch Organisationen, die sich darauf spezialisiert haben, Praktika zu vermitteln. Die Organisationen können in zwei Kategorien eingeteilt werden: Fachspezifische und fachübergreifende Organisationen. Eine weitere Möglichkeit an Auslandspraktika zu kommen sind Work & Study-Aufenthalte. Hier geht es darum, einen Sprach-, Studien- oder Schulaufenthalt im Ausland mit einem Praktikum zu verbinden. Für Fachpraktika in sozialen und naturwissenschaftlichen Bereichen siehe auch in den Kapiteln unter „Freiwilligenarbeit".

Grundsätzlich gilt: Der Umgang mit anderen Kulturen und die Selbstorganisation vor Ort erweitern den eigenen Horizont enorm und stärken die Persönlichkeit. Der Lebenslauf wird zudem durch ein Auslandspraktikum stark aufgewertet. Internationale Verflechtungen, interkulturelles Team-Building, vertriebliche Tätigkeiten auch über die Landesgrenzen hinaus machen nicht nur fremdsprachliche Kenntnisse immer elementarer für das berufliche Fortkommen, sondern fordern auch das Verständnis für andere Kulturen und Verhaltensweisen.

„Ich hatte mich für das Thema Medizin entschieden, da ich einmal Ärztin werden möchte“.

Ich habe im Sommer zwei Wochen in Oxford den English for Young Professionals Kurs mitgemacht. Dort wurde unserer international gemischten Gruppe von Jugendlichen ein guter Einblick in zukünftige Berufskarrieren gegeben. Gleich an meinem ersten Tag saß ich beim Frühstück mit Spaniern, einer Chinesin, einer Russin und einer Kamerunerin zusammen. Es wurde ausschließlich Englisch gesprochen. Meiner Einschätzung nach war B2 das niedrigste vertretene Niveau der Teilnehmer.

Ich hatte mich für das Thema Medizin entschieden, da ich einmal Ärztin werden möchte. Vor unseren Klassenräumen hielten wir vor dem Unterricht gern noch ein bisschen Smalltalk mit unserem Direktor, welcher an manchen Tagen im Anzug und an anderen Tagen in Bermuda-Shorts und Flip-Flops auftauchte. Der Unterricht setzte sich aus mehreren Bausteinen zusammen. Die ersten zwei Stunden bekamen wir Unterricht zum Thema Medizin, wo wir Vorgänge wie die Zellteilung oder den Aufbau des Herzens besprachen. Danach folgten zwei weitere Stunden zur englischen Sprache allgemein, welche sich zwar auch auf Medizin bezogen, wo der Schwerpunkt aber eher auf Grammatik und Vokabular lag. Nach der Mittagspause ging es entweder im Labor weiter oder es wurde an Projekten gearbeitet. Schon am ersten Tag erhielten wir Projektthemen, welche wir in der laufenden Woche erarbeiten und am darauffolgenden Montag vorstellen sollten. Ein weiterer Unterrichtsblock drehte sich nicht um Anatomie oder Prozesse im Körper generell, sondern zum Beispiel um pandemische Krankheiten. Bis 17:00 hatten wir also Unterricht und dann eine einstündige Pause, in der wir Freizeit hatten und tun konnten was wir wollen. Um 18:00 Uhr gab es dann Abendessen und danach folgte, wie jeden Tag, um 19:00 Uhr das Meeting und abends immer eine Abendaktivität. An einem Tag hatten wir keinen Unterricht, sondern fuhren mit dem Bus nach London, wo wir mit einem Audio-Guide eine Tour durch den Buckingham Palace machten. Mir hat das sehr viel Spaß gemacht. Danach hatten wir bis 18 Uhr Freizeit. An einem weiteren Exkursionstag fuhren die Mediziner in ein Planetarium. Die Leute, die sich für „Media“ entschieden hatten, besuchten das BBC-Studio. Wieder in der Schule arbeiten wir fleißig weiter an unseren Projekten und extrahierten z. B. im Labor DNA aus einer Erdbeere oder sezierten ein Organ.

Untergebracht waren wir in der Internatsschule D'Overbroecks in Oxford. In der Cafeteria war ich sehr überrascht über die große Auswahl. Jede Diät und Allergie wurde berücksichtigt und es wurde täglich frisch gekocht. Zudem waren die Leute an der Essensausgabe sehr nett und sind auch auf meine (veganen) Wünsche eingegangen.

Mein Fazit: Diese Reise hat mir sehr gut gefallen, denn ich habe super viel gelernt und drei Monate Biologie-Leistungskurs-Stoff komprimiert auf Englisch geschult bekommen. Es wurde auf sehr hohem Niveau mit ausschließlich fachsprachlichen Ausdrücken unterrichtet, und ich würde diese Kurse nur Leuten mit einem Sprachniveau von B2 oder besser empfehlen, die das Interesse haben, viel und schnell zu lernen. Ich hatte sehr viel Spaß und habe nette Freunde aus der ganzen Welt gefunden, mit denen ich immer noch fast täglichen Kontakt habe.

Dounia, 15 J. Medizin-Sprachkurs/Praktikum mit Carl Duisberg

Praktikum in Kanada: Das sind meine Erfahrungen

Xenia hat ein Praktikum in Kanada absolviert. Hier erfahrt ihr, wie ein Alltag in einer kanadischen Kita aussieht, und wie sie ihre Erfahrungen als Praktikantin wahrnimmt.

Was war der Grund für ein Praktikum so weit weg von zu Hause? Welche Erfahrungen und Erinnerungen hat sie mitgenommen? Was sind ihre Highlights dieser Zeit? Lest selbst:

Das bin ich:

Hello everyone,
ich bin Xenia und 19 Jahre alt und habe im Sommer 2022 für zwei Monate ein Praktikum in Kanada gemacht, genauer gesagt in Vancouver, was auf der Ostseite Kanadas liegt. Ich habe mich für ein Praktikum in Kanada entschieden, weil Kanada einfach ein supertolles Land ist, was eine Menge an Kultur und Natur zu bieten hat. Vancouver an sich habe ich mir nicht ausgesucht, mir war aber eigentlich egal, in welche kanadische Stadt ich komme, Hauptsache Kanada und Hauptsache weit weg von zu Hause. Außerdem wollte ich noch einmal richtig ins Ausland – also ohne Eltern – bevor ich mit meinem Studium beginne. Ich studiere seit Oktober 2022 Lehramt Englisch und Gesundheitswissenschaft/ Pflege und dass ich das später studieren möchte, stand eigentlich auch schon vor Praktikumsbeginn fest. Das Praktikum habe ich jedoch nicht als Vorbereitung für mein Studium gemacht, sondern für mich persönlich. Ich wollte Erfahrungen und Erinnerungen sammeln und einfach ein bisschen mehr selbstständig sein. Im Nachhinein konnte ich mir die zwei Monate Praktikum für mein Englischstudium anrechnen lassen, da ich in dessen Rahmen drei Monate ins englischsprachige Ausland gemusst hätte, so aber nur noch einen Monat ins Ausland muss. Das auf dem Foto bin ich by the way. Da war ich mit ein paar Freunden, die ich in Vancouver kennengelernt habe, in Whistler wandern.

Meine Praktikumsstelle:
Genug aber erstmal von mir, kommen wir zu meiner Praktikumsstelle in Vancouver. Ich durfte im „Berwick Child Development Center" arbeiten und ich muss ganz klar sagen, ich fand es einfach nur großartig. Die Lehrer waren super lieb, ich wurde richtig freundlich von meinen Kollegen als auch von den Kindern aufgenommen. Meine Aufgaben kann man mit der einer Erzieherin in einer deutschen Kita vergleichen, obwohl ich eigentlich in einer Vorschule gearbeitet habe. Aber in Kanada kommt erst die Vorschule und dann der „kindergarden". Über die zwei Monate sind mir die Kinder sehr ans Herz gewachsen, so dass es mir am Ende sehr schwer fiel meine Tränen zu unterdrücken.

Meine Highlights dieser Zeit:
Das Highlight meiner Arbeit waren einfach die Kinder. Ich fand es erstaunlich, wie offen sie auf mich, eine fremde Person, zugegangen sind und generell das Verhalten der Kinder untereinander welchen Respekt sie, trotz Streitereien, für sich hatten, fand ich einfach bemerkenswert. Wenn ich jedoch die Highlights meines allgemeinen Lebens in Vancouver auflisten müsste, würde jetzt eine mindestens zweiseitige Liste folgen. Und das soll jetzt keine Übertreibung sein. Aber ich beschränke mich mal lieber auf zwei, drei. Das erste Highlight war definitiv mein Trip in die Canadian Rockys. Also nach Jasper und Banff. Die Landschaft und Natur waren einfach nur wow und ich habe zum ersten Mal in meinem Leben eine Hirschkuh in freier Wildbahn leben sehen. Außerdem ist mir auch mal abends ein Stinktier über den Weg gelaufen. Das zweite Highlight für mich waren die ganzen Trips, die ich mit den Leuten unternommen habe, die ich dort kennengelernt habe. Wir haben zusammen Vancouver erkundet, sind nach Whistler zum Wandern gefahren (obwohl ich eigentlich kein Fan vom Wandern bin), haben „John Cenas Lieblingsdonuts" gegessen. Ob sie wirklich seine Lieblingsdonuts sind, kann ich leider nicht zu 100% sagen. Ich gebe nur weiter was mir gesagt wurde. Und mein drittes Highlight ist, dass ich dort meinen Freund kennengelernt habe. Das ist aber keine Garantie dafür das jede*r Kanada mit Partner*in verlässt. Ich war einfach nur lucky, kann man sagen.
Ich hoffe das ich Dich mit meinem kleinen Erfahrungsbericht mehr davon überzeugen konnte, ein Praktikum in Kanada zu machen. Es lohnt sich einfach, egal ob man vor dem Studium/Ausbildung steht oder es mitten in seinem Studium/Ausbildung macht.

Xenia´s Reise wurde von Experiment
organisiert

Deutsches Komitee der AIESEC e.V. Bonn

Mit weit über 800 Lokalkomitees in 100 Ländern ist AIESEC die größte internationale Studentenorganisation. Seit ihrer Gründung 1948 verfolgt AIESEC ein klares Ziel: Die Ausbildung von verantwortungsbewussten jungen Menschen, die heute und in ihren zukünftigen Führungspositionen einen Beitrag zur positiven Gestaltung der Gesellschaft leisten. Unsere internationale Plattform bietet Studierenden weltweit jährlich 5.500 intensive Auslandserfahrungen, über 7.700 herausfordernde Führungsaufgaben und die Möglichkeit, bereits während des Studiums ein weltumspannendes Netzwerk zu anderen Studierenden, Young Professionals, Unternehmen und Organisationen zu knüpfen. AIESEC verfolgt dabei mit der Kombination der drei Elemente „Leadership Development", „internationale Praktika" und „ Lernen in einem globalen Umfeld" einen einmaligen und ganzheitlichen Ansatz. Die drei Elemente sind integraler Bestandteil der Gesamterfahrung, die Studierende bei AIESEC durchlaufen. So bietet die Organisation Studierenden eine soziale und praxisbezogene Zusatzausbildung neben dem Studium.

2. Name:
AIESEC (Eigenname)
Deutsches Komitee der AIESEC e.V.

3. Anschrift:
Deutsches Komitee der AIESEC e.V.
Bonner Talweg 8
53113 Bonn

4. Kontaktinformationen:
Tel: 0228 / 28980 - 0
Fax: 0228 / 28980 – 10
E-Mail: hello@aiesec.de
Homepage: www.aiesec.de
Öffnungszeiten: 9.00 – 18.00 Uhr

5. Ansprechspartner:
Bundesvorstand Internationaler Praktikantenaustausch

6. Altersbegrenzung:
keine

7.Spezielle Voraussetzungen:
Bewerber müssen an einer deutschen Hochschule/ Universität immatrikuliert sein.
Haupt- oder zumindest Nebenfach mit wirtschaftswissenschaftlicher Belegung (BWL, VWL, Wirtschaftswissenschaften, Wirtschaftsinformatik o.ä.)
sehr gute Kenntnisse der englischen Sprache. Kenntnisse einer weiteren Sprache (französisch, spanisch von Vorteil)

8. Dauer des Aufenthalts:
6 bis 12 Monaten
10. Anmeldefrist oder Bewerbungsfrist:
Bewerbungen am besten zum Semesterbeginn bei unseren Lokalkomitees. Vorlaufzeit: 3-6 Monate

11. Kosten:
Insgesamt: 500 EUR. Hiervon 40 EUR– obligatorisches Vorbereitungsseminar inklusive Verpflegung und Übernachtung, 10 EUR -Rückkehrerevent oder -gespräch, 425 EUR – Vermittlungsgebühr und Administrationskosten, 25 EUR International SOS – 24h Notfallservice

12. Lohn während des Aufenthalts:
Die von AIESEC vermittelten Praktika sind alle bezahlt. Das Gehalt deckt die Lebenshaltungskosten, außer bei Development Traineeships

14. Finanzielle Förderung:
Fahrtkosten werden von AIESEC nicht erstattet.
Auslandsaufenthalte (Fachpraktika, Famulaturen, Abschnitte des praktischen Jahres) können durch den DAAD gefördert werden

17. Länder / Gebiete des Aufenthalts:
Wir vermitteln weltweit in rund 100 Länder

Adressen von weiteren Organisationen, die Fach- und Praxisbezogene Auslandspraktika vermitteln auf Seite 52-53

Beratungsstelle „Berufsbildung ohne Grenzen“ der HWK Düsseldorf

Gefördert durch: Bundesministerium für Wirtschaft und Klimaschutz aufgrund eines Beschlusses des Deutschen Bundestages

BERUFSBILDUNG OHNE GRENZEN

Handwerkskammer Düsseldorf

Die Beratungsstelle an der Handwerkskammer Düsseldorf ist Teil des gleichnamigen bundesweiten Netzwerks zur Förderung der grenzüberschreitenden Mobilität in der beruflichen Bildung. Sie ist eine Serviceleistung für die Mitgliedsbetriebe der Handwerkskammer Düsseldorf, um Mobilitätshürden langfristig zu überwinden und eine einfache wie effektive Umsetzung von Auslandspraktika in der dualen Berufsbildung zu ermöglichen. Die einzelnen Leistungen richten sich flexibel und individuell nach den Bedarfen der Betriebe. Sie reichen von der Erstinformation über die Suche nach Finanzierungsmöglichkeiten und Partnern im Ausland bis hin zur persönlichen Begleitung der Auszubildenden im ausländischen Betrieb sowie der Nachbereitung des Auslandspraktikums. Dabei ist die Beratung stets kostenlos. Siehe auch unter "Aus- und Weiterbildung"

2. Name:
Beratungsstelle „Berufsbildung ohne Grenzen“ der Handwerkskammer Düsseldorf

3. Anschrift:
Georg-Schulhoff-Platz 1, 40221 Düsseldorf

4. Kontaktinformationen:
Tel.: +49 211 87 95-608
E-Mail: rebecca.hof@hwk-duesseldorf.de
Homepage: www.hwk-duesseldorf.de/ausland
Instagram: mobilitaetsberatungduesseldorf
Facebook: BogHWKDuesseldorf/
Youtube: UCqWy04hiy3ZM19bMU0gW6KQ

5. Ansprechspartner:
Rebecca Hof
(Beraterin im Netzwerk „Berufsbildung ohne Grenzen“)

6. Altersbegrenzung:
keine Altersbegrenzung

7. Spezielle Voraussetzungen:
Das Angebot richtet sich an kleine und mittlere Unternehmen, Auszubildende, junge Fachkräfte sowie Berufsbildungspersonal (d. h. Ausbilder:innen, Betriebsinhaber:innen, Berufsschullehrer:innen, Vertreter:innen der beruflichen Bildung).

8. Dauer des Aufenthalts:
Die Aufenthaltsdauer kann individuell gestaltet werden. Bei Auszubildenden gibt es allerdings eine gesetzlich festgelegte Höchstdauer von maximal einem Viertel der regulären Ausbildungsdauer. Je nach Förderprogramm kann es darüber hinaus zeitliche Begrenzungen geben.

9. Abreisezeitpunkt:
Die Ausreise ist bei individuell gestalteten Mobilitäten ganzjährig möglich. Die Termine für Gruppenmobilitäten 2023 für Auszubildende mit bei der HWK Düsseldorf eingetragenem Lehrvertrag lauten wie folgt: 22.04.-13.05: Vigo, Spanien (für angehende Bäckerinnen/Bäcker, Konditorinnen/Konditoren), 28.05.-10.06: Niort, Frankreich (für angehende Friseurinnen/Friseure, Kfz-Mechatronikerinnen/Kfz-Mechatroniker), 02.07.-22.07: Lissabon, Portugal (offen für alle Handwerksberufe vorbehaltlich der Verfügbarkeit entsprechender Gastbetriebe im Zielort), 09.09.-30.09: Vigo, Spanien (für angehende Bäckerinnen/Bäcker, Konditorinnen/Konditoren), 01.10.-28.10: Valetta, Malta (für angehende Verwaltungsfachangestellte an HWKn und IHKn im BoG-Netzwerk), 05.11.-02.12: Turku, Finnland (offen für alle Handwerksberufe vorbehaltlich der Verfügbarkeit entsprechender Gastbetriebe im Zielort), Weitere Informationen, Anmeldefristen und -unterlagen finden Sie auf den jeweiligen Projektseiten unter https://www.hwk-duesseldorf.de/artikel/programme-fuer-auszubildende-31,0,2492.html

10. Anmeldefrist oder Bewerbungsfrist:
Wir raten, für die Organisation individueller beruflicher Auslandsaufenthalte ca. drei Monate Vorlaufzeit einzuplanen. Die jeweiligen Anmeldefristen für Gruppenmobilitäten 2023 sind auf der entsprechenden Projektseite angegeben.

11. Kosten:
Die Höhe der Reise- und Aufenthaltskosten für individuelle berufliche Auslandsaufenthalte ist abhängig vom jeweiligen Mobilitätsprojekt und kann teilweise über Förderprogramme wie z. B. Erasmus+ abgedeckt werden.

12. Lohn während des Aufenthalts:
Bei beruflichen Auslandsaufenthalten als Teil der Ausbildung wird die Ausbildungsvergütung vom deutschen Ausbildungsbetrieb weitergezahlt. Darüber hinaus sind die Lernaufenthalte im Ausland i. d. R. unvergütet.

13. Kosten während des Aufenthalts:
Auch die Kosten während des Aufenthalts fallen je nach Mobilitätsprojekt unterschiedlich aus.

14. Finanzielle Förderung:
Auslandsaufenthalte in der Berufsbildung können über diverse Förderprogramme finanziell unterstützt werden. Je nach Zielgruppe, Zielland, Aufenthaltsdauer usw. können unterschiedliche Programme in Frage kommen. Die Beratungsstelle „Berufsbildung ohne Grenzen“ der Handwerkskammer Düsseldorf berät hier individuell und informiert über die jeweils geeigneten Fördermöglichkeiten.

16. Bestimmte Staatsangehörigkeit vorausgesetzt:
Wir unterstützen unsere Mitgliedsbetriebe und deren Mitarbeiter:innen, unabhängig von deren Nationalität

17. Länder / Gebiete des Aufenthalts:
Berufliche Auslandsaufenthalte sind generell weltweit möglich.

Carl Duisberg

Carl Duisberg Centren Köln

Die Carl Duisberg Centren organisieren weltweit Praktika und Freiwilligenarbeit
- *Praktika und Sprachkurse: Vermittlung eines Arbeitspraktikums mit oder ohne vorgeschaltetem Sprachkurs (auch für Abiturienten, z. T. ab 17 Jahre)*
- *Kurzstudiengänge in Kanada in wirtschaftsorientierten Themenfeldern*
- *Freiwilligenarbeit im sozialen oder ökologischen Bereich oder im Tierschutz, teilweise mit vorgeschaltetem Sprachkurs*
- *Work und Travel: Jobben im Ausland*

Siehe auch unter „Work & Travel", „Ök. Arb., Farmstay, Wildlife Experience", „Schulaufenthalt im Ausland" und „Summer School".

2. Name:
Carl Duisberg Centren gemeinnützige GmbH
Abt. Sprachreisen

3. Anschrift:
Hansaring 49-51
50670 Köln

4. Kontaktdaten:
Tel: 0221 / 16 26 255
E-mail: praktika@cdc.de
Internet: www.carl-duisberg-auslandspraktikum.de
#carl_duisberg_im_ausland

5. Ansprechspartner:
Stefanie Schmitz

6. Altersbegrenzung:
18 - ca. 30 Jahre, teilweise bereits ab 17 Jahre; teilweise ohne obere Altersbegrenzung

7. Spezielle Voraussetzungen:
Gute Sprachkenntnisse bei Praktikumsbeginn; für einige Programme sind Vorerfahrungen im gewünschten Arbeitsbereich erforderlich.

8. Dauer des Aufenthalts:
Praktikumsdauer je nach Land und Programm zwischen 1 und 6 Monaten, je nach vorhandenen Sprachkenntnissen vorgeschalteter Sprachkurs von 2 bis 12 Wochen. Freiwilligenarbeit ab 2 Wochen.

9. Abreisezeitpunkt:
Ganzjährig

10. Anmeldefrist oder Bewerbungsfrist:
Keine festen Fristen, in der Regel Vorlaufzeit von 2-3 Monaten

11. Kosten:
4 Wochen Sprachkurs und 4 Wochen Praktikum (Vermittlung und Betreuung) inklusive 8 Wochen Unterkunft / Verpflegung, ab ca. 3.600 EUR.
Preise variieren je nach Programmdauer und Land.

12. Lohn während des Aufenthalts:
Praktika sowie Freiwilligenarbeit sind in der Regel unbezahlt. Bei Jobs im Rahmen von Work & Travel erhält man mindestens den Mindesteslohn.

13. Kosten während des Aufenthalts:
Es entstehen Kosten für Anreise, Reiseversicherungen, öffentliche Verkehrsmittel, Taschengeld, Reisen im Land, ggf. Visum.

16. Bestimmte Staatsangehörigkeit vorausgesetzt:
Die Angebote stehen allen EU-Bürgern offen, soweit nicht einzelstaatliche Visabestimmungen dem entgegenstehen.

17. Länder / Gebiete des Aufenthalts:
Praktika:
Australien, Neuseeland, Kanada, Irland, Argentinien, Spanien
College Programs / Kurzstudiengänge:
Kanada
Volunteer Work / Freiwilligenarbeit:
Kanada, Südafrika, Australien, Thailand, Namibia Neuseeland, Chile, Costa Rica, Spanien

Die Carl Duisberg Centren sind Mitglied im Fachverband Deutscher Sprachreiseveranstalter (FDSV) und durch die Landes-Verbände ausgezeichnet als Canada Specialist / Aussie Specialist / NZ Specialist / SA Specialist.

Deutsch-Kanadische Gesellschaft e.V. Köln

In Kooperation mit der kanadischen Botschaft in Berlin vermittelt die DKG studiennahe Praktika in Kanada für eine limitierte Anzahl überdurchschnittlicher Studierender aus Deutschland. Rechtsreferendare erhalten die Möglichkeit, im Rahmen der Wahlstation juristische Praxiserfahrung bei renommierten Wirtschaftskanzleien in Kanada zu sammeln. Zu diesem Zweck arbeitet die DKG mit namhaften in Kanada ansässigen kanadischen und deutschen Unternehmen, Beratungsfirmen und Institutionen zusammen, die ein Interesse daran haben, überdurchschnittliche Studierende in der Praxis kennen zu lernen. Die DKG vermittelt die Praktikantenplätze und trifft als Talent Scout eine Vorauswahl unter den Bewerbern. Maßgeblich für ein Matching von Angebot und Nachfrage sind die individuellen Vorgaben der kanadischen Arbeitgeber. Die DKG unterstützt die Praktikanten/ Rechtsreferendare darüber hinaus bei der Beantragung des Visums, der Arbeitsgenehmigung und der Sozialversicherungsnummer.

2. Name:
DKG, Deutsch-Kanadische Gesellschaft e.V.
German Canadian Association

3. Anschrift:
Innere Kanalstr. 15, 50823 Köln

4. Kontaktinformationen:
Tel: 0221-257 6781, Fax: 0221-257 7236
E-Mail: info@dkg-online.de
Für Bewerbungen: wsp@dkg-online.de
Homepage: www.dkg-online.de

6. Altersbegrenzung:
maximal 35 Jahre

7. Spezielle Voraussetzungen:
Angesprochen sind in erster Linie Studierende wirtschaftsnaher und politischer Fachrichtungen sowie angehende Ingenieure. Zusätzlich können wir für Juristen einige wenige Praktika bei führenden Wirtschaftskanzleien als Wahlstation im Rahmen der Referendarzeit vermitteln. Wir erwarten in jedem Fall von den DKG-Praktikanten: überdurchschnittliche Leistungen in Studium bzw. Referendariat, hohe Einsatzbereitschaft und Zuverlässigkeit, sehr gute Englisch- und/oder Französisch-Kenntnisse, die Bereitschaft und das Potential, Führungsverantwortung zu übernehmen, über-zeugendes Interesse an Kanada, soziales Engagement

8. Dauer des Aufenthalts:
Etwa 6 Monate

10. Anmeldefrist oder Bewerbungsfrist:
Bewerbungen werden entgegengenommen, solange noch Arbeitsgenehmigungen bei der Botschaft zur Verfügung stehen; bei Rücktritt vom Programm nach Einreichung der Unterlagen bei der Botschaft kann keine Erstattung erfolgen.

11. Kosten:
Die Bearbeitungsgebühr der DKG für die Vermittlung des Praktikumsplatzes und die Hilfestellung bei der Beschaffung der Arbeitsgenehmigung beträgt zurzeit 200 EUR und wird nur fällig bei erfolgreicher Vermittlung eines Praktikums. Die Praktikanten / Rechtsreferendare werden mit der Vermittlung des Praktikums Mitglied der DKG. Der Mitgliedsbeitrag beträgt 40 EUR jährlich (als Spende steuerlich absetzbar). Die Praktikanten / Referendare tragen darüber hinaus die Kosten für An- und Abreise, die Gebühren der kanadischen Behörden für Visa und Arbeitserlaubnis (derzeit 250 CAD) sowie die Krankenversicherung und die Lebenshaltungskosten in Kanada (einschließlich Wohnung). In vielen Fällen hilft der Arbeitgeber bei der Wohnungssuche oder bietet selbst eine Unterbringung an. Auch die DKG hilft mit Vermieterlisten.

12. Lohn während des Aufenthalts:
Eine Vergütung der Praktikantentätigkeit wird gegebenenfalls zwischen dem Arbeitgeber und dem Praktikanten abgesprochen.

13. Kosten während des Aufenthalts:
Kost und Logis, Taschengeld, Freizeitaktivitäten, Ausflüge

14. Finanzielle Förderung:
Stiftungen wie zum Beispiel die Studienstiftung des Deutschen Volkes und die Stiftung der Deutschen Wirtschaft, unterstützen Auslandspraktika ihrer Stipendiaten.

17. Länder / Gebiete des Aufenthalts:
Kanada

Europäische Kommission Brüssel und Luxembourg

Als Praktikant (stagiaires) Berufserfahrung in einer der Kommissionsdienststellen sammeln. In der Regel verrichten sie die Arbeit jüngerer Beamter des höheren Dienstes, d. h. sie verfassen Sitzungsprotokolle, führen Recherchen zu einem bestimmten Thema durch, bewerten Projekte oder Programme zur wirtschaftlichen, finanziellen und technischen Zusammenarbeit, prüfen Beihilferegelungen oder Fälle von Vertragsverletzungen usw.

2. Name:
Europäische Kommission

3. Anschrift:
Generalsekretariat - Praktikantenbüro
68, rue Belliard, 1049 Brüssel

4. Kontaktinformationen:
Tel: 0032 2 299 11 11, Fax: 0032 2 295 01 38
Homepage: https://ec.europa.eu/stages/home_en

6. Altersbegrenzung:
Die Bewerber dürfen bei Ablauf der Bewerbungsfrist nicht älter als 30 Jahre sein

7. Spezielle Voraussetzungen:
Die Bewerberin/der Bewerber muss zum Zeitpunkt der Bewerbung ein abgeschlossenes Hochschulstudium nachweisen können und eine Gemeinschaftssprache gründlich und eine weitere zufrieden stellend beherrschen.

8. Dauer des Aufenthalts:
5 Monate

9. Abreisezeitpunkt:
März oder Oktober

10. Anmeldefrist oder Bewerbungsfrist:
Dreistufiges Einstellungsverfahren:

1. Bewerbung.
Für die im Oktober beginnenden Praktika:
Bewerbung im Januar.
Für die im März beginnenden Praktika:
Bewerbung im Juli/August.

2. Vorauswahl
Alle Bewerbungen werden einzeln nach folgenden Gesichtspunkten geprüft: akademisches Profil, Sprachkenntnisse und weitere Befähigungen. Daraufhin wird eine Rangliste erstellt, und die 2.800 Bewerberinnen und Bewerber mit der höchsten Punktzahl kommen in die engere Wahl. Bewerbungen, die den formalen Voraussetzungen nicht entsprechen, bleiben unberücksichtigt.

3. Einstellung
Die Kommissionsdienststellen wählen anhand ihrer spezifischen Erfordernisse und Kriterien (Sprachen, Studiengang, Berufserfahrung usw.) Kandidatinnen und Kandidaten aus. In jeder Runde werden ca. 650 Praktikantinnen und Praktikanten eingestellt. Die Bewerbungen sind via Internet einzureichen. Nur die in die Vorauswahl aufgenommenen Bewerber/-innen für das virtuelle blaue Buch werden im weiteren Verlauf aufgefordert, die nötigen Unterlagen vorzulegen, z.B.:
- Kopien des Personalausweises/Reisepasses,
- Kopien der Hochschulzeugnisse,
- Belege zum Nachweis angegebener Sprachkenntnisse (Kurse, Auslandsaufenthalte usw.),
- gegebenenfalls Belege zum Nachweis angegebener Berufserfahrung

12. Lohn während des Aufenthalts:
Sie erhalten eine monatliche Vergütung von 1176,83 EUR sowie Reisespesen und können über die Kommission eine Unfall- und Krankenversicherung abschliessen

14. Finanzielle Förderung:
Alle Bewerber kommen für ein Stipendium entsprechend der Regelung für die Praktika in Betracht; auch die Reisekosten werden (bis zu einer bestimmten Höhe) erstattet. Um behinderten Praktikanten eine gleichberechtigte Teilnahme zu erleichtern, können diese ein um 50% höheres Grundstipendium erhalten

17. Länder / Gebiete des Aufenthalts:
Brüssel und Luxembourg

Experiment Bonn

EXPERIMENT
DEINE AUSTAUSCHORGANISATION

Explore. Exchange. Experience.
Experiment ist Deutschlands älteste gemeinnützige Austauschorganisation und sitzt in Bonn. Seit über 90 Jahren hat sie es sich zum Ziel gesetzt, den Austausch zwischen Menschen aller Kulturen, Religionen und Altersgruppen zu fördern. Der Verein bietet eine große Bandbreite an interkulturellen Programmen in vielen verschiedenen Ländern, darunter Schüleraustausche, Freiwilligendienste, Ferienprogramme, Praktika und Sprachreisen. Experiment ist Gründungsmitglied des „Arbeitskreises gemeinnütziger Jugendaustausch"(AJA), und legt großen Wert auf die Qualität der Austauschprogramme.

*Auslandsparktikum: Experiment bietet unbezahlte Praktika im Ausland ab vier Wochen bis zu einem Jahr an – für Abiturient*innen, Auszubildende, Studierende und alle, die Lust haben, internationale Arbeitsluft zu schnuppern. Ob Marketing in Australien, Medizin in Argentinien oder Bildung in Italien - Experiment kümmert sich darum, den idealen Praktikumsplatz zu finden. Ein Praktikum im Ausland bietet die Chance, nicht nur einen Beruf, sondern auch die Menschen, die Sprache und sich selbst besser kennenzulernen. Siehe auch unter „Au Pair", „Flex. Freiwilligenarbeit", „Gef. Freiwilligendienste", „Schulaufenthalt" und „Homestay"*

PRAKTIKUM

2. Name:
Experiment – Deine Austauschorganisation

3. Anschrift:
Gluckstraße 1, 53115 Bonn

4. Kontaktinformationen:
Tel.: 0228 95722-0, Fax: 0228 358282
E-Mail: info@experiment-ev.de
Internet: www.experiment-ev.de
Social Media: experiment.ev

5. Ansprechspartner:
Ana Klähn, klaehn@experiment-ev.de

6. Altersbegrenzung:
ab 18 Jahren

7. Spezielle Voraussetzungen:
gute Sprachkenntnisse des Ziellandes, Interesse an interkulturellem Austausch, Flexibilität, Offentheit und Toleranz

8. Dauer des Aufenthalts:
1 bis 6 Monate (je nach Land)

9. Abreisezeitpunkt:
Ausreise ganzjährig möglich (außer im Dezember)

10. Anmeldefrist oder Bewerbungsfrist:
verbindliche Anmeldung spätestens drei Monate vor der Ausreise

11. Kosten:
ab 1.680 EUR je nach Dauer und Land plus Flug, Versicherung und Visum. Gesamtpaket inkl. Vermittlung, z.T. Unterbringung und Verpflegung in Gastfamilie oder WG, Vor- und Nachbereitung

13. Kosten während des Aufenthalts:
Taschengeld, Transport zur Praktikumsstelle, ggf. Kosten für Verpflegung je nach Unterkunftsart und für eventuelle erforderliche Quarantäne

14. Finanzielle Förderung:
Teilstipendien von Experiment zwischen 1.000 und 2.000 EUR

16. Bestimmte Staatsangehörigkeit vorausgesetzt:
Reisepass mit Working-Holiday-Abkommen für einige Länder

17. Länder / Gebiete des Aufenthalts:
Australien, Irland, Kanada, Neuseeland und Spanien

GO International Work and Travel Providers Vancouver, British Columbia, Kanada

GO International ist eine kanadische Organisation, die im Rahmen des Canadian Internship Program Praktika für junge Erwachsene in Kanada vermittelt. Vorteile des Canadian Internship Program: Teilnehmer haben die Möglichkeit Auslandserfahrung in ihrem Fachgebiet zu sammeln, neue Fähigkeiten zu erlernen und Erfahrungen im Umgang mit verschiedenen Kulturen und Wertvorstellungen in einem G8-Land zu machen. Zudem haben sie Gelegenheit sich für das weltweit anerkannte Univ of Cambridge Work Experience Certificate zu qualifizieren. Das Programm beinhaltet: Eingehende Beratung, Vermittlung eines Jobs mit einer Laufzeit von min. 3 Monaten in Kanada noch vor der Anreise, Orientierungstreffen mit dem Berater von Go International vor Ort zur Besprechung aller Fragen rund um die Jobsuche und den Aufenthalt in Kanada. Freizeitaktivitäten in Vancouver vom Nachtclub bis zum Skitrip. Optionale Englischkurse durch die GI Partnerschulen, Tamwood International College in Vancouver oder Whistler.
Siehe auch unter "Work & Travel"

2. Name:
GO international Work and Travel Providers,
a division of Tamwood International College Ltd.

3. Anschrift:
200-889 W Pender Street
Vancouver, British Columbia, Canada
V6C 3B2

4. Kontaktinformationen:
Telefon: 001 604 899 4480, Fax: 001 604 899 4481
Email: info@gointernational.ca
Web: www.gointernational.ca

6. Altersbegrenzung:
Alter von 18-35 Jahren

7. Spezielle Voraussetzungen:
Berufsausbildung oder Universitätsabschluss.
Arbeitsbereiche richten sich nach Fachbereichen der Bewerber

8. Dauer des Aufenthalts:
3 - 18 Monate

9. Anreisezeitpunkt:
Jederzeit

10. Anmeldefrist oder Bewerbungsfrist:
Bis spätestens 12 Wochen vor Anreise

11. Kosten:
Angebote über GO International

12. Lohn während des Aufenthalts:
Die meisten Praktika sind unbezahlt, einige Arbeitgeber bezahlen ein Stipendium oder bieten die Unterkunft

13. Kosten während des Aufenthalts:
Kost und Logis, Aktivitäten und Transport

16. Bestimmte Staatsangehörigkeit vorausgesetzt:
Das Programm ist nur für junge Erwachsene aus Ländern die ein Bilateral Gouverment Visa Agreement haben: z.Zt. Deutschland, Österreich, Finnland, Frankreich, Niederlande und die Schweiz

17. Länder / Gebiete des Aufenthalts:
Vancouver und Umland, Kanada

INTERSWOP
Hamburg

INTERSWOP
AUSLANDSAUFENTHALTE

Fachpraktika, Pflichtpraktika u. Vorpraktika in allen Fachbereichen in Australien, Neuseeland, USA, Kanada, Südafrika, Lateinamerika und China. Bezahlte Fachpraktika in USA, Südafrika, Mauritius und Portugal.
Siehe auch unter „Work & Travel" und „Ökologische Arbeit, Farmstay, Wildlife Experience".

2. Name:
INTERSWOP
Interswop Auslandsaufenthalte Sprach- und Bildungsreisen GmbH

3. Anschrift:
INTERSWOP
Bogenstraße 54 a
20144 Hamburg

4. Kontaktinformationen:
Tel.: 040-410 80 28
info@interswop.com
www.interswop.de

5. Ansprechspartner:
Marion Priess

6. Altersbegrenzung:
18 - 35

7. Spezielle Voraussetzungen:
Abiturienten, Studenten, Absolventen und junge Berufstätige

8. Dauer des Aufenthalts:
2 – 12 Monate

9. Abreisezeitpunkt:
Flexibel

10. Anmeldefrist oder Bewerbungsfrist:
Ca. 4 – 6 Monate vor Programmbeginn

11. Kosten:
Ab ca. 2.000 EUR, je nach Zielland und Aufenthaltsdauer. Für Praktikumsplatzierung, Unterkunft, Ansprechspartner vor Ort

16. Bestimmte Staatsangehörigkeit vorausgesetzt:
Für alle.

17. Länder / Gebiete des Aufenthalts:
Australien, Neuseeland, USA, Kanada, Südafrika, Argentinien, Costa Rica, Indien, Kambodscha, China u.a.

PASANTIAS ARGENTINAS
Die ohne Vermittlungsgebühren

Pasantias Argentinas
Córdoba
Argentina

Fachpraktikum, Pflichtpraktikum, Vorpraktikum, Farmstays, Work & Travel, Volunteering in Argentinien.

2. Name:
Pasantias Argentinas

3. Anschrift:
Pasantias Argentinas
Antonio del Viso 32
C. P. 5001 Córdoba, Argentina

4. Kontaktinformationen:
Tel.: 0054 – 351 – 474 59 47
info@pasantias-argentinas.com
www.pasantias-argentinas.com

5. Ansprechspartner:
Kai-Peter Weers

6. Altersbegrenzung:
18 – 48

7. Spezielle Voraussetzungen:
Auch für Sprachanfänger geeignet, da ein Spanischkurs belegt werden kann

8. Dauer des Aufenthalts:
1 - 12 Monate.

9. Abreisezeitpunkt:
Flexibel

10. Anmeldefrist oder Bewerbungsfrist:
Ca. 4 Wochen vor Programmbeginn

11. Kosten:
Teilnehmer zahlt nur für Unterkunft und Sprachkurs. Ca. 85 EUR / Woche Unterkunft, ca. 140 EUR / Woche Sprachkurs

16. Bestimmte Staatsangehörigkeit vorausgesetzt:
Für alle.

17. Länder / Gebiete des Aufenthalts:
Argentinien

PractiGo GmbH
Bremen

PractiGo® Sprachen erleben

PractiGo vermittelt bereits seit 2001 weltweit maßgeschneiderte Praktika und Sprachreisen sowie die Programme Work & Travel und Hotelarbeit. Auf Wunsch werden Unterkunft, Sprachkurs, Transfer und Versicherungen mit organisiert. Über den Starttermin und die Dauer des Aufenthalts kann jeder Teilnehmer selbst bestimmen. Dank unseres weltweiten Koordinatoren-Netzwerks und unserer langjährigen Erfahrung haben wir eine außergewöhnlich hohe Vermittlungsquote. Zusätzlich zu einer ausführlichen Beratung vorab ist auch die Betreuung der Teilnehmer vor Ort für uns selbstverständlich. Siehe auch unter „Work & Travel" und „Tourismus".

2. Name:
PractiGo GmbH – Sprachen erleben

3. Anschrift:
PractiGo GmbH
Neidenburger Str. 9
28207 Bremen

4. Kontaktinformationen:
Tel: 0049 (0) 421 408977 - 0
Fax: 0049 (0) 421 408977 - 60
E-Mail: info@practigo.com
Homepage: www.practigo.com

5. Ansprechspartner:
Das gesamte PractiGo-Team steht Dir für Fragen zur Verfügung.

6. Altersbegrenzung:
Mindestalter für maßgeschneiderte Praktika: 18 Jahre (in manchen Ländern schon mit 17 Jahren möglich)

7. Spezielle Voraussetzungen:
Sprachlich: Gute Kenntnisse der Landessprache oder Teilnahme an einem Sprachkurs vor Ort und vor Beginn des Praktikums. Fachlich: Keine speziellen Voraussetzungen erforderlich. Einschränkungen bei bestimmten Praktikumsbereichen möglich.

8. Dauer des Aufenthalts:
4 bis 52 Wochen, evtl. Ausnahmen durch Visavorgaben.

9. Abreisezeitpunkt:
Das ganze Jahr über. Starttermine können individuell festgelegt werden.

10. Anmeldefrist oder Bewerbungsfrist:
Mind. 3-4 Monate vor gewünschtem Abreisedatum. Auf Anfrage jedoch auch kurzfristiger möglich.

11. Kosten:
Abhängig von dem Reiseziel. Vermittlungskosten Praktikum ab 695 EUR. Optional buchbar: Unterkunft, Sprachkurs, Flughafentransfer und Versicherung.
Auf www.practigo.com kann man sich mithilfe des Preiskalkulators auch den kompletten Preis ausrechnen lassen.

12. Lohn während des Aufenthalts:
Praktika sind i. d. R. unvergütet. Vergütete Alternativen sind Work & Travel oder Hotelarbeit.

13. Kosten während des Aufenthalts:
Je nach Land unterschiedlich.

14. Finanzielle Förderung:
Unsere Programme sind kombinierbar mit Fördermaßnahmen. Details unter www.practigo.com.

16. Bestimmte Staatsangehörigkeit vorausgesetzt:
Auslandspraktika sind in der Regel für alle EU-Bürger, Ausnahmen sind jedoch möglich.

17. Länder / Gebiete des Aufenthalts:
Argentinien, Australien, Deutschland, Frankreich, Irland, Italien, Kanada, Malta, Neuseeland und Spanien. In jedem land stehen meist verschiedene städte zur Wahl. In allen Zielen sind auch Sprachreisen ab einer Woche möglich.

Rainbow Garden Village München

Rainbow Garden Village (RGV) ist eine Volunteer Organisation für Freiwilligenarbeit und Auslandspraktika weltweit. Du findest hier in den Bereichen Soziales & Unterrichten, Tiere & Wildlife, Umwelt & Klima, Medizin & Pflege, Sport, Handwerk sowie Kreatives & Community jede Menge Möglichkeiten, dich zu engagieren – und das in über 30 Ländern weltweit. Lass dich von der Rainbow Garden Village Programmkoordination individuell beraten, es wird garantiert das passende Projekt für dich gefunden! RGV wurde 1999 in Ghana gegründet, um die Bildungssituation durch den Einsatz von Volunteers in den ländlichen Regionen zu verbessern. Das Konzept wurde erweitert und zunächst auf 10 Länder in Afrika und Asien angewendet. Mittlerweile wurde das Portfolio um etliche Projekte in weiteren Ländern in Europa, Lateinamerika und Ozeanien erweitert und du kannst aus unterschiedlichen Tätigkeitsbereichen wählen. Siehe auch unter „Flex. Freiwilligenarbeit und -dienste"

2. Name:
Rainbow Garden Village (RGV)

3. Anschrift:
Rosenkavalierplatz 18, 81925 München, Deutschland

4. Kontaktdaten:
Tel: 089 45453793
E-Mail: info@rainbowgardenvillage.com
Homepage: www.rainbowgardenvillage.com
Instagram: rainbow_garden_village
Telefonzeiten Mo - Fr : 10 - 12 und 14 - 16 Uhr
und auf Anfrage

5. Ansprechspartner:
RGV Team, info@rainbowgardenvillage.com

6. Altersbegrenzung:
Mindestalter: 16 (mit Einverständniserklärung der Eltern)
Höchstalter: -

7. Spezielle Voraussetzungen:
Die Mitarbeit ist in den meisten Projekten bereits ohne Vorkenntnisse möglich. Bei den Angeboten zur Freiwilligenarbeit werden generell keine Ausbildungen erwartet. Bei Pflichtpraktika im Bereich Medizin, BWL und Lehramt teilweise schon. Sprachkenntnisse begrenzen sich auf Englisch (fast alle Projekte), Französisch (Togo, Senegal) und Spanisch (Lateinamerika & Spanien). Sprachkurse in den verschiedenen Landessprachen werden zum Teil kostenlos vor Ort angeboten.

8. Dauer des Aufenthalts:
Mind. 2 Wochen bis zu 1 Jahr; es kann währenddessen oder nachträglich verlängert werden.

9. Abreisezeitpunkt:
Der Einsatz in den Zielländern kann das ganz Jahr über starten.

10. Anmeldefrist oder Bewerbungsfrist:
Am besten 2-3 Monate vor Projektstart (generell gibt es aber keine Fristen). Die optimale Vorbereitung gewährleistet unser Team in Deutschland, der persönliche Kontakt spielt dabei eine wichtige Rolle. Du hast die Möglichkeit, an einem Online-Vorbereitungsseminar teilzunehmen.

11. Kosten:
Die Gebühren variieren je nach Tätigkeitsbereich und Land: 2 Wochen ab ca. 950 EUR. Darin enthalten sind Airporttransfer im Zielland, Projektkosten und Platzierung, Ansprechpartner und Orientierungsprogramm vor Ort, Unterbringung mit Verpflegung (variiert), umfangreiches Reise ABC, RGV T-Shirt, Teilnahmebescheinigung

12. Lohn während des Aufenthalts:
Verpflegung, Betreuung und Unterkunft sind in der Gebühr enthalten. RGV ist eine gemeinnützige Gesellschaft, Programmteilnehmende erhalten keinen Lohn.

13. Kosten während des Aufenthalts:
Taschengeld, Auslandskrankenversicherung, Wochenendausflüge, Freizeitausgaben, Visumskosten

14. Finanzielle Förderung:
Erasmus+ und Förderungen für Praktika sind möglich

16. Bestimmte Staatsangehörigkeit vorausgesetzt:
Jede:r kann teilnehmen, solange gute Englisch-, Spanisch oder Französischkenntnisse vorhanden sind.

17. Länder / Gebiete des Aufenthalts:
Griechenland, Rumänien, Spanien, Ungarn, Island, Italien, Schweden, Kroatien, Ghana, Namibia, Tansania, Simbabwe, Senegal, Togo, Uganda, Südafrika, Indonesien, Indien, Nepal, Thailand, Sri Lanka, Vietnam, Bolivien, Dom Rep, Peru, Chile, Costa Rica, Ecuador, Australien, Neuseeland

TravelWorks Münster

Praktikum

Siehe auch unter „Au Pair", „Work & Travel", „Flex. Freiwilligenarbeit", „Schule", „Sprachreisen", „Summer School" und „Erlebnisreisen".

2. Name:
TravelWorks

3. Anschrift:
Münsterstr. 111
48155 Münster

4. Kontaktinformationen:
Tel: 02506-8303-500, Fax: 02506-8303-230
E-Mail: praktikum@travelworks.de
Homepage: www.travelworks.de
Öffnungszeiten: 09:00 Uhr bis 18:00 Uhr

6. Altersbegrenzung:
20-40 Jahre

7. Spezielle Voraussetzungen:
- Gute bis sehr gute Englischkenntnisse.
- ggf. polizeiliches Führungszeugnis.
- Abschluss einer weiterführenden Schule, teilweise eingeschriebener Student bzw. Absolvent.
- Vorherige Arbeitserfahrung gern gesehen, teilweise Voraussetzung.
- Motivation, Selbstständigkeit, Flexibilität, Anpassungsvermögen.
- USA: J1-Visum.

8. Dauer des Aufenthalts:
Zwischen 4 Wochen und 24 Monaten, je nach Programm.

9. Abreisezeitpunkt:
I.d.R. ganzjährig, in Absprache mit dem Praktikumsgeber.

10. Anmeldefrist oder Bewerbungsfrist:
I.d.R. mindestens 3 Monate vor Programmbeginn.

11. Kosten:
ab 1.130 EUR

12. Lohn während des Aufenthalts:
In den USA werden die Praktika für Studenten, Absolventen und Berufstätige in vielen Fällen vergütet. Ein Verdienst von 1.000 USD pro Monat, ein zur Verfügung gestelltes Auto bzw. Apartment sind keine Ausnahme. Zudem übernehmen einige Firmen die anfallenden Programmgebühren, sodass vielen Teilnehmern diese Kosten ebenfalls erspart bleiben.

13. Kosten während des Aufenthalts:
Abhängig vom Programm und den individuellen Bedürfnissen; ca. 300 EUR pro Woche sind ein realistischer Durchschnittswert (Unterkunft, Verkehrsmittel, Ausflüge, Mahlzeiten etc.).

16. Bestimmte Staatsangehörigkeit vorausgesetzt:
Jede Nationalität, aber Wohnsitz in Deutschland.

17. Länder / Gebiete des Aufenthalts:
USA

Weitere Adressen zu fach- und praxisspezifischen Praktika

Berufs- und Werkstudententätigkeit im Ausland, Praktika:

Bundesagentur für Arbeit
Zentrale Auslands- und Fachvermittlung (ZAV)
Internationale Arbeitsvermittlung
Villemombler Straße 76
53123 Bonn
Tel: 0228-713-13 13, Fax: 0228-713-27 01 111
Email: zav-auslandsvermittlung@arbeitsagentur.de
Homepage: www.arbeitsagentur.de
www.ba-auslandsvermittlung.de

Praktika für Hochschulstudenten:
Akademische Auslandsämter der Hochschulen
Homepage: www.hochschulkompass.de
(Link: Hochschulen).

Geoökologie:
VGöD e.V. Umweltbüro,
Alexanderstraße 9, 95444 Bayreuth
Tel: 0921/72 15 92 15, Fax: 0921/85 14 97
E-Mail: vgoed@geooekologie.de
Homepage: www.geooekologie.de

Hauswirtschaft:
Internationaler Verband für Hauswirtschaft
Kaiser-Friedrich-Str. 13
53113 Bonn
Tel: 0228/9212590
Fax: 0228/9212591
E-Mail: office@ifhe.org
Homepage: www.ifhe.org

Landwirtschaft / Agrarbereich:
Schorlemer Stiftung des DBV e.V.
„Internationaler Praktikantenaustausch"
Godesberger Allee 66
53175 Bonn
Tel: 0228/ 92657 - 21/22/23,
Fax: 0228/ 92657 -15
E-Mail: dbv-praktika-international@bauernverband.net
Homepage: www.bauernverband.de
(Link:: Service, Praktikantenaustausch)

Medizin (Human –und Zahnmedizin) sowie Pharmazie:
Humanmedizin:
(auch für Fahrtkostenzuschüsse)
Bundesvertretung der Medizinstudierenden in Deutschland e.V. (bvmd)
Robert-Koch-Platz 7, 10115 Berlin
Telefon: 030-9560020-3, Telefax: 030-9560020-6
E-Mail: austauschbuero@bvmd.de
Homepage: www.bvmd.de
(Link: Austausch)

Pharmazie:
Bundesverband der Pharmaziestudierenden in Deutschland e.V., Deutsches Apothekerhaus
Jägerstraße 49/50, 10117 Berlin
Telefon: 030/400 04-0, Telefax: 030/400 04-598
E-Mail: ipsf@bphd.de
Homepage: www.bphd.de oder www.ipsf.org

Zahnmedizin:
(auch für Fahrtkostenzuschüsse)
Zahnmedizinischer Austauschdienst
Mallwitzstraße 16, 53177 Bonn
Tel: 0228/85 57 44, Fax: 0228/34 06 71
E-Mail: db@fvdz.de
Homepage: www.zad-online.com

Nützliche internationale Adresse zu Medizinpraktika:
International Federation of Medical Students' Associations - IFMSA
IFMSA International Secretariat, c/o Academic Medical Center, Meibergdreef 15 1105AZ Amsterdam, Niederlande
E-Mail: gs@ifmsa.org
Homepage: www.ifmsa.org

Lehramt und Soziales:
Moderne Sprachen (vorzugsweise Lehramt)
Kultusministerkonferenz, Pädagogischer Austauschdienst
Graurheindorfer Straße 157
Tel: 0228 / 501-0, Fax: 0228 / 501-333
Fremdsprachenassistenten und Comenius
E-Mail: pad@kmk.org
Homepage: www.kmk-pad.org

Sozialpädagogik, Sozialarbeit, Heilpädagogik:
Deutscher Berufsverband für Soziale Arbeit e.V.
Michaelkirchstraße 17/18, 10179 Berlin
Tel.: +49 (0)30 2887563-10
Fax: +49 (0)30 2887563-29
E-Mail: info@dbsh.de
Homepage: www.dbsh.de

Rechtswissenschaften:
el§a - European Law Students' Association
STEP - Student Trainee Exchange Programme
Rohrbacher Straße 20, 69115 Heidelberg
Tel: 06221/60 14 58, Fax: 06221/60 14 59
E-Mail: info@elsa-germany.org
Homepage: www.elsa-germany.org

Wirtschaft:
Volks- und Betriebswirtschaft
Bundesverband Deutscher Volks- und Betriebswirte e.V. (bdvb), Florastraße 29, 40217 Düsseldorf
Tel: 0211/ 37 10 22, Fax: 0211/ 37 94 68
E-Mail: info@bdvb.de
Homepage: www.bdvb.de
(Link:: Karriere - bdvb Firmenkontaktforum)

Wirtschaftsingenieurwesen:
Deutsches Komitee der IAESTE im DAAD
Referat 514 ,
Kennedyallee 50, 53175 Bonn
Tel: 0228-882-0
E-Mail: iaeste@daad.de
Homepage: www.iaeste.de

Informationsbroker für selbstorganisierte Praktika:

Tageszeitungen bieten die aktuellsten Informationen über Jobangebote und Möglichkeiten. Viele Zeitungen sind online bequem von zuhause erreichbar. So lassen sich bereits vor der Reise Kontakte knüpfen und Möglichkeiten klären.

In den meisten größeren Städten in der Bundesrepublik kann man IHK und Bibliotheken (Stadt, Universitäten und Fachhochschulen) besuchen, um Nachschlagewerke zu nutzen, wie:

Kompass (als CD-ROM, im Internet: www.kompass.com oder als Buch):
Kompass ist eine internationale B2B-Datenbank mit mehr als 5 Millionen Firmen,
Namen von Führungskräften, Internationale Klassifikation mit über 23 Mio. Produkten / Dienstleistungen

Damit können Anschriften, Ansprechpartner (z.B. Personal, Vertriebs- oder Marketingleiter) gezielt gesucht werden.

Wer liefert Was, www.wlw.de:
Bei Interesse an besonderen Branchen hilfreich.
Informationsanbieter für Firmen, Produkte und Dienstleistungen.

Deutscher Industrie- und Handelskammertag (DIHK)
Breite Str. 29, 10178 Berlin
Tel.: 030 20308-0, Fax: 030 20308-1000
E-Mail: infocenter@berlin.dihk.de
Homepage: www.diht.de

Auswärtiges Amt
Praktikum an einer deutschen Auslandsvertretung
Auswärtiges Amt, Akademie Auswärtiger Dienst
Werderscher Markt 1, 10117 Berlin
Tel.: (030)-1817 -0 / -2000
Fax: (030)-1817 3402
E-Mail: 1-ak-010@auswaertiges-amt.de
Homepage: www.auswaertiges-amt.de

Literaturtipps

Tepelea, Aladár:
Das Insider-Dossier: Praktikum bei Top-Unternehmen: Die besten Praktika im In- und Ausland: Finden, bewerben, rocken!
Campus Verlag. 2012.

Hesse, Jürgen und Schrader, Hans Christian:
Beruf & Karriere Bewerbungs- und Praxismappen: Praxismappe für Praktikanten, Volontäre, Trainees: Mit der optimalen Bewerbung zum erfolgreichen Berufseinstieg
Stark Verlagsgesellschaft mbH & Co. KG. 2011.

Informationen zu Förderprogrammen von Auslandspraktika im Kapitel „Finanzierung und EU-Förderung" auf Seite 293.

WORK & TRAVEL

Work & Travel - die beliebteste Reisekombi

Work & Travel, auch Working Holidays genannt, sind kombinierte Reise- und Arbeitsaufenthalte im Ausland. In der Regel wird die gewünschte Rundreise durch Gelegenheitsjobs in den jeweiligen Ländern finanziert. Das ist die ideale Lösung, wenn man einen längeren Aufenthalt plant, um Land und Leute kennen zu lernen, aber nur wenig Geld zur Verfügung hat.

Die Bedingungen für Work & Travel sind von Land zu Land verschieden. In den USA und Australien gibt es beispielsweise sehr strenge Richtlinien bezüglich Aufenthalts- und Arbeitsgenehmigungen. Dennoch gibt es Organisationen, die Work & Travel in diesen Ländern ermöglichen. Grundsätzlich ist es wichtig, sich genaue, landesspezifische Informationen zu holen. Mit welchen Lebenshaltungskosten muss man rechnen? Welche Aufenthaltsbedingungen gibt es und welcher Job ist für mich der Richtige? Diese Fragen werden von den Organisationen in diesem Kapitel beantwortet.

Weitere Ideen für Reisen nach einem Arbeitsaufenthalt finden sich im Kapitel „Erlebnisreisen". Einige Organisationen bieten z.B. für den Zeitraum zwischen Arbeit und Ablauf der Aufenthaltsgenehmigung Touren durch Amerika an.

Literaturtipp

Albert, Alexandra:
Work and Travel in Australien und Neuseeland:
Reisen und Arbeiten mit dem Working Holiday Visum
Mana-Verlag. 2012.

Link zum Thema

Auslandsjob.de ist kein Reiseveranstalter, sondern ein unabhängiges Informationsportal. Mit den Infos auf unserer Seite helfen wir Menschen, das richtige Land bzw. das richtige Programm für ihr Work and Travel Abenteuer zu finden.
Internet: www.auslandsjob.de

Mal Frühstücken mit Kängurus.

Am 26. Januar 2019 ging es für mich nach Australien, um dort meine Erfahrungen mit „Work & Travel" zu machen. Nach einer kurzen Akklimatisierungszeit im Hotel in Sydney, habe ich schon einige Bekanntschaften mit Leuten aus aller Welt gemacht. Während meiner Reise von Sydney aus, über Melbourne bis nach Adelaide, konnte ich viele der beindruckenden Seiten Australiens erkunden.

In meiner Anfangszeit in Sydney gelang es mir, besonders auch durch meine Arbeit, meine Englischkenntnisse enorm zu erweitern. Besonders überrascht hat es mich, wie einfach die Suche nach einem Arbeitsplatz ablief. Dadurch fiel es mir leichter, vielerlei Aktivitäten sowie Australiens Nachtleben zu finanzieren. Nachdem ich einen Monat lang gearbeitet habe, hat sich das Verlangen weiter zu reisen und mehr von Australien zu entdecken vergrößert.

Somit flog ich nach Melbourne, um eine neue Stadt und noch mehr neue Leute kennenzulernen. Nachdem ich dort eine Woche verbracht habe, traf ich dort meine Reisepartnerin, mit der ich zusammen zurück das Sydney fuhr. Nach einem erneuten, jedoch kurzen, Aufenthalt in Sydney, lernte ich eine neue Begleiterin für den Road Trip über die Südwestküste Australiens kennen.

Mit ihr zusammen ging es von Melbourne aus auf der Great Ocean Road zu den Zwölf Apos¬teln, sowie zu diversen Aussichtspunkten und Stränden, in die Grampians, wo wir Wasserfälle, National Parks und weitere Aussichtspunkte bewundern konnten. Danach ging es weiter nach Adelaide, wo wir uns jedoch nur kurz aufhielten, um von dort aus die Fähre nach Kangaroo Island zu nehmen. Dort angekommen, konnten wir die White Sahara, viele Strände und National Parks erkunden. Nach einem längeren Wochenende auf Kangaroo Island ging es für uns wieder zurück nach Adelaide und letztendlich für mich wieder zurück nach Hause.

Nicht nur aufgrund der geographischen und sozialen Neuerkundungen, sondern auch wegen der persönlichen Weiterentwicklung ist ein Auslandsaufenthalt ein absolutes Muss. Man lernt sich selbst dort besser kennen und wird mit seinen Stärken sowie seinen Schwächen konfrontiert, bekommt dabei aber auch die Möglichkeit diese zu verbessern.
Wenn sich die Möglichkeit ergibt solch eine Chance zu ergreifen, mach es!

Moritz Böhm, Work&Travel Australien
mit active abroad

active abroad
WHERE YOUR JOURNEY BEGINS

active abroad GmbH
Freising/München

active abroad wurde 1998 gegründet und bietet in Zusammenarbeit mit ausgewählten Partnern weltweit eine zuverlässige Vermittlung und Betreuung an. Wir helfen abenteuerlustigen, jungen Menschen mit einer individuellen und persönlichen Beratung bei der Auswahl des passenden Programmes. Im Sommer 2012 wurde uns als einer der ersten deutschen Au Pair Agenturen das RAL Gütezeichen verliehen, welches sicherstellt, dass die von der Gütegemeinschaft Au Pair e.V. vorgegebenen Qualitätsstandards eingehalten werden. Wir vermitteln junge Leute als Au Pair / Au Pair Expert / Demi Pair in die USA, nach Kanada, Australien, Neuseeland, China, Chile und in viele europäische Länder. Das Demi Pair Programm mit Sprachunterricht am Vormittag und Mithilfe in der Gastfamilie am Nachmittag bieten wir in Irland, Frankreich, Spanien, Italien, Australien, Neuseeland und Kanada an. Weitere Programme, die wir anbieten: „Au Pair/Demi Pair", „Camp Counselor", „Flex. Freiwilligenarbeit", „Ök. Arb., Farmstay, Wildlife Experience" und „Sprachreisen".

2. Name:
active abroad GmbH

3. Anschrift:
Obere Hauptstr. 8, 85354 Freising

4. Kontaktinformationen:
Tel: 08161-40288-0, Fax: 08161-40288-20
contact@activeabroad.net / www.activeabroad.de
Social Media: activeabroad

5. Ansprechspartner:
Maria Riedmaier, Sabine Harrar, Anna Cieslak

6. Altersbegrenzung:
18 - 30 Jahre (Australien, Neuseeland, Island und Chile),
18 - 35 Jahre (Kanada)

7. Spezielle Voraussetzungen:
Mittlere bis gute Englischkenntnisse, Island: Praxiserfahrung durch Praktika oder Nebenjobs von mind. 12 Monaten, Chile A2 in Spanisch

8. Dauer des Aufenthalts:
Bis zu 12 Monate

9. Abreisezeitpunkt:
Ganzjährig

10. Anmeldefrist oder Bewerbungsfrist:
1 - 3 Monate im Voraus (Neuseeland, Australien, Chile und Island); für Kanada muss das Working Holiday Visum rechtzeitig beantragt werden.

11. Kosten
Work & Travel Australien, Neuseeland oder Kanada:
Ab 699 EUR, inkl. Servicepaket mit Flughafentransfer, Einführungsseminar, Jobberatung, Unterstützung bei Steuerregistrierung und Bankkontoeröffnung, Betreuung vor Ort, 2 Übernachtungen nach Ankunft im Youth Hostel, etc. Work & Travel Island: 930,00 EUR; Work & Travel Chile: 669,00 EUR

12. Lohn während des Aufenthalts:
Abhängig von Fähigkeiten, Arbeit und Land:
Mindeststundenlohn: Weitere Möglichkeit: Wwoofing, Mithilfe täglich gegen Unterkunft und Verpflegung

13. Kosten während des Aufenthalts:
Australien, Kanada, Neuseeland: Unterkunft, Verpflegung, Transport, persönliche Ausgaben; Island: Unterkunft und Verpflegung vergünstigt bei Arbeit auf Farm; Chile: Unterkunft und Verpflegung in den Leistungen mit enthalten

16. Bestimmte Staatsangehörigkeit vorausgesetzt:
EU Staatsangehörigkeit, bzw. für Länder mit Working Holiday Visa Abkommen (AUS , NZ, KAN, Chile)

17. Länder / Gebiete des Aufenthalts:
Australien, Neuseeland, Kanada, Chile und Island

AIFS
American Institute For Foreign Study
Bonn

AIFS
EDUCATIONAL TRAVEL

AIFS ist eine der ältesten und größten Organisationen für kulturellen Austausch weltweit und ein führender Anbieter im Bereich Jugend- und Bildungsreisen. Neben Aufenthalten in Australien, Neuseeland, Kanada, Südkorea (coming soon) und Japan werden im Rahmen von Work and Travel auch Freiwilligenprojekte, Farmwork/Ranchwork and Travel und Adventure Trips sowie Internship and Travel angeboten - weitere Informationen auf der Website.
Siehe auch unter „Au Pair", Camp Counselor", „Flex. Freiwilligenarbeit", „Schule", „Studium", „Sprachreisen" und „Erlebnisreisen".

2. Name:
AIFS (American Institute For Foreign Study)

3. Anschrift:
Friedensplatz 1, 53111 Bonn

4. Kontaktinformationen:
Tel.: +49 (0)228/95730-0, E-Mail: info@aifs.de/info@aifs.at/info@aifs.ch; www.aifs.de/www.aifs.at/www.aifs.ch

5. Ansprechspartner:
Kristina Winter

6. Altersbegrenzung:
Australien, Neuseeland (auch: Farmwork and Travel in Neuseeland), Japan: 18 bis 30 Jahre; Work and Travel Kanada: 18 bis 35 Jahre; alternativ ist Farmwork and Travel Australien bzw. Kanada ohne Altersbegrenzung möglich; Adventure Trips: ab 17 Jahre bis ohne Altersbegrenzung

7. Spezielle Voraussetzungen:
Die Voraussetzungen variieren je nach Programm und Land. Genaue Informationen zum jeweiligen Programm und Land gibt es auf der Website.

8. Dauer des Aufenthalts:
bis zu 12 Monate; Farmwork and Travel Australien: bis zu 4 Wochen; Farmwork and Travel Kanada: bis zu 4 Wochen

9. Abreisezeitpunkt:
mehrmals im Monat

10. Anmeldefrist oder Bewerbungsfrist:
das variiert von Programm zu Programm

11. Kosten:
Die Kosten variieren je nach Zielland und Art des Programms. Detaillierte Informationen zu den Preisen und Leistungen gibt es auf Website zu finden.

12. Lohn während des Aufenthalts:
Der Lohn unterscheidet sich je nach Tätigkeit vor Ort.

13. Kosten während des Aufenthalts:
Unterkunft, Verpflegung und private Ausgaben während des Aufenthalts

16. Bestimmte Staatsangehörigkeit vorausgesetzt:
Australien, Kanada: Deutschland; Neuseeland, Südkorea und Japan: Deutschland, Österreich. Kann auch von Programm zu Programm variieren.

17. Länder / Gebiete des Aufenthalts:
Je nach Programm z. B. Australien, Kanada, Japan, Neuseeland, Südkorea

Carl Duisberg

Carl Duisberg Centren Köln

Die Carl Duisberg Centren organisieren weltweit Praktika und Work Experience Programme. In Kanada, Australien und Neuseeland gibt es eine Vielzahl bezahlter Jobs für arbeitswillige Reisende. Die möglichen Arbeitsfelder reichen von Gastronomie und Hotels über Einzelhandel bis zu Fabriken und Farmen. Damit der Einstieg in den Job leichtfällt, bieten wir umfangreiche Servicepakete vor Ort an. Ein fakultativer Sprachkurs vorab sorgt außerdem für einen erfolgreichen Start. Neben diesen klassischen Work & Travel-Programmen bieten wir auch Praktikumsvermittlungen, Freiwilligenarbeit und Kurzstudiengänge (Kanada) an. Siehe auch unter „Praktikum", „Ök. Arb., Farmstay, Wildlife Experience", „Schulaufenthalt im Ausland" und „Summer School".

2. Name:
Carl Duisberg Centren gemeinnützige GmbH
Abt. Sprachreisen

3. Anschrift:
Hansaring 49-51
50670 Köln

4. Kontaktdaten:
Tel: 0221 / 16 26 255
E-mail: praktika@cdc.de
Internet: www.carl-duisberg-auslandspraktikum.de
#carl_duisberg_im_ausland

5. Ansprechspartner:
Stefanie Schmitz

6. Altersbegrenzung:
18 – 30 Jahre

7. Spezielle Voraussetzungen:
Gute Sprachkenntnisse bei Aufnahme der Arbeit; Berufserfahrungen in Tourismus oder Gastronomie sind von Vorteil. Besitz des Working Holiday Visums für das Zielland.

8. Dauer des Aufenthalts:
3 -12 Monate, mindestens 5 Monate empfohlen

9. Abreisezeitpunkt:
Ganzjährig, aber bevorzugt passend zu den jeweiligen Sommer- oder Wintersaisonzeiten im Zielland.

10. Anmeldefrist oder Bewerbungsfrist:
Ganzjährig ohne feste Fristen; in der Regel Vorlaufzeit von 2-3 Monaten

11. Kosten:
Servicepaket mit Einführungswoche + Starthilfe, Ansprechpartnern vor Ort sowie zahlreichen weiteren Leistungen ab 695 EUR.

12. Lohn während des Aufenthalts:
Der Stundenlohn liegt je nach Zielland, Arbeitsbereich und Qualifikation bei umgerechnet ca. 10 bis 15 EUR.

13. Kosten während des Aufenthalts:
Es entstehen Kosten für Anreise, Reiseversicherungen, Visum, Unterkunft, Verpflegung, Taschengeld und Reisen im Land.

16. Bestimmte Staatsangehörigkeit vorausgesetzt:
Das Angebot steht deutschen Staatsangehörigen offen. Mit anderen europäischen Staaten haben die Zielländer teilweise eigene Visa-Vereinbarungen.

17. Länder / Gebiete des Aufenthalts:
Neuseeland und Australien

FDSV · Canada Specialist · Aussie Specialist · Specialist Agent New Zealand Educated

Die Carl Duisberg Centren sind Mitglied im Fachverband Deutscher Sprachreiseveranstalter (FDSV) und durch die Canadian Tourist Commission bzw. die Australian Tourist Commission ausgezeichnet als Canada Specialist / Aussie Specialist.

GO International Work and Travel Providers Vancouver, British Columbia, Kanada

Es gibt generell zwei Möglichkeiten in Kanada zu arbeiten und reisen: Im Rahmen des Working Holiday Visa (beschränkte Visazahl) im Zusammenhang mit dem Canadian Working Holiday Program oder im Rahmen des English Co-op Programs (keine Visabeschränkung). Das Canadian Working Holiday Program wiederum bietet zwei Programmoptionen: Die Standard Program Option und die Full Service Option. Die Standard Program Option ist für Teilnehmer, die Hilfe bei der Jobsuche möchten, aber gleichzeitig die größtmögliche Flexibilität bei der Jobsuche vor Ort bewahren möchten. Die Full Service Option bietet feste Jobs bereits vor der Anreise. Die meisten Jobs werden in den Bereichen Gastwirtschaft, Tourismus, Service und Einzelhandel angeboten. Andere Jobs sind je nach Ausbildung und Berufserfahrung möglich. Das English Co-op Program bietet dieselben Jobs wie das Canadian Working Holiday Program, jedoch ohne Working Holiday Visa. Stattdessen wird ein normales Arbeitsvisa beantragt. Einzige Bedingung: Gleichzeitiger Besuch eines Englischkurse von gleicher Länge, dessen Zeitplanung jedoch flexibel sein kann. Hiermit lässt sich der Aufenthalt in Kanada zumindest teilfinanzieren.
Siehe auch unter „Praktikum"

2. Name
Canadian Working Holiday Program – provided by: GO international Work and Travel Providers, a division of Tamwood International College Ltd.

3. Anschrift:
200-889 W Pender Street
Vancouver, British Columbia, Canada
V6C 3B2

4. Telefon / Telefax / E-Mail / Homepage:
Telefon: 001 604 899 4480
Fax: 001 604 899 4481
Email: info@gointernational.ca
Web: www.gointernational.ca

6. Altersbegrenzung:
18-35 Jahre für Canadian Working Holiday Program; min. 18 Jahre für English Co-op Program (keine obere Altersbegrenzung)

7. Spezielle Voraussetzungen:
Für Canadian Working Holiday Program: Qualifikation für Working Holiday Visa. Für English Co-op Program: Keine

8. Dauer des Aufenthalts:
12 Monate für Canadian Working Holiday Program;
36 Monate für English Co-op Program.

9. Anreisezeitpunkt:
jederzeit

10. Anmeldefrist oder Bewerbungsfrist:
mind. 12 Wochen bevor Anreise. Anträge für das Working Holiday Visa werden i.d.R. ab Dezember für das Folgejahr entgegengenommen. Das Kontingent ist i.d.R. Ende Januar / Mitte Februar vergeben

11. Kosten:
Kontaktieren Sie GO International für eine komplette Preisliste

12. Lohn während des Aufenthalts:
Alle Jobs sind bezahlt. Die Bezahlung liegt zwischen 7 CAD und 15 CAD pro Stunde. Viele Arbeitgeber bieten vergünstigste Unterkünfte an. In einigen Fällen werden Mahlzeiten bereitgestellt

13. Kosten während des Aufenthalts:
Kost und Logis, Aktivitäten und Transport

16. Bestimmte Staatsangehörigkeit vorausgesetzt:
Das Working Holiday Program ist nur für junge Erwachsene aus Ländern die ein Bilateral Gouverment Visa Agreement haben: z.Zt. Deutschland, Österreich, Schweiz, Dänemark, Niederlande, Schweden, Norwegen, Tschechien, und Frankreich. Das English Co-op Program hat keine Beschränkungen

17. Länder / Gebiete des Aufenthalts:
Vancouver, Whistler, Banff, Jasper, Toronto, Muskoka, Quebec, New Brunswick. Kanada

WORK & TRAVEL

INTERSWOP
Hamburg

Work & Travel und Volunteering in Übersee
Siehe auch unter „Praktikum" und „Ökologische Arbeit, Farmstay, Wildlife Experience".

2. Name:
INTERSWOP
Interswop Auslandsaufenthalte Sprach- und Bildungsreisen GmbH

3. Anschrift:
INTERSWOP
Bogenstraße 54 a
20144 Hamburg

4. Kontaktinformationen:
Tel.: 040-410 80 28
info@interswop.com
www.interswop.de
www.rancharbeit-australien.de
www.farmstay-kanada.de
www.farmstays.org

5. Ansprechspartner:
Marion Priess

6. Altersbegrenzung:
18 – 30 für Work & Travel
18 – 48 für Volunteering

7. Spezielle Voraussetzungen:
Keine Sprachkenntnisse notwendig, da ein Intensivsprachkurs im Zielland vorweggeschaltet ist.

8. Dauer des Aufenthalts:
1 - 12 Monate

9. Abreisezeitpunkt:
Flexibel
10. Anmeldefrist oder Bewerbungsfrist:
Ca. 6 Wochen vor Programmbeginn.

11. Kosten:
Ab ca. 1.000 EUR je nach Zielland, Projekt und Aufenthaltsdauer.

12. Lohn während des Aufenthalts:
Bezahlte Rancharbeit in Australien.
Je nach Programm Taschengeld, Lohn, Kost und Logis.

16. Bestimmte Staatsangehörigkeit vorausgesetzt:
Zum Teil für alle ja, hängt vom Visum ab

17. Länder / Gebiete des Aufenthalts:
Argentinien, Australien, Neuseeland, Südafrika, Costa Rica, Kanada, Kambodscha, Indien, Nepal, USA, Chile, Mauritius und Thailand.

PractiGo GmbH
Bremen

PractiGo® Sprachen erleben

Was hältst Du davon, einmal im Ausland zu leben und zu arbeiten? PractiGo organisiert für Dich Work & Travel-Aufenthalte von 12 Monaten bis zu einem Jahr. Wie wäre es mit Neuseeland? Oder doch lieber Australien? Beide Destinationen bieten wir sogar eine Jobgarantie! Ganz egal, ob Du gerade mit der Schule fertig bist oder ob Du eine Auszeit von Ausbildung, Studium oder Job nehmen willst - Work & Travel richtet sich an alle Weltentdecker zwischen 18 und 30 Jahren.
Siehe auch unter „Praktikum" und „Tourismus".

2. Name:
PractiGo GmbH - Sprachen erleben

3. Anschrift:
PractiGo GmbH
Neidenburger Str. 9
28207 Bremen

4. Kontaktinformationen:
Tel: 0049 (0) 421 408977 - 0
Fax: 0049 (0) 421 408977 - 60
E-Mail: info@practigo.com
Homepage: www.practigo.com

5. Ansprechspartner:
Das gesamte PractiGo-Team steht Dir für Fragen zur Verfügung.

6. Altersbegrenzung:
18 – 35 Jahre. Je nach Land können Mindest- und Maximalalter variieren.

7. Spezielle Voraussetzungen:
Keine speziellen Voraussetzungen notwendig. Für Australien und Neuseeland müssen die Voraussetzungen für das Working-Holiday-Visum erfüllt werden.

8. Dauer des Aufenthalts:
12 bis 52 Wochen. Je nach Land können Mindest- und Maximaldauer variieren.

9. Abreisezeitpunkt:
Das ganze Jahr über. Starttermine können individuell festgelegt werden.

10. Anmeldefrist oder Bewerbungsfrist:
Mind. 4-5 Monate vor gewünschtem Abreisedatum.

11. Kosten:
Vermittlungskosten ab 695 EUR.

12. Lohn während des Aufenthalts:
Abhängig von der Tätigkeit und dem Land.

13. Kosten während des Aufenthalts:
Die Kosten für Verpflegung und Unterkünfte lassen sich normalerweise durch das verdiente Geld decken. Taschengeld sollte eingeplant werden.

16. Bestimmte Staatsangehörigkeit vorausgesetzt:
Australien und Neuseeland (Working Holiday Visum)

17. Länder / Gebiete des Aufenthalts:
Australien und Neuseeland.

TravelWorks Münster

Work and Travel

Siehe auch unter „Au Pair", „Praktikum", „Flex. Freiwilligenarbeit", „Schule", „Sprachreisen", „Summer School" und „Erlebnisreisen".

2. Name:
TravelWorks

3. Anschrift:
Münsterstr. 111,
48155 Münster

4. Kontaktinformationen:
Tel: 02506-8303-400, Fax: 02506-8303-230
E-Mail: info@travelworks.de Homepage: www.travelworks.de
Öffnungszeiten: 09:00 Uhr bis 18:00 Uhr

6. Altersbegrenzung:
Australien, Neuseeland, Portugal: 18-30 Jahre.
Kanada: 18-35 Jahre. Chile: ab 18 Jahren

7 Spezielle Voraussetzungen:
Je nach Land und Programm ggf. gute bis sehr gute Englischkenntnisse. Ggf. polizeiliches Führungszeugnis. Chile: je nach Programmdauer Spanischkenntnisse ggf. notwendig. Motivation, Selbstständigkeit, Flexibilität, Anpassungsvermögen, Eigeninitiative, PKW-Führerschein ist von Vorteil. Chile: Bei Platzierung auf einem Pferdegestüt oder in einem Reitzentrum sind gute Reitkenntnisse und Erfahrung im Umgang mit Pferden notwendig. Australien/ Neuseeland/Kanada: Kostenpflichtiges Working Holiday-Visum und Nachweis über genügend finanzielle Mittel (ca. 5.000 AUD, 4.200 NZD bzw. 2.500 CAD) bei Einreise.

8. Dauer des Aufenthalts:
Australien, Neuseeland, Kanada bis zu einem Jahr (Australien verlängerbar um ein weiteres Jahr). Portugal, Chile: bis zu 6 Monate.

9. Abreisezeitpunkt:
mehrmals pro Monat

10. Anmeldefrist oder Bewerbungsfrist:
Mind. 2 Monate vor Abreise.

11. Kosten:
Kanada ab 670 EUR (Start & Go-Paket ohne Flug), Portugal ab 890 EUR (ohne Flug), Chile ab 820 EUR (ohne Flug)
Enthaltene Leistungen, z.B. Australien: Detaillierte Hilfestellung bei der Visumsbeantragung; Hilfe bei der Beantragung der Steuernummer und der Eröffnung eines Bankkontos; Transfer vom Flughafen zum Hostel; 3 Hostelübernachtungen mit Welcome Dinner; Job- und Infoworkshop; Beratung und Hilfe bei der Jobsuche; Hilfe beim Erstellen des Lebenslaufs; Zugang zur Jobdatenbank; Nutzung und Hilfe der Partnerbüros in Australien (Internet, Postaufbewahrung uvm.); SIM-Karte; 24-Stunden-Notrufnummer (in Australien und Deutschland); Betreuung von einem festen Programmkoordinator vor und während des Aufenthalts.

12. Lohn während des Aufenthalts:
Abhängig vom Programm.

13. Kosten während des Aufenthalts:
Abhängig vom Programm.

16. Bestimmte Staatsangehörigkeit vorausgesetzt:
Abhängig vom Programm: Deutsche, italienische, luxemburgische, österreichische, Schweizer oder EU-Staatsangehörigkeit.

17. Länder / Gebiete des Aufenthalts:
Australien, Neuseeland, Kanada, Portugal, Chile.

Wayers

Freiwilligenarbeit • Work & Travel • Praktika

München, Hamburg

'wayers

Du bist smart genug, um die Reise deines Lebens mit den Jobs deiner Wahl zu finanzieren. Und du kannst es dir einfach nicht leisten, das Beste im Leben verpasst zu haben: In das Lebensgefühl Australiens eintauchen, um Work & Travel so lässig wie ein waschechter Local verschmelzen zu lassen. Die fantastische Landschaft Neuseelands entdecken, um endlich zu verstehen, dass Kiwis nicht nur Früchte zum Essen sind. Über den Kontrast unbändiger Natur und hipper Metropolen in Kanada staunen. Und einen Rucksack voller spannender Eindrücke mit nach Hause nehmen. Du entscheidest selbst, wo du morgen aufwachen willst, wie lange du bleibst und welcher Herausforderung du dich als nächstes stellst. Du hast nichts zu verlieren, aber viel zu gewinnen. Know-how, das dir keiner nehmen kann. Freundschaften, die keine Grenzen kennen. Weil du die Sprache der weiten Welt sprichst und du vom ersten Tag an zum Dream-Team der wayers Community gehörst. Du wirst deinen Träumen und Visionen ein ganzes Stück näherkommen. Du wirst spannende Dinge in deine Bio schreiben können. Du wirst unvergessliche Erinnerungen schaffen. Und du wirst unglaubliche Erfahrungen sammeln. Siehe auch unter „Flex. Freiwilligenarbeit".

2. Name:
Wayers. Freiwilligenarbeit • Work & Travel • Praktika

3. Anschrift:
Nymphenburger Str. 113, 80636 München
betahaus HafenCity, Versmannstraße 4, 20457 Hamburg

4. Kontaktinformationen:
Tel: (DE) +49 (0)89 286 751 0, (CH) +41 044 5510024
(AT) +43 1 205 12 88
Email: hello@wayers.com,
Homepage: https://wayers.com/de/

6. Altersbegrenzung:
Mindestalter 18 Jahre, Höchstalter 30 Jahre bei Visumsbeantragung (Australien/Neuseeland). 35 Jahre bei Kanada

7. Spezielle Voraussetzungen:
i.d.R. keine

8. Dauer des Aufenthalts:
Ab 6 Wochen und bis zu 12 Monate (empfehlenswert ab mehreren Monaten)

9. Abreisezeitpunkt:
Ganzjährig

10. Anmeldefrist oder Bewerbungsfrist:
Anmeldung mindestens 2-3 Monate vor Abreise

11. Kosten:
All-In-Pakete: Australien ab 2.390 EUR, Neuseeland ab 2.590 EUR, Kanada ab 1.690 EUR.
Enthaltene Leistungen Australien: Jahresticket Deutschland-Australien-Deutschland (inkl. Flughafensteuern, Sicherheitsgebühr und Kerosinzuschlag), große Auswahl möglicher Flugrouten, Flughafentransfer, 2 Hostel-Übernachtungen, ausführlicher Infoworkshop zum Arbeiten und

spannender Tagesausflug, Hilfe bei der Beantragung des Visums, der australischen Steuernummer und der Eröffnung eines australischen Bankkontos, 12 Monate individuelle Betreuung und Beratung bei der Jobsuche, regelmäßige E-Mail-Newsletter mit Jobangeboten, Internetzugang, Hostel-Mitgliedschaft, garantierte Jobangebote, Mitreisendenliste, SIM-Karte, Telefonkarte und noch vieles mehr…
Starter-Paket ohne Flug z. B. Australien: ab 590 EUR.
Alle enthaltenen Leistungen findest du auf https://wayers.com/de/work-and-travel/

12. Lohn während des Aufenthalts:
Abhängig von deinem Job

13. Kosten während des Aufenthalts:
Abhängig von deiner Unterkunft und deinen privaten Ausgaben

16. Bestimmte Staatsangehörigkeit vorausgesetzt:
Je nach Staatsangehörigkeit, gelten für dich ggf. andere Regelungen und Voraussetzungen.

17. Länder / Gebiete des Aufenthalts:
Neuseeland, Australien, Kanada
(verschiedene Flugrouten möglich)

CAMP COUNSELOR

Ein Summer Camp bietet viel Sport und Freizeitaktivitäten

In den USA und Kanada, aber auch in Ländern Südeuropas sind Summer Camps oder Children's Camps inzwischen weit verbreitet. Kinder und Jugendliche verbringen hier einen Teil der Sommerferien, während ihre Eltern arbeiten oder selbst Urlaub machen. Hilfskräfte für die unterschiedlichen Camps werden über diverse Organisationen vermittelt.

Als Camp Counselor ist man zum Beispiel für die Betreuung der Campteilnehmer im allgemeinen (General Counselor) oder für ihre Freizeitgestaltung im besonderen (Specialist Counselor) zuständig.

Von Vorteil ist es eine Ausbildung in einem pädagogischen Beruf zu haben oder Erfahrungen in der Arbeit mit Kindern und Jugendlichen, beispielsweise im Zeltlager oder bei den Pfadfindern. Voraussetzung ist das jedoch nicht. Ein General Counselor betreut zumeist eine kleine Gruppe während der gesamten Zeit ihres Aufenthaltes (Session). Man ist rund um die Uhr für die Bedürfnisse dieser Kinder/Jugendlichen verantwortlich. Das geht los beim Aufwecken, über gemeinsame Mahlzeiten und Aktivitäten bis hin zur Gute-Nacht-Geschichte und Ins-Bett-Bringen.

Wie bei Work & Travel kann man im Anschluss an die Tätigkeit im Camp noch eine Rundreise durchs Land machen bis das Visum abläuft. Auch hier gibt es Unterstützung, um die Zeit zwischen Arbeitsaufenthalt und der Heimreise optimal zu organisieren. (siehe auch „Erlebnisreisen“)

Literaturtipps

Coutellier, Connie:
Camp Is for the Camper: A Counselor's Guide to Youth Development
American Camping Association. 2007.

Richman, Mark S.:
The Ultimate Camp Counsellor Manual:
(How to Survive and Succeed Magnificently at Summer Camp). 2006.

Einmal „Long Island und zurück", bitte

Silvester: Zusammen mit sechs netten Freunden aus Polen, England und Frankreich betrachte ich das Feuerwerk am Trafalgar Square in London. Und während ich die hellen Lichter über der Großstadt bewundere, denke ich zurück an ein aufregendes Jahr und an meinen besonders spannenden Sommer in den USA...

Dezember ein Jahr zuvor: Das Abitur und somit das Ende meiner Schulzeit standen kurz bevor und ich grübelte darüber nach, was ich mit der Zeit zwischen Abi und Studium anfangen könnte. Mein Entschluss stand schnell fest, als ich im Internet das Programm Camp America entdeckte: „Arbeite neun Wochen in einem amerikanischen Feriencamp als Counsellor/ Betreuer oder Campower/ Campmitarbeiter und reise im Anschluss bis zu acht Wochen lang durch die USA." Das war es, das musste ich unbedingt machen. Einige Wochen nach meiner Bewerbung, kam dann endlich die ersehnte Nachricht: Du wurdest platziert!!! Camp Paquatuck, ein Camp für behinderte und nichtbehinderte Kinder auf Long Island in New York State, wollte mich als Küchenhilfe einstellen.

Am 23. Juni ging's dann endlich los: Bereits auf dem Flug von Frankfurt nach New York lernte ich viele andere Camp America Teilnehmer kennen, mit denen ich auch die erste Nacht in einem Hotel in New York verbrachte. Am zweiten Tag ging es weiter zum Camp, wo ich gleich auf viele interessante Leute traf, von denen viele aus anderen europäischen Ländern wie Großbritannien, Frankreich, Polen oder Schweden stammten. Bevor unsere Arbeit jedoch richtig losging, fand erstmal eine „orientation week" statt, in der wir uns alle kennen lernten und uns die Grundkenntnisse im Umgang mit behinderten Kindern vermittelt wurden. Abends fuhren wir oft noch in die Stadt, wo wir Kinosäle, Restaurants oder Pubs unsicher machten.

Nach der Einführungswoche reisten dann die ersten Kids an und die Arbeit konnte beginnen, die sich zunächst anfühlte wie ein Kopfsprung ins kalte Wasser. Die ersten Arbeitstage waren mit Abstand die härteste Zeit meines Sommers im Camp Paquatuck, da ich mich erst an die Arbeitsabläufe und auch die Härte der Arbeit gewöhnen musste. Schließlich gab es hier keine festgelegten Arbeitszeiten: Als Campower ist man bis zu 12 Stunden pro Tag im Einsatz, und der Job als Counsellor – also als Betreuer – ist im Prinzip ein 24-Stunden-Job. Man steht morgens mit den Kindern auf, geht mit ihnen zu den Mahlzeiten und nimmt an den zahlreichen Freizeitaktivitäten teil.

Obwohl ich mich ursprünglich als Campower beworben hatte, entschied ich mich vor Ort nach einer Woche für die Arbeit als Camp Counsellor, also für die Kinderbetreuung, weil mir das viel mehr Spaß machte als in der Küche zu arbeiten. Von da an genoss ich meine Zeit in vollen Zügen: Fast jeden Tag gingen wir mit den Kindern schwimmen, rudern oder bastelten mit ihnen in den Arts & Crafts Stunden – für Langeweile blieb keine Minute Zeit.

Ich liebte es, gemeinsam mit den Kindern für ihre Talentshow Lieder und Choreographien einzuüben oder mit ihnen zu unseren wöchentlichen „Dances" zu gehen. Und damit die Rasselbande nach einem aufregenden Tag endlich zur Ruhe kommen und einschlafen konnte, wurden abends oft noch Geschichten erzählt. Das war natürlich auch in unserem Interesse, schließlich schliefen Counsellor und Camper in denselben Hütten.

Worauf wir uns alle nach einer anstrengenden Woche immer besonders freuten, waren unsere zwei freien Tage, die wir nach jeder Woche hatten. Hier starteten wir regelmäßig Ausflüge nach New York oder Boston, gaben viel zu viel Geld in den riesigen Shopping Malls aus oder legten uns einfach zum Entspannen an die Strände von Long Island.

Dann ging es aber auch gleich mit einer neuen Woche voller Überraschungen weiter.

Trotz der harten und teilweise stressigen Arbeit war mein Sommer einzigartig und unvergesslich. Die Kinder sind mir sehr schnell ans Herz gewachsen, der Abschied von ihnen fiel mir nicht leicht und noch heute denke ich oft an die Abende mit Lagerfeuer und Campsongs zurück.

Was mir am allerbesten gefiel, war der gute Zusammenhalt innerhalb unseres Counsellor Teams. Ich kann mich nicht erinnern, wann ich je zuvor so viel gelacht und Spaß gehabt habe wie im letzten Sommer. Und schon damals stand felsenfest, dass wir uns nach dem Sommer unbedingt wieder treffen müssten. Gesagt, getan: an Silvester gab es eine „europäische" Camp America Reunion in London. Und nachdem wir fünf Tage lang nostalgisch diverse Geschichten aus Camp Paquatuck wieder und wieder erzählt hatten, war beim Abschied am 2. Januar klar: „We'll meet again".

Frauke L. war mit AIFS unterwegs

active abroad GmbH
Freising/München

active abroad wurde 1998 gegründet und bietet in Zusammenarbeit mit ausgewählten Partnern weltweit eine zuverlässige Vermittlung und Betreuung an. Wir helfen abenteuerlustigen, jungen Menschen mit einer individuellen und persönlichen Beratung bei der Auswahl des passenden Programmes. Im Sommer 2012 wurde uns als einer der ersten deutschen Au Pair Agenturen das RAL Gütezeichen verliehen, welches sicherstellt, dass die von der Gütegemeinschaft Au Pair e.V. vorgegebenen Qualitätsstandards eingehalten werden. Wir vermitteln junge Leute als Au Pair / Au Pair Expert / Demi Pair in die USA, nach Kanada, Australien, Neuseeland, China, Chile und in viele europäische Länder. Das Demi Pair Programm mit Sprachunterricht am Vormittag und Mithilfe in der Gastfamilie am Nachmittag bieten wir in Irland, Frankreich, Spanien, Italien, Australien, Neuseeland und Kanada an. Weitere Programme, die wir anbieten: „Au Pair/Demi Pair“, „Work & Travel“, „Flex. Freiwilligenarbeit“, „Ökologische Arbeit im Ausland, Farmstay, Wildlife Experience“ und „Sprachreisen“.

2. Name:
active abroad GmbH

3. Anschrift:
Obere Hauptstr. 8, 85354 Freising

4. Kontaktinformationen:
Tel: 08161-40288-0, Fax: 08161-40288-20
contact@activeabroad.net / www.activeabroad.de
Social Media: activeabroad

5. Ansprechspartner:
Sabine Harrar

6. Altersbegrenzung:
18-28 Jahre, ältere Teilnehmer auf Anfrage

7. Spezielle Voraussetzungen:
Gute Englischkenntnisse, Erfahrung mit Kindern im Alter von 6 – 16 Jahren, besondere Fähigkeiten und Talente (Kunst, Sport, Musik) von Vorteil

8. Dauer des Aufenthalts:
9-16 Wochen

9. Abreisezeitpunkt:
Mai/Juni

10. Anmeldefrist oder Bewerbungsfrist:
Bewerbungsphase: September - Januar, Vermittlung Januar-März

11. Kosten:
Vermittlungsgebühr: EUR 500,00
Krankenversicherung: Basiskrankenversicherung inklusive Hin- und Rückflug, Transportkosten vom Flughafen zum Camp und zurück, Visumsgebühr, Auslandsversicherung

12. Lohn während des Aufenthalts:
Ab 1.600 USD (abhängig von Alter und Arbeitseinsatz), Unterkunft und Verpflegung im Camp

13. Kosten während des Aufenthalts:
Persönliche Ausgaben

16. Bestimmte Staatsangehörigkeit vorausgesetzt:
EU Staatsangehörigkeit

17. Länder / Gebiete des Aufenthalts:
USA

AIFS
American Institute For Foreign Study
Bonn

AIFS EDUCATIONAL TRAVEL

AIFS ist eine der ältesten und größten Organisationen für kulturellen Austausch weltweit und ein führender Anbieter im Bereich Jugend- und Bildungsreisen. In den USA haben Sommercamps eine lange Tradition. Es gibt dort über 10.000 Camps, in denen die amerikanischen Kinder ihre Ferien verbringen. Seit 1969 schickt AIFS jährlich tausende internationale Betreuer in diese Camps. Als Camp Counselor kümmerst du dich um das Wohlergehen und den Spaß der Kinder. Die Camps liegen mitten in der Natur, teilweise in Nationalparks. Die Anlagen bieten tolle Sportmöglichkeiten wie Schwimmen, Kanufahren, Angeln, Klettern, Reiten und Bogenschießen. Hinzu kommen z. B. Handwerks- und Computerkurse oder Abende am Lagerfeuer, Bastelworkshops oder selbst einstudierte Musicalaufführungen. Siehe auch unter „Au Pair", „Work & Travel", „Flex. Freiwilligenarbeit", „Schule", „Studium", „Sprachreisen" und „Erlebnisreisen".

2. Name:
AIFS (American Institute For Foreign Study)

3. Anschrift:
Friedensplatz 1, 53111 Bonn

4. Kontaktinformationen:
Tel.: +49 (0)228/95730-0, E-Mail: info@aifs.de/info@aifs.at/ info@aifs.ch; www.aifs.de/www.aifs.at/www.aifs.ch

5. Ansprechspartner:
Julia Fallak

6. Alterbegrenzung:
18 bis 35 Jahre

7. Spezielle Voraussetzungen:
gute Englischkenntnisse, spezielle Voraussetzungen je nach Tätigkeit im Camp.

8. Dauer des Aufenthalts:
ca. 9 bis 12 Wochen. Im Anschluss hat der Teilnehmer noch die Möglichkeit, maximal 30 Tage die USA zu bereisen.

9. Abreisezeitpunkt:
Zwischen Anfang Mai und Ende Juni

10. Anmeldefrist oder Bewerbungsfrist:
Ende März des jeweiligen Jahres

11. Kosten:
ab 990 EUR ohne Flug (Own Travel), 1290 EUR inkl. Hin- und Rückflug.
Im Preis enthalten: Betreuung und Unterstützung vor der Ausreise und in den USA, Vermittlung in ein Camp, Taschengeld, Reiseversicherungspaket für die Dauer des Aufenthaltes. Detaillierte Infos gibt es auf der Website.

12. Lohn während des Aufenthalts:
Das einmalige Taschengeld liegt zwischen 800 und 1.100 USD (abhängigvon Alter und Art der Tätigkeit).

13.Kosten während des Aufenthalts:
private Ausgaben während des Aufenthalts.

16. Bestimmte Staatsangehörigkeit vorausgesetzt:
Camp America ist für Staatsbürger aus Deutschland, Österreich und der Schweiz möglich.

17. Länder / Gebiete des Aufenthalts:
USA

TOURISMUS

Immer gute Laune und immer schönes Wetter

Der ideale Tag für einen Animateur oder Reiseleiter ist sonnig und voller zufriedener Gäste. Manchmal regnet es jedoch selbst in Südspanien. Die Kinder langweilen sich. Der Ausflugsbus kommt zu spät. Herr Behling kommt zum 5. Mal mit dem gleichen Problem. Oder der Kampf der Handtücher um die besten Liegestühle sorgt für Unmut am Pool. Solche Situationen erfordern echte Animateure oder Reiseleiter: Immer freundlich, immer höflich und immer in Aktion. Der erfahrene Animateur wahrt selbst im größten Stress noch den Überblick und muss eine Lösung für alle Herausforderungen finden. Die Einsatzmöglichkeiten als Animateur sind vielfältig und hängen von den eigenen Fähigkeiten ab. Eine Ausbildung in Gesang, Tanz und Schauspiel sind für Ferienclubs und Feriendörfer sehr hilfreich. Ebenso wie sprachliches Geschick.

Wer diese Herausforderung in der Dienstleistungsbranche an den schönsten Plätzen der Welt annehmen will, findet hier alle wichtigen Informationen.

Literaturtipp

Beckmann, Georg:
Als Animateur ins Ausland - Gästebetreuung weltweit
Interconnections. 2010.

Links und Informationen zum Thema

Jobs auf Kreuzfahrtschiffen
Auf einem Kreuzfahrtschiff sorgt Personal ganz unterschiedlicher Ausbildungs- und Fachrichtungen rund um die Uhr für ein unbeschwertes Reiseerlebnis.
Kreuzfahrt-Netz: http://www.kreuzfahrt-netz.de/kreuzfahrt-jobs.html

Themenparks
Gezielte Suche nach Kategorien oder allgemein nach Zielen weltweit:
www.parkscout.de/seite/suche

Europa:
www.themeparkcity.com/EURO_index.htm

4 Wochen Paris - Je t'aime!

Ich verbrachte 4 wunderschöne und aufregende Wochen in Paris. Mein Praktikum absolvierte ich im Terrass Hotel Paris an der Rezeption. Meine Arbeitskollegen und mein Vorgesetzter waren sehr nett und haben mir sehr mit der Sprache geholfen und es war einfach genauso, wie ich es mir vorgestellt habe. Die ganze Organisation war unkompliziert und verlief problemlos.

In Paris habe ich schnell sehr viele Leute kennengelernt, da es dort viele deutsche und englische Austauschschüler oder Au-Pairs gibt. Ich habe so gut wie jeden Tag etwas unternommen, da ich so viel wie möglich von Paris sehen wollte. Da man mit der Metro einfach alles erreichen konnte und meine Arbeit und meine Wohnung genau im Zentrum lagen habe ich so gut wie alle wichtigen und schönen Orte (Eiffelturm, Triumphbogen, Sacre-Coeur, Montmartre, Notre-Dame, Louvre, La Défense, Place de la Concorde, ...) in Paris sehen können.

Paris ist einfach eine Reise wert und ich bin echt froh, dass ich mir meinen großen Lebenstraum erfüllen konnte.

Ein Bericht von Marie Luise K., die mit PractiGo unterwegs war.

Der Animateur ist bekannter als der Hoteldirektor

Was kann man als junger Mensch im Animateur-Bereich machen?

Der Animateur ist das Bindeglied zwischen Hotel und Gast. Animateure sind die immer freundlichen Urlaubspartner der Gäste und stehen somit ständig im Mittelpunkt. Sie informieren über die Angebote und Veranstaltungen des Hotels und schaffen mit ihrem Team ein abwechslungsreiches und attraktives Tages- und Abendprogramm. Ob Spiele, Sport, Ausflüge oder Abendshows: Animateure lassen den Urlaub der Gäste zu einem bleibenden Erlebnis werden! Die Gäste animieren bedeutet jedoch nicht, mit der Pappnase eine Polonaise um den Pool zu veranstalten. Wer mitmachen will, macht mit, wer sich unterhalten lassen will, lässt sich unterhalten, und wer in Ruhe gelassen werden will, wird auch in Ruhe gelassen! Aber meistens buchen die Gäste Club- und Aktivurlaub, um aktiv zu werden und um neue Urlaubsfreu(n)de kennen zu lernen.

In der Animation gibt es zahlreiche verschiedene Einsatzbereiche, abhängig von den bisherigen Erfahrungen / Ausbildungen und persönlichen Vorstellungen. Zum Beispiel:

- Chefanimation/Teamleitung
- Kinderanimation
- Sportanimation,
- Fitnessanimation
- Musikanimation

Welche Voraussetzungen sollte man mitbringen?

Sympathie, Kontaktfreudigkeit, Humor und Spontanität verbunden mit Flexibilität, Kreativität und Verantwortungsbewusstsein sind die wichtigsten Eigenschaften um erfolgreich in der Animation zu arbeiten. Man sollte selbstständig arbeiten können und unter Stress und ungewohnten klimatischen Bedingungen belastbar sein. Teamfähigkeit und Teamgeist stellen weitere wichtige Merkmale von einem Animateur dar, denn die Mitarbeiter der Animationsteams verbringen viele Monate ihrer Arbeits- und Freizeit miteinander.

Wie sieht ein typischer Tag aus?

Während der Vorsaison geht es noch relativ ruhig zu. Die Hotels sind nicht ausgebucht und somit bleibt genügend Zeit, sich z.B. mit aufwendigen Bühnenshows auf die Hochsaison vorzubereiten. Ist während der Vorsaison ein Arbeitstag in der Animation mit einem normalen Bürotag von 8 Stunden vergleichbar, so wird in den Sommermonaten schnell der 12-14 Stundentag zur Normalität. Einem ersten Teammeeting in den frühen Morgenstunden folgt die Tagesanimation, welche mit Spielen, Sport und allen erdenklichen Entertainmentangeboten über den Tag verteilt läuft. Die Mittagspause wird nicht selten für Proben genutzt, wenn es nach dem Abendessen für das Animationsteam heißt: It`s Showtime"! Auch wenn danach der Vorhang fällt und viele Gäste ins Bett fallen, für die Animateure steht noch Arbeit in der Disco oder andere repräsentative Aufgaben auf dem Programm. So endet der Arbeitstag dann auch locker mal um 1 Uhr, bevor der Wecker nach 5 Stunden den neuen Tag einläutet.

Wie lebt man vor Ort und gibt es Lohn?

Je nach Arbeitgeber ist man direkt im Hotel untergebracht (Hotelzimmer oder Angestelltenappartements) oder in Unterkünften für Angestellte außerhalb der Hotelanlage. Je nach Arbeitgeber, Saison und Auslastung des Hotels, wohnt man im Einzelzimmer oder maximal mit einem/r weiterem/n Animateur/in zusammen. Die Vergütung richtet sich nach Einsatzort und -dauer sowie den bisherigen Erfahrungen. Darüber hinaus bietet ein guter Arbeitgeber auch immer freie Unterkunft sowie kostenlose Verpflegung an. Meist werden auch die Flug- / Reisekosten durch den Arbeitgeber übernommen.

Was nimmt man mit nach Hause?

Wer als Animateur gearbeitet hat, nimmt nicht nur viele schöne Erlebnisse und Erfahrungen mit nach Hause, sondern erfährt eine Persönlichkeitsentwicklung, für welche viele Menschen Jahre brauchen. Der Animateur ist bekannter als der Hoteldirektor und repräsentiert somit ein Unternehmen. Der ständige Kontakt zu den unterschiedlichsten Menschen, als Gastgeber zu fungieren und dabei mit viel Organisationsgeschick und einem bunt gemischten Team für einen perfekten Urlaub zu sorgen, setzt Eigenschaften voraus, welche sich jeder Arbeitgeber von seinen Angestellten wünscht. Nicht selten findet man ehemalige Animateure in leitenden organisatorischen Positionen wieder, was auch durch ihre ausgeprägte Kommunikationsfähigkeit und dem großem Netzwerk an Bekanntschaften und Freundschaften ermöglicht wurde.

Ich danke Ihnen vielmals für das Gespräch.

Interview mit Amir Tawfik,
Geschäftsführer von Tawfik human resources.

ACTTIV Leisure Projects
Madrid
Spanien

acttiv®

ACTTIV ist die größte Agentur für Animation in Spanien. Mit über 1.000 Animateuren „nehmen wir den Spass sehr ernst" und sind über das gesamte Jahr in allen wichtigen Urlaubsstandorten in Spanien vertreten.
Hier sind 5 Gründe um Acttiv Animateur zu werden:

1. *Reisen ohne Risiko. Kümmer dich nicht um Verpflegung, Unterkunft und Krankenversicherung! All dies ist inklusive und dazu gibt's noch ein Festgehalt.*
2. *Sprachen lernen in einem internationalen Team. Diese Lebenserfahrung geht weit über einen einfachen Kulturaustausch hinaus. Du lebst und arbeitest zusammen mit jungen Leuten aus ganz Europa.*
3. *Dein Hobby zum Beruf machen. Tu was dir Spaß macht! Treibe Sport, spiele, tanze und lerne Leute aus der ganzen Welt kennen.*
4. *Erkenne, dass du keine Limits hast. Niemand fängt das erste Mal als Hotelanimateur an und kann gleich alles. Mit der Zeit wirst du sehen, wozu du fähig bist.*
5. *Eine sehr anerkannte Aufgabe übernehmen. Du trittst auf als Gastgeber, der dafür da ist, den Urlaub jedes einzelnen zu einem unvergesslichen Erlebnis zu machen.*

2. Name:
Acttiv Leisure Projects S.L.

3. Anschrift:
C/ Rufino González 8, 28037 Madrid, Spanien

4. Kontaktinformationen:
Tel: 0034 914324363
E-Mail: rrhh@acttiv.es; Homepage: www.animajobs.de
Öffnungszeiten: Mo-Do 09:00-18:00h, Fr 09:00-15:00h
Du findest uns auch bei Facebook und Twitter!

5. Ansprechspartner:
Alexander Saalfeld

6. Altersbegrenzung:
18-32 Jahre

7. Spezielle Voraussetzungen:
- Du bist über 18 Jahre alt, EU Bürger und bist für mind. 4-6 Monate verfügbar?
- Du sprichst mind. 2 Sprachen (eine davon Englisch)?
- Du bist sportlich, vielseitig und kontaktfreudig?
- Du arbeitest gern mit Menschen oder spielst auch mal den Clown fur Kinder?
- Du bist kreativ, extrovertiert und hast Spaß an Theater und Tanz?
- Du hast bereits Erfahrung als Animateur oder hast Lust dich in diese Richtung weiterzubilden?

8. Dauer des Aufenthalts:
Min. 4 Monate – Open End

10. Anmeldefrist oder Bewerbungsfrist:
Ganzjährig

11. Kosten:
Reisekostenzuschuss nur in Ausnahmefällen und bei

internen Einsätzen. Unser Online-Kurs ist für Einsteiger obligatorisch (180 EUR). Der Kurs bringt eine Einstellungsgarantie mit sich.

12. Lohn während des Aufenthalts:
Kost und Logis frei, plus min. 800 EUR Netto (für Einsteiger). Erfahrene Animateure können bis zu 1300 EUR Netto verdienen.

16. Bestimmte Staatsangehörigkeit vorausgesetzt:
EU Staatsangehörigkeit oder vergleichbare Arbeitserlaubnis für Spanien.

17. Länder / Gebiete des Aufenthalts:
Spanien: Balearen, Kanaren, Festlandküste

Club Med

Club Med
Frankreich

Seit 1950 ist Club Med mit 80 Club-Resorts in der ganzen Welt und einem Kreuzfahrtschiff die Referenz für gehobenen all-inclusive-Urlaub. Unser Erfolg beruht auf unserem Engagement für die Zufriedenheit unserer Gäste, die sich bei uns glücklich und wohl fühlen sollen. Um dieses Ziel der optimalen Zufriedenheit zu verwirklichen, stützt sich Club Med voll und ganz auf die Erfahrung und das Können seiner Mitarbeiter, G.O. (Gentils Organisateurs) und G.E. (Gentils Employés), an die hohe Ansprüche gestellt werden. Club Med sucht bei seinen Mitarbeitern nach mehr als Talent und Erfahrung, er sucht nach echten Persönlichkeiten, die bereit sind, sich voll und ganz in ihre Tätigkeit, ihren Beruf einzubringen.

2. Name:
Club Med

3. Anschrift:
132, rue Bossuet
69458 Lyon Cedex 06
Frankreich

4. Kontaktinformationen:
Telefon: 0033 (0) 4 72 83 28 53
Telefax: 0033 (0)4 72 83 28 61
E-Mail: lisa.lebloas@clubmed.com
Homepage: www.clubmedjobs.com

5. Ansprechspartner:
Frau Lisa Le Bloas

6. Altersbegrenzung:
Ab 18 Jahren

7. Spezielle Voraussetzungen:
Je nach Job Erfahrungen und / oder Diplome
Französisch und Englisch Kenntnisse

8. Dauer des Aufenthalts:
Zwischen 4-8 Monaten; Kurzzeiteinsätze während der Schulferien in der Kinderbetreuung möglich

9. Abreisezeitpunkt:
Wintersaison ab ca. Dezember
Sommersaison ab März/April

10. Anmeldefrist oder Bewerbungsfrist:
Einstellungen ganzjährig

11. Kosten:
Reisekosten werden vom Club Med übernommen, Unterbringung und Verpflegung im Resort gegen Kostenbeitrag

12. Lohn während des Aufenthalts:
Gehalt je nach Profil und Erfahrung. Unterbringung und Verpflegung im Resort gegen Kostenbeitrag

17. Länder / Gebiete des Aufenthalts:
Rund ums Mittelmeer (Sommersaison) und französische oder schweizerische Alpen (Wintersaison)

PractiGo GmbH
Bremen

Du möchtest in die Hotel- oder Tourismusbranche einsteigen? Gerne vermitteln wir Dir eine Stelle als Aushilfskraft in einem Hotel. Deine Tätigkeitsbereiche richten sich nach den Bedürfnissen des Arbeitgebers sowie Deinen persönlichen Stärken. Als Hilfskraft wirst Du überwiegend in den Bereichen Bar und Restaurant, Zimmerservice, Küche, Kundenempfang oder in der allgemeinen Assistenz eingesetzt.
Siehe auch unter „Praktika" und „Work & Travel"

2. Name:
PractiGo GmbH – Sprachen erleben

3. Anschrift:
PractiGo GmbH
Neidenburger Str. 9
28207 Bremen

4. Kontaktinformationen:
Tel: 0049 (0) 421 408977 - 0
Fax: 0049 (0) 421 408977 - 60
E-Mail: info@practigo.com
Homepage: www.practigo.com

5. Ansprechspartner:
Das gesamte PractiGo-Team steht Dir für Fragen zur Verfügung.

6. Altersbegrenzung:
Mind. 18 Jahre

7. Spezielle Voraussetzungen:
Sprachlich: Gute Kenntnisse der Landessprache oder Teilnahme an einem Sprachkurs vor Ort vor der Hotelarbeit. Fachlich: Keine speziellen Voraussetzungen. Praktische Erfahrungen jedoch von Vorteil.

8. Dauer des Aufenthalts:
4-52 Wochen. Je nach Land können Mindest- und Maximaldauer variieren.

9. Abreisezeitpunkt:
Das ganze Jahr über. Starttermine können individuell festgelegt werden.

10. Anmeldefrist oder Bewerbungsfrist:
Mind. 3-4 Monate vor gewünschtem Abreisedatum.

11. Kosten:
Beispielpreise inkl. unterkunft und Verpflegung: 12 Wochen Spanien 695 EUR; 8 Wochen Frankreich: 895 EUR

12. Lohn während des Aufenthalts:
Teilweise Kost und Logis frei oder Vergütung

13. Kosten während des Aufenthalts:
Ein Taschengeld sollte eingeplant werden. Unterkunft und Verpflegung teilweise inklusive.

14. Finanzielle Förderung:
Tipps zu externen Fördermaßnahmen: www.practigo.com

16. Bestimmte Staatsangehörigkeit vorausgesetzt:
Programm in Japan, Frankreich, Kanada und Spanien: für EU-bürger und schweizer möglich.

17. Länder / Gebiete des Aufenthalts:
Japan, Frankreich, Kanada und Spanien

TOURISMUS

Tawfik human resources Köln

Als erste offiziell legitimierte Vermittlungsagentur durch die Bundesanstalt für Arbeit vermitteln wir seit 1997 Traumjobs im Tourismus mit dem Schwerpunkt Animation. Bei unseren Jobangeboten handelt es sich ausschließlich um geprüfte Beschäftigungen, die unsere hohen Mindestanforderungen erfüllen und dir somit deinen Traumjob bei einem marktführenden Unternehmen garantieren. Mit einer einzigen Bewerbung auf unserer Internetseite www.tawfik.de bekommst du ausgesuchte Jobangebote von namhaften nationalen und internationalen Arbeitgebern, die deinen Vorstellungen und Erfahrungen entsprechen. Unser Service ist für Bewerber vollkommen kostenfrei und unverbindlich!

2. Name:
Tawfik human resources

3. Anschrift:
Weilerweg 8
50765 Köln

4. Kontaktinformationen:
Telefon: +49 (0)221 - 979 31 33
Fax: +49 (0)221 - 979 31 34
Web: www.tawfik.de
Mail: info@tawfik.de

5. Ansprechspartner:
Herr Amir Tawfik

6. Altersbegrenzung:
ab 18 Jahre

7. Spezielle Voraussetzungen:
Du
- bist zuverlässig & nett
- sprichst min. 2 Sprachen
- bist kreativ & sportlich
- bist ein fröhlicher Mensch

8. Dauer des Aufenthalts:
zwischen 4 - 8 Monate. Kurzzeiteinsätze während der Schulferien möglich.

10. Anmeldefrist oder Bewerbungsfrist:
ganzjährig

11. Kosten:
Übernahme der Reisekosten durch den Arbeitgeber, kostenlose Unterbringung

12. Lohn während des Aufenthalts:
Kost und Logis frei, fester Arbeitsvertrag nach EU-Recht inkl. Kranken- und Sozialversicherung, Gehalt zwischen 700 - 1600 EUR netto pro Monat, je nach Erfahrung und Einsatzbereich

16. Bestimmte Staatsangehörigkeit vorausgesetzt:
EU-Staatsangehörigkeit

17. Länder / Gebiete des Aufenthalts:
Weltweit. Schwerpunkt Mittelmeerländer (Spanien, Griechenland, Ägypten etc.)

Tui Service AG
Schweiz

Wer sein Talent und seine Kreativität zum Beruf machen will, findet im Bereich TUI Animation die richtige Herausforderung. Viel Spass unter der Sonne, aber auch harte Arbeit und eine echte Schule fürs Leben! Die Aufgaben:
Kinderanimateur:
Die Experten für die liebevolle Betreuung der Vorschul- und Schulkinder bis 12 Jahre.
Sport- und Kinderanimateur:
Die Sport-, Spiel- und Spaß-Fraktion - für Erwachsene und natürlich die ganze Familie.
Fitness- und Kinderanimateur:
Ausgebildete Fachkräfte (Aerobic-B-Lizenz) für ein ausgewogenes Fitness- und Aerobicprogramm.

2. Name:
TUI Service AG

3. ***Anschrift:***
Tiergartenstr. 1
CH-8852 Altendorf

4. Kontaktinformationen:
Tel: +41/55/4516 737
Fax: +41/55/4516 759
E-Mail: tuidx.volumerecruitment@tui.com
Homepage: www.tui-service.com
Öffnungszeiten: Mo.- Fr. 9.00 – 18.00 Uhr

6. Altersbegrenzung:
Zwischen 20 und Anfang 30 Jahre

7. Spezielle Voraussetzungen:
Erfahrung im Bereich Kinder- und Jugendbetreuung, Animation, Sport, Tanz oder Theater.
Differenzierte Anforderungsprofile findet man unter www.tui-service.com

8. Dauer des Aufenthalts:
Animation ist Saisonarbeit.
Die meisten Einsatzmöglichkeiten gibt es in der Sommersaison von März bis Oktober. Doch auch während der Saison gibt es Chancen, kurzfristig als Saisonverstärkung oder Aushilfe einzusteigen. Und auch in der Wintersaion (Dezember bis April) vermitteln wir Animateure.

9. Abreisezeitpunkt:
siehe Punkt 8.

10. Anmeldefrist oder Bewerbungsfrist:
Beste Chancen haben Bewerber zwischen September und Dezember für den darauf folgenden Sommer.

11. Kosten:
Reisekosten, Unterbringung und Verpflegung übernimmt die TUI Service AG

12. Lohn während des Aufenthalts:
Ab 1.200 CHF/ ca. 800 EUR bei freier Kost und Logis.

16. Bestimmte Staatsangehörigkeit vorausgesetzt:
Alle können teilnehmen

17. Länder / Gebiete des Aufenthalts:
Die Ferienwelten der TUI Beteiligungshotels liegen hauptsächlich rund ums Mittelmeer, auf den Kanaren, am Schwarzen und Roten Meer. Doch auch in Deutschland, Italien, der Schweiz und Österreich befinden sich ausgezeichnete Hotels.

JOBSUCHE IM AUSLAND

CO
OP
99
TEA
VALLETTA CITY
FRUIT & VEGETABLES
ST DOMENIC
CHURCH
WAR MUSEU
THE MALTA
EXPERIENCE
Zespri
Green

Mehr als ein Praktikum

Jemand, der in einem anderen Land gelebt hat, beweist, dass er flexibel, mobil und Fremden gegenüber aufgeschlossen ist. Zusammen mit den erworbenen Sprachkenntnissen sind dies beste Empfehlungen für die weitere Karriere. Wenn man sich auf eigene Faust um eine Stelle kümmert, gibt es viel zu organisieren.

Hier sind einige hilfreiche Tipps, was man wo zu beachten hat. Anhand des ausgewählten Beispiel in Dänemark für Europa. So lässt sich der unterschiedliche Aufwand für einen selbst organisierten Auslandsaufenthalt gut abschätzen. In Europa besteht das Risiko eigentlich nur in den Kosten des Rückflugtickets. Falls man vor Ort nicht Fuß fassen kann oder keinen Praktikumsplatz findet, war es eben ein schöner Urlaub. In weiter entfernten Ländern ist der Aufwand für den Trial and Error Ansatz, angefangen mit eventuellen Visavoraussetzungen, wesentlich aufwendiger.

Eine der beliebtesten Städte, um Englisch zu lernen, war bisher London. Und für diejenigen, die bereits gute Englischkenntnisse besitzen, waren in England die Barrieren für einen kurzfristigen Arbeitsaufenthalt sehr gering. Mit dem Brexit ist die Zukunft ungewiss. Bis Ende des Jahres 2020 galten die bisherigen Bestimmungen. Allerdings ist der Druck auf die Regierungen sehr hoch, auch für die Zeit nach dem Brexit sinnvolle Lösungen zu finden. Und als Alternative bleibt immer noch Irland und Malta. Hin- und Rückflug sind günstig und als EU-Länder gelten hier die europäischen Visabestimmungen und keine komplizierten Arbeitserlaubnisverfahren. Man kann sogar kurzfristig Jobs finden. Viele europäische Jugendliche verfolgen das gleiche Ziel, deshalb ist in den europäischen Hauptstädten immer eine fröhlich bunte Mischung an jungen Leuten anzutreffen.

Wer es exotischer mag, kann sich inzwischen auch nach Dubai vermitteln lassen. Die Boomtown im Mittleren Osten macht mit vielen Superlativen von sich Reden und ist sicherlich eine interessante Alternative, wenn man die wirtschaftlichen, sozialen und politischen Rahmenbedingungen beachtet.

In Asien bietet die blühende chinesische Hafenstadt Shanghai gute Voraussetzungen, um seine Englischkenntnisse aufzubessern. Für einen Arbeitsaufenthalt in diesen Metropolen sind die Vorbereitungen allerdings wesentlich aufwendiger. Shanghai ist sicher eine gute Alternative zur chinesischen Sonderverwaltungszone Hongkong.

Wie bei allen Reisen sollten gerade bei Auslandsaufenthalten die aktuellen Reisewarnungen und Reisehinweise des Auswärtigen Amtes beachtet werden. Weitere Infos unter:
www.auswaertiges-amt.de/de/ReiseUndSicherheit/10.2.8Reisewarnungen

Mit den folgenden Tipps lässt sich die ganz persönliche Checkliste für die Traumreise ins Ausland erstellen.

„Zu Anfang mag es recht schwer für dich sein, aber das wird sich schnell ändern."

Andreas stürzte sich seines Freundes zuliebe, der sich als Ingenieur sehr für Windenergie interessierte, auf die dänische Sprache. Århus ist das Zentrum der europäischen Windmühlenindustrie, wo sein Freund eine Arbeit bekam.

Ich war meine Arbeit als Krankenpfleger in Hannover leid. In Deutschland hat man im Gesundheitswesen noch mehr Einsparungen vorgenommen als in Dänemark und die Arbeitsbedingungen sind deshalb nicht besonders gut. Ich hatte die Möglichkeit zu meinem Freund zu ziehen und dort Arbeit zu bekommen, wenn ich nur Dänisch beherrschte. Ich fand aber zuerst nur Kurse mit max. 3 Stunden Unterricht pro Woche, aber ich brauchte einen Intensivkurs. Es war ein Zufall, dass ich von der Højskolen Østersøen hörte. Das kam durch meinen Bruder in Berlin, dessen Bekannter hier einmal einen Kurs besucht hatte. Ich rief hier an und sie hatten glücklicherweise noch einen Platz frei in dem Kurs, der im Januar beginnen sollte.

4 Monate später begann Andreas seine Arbeit als Krankenpfleger in Århus. Obwohl er viel Dänisch gelernt hatte, ging er an seinem ersten Tag mit einem flauen Gefühl im Magen zur Arbeit. Es ist aber alles gut gegangen.

Ich habe sehr gute KollegInnen, die sehr nett und hilfsbereit sind. Außerdem ähneln sich die medizinischen Fachbegriffe auf Deutsch und Dänisch, so dass es keine größeren Probleme gibt.

Aus einem Bericht von Andreas,
der nach einem Dänisch-Intensivkurs,
eine Stelle in Dänemark fand.

Eine kleine Checkliste zur Jobsuche im Ausland:

Für 3 Monate, 3 Jahre – oder länger. Wenn ein Job im Ausland gesucht wird, gibt es einiges zu klären. Hier ist eine kleine Anleitung:

1. Sprachkenntnisse.

Obwohl Deutsch in vielen Ländern als Fremdsprache gesprochen bzw. verstanden wird, läuft das (Berufs-)Leben dort meistens in irgendeiner lokalen Sprache, und es wird somit auch erwartet, dass zukünftige Arbeitnehmer bereits die jeweilige Sprache beherrschen oder dazu willig sind, es zu lernen. Ein wichtiger Teil der Jobsuche im Ausland ist deswegen, sich auch sprachlich vorzubereiten und einen Sprachkurs zu besuchen, wenn Sprachkenntnisse fehlen oder verbesserungsbedürftig sind. Viele Volkhochschulen haben Sprachkurse im Programm, sowie in fast jeder größeren Stadt gibt es Sprachinstitute, an denen die Grundlage gelegt werden kann. Eine gute Anlaufstelle sind auch die Kulturinstitute (s. Seite 325).

2. Zeugnisse und Bewerbungsunterlagen.

Unterlagen sollten am besten in der Landessprache ausgestellt sein, in der die Jobsuche stattfindet. Sonst in englischer Sprache. Es ist eine gute Idee, die Daten sowohl in Papierform als auch als Datei für online-Bewerbungen zu haben. Obwohl es von Land zu Land kulturelle Unterschiede gibt, wie die Dokumente präsentiert werden sollen, genügt in der Regel ein tabellarischer Lebenslauf für die Erstansprache und weitere Unterlagen werden erst auf Verlangen vom potentiellen Arbeitgeber nachgereicht. Hierzu gibt es gute Ratgeber im Internet und in Buchform.

3. Infos über alle Aufenthaltsformalitäten sammeln (Visum, Arbeitserlaubnis).

Hier sind die Botschaften bzw. Konsulate des Ziellandes sowohl online als auch offline die zentralen Anlaufstellen. Wichtig ist, dass die konsulären Formalitäten vor der Abreise geklärt sind, damit man nicht in Gefahr gerät, versehentlich als illegale Arbeitskraft einzureisen.

4. Sozialversicherungsfragen klären (Kranken-, Arbeitslosen- und Rentenversicherung).

Besonders für längere Auslandsaufenthalte ist es sinnvoll zu klären, ob z.B. eine Zusatzkrankenversicherung möglich oder notwendig ist (oder ob eine separate Versicherung im Ausland abgeschlossen werden soll). Das gleiche gilt für die anderen Versicherungen – es ist zu klären, welche Folgen so ein Auslandsaufenthalt hat. Die Sozialbehörden sowie der Arbeitgeber im Zielland können auch behilflich sein, welche Sozialversicherungen dort abgeschlossen werden müssen.

5. Die Arbeitsbedingungen im gewünschten Aufenthaltsland untersuchen.

Für die Jobsuche sind Jobbörsen im Internet, sowie Tageszeitungen im Zielland, die in der Regel auch Ihre Jobsektionen mit Stellenanzeigen ins Netz stellen sehr gute Anlaufstellen. Darüber hinaus können die Internationalen Beratungsstellen (wie ZAV) der Arbeitsagentur hierzulande, sowie die entsprechenden nationalen Agenturen im Ausland bei der Jobsuche helfen. Neben der Jobsuche ist auch zu klären, wie es mit Arbeitsverträgen und Lohnniveau aussieht. Kann man von der Arbeit leben und wie sieht es mit Arbeitszeit und Kündigungsfristen aus.

6. Infos über die Lebensbedingungen, wie etwa Unterbringung, Lebenshaltungskosten etc.

Auch die Wohnsituation muss geklärt werden. Manchmal ist eine Wohngemeinschaft für den Anfang eine gute Lösung, sowie Jugendherberge oder Mietwohnung auf Wochen- oder Monatsbasis. Wichtig ist, vorab zu klären, ob genügend finanzielle Mittel für den Anfang vorhanden sind, bis das erste Monatsgehalt auf das Konto kommt.

7. Infos über das kulturelle und soziale Leben im Zielland.

Zeitungen und Zeitschriften lesen. Viele Städte oder Orte haben auch ihre eigenen Websites mit Informationen über lokale Veranstaltungen. Für das schnelle Einleben und damit auch Wohlfühlen in der neuen Heimat auf Zeit ist es wichtig, offen gegenüber den Einheimischen und ihrer Kultur zu sein – hierzu gehört auch wie oben genannt, sich mit der Sprache vertraut zu machen. Das Interesse und die Offenheit werden dann in der Regel sehr schnell gegenseitig.

8. Deutsche Vertretungen und Netzwerke für die Jobsuche und das Einleben.

Jeder Anfang ist einfacher, wenn jemand gefragt werden kann, der alles schon durchgemacht hat und sich vor Ort auskennt. Es gibt überall auf der Welt Netzwerke für deutschsprachige im Ausland – im Internet wie z.B. www.german-expat oder ganz altmodisch in Form eines Stammtisches in einem Café irgendwo im Ausland, wo man sich ab und zu trifft. Auch die deutschen Vertretungen und deutschen Kirchengemeinden im Ausland können hilfreich sein (s. Kapitel „Wichtige Kontakte“).

9. Ist die Dauer des Auslandsaufenthaltes geklärt, und wie geht es nach der Rückkehr weiter ?

Anmeldefristen für den weiteren Ausbildungs- oder Studienverlauf nicht vergessen. Ist es evtl. möglich sich aus dem Ausland anzumelden, können die Formalitäten vor der Abreise gemacht werden – oder muss eine Rückreise während des Aufenthalts für eine Anmeldung geplant werden. Wie sieht es mit der Jobsituation nach der Rückkehr aus, wenn man bereits auf dem Arbeitsmarkt ist. Geht es zurück in den alten Job mit neuen Fähigkeiten (Sprachkenntnisse, neue -interkulturelle- Fähigkeiten) oder gibt es die Möglichkeit, den Beruf dank des Auslandsaufenthaltes ganz zu wechseln.

Siehe auch die Checklisten auf den Seiten 315 und 316

Links und Informationen zum Thema

ESS Europe ist eine Übersicht von über 300 europäischen Jobbörsen. Die Jobbörsen sind nach Ländern unterteilt. Zusätzlich findet man weiterführende Informationen zu den Gesundheitssystemen ausgewählter Länder. ESS-Europe dient als erste Anlaufstelle für Personen, die eine Karrierestation im europäischen Ausland planen.
Homepage: www.ess-europe.de/jobs/

DIA e.V. ist ein Verein zur Unterstützung deutschsprachiger Reisender weltweit und bietet Hilfe sowie Beratung für Deutsche und deren Angehörige, die sich vorübergehend oder für längere Zeit aus privaten oder beruflichen Gründen im Ausland aufhalten.
Homepage: www.deutsche-im-ausland.org

Literaturtipps

Buchspieß, Andrea:
Langzeitreisen. Auslandsaufenthalte gekonnt organisieren
Reise Know-How Rump GmbH. 2007

Schürmann, Klaus und Mullins, Suzanne:
Die perfekte Bewerbungsmappe auf Englisch: Anschreiben, Lebenslauf und Bewerbungsformular - länderspezifische Tipps
Eichborn. 2008.

Arbeiten in Dublin - Céad Míle Fáilte

Dublin ist eine pulsierende Großstadt mit unbegrenzten Möglichkeiten. Die Jobangebote richten sich ganz nach den eigenen Fähigkeiten. Wer Jobs auf eigene Faust sucht sollte allerdings etwas mehr als Grundkenntnisse der Landessprache besitzen.

Wohnen und Transport in Dublin

In Dublin gibt es viele Möglichkeiten, von A nach B zu kommen. Es ist eine ziemlich kompakte Stadt, was bedeutet, dass Wandern und Radfahren praktikable Optionen sind. Man kann von vielen Randbezirken der Stadt in etwa 30 oder 40 Minuten zu Fuß ins Zentrum gelangen. Aber die öffentlichen Verkehrsmittel in Dublin sind auch ziemlich gut. Das ist einer der Vorteile, die das Leben in der Stadt mit sich bringt. Je weiter man von dem Stadtzentrum entfernt wohnt, desto niedriger ist die Miete. Dafür sind die Fahrtkosten dementsprechend höher. Es gibt die sogenannten „Live-in" Jobs. Hier werden Wohnmöglichkeiten zusammen mit dem Job angeboten. Typisch sind Jobs in der Gastronomie- und Hotelbranche. Man teilt sich ein Zimmer oder Maisonnette mit anderen Kollegen. Der Vorteil ist, dass die Wohnungssuche entfällt. Die Mahlzeiten sind meist inklusive, und die Miete ist relativ niedrig. Der Nachteil ist allerdings: Ist man plötzlich den Job los, ist man auch die Unterkunft los. Die Wohnsituation in Dublin ist sehr angespannt. Es ist vor allem schwierig eine günstige Unterkunft für kurze Zeit zu bekommen. Daher ist es von Vorteil, schon vor Abreise einige Adressen zu haben. Ein guter Ausgangspunkt sind Hostels - also Jugendherbergen. Dort lernt man schnell andere Leute kennen, und kann eventuell eine WG (Flatshare) bilden und die Kosten teilen. Die Hostels haben ein sehr unterschiedliches Niveau. Oft teilt man ein Zimmer mit 4-5 Leuten. Frühstück ist nicht immer inklusive.

Linkliste Hostels in Dublin:
www.hostelworld.com, www.hostelscentral.com, www.hostelz.com

Behördengang

Krankenversicherung

Vor Abreise soll man sich von der eigenen Krankenkasse die kostenlose Europäische Krankenversicherungskarte (EHIC) ausstellen lassen. Alle EWR-Bürger haben in Irland automatisch Anspruch auf die dortige Gesundheitsversorgung. Sie erhalten dafür eine irische Krankenkarte.

Wer aus Deutschland eine EHIC-Karte mitbringt oder dort privat versichert ist, ist von dem Abschluss einer irischen Krankenversicherung befreit und kann nach Anmeldung das öffentliche irische Gesundheitswesen in Anspruch nehmen. Sie sollten sich zusätzlich über eine Auslandskrankenversicherung informieren.

Aufenthaltserlaubnis,
Bürger eines EU-Staates sowie solche eines EWR-Staates oder der Schweiz benötigen bei der Einreise nach Irland weder eine Arbeitserlaubnis noch eine Aufenthaltsgenehmigung.

Von den meisten Arbeitgebern wird ein Bankkonto für die Lohnauszahlung gefordert. Es ist aber oft sehr kompliziert, als Ausländer ein Bankkonto in Dublin zu eröffnen. Deswegen ist es hilfreich, eine Empfehlung (also einen kurzen Brief) von der eigenen Bank in Deutschland mitzubringen, in der die Bank die Bonität bestätigt.

Treffpunkte für Deutsche in Dublin

Stammtische, Networkingmöglichkeiten - oder wo man in Dublin eine echte Berliner Currywurst kaufen kann....Es gibt viele gute Gründe, warum sich viele Deutsche und deutschsprachige in Foren oder vor Ort in Dublin treffen.

Die Deutsche Community
Dublins größtes Web-Forum für Deutschsprachige (kostenlose Anmeldung). Austausch über Themen wie: Leben in Dublin, Anregungen, Probleme, Wohnung gesucht.
Homepage: https://dublin.expat.info/forum

Dublin German Speakers
Diese Gruppe ist für Deutschsprachige in Dublin. Jeder ist herzlich eingeladen, Meetups zu besuchen oder zu organisieren. Fühlen Sie sich auch frei, einen Beitrag zu leisten, indem Sie Ideen und Links zu anderen Websites posten sowie die Mailingliste oder das Message Board verwenden.
Homepage: https://www.meetup.com/de-DE/german-516/

Arbeitssuche in Dublin

Welchen Job man finden kann, hängt einerseits vom Lebenslauf (Zeugnisse in englischer Sprache) und den persönlichen Fähigkeiten, andererseits von den englischen Sprachkenntnissen ab. Die meisten Studentenjobs findet man in der Hotel oder Fast Food Branche. Sie sind ein guter Anfang, um die Lebenshaltungskosten zu decken und, sofern man eigentlich etwas anderes machen möchte, in Ruhe einen passenden Job zu finden.

Pubs und Sandwich Shops
Kleine Läden
Ketten (z.B. Starbucks)
Agenturen für Sicherheitsservice

Weitere Infos unter: https://www.dein-dublin.de

Zur Stellensuche in Dublin kann man natürlich auf die grüne Insel reisen und sich vor Ort kümmern. Zum Beispiel auch im Rahmen eines Urlaubes oder eines anderen Auslandsaufenthaltes. Gut möglich ist aber auch die Recherche von Deutschland aus. Für die Stellensuche kann man sich an die Arbeitsvermittlungsdienste sowohl in Deutschland als auch in Irland wenden. Alle relevanten Dienste sind über das Netz der Europäischen Arbeitsvermittlungsdienste (EURES) miteinander verbunden. Die staatliche Arbeitsvermittlung in Irland informiert und berät kostenlos. Eine Registrierung ist dazu nicht nötig. Darüber hinaus läuft die Stellenvermittlung auf dem irischen Arbeitsmarkt oft über lokale Jobagenturen, so genannte Recruitment Agencies. Zunehmend suchen auch „Headhunter" im Ausland nach guten Arbeitnehmern für irische Unternehmen. Eine Möglichkeit selbst aktiv zu werden ist natürlich auch die Initiativbewerbung bei Unternehmen vor Ort.

Tageszeitungen und Internet
Sucht man einen bestimmten Job, der zu der Ausbildung und den eigenen Fähigkeiten passt, sind die Tageszeitungen eine gute Quelle. Oft haben Zeitungen ihre Stellenanzeigen auch im Internet. Dadurch ist es möglich, schon vor Abreise die ersten Bewerbungen zu schreiben, oder Kontakte zu knüpfen.

Links:
www.irishtimes.com
www.independent.ie

irish-net
Seit über 20 Jahren das beliebte Irlandportal mit vielen Irland Insidertipps, dem großen Irland Reisebüro, ein Irland Shop, Tipps zum Auswandern nach Irland und vieles mehr.
https://www.irish-net.de/Leben-in-Irland/Auswandern-Tipps-und-Infos/Arbeitsvermittler/

Arbeiten in Dänemark - Ren Lykke!

Der „World Happiness Report" bezeichnet die Dänen seit 2013 als die glücklichsten Menschen auf unserem Planeten. Letztes Jahr wurden die Dänen nur von den Finnen überholt. Grund genug sich Land und Leute einmal näher anzusehen. Wenn man aus Handwerk und Technik, aus Gastronomie und Service, oder aus dem Sozialwesen und den Medizinberufen kommt, hat man besonders gute Chancen, eine Arbeit in Dänemark zu finden

1. Sprachkenntnisse.

In Dänemark sprechen fast alle Dänen Englisch. Das ist kein Klischee, sondern die Wahrheit. Grundkenntnisse in der Landessprache sind für die meisten Arbeitgeber dennoch ein Muss. Es ist also empfehlenswert, sich bereits vor der Bewerbung einige Brocken anzueignen. Einen Intensivkurs kann man vor Ort machen. Die Sprache ist aber relativ schnell zu lernen. Der dänische Staat unterstützt Einwanderer finanziell bei einem Sprachkurs.

2. Zeugnisse und Bewerbungsunterlagen.

Unterlagen zur Anerkennung von ausländischen Berufsqualifikationen sollten auf Dänisch oder Englisch ausgestellt sein. Das dänische Bildungs- und Forschungsministerium bietet eine Beurteilung und Anerkennung der Berufsqualifikationen an. Diese ist jedoch davon abhängig, für welchen Zweck die Beurteilung benötigt wird. Einige Gründe finden sich auf den nächsten Seiten. (https://ufm.dk/en/education/recognition-and-transparency/recognition-guide?set_language=en&cl=en)

Grundsätzlich gelten für die Jobsuche in Dänemark keine allzu abweichenden Regeln von den üblichen Vorgehensweisen in anderen Ländern. Auch hier gibt es die Möglichkeit einer Initiativbewerbung oder der Kontaktaufnahme mit einem Vermittlungsunternehmen.

Work in Denmark
https://www.workindenmark.dk/Find-a-job

Jobindex:
https://www.jobindex.dk/

Eures:
https://ec.europa.eu/eures/portal/jv-se?app=2.6.0-brexit-build-0

Freiwilligenarbeit mit WWOOF Denmark (www.woof.dk)

3. Infos über alle Aufenthaltsformalitäten sammeln (Visum, Arbeitserlaubnis).

Aufenthalts- und Arbeitserlaubnis, Steuer- und Krankenversicherungskarte

Gemäß den Bestimmungen über die Freizügigkeit und den freien Dienstleistungsverkehr können Bürger der EU-Mitgliedstaaten, der EWR-Staaten sowie der Schweiz frei nach Dänemark einreisen und ohne eine EU-Aufenthaltserlaubnis arbeiten.

Sollte der Aufenthalt in Dänemark länger als 3 Monate dauern, muss innerhalb von 3 Monaten für Reisende und Touristen und innerhalb von 6 Monaten für Arbeitssuchende eine EU-Aufenthaltsbescheinigung beantragt werden. Die zuständige dänische Behörde ist die dänische Agentur für internationale Rekrutierung und Integration.

Auf folgender Webseite können weitere Informationen und eine Anleitung sowie Antragsformular und Kontaktinformationen gefunden werden (englisch): https://lifeindenmark.borger.dk/

4. Sozialversicherungsfragen klären (Kranken-, Arbeitslosen- und Rentenversicherung).

Der Arbeitsmarkt und die sozialen Leistungsstrukturen in Dänemark unterscheiden sich von denen in Deutschland. Während in Deutschland in die Krankenkasse, Arbeitslosenkasse, Rente und Altersvorsorge eingezahlt wird, werden diese Ausgaben in Dänemark hauptsächlich durch die Einkommenssteuer finanziert.

Leitfaden: Arbeiten in Dänemark. Wenn man nach Dänemark kommt, um zu arbeiten, soll man
1. eine Steuer-Personennummer und eine Steuerkarte bei den Finanzbehörden beantragen (online unter: https://skat.dk/skat.aspx?oid=2244407&vid=0)

2. ein Bankkonto eröffnen. Ein „NemKonto“ ist notwendig für Lohn- bzw. Gehaltzahlungen. Als NemKonto kann man ein Konto bei einer Bank in Dänemark oder das gewohnte Konto im Ausland verwenden.

3. eine MitID muss man im örtliches Bürgerbüro (Borgerservice) beantragen - die persönliche digitale Unterschrift und der Zugang zum digitalen Dänemark. Damit loggt man sich beim dänischen Online-Banking und bei Behörden ein.

Falls man länger als drei Monate in Dänemark bleibt, braucht man eine Personennummer (CPR-Nummer). In Dänemark besitzt jeder eine CPR-Nummer; sie ist für den Kontakt mit den dänischen Behörden notwendig. Falls Sie aus einem EU- bzw. EWR-Land oder der Schweiz kommen, benötigen Sie diese CPR-Nummer erst nach sechs Monaten. Anlaufstelle: Borgerservice.

Mit der CPR-Nummer bekommt man die Krankenversicherungskarte. Diese dient als Nachweis, dass man Anspruch auf öffentliche Gesundheitsleistungen hat.

5. Die Arbeitsbedingungen in Dänemark

Als Hauptregel gilt, dass die Arbeitszeit in Dänemark in einem Tarifvertrag festgelegt ist, wobei in den allermeisten Bereichen eine Regelarbeitszeit von 37 Stunden pro Woche vereinbart wird. Die Arbeitszeit liegt in der Regel von Montag bis Freitag zwischen 6.00 Uhr und 18.00 Uhr. Die Mittagspause dauert normalerweise 30 Minuten. In einigen Betrieben wird die Mittagspause als reguläre Arbeitszeit vergütet, während sie in anderen Betrieben vom Arbeitnehmer selbst zu tragen ist.

Dänische Arbeitgeber sind verpflichtet, Ihnen einen Arbeitsvertrag auszustellen, wenn Sie mindestens vier Wochen und mehr als acht Stunden pro Woche beschäftigt sind.

Weitere Infos unter: https://workplacedenmark.dk/de/working-conditions/

6. Infos über die Lebensbedingungen, wie etwa Unterbringung, Lebenshaltungskosten etc.

Wer für längere Zeit in Dänemark leben und arbeiten will, benötigt schnell eine Bleibe. Viele behördliche Dinge sind ohne eine feste Adresse nicht zu regeln. Doch es ist nicht immer leicht, in Dänemark eine Wohnung zu finden, weil die meisten Dänen in ihrer eigenen Immobilie wohnen. Deshalb kann die Wohnungssuche in Dänemark von Deutschland aus schwierig sein. Viele mieten zuerst ein Ferienhaus oder wohnen in einem Hostel, um sich dann nach einer dauerhaften Bleibe umzusehen:

https://www.german.hostelworld.com/- besonders sinnvoll, wenn man in einer Stadt wie Aarhus oder Copenhagen durchstarten will.

Es ist aber trotzdem möglich mit etwas Glück eine Mietwohnung vor der Abreise zu finden, z.B. unter unter, z.B.: https://www.lejebolig.dk/.

7. Kultur und soziales Leben

In Skandinavien geht man lockerer miteinander um - auch am Arbeitsplatz. Meist redet man sich mit Vornamen und „Du“ an. Trotz eines „Du“ darf man sich aber nicht zu Vertraulichkeiten hinreißen lassen. In Skandinavien wird erst mal höfliche Distanz erwartet! Will man Dänen kennenlernen, lohnt sich oft eine Mitgliedschaft in einem Sportverein. Oder man lädt die Nachbarn auf eine Tasse Kaffee ein.

Eine weitere Möglichkeit besteht mit der Organisation Servas, die Dänen kennenzulernen:
- http://servas.dk/travellers-in-denmark/

Servas International ist eine 1949 von Bob Luitweiler in Dänemark unter dem Namen „Open Door System“ gegründete Nichtregierungsorganisation, die ein System von Gastgebern und Reisenden aufgebaut hat und damit den Weltfrieden fördern will. Erste Anlaufstelle ist Servas Deutschland, um Mitglied zu werden (www.servas.de) - Siehe auch Homestay-Kapitel. Weltweit öffnen mehr als 15.000 Gastgeber den SERVAS-Reisenden ihre Türen, um für einige Tage einen Einblick zu gewähren. Es bietet Reisenden die Möglichkeit, bei privaten Gastgebern unterzukommen und so die Gepflogenheiten und den Alltag der lokalen Bevölkerung besser kennenzulernen.

Desweiteren sind Fernseh(nachrichten)sendungen und Online-Tageszeitungen gute Quellen, um einen Einblick in das Dänische Kulturleben zu bekommen:
Danmark Radio auf https://www.dr.dk/drtv/
Nachrichten auf Engiisch: https://cphpost.dk/

8. Deutsche Vertretungen und Netzwerke für die Jobsuche und das Einleben.

Deutschsprachige Kirchengemeinden:

Deutsche Reformierte Kirche, Pastor Axel Bargheer, Gothersgade 109, 3., 1123 Kopenhagen K
Tel.: 0045 - 33 13 87 53, Homepage: www.reformert.dk, E-Mail: Reformierte-Kirche@reformert.dk

Sankt Petri Kirche (ev.-luth.), Die deutschsprachige Gemeinde in der Dänischen Volkskirche, Hauptpastorin Dr. Rajah Scheepers
Larslejsstræde 11, 1451 Kopenhagen K
Tel.: 0045 - 33 13 38 34, Homepage: www.sankt-petri.dk, E-Mail: hauptpastor@sankt-petri.dk

Deutsche Katholische Gemeinde, Tel.: 0045 - 56 65 06 51, Homepage: www.gemeinde.dk, E-Mail: deutsche@gemeinde.dk

Nordschleswigsche Gemeinde, Kirchenbüro: Hovedgade 46, 6360 Tinglev, Homepage: www.kirche.dk,
Kontakt: www.kirche.dk/kontakt, Tel.: (+45) 74 64 40 34

Die Deutsche Botschaft in Kopenhagen:
https://kopenhagen.diplo.de/

German-speaking Community in Copenhagen
https://www.meetup.com/de-DE/German-speaking-Community-in-Copenhagen/

InterNations – Der Ort für Deutsche in Kopenhagen:
https://www.internations.org/copenhagen-expats/germans/de

Literaturtipps

Uhlemann, Tim:
Dänemark – Gekommen, um zu bleiben
Olzog ein Imprint der Lau Verlag & Handel KG. 2020

Tietz, Carina:
Leben und Arbeiten in Dänemark: Ein Ratgeber mit wertvollen Informationen und nützlichen Tipps…
GD Publishing. 2011

ARBEITSAGENTUR

Bundesagentur für Arbeit
Zentrale Auslands-
und Fachvermittlung (ZAV)

ZAV
Zentrale Auslands- und Fachvermittlung Bonn

Auslandsberatung und Vermittlungsunterstützung durch die Zentrale Auslands- und Fachvermittlung (ZAV) der Bundesagentur für Arbeit

Berufserfahrung im Ausland ist heutzutage für viele Fachkräfte und Spezialisten selbstverständlicher Bestandteil ihrer beruflichen Laufbahn. Umso wichtiger ist es, so früh wie möglich damit zu beginnen, Auslandserfahrungen zu sammeln. So bietet es sich für junge Leute an, Überbrückungszeiten bspw. nach Schulende oder zwischen Studienabschnitten, im Ausland zu verbringen.

Für deutsche Unternehmen ist Auslandserfahrung von hohem Wert, da in Zeiten von globalisierten Wirtschaftsstrukturen Sprachkenntnisse sowie spezielle Länderkenntnisse (Kulturstandards, Arbeitsweisen, Produktionsverfahren, Lebensverhältnisse) erforderlich sind.

Wer den beruflichen Schritt ins Ausland wagt, hat nicht nur die Möglichkeit interkulturelle Kompetenzen und Fremdsprachenkenntnisse zu erwerben, sondern auch seine Persönlichkeit zu entwickeln. Hierzu zählen u.a. die Erweiterung des Horizontes oder die Fähigkeit flexibel zu reagieren und sich neuer Situationen anzupassen. Dies trägt dazu bei, die Chancen auf dem deutschen Arbeitsmarkt zu verbessern. Für den Berufsweg kann der Auslandsaufenthalt zu einem positiven Aspekt im Lebenslauf werden.

Auslandsinteressierte finden in der ZAV eine erfahrene Partnerin, die sie dank weltweiter Kontakte und langjährigem Know-how bei deren Vorhaben aktiv und umfassend begleitet.

Die ZAV kooperiert in diesem Zusammenhang mit dem EURES-Netzwerk (European Employment Services), dem Zusammenschluss der europaweiten Arbeitsverwaltungen.

Die Dienstleistungen der Auslandsberatung und der Vermittlungsunterstützung werden von verschiedenen Fachbereichen in der ZAV angeboten. Diese sind:

Outgoing
An den Outgoing-Bereich wenden sich Kunden/Kundinnen, die ihren Wohnsitz in Deutschland haben und sich für einen lang- oder kurzfristigen Aufenthalt im Ausland interessieren. Dabei bekommen sie

- Unterstützung bei Ihrer persönlichen Stellensuche
- Beratung zu folgenden Aspekten: Arbeit (Berufseinstieg, Arbeitsbedingungen, soziale Sicherung, Aufenthaltsregelungen usw.), Studium, Ausbildung, Praktikum und Überbrückungsmöglichkeiten (Work & Travel, Freiwilligendienste, Au-Pair-Aufenthalte usw.) im Ausland.

Büro Führungskräfte zu Internationalen Organisationen (BFIO)
Das BFIO informiert und berät Führungs- und Führungsnachwuchskräfte zu allen Fragen hinsichtlich der Beschäftigung bei Internationalen Organisationen.
Das BFIO führt darüber hinaus das Programm Junior Professional Officer (Beigeordnete Sachverständige) für die Bundesregierung durch, die Federführung liegt beim Bundesministerium für wirtschaftliche Zusammenarbeit und Entwicklung (BMZ).
www.bfio.de

Centrum für internationale Migration und Entwicklung (CIM)
CIM vermittelt im Auftrag der deutschen Bundesregierung Integrierte Fachkräfte (IF) und Rückkehrende Fachkräfte (RF) an lokale Arbeitgeber in Entwicklungs- und Schwellenländern.
www.cimonline.de

Kontaktdaten
Zentrale Auslands- und Fachvermittlung (ZAV) der
Bundesagentur für Arbeit
Villemombler Str. 76
53123 Bonn

Tel: 0228-713-13 13
Fax: 0228-713-11 11
Email: zav@arbeitsagentur.de
Homepage: www.zav.de
Stellenbörse: www.arbeitsagentur.de

FLEXIBLE FREIWILLIGENARBEIT UND -DIENSTE

doughter
father

Soziale Verantwortung und kulturelles Verständnis im Auslandseinsatz

Das freiwillige soziale Engagement im Ausland ist nicht zu verwechseln mit einem Urlaub. Die Arbeit ist oft hart und verantwortungsvoll. Es gibt wenig Freizeit und wenig Lohn. Zum Teil muss man Reise und Versicherung selbst bezahlen. Dennoch fühlen sich immer mehr Deutsche motiviert, diesen Schritt für längere Zeit zu tun. Die freiwilligen Helfer werden von den betreuten Menschen und von den Kollegen vor Ort geschätzt und gebraucht. Auch für Jugendliche gibt es eine Vielzahl an Möglichkeiten.

Einsatzbereiche sind z.B. Kinder- und Jugendeinrichtungen, mobile Hilfsdienste, psychiatrische Einrichtungen, Behinderteneinrichtungen, Alten- und Pflegeheime, Projekte in sozialen Brennpunkten, Begegnungszentren und Kirchengemeinden. Man trifft dort auch auf Gleichgesinnte und hat Gelegenheit zum direkten Austausch. In einigen Ländern gibt es zusätzlich einen Sprachkurs.

Gerade für Jugendliche, die vor oder in einer Ausbildung im Gesundheits-, Sozial- oder Bildungswesen stehen, bietet die freiwillige soziale Arbeit im Ausland eine Möglichkeit, ihre eigene Bereitschaft für einen sozialen Beruf zu testen. Auf jeden Fall fördert ein solcher Auslandsaufenthalt die persönliche Entwicklung, die Reife und das Verantwortungsbewusstsein. Im folgenden Kapitel werden zwei unterschiedliche Wege aufgezeigt, wie man freiwillige soziale Arbeit leisten kann: Entweder lässt man sich durch eine Organisation vermitteln oder man nimmt selbst Kontakt zu den jeweiligen Projekten auf.

Im Gegensatz zu den meist staatlich geförderten und organisierten Langzeitprogrammen unterliegt die flexible Freiwilligenarbeit weniger den staatlichen Regulierungen und kann auch kurzfristig gebucht werden. Diese privatrechtliche Variante bringt einige Vorteile mit sich: Teilnehmende können selbst mitbestimmen, wann sie ausreisen möchten, in welches Land es gehen soll und für welche Dauer sie ins Ausland reisen möchten – oft ab 4 Wochen bis hin zu 3, 6 oder in einzelnen Ländern auch 9 Monate. Beim flexiblen Freiwilligendienst gibt es derzeit ausreichend Plätze. Wenn die allgemeinen Teilnahmevoraussetzungen erfüllt werden, kann auch eine kurzfristigere Ausreise ermöglicht werden – in der Regel 10 bis 12 Wochen vor dem gewünschten Abreisezeitpunkt.

Flexible Freiwilligenarbeit sind Programme ohne staatliche Förderung und deshalb müssen die entstehenden Programmkosten, Flug, Versicherung und Taschengeld von den Teilnehmenden selbst getragen werden. Zur flexiblen Freiwilligenarbeit zählen unter anderem: Selbst gebuchte Programme, Internationale Workcamps.

Mein Zwischenbericht aus Südafrika
von Anne Münzesheimer, November 2019 , Deutsch-Südafrikanisches Jugendwerk e.V., DSJW

Die Arbeit mit den Kindern ist einfach nur toll!!! Die Kinder im Kinderheim sind alle super offen, lustig, interessiert und zuckersüß :) Größtenteils sind die Kinder munter und gut drauf, doch es gibt auch Tage an denen man merkt, dass sie etwas stark belastet oder sie sehr nachdenklich sind oder bei den Kleinen einfach nur geweint oder geschrien wird. Doch wir geben sehr viel damit die Kinder einen schönen Alltag und einen Grund zum lachen haben. Wir sind auch engagiert, dass wir uns was nettes für die Ferien oder Wochenenden ausdenken. Wir haben schon einige Movie Nights gemacht, haben Pizza gebacken, waren Schlittschuh laufen und im Zoo. Weiter Aktionen wie Plätzchen backen, ein Kino ode Mall Besuch sind auch schon in Planung. Diese glücklichen Kindergesichter zu sehen, wenn wir sie zu etwas einladen, mit ihnen ein neues Spiel spielen oder einfach nur einen schönen Nachmittag am Pool mit ihnen verbringen gibt mir einfach viel zurück. Ich weiß, dass ich ihre Welt oder ihre Vergangenheit nicht in Ordnung bringen kann, aber ich kann den Moment für sie verändern und ihnen vielleicht so etwas wie Hoffnung und vor allem Liebe schenken :)

Wir denken hier sehr viel über unsere eigene Kindheit nach und vergleichen dies mit der Kindheit, die diese Kinder hier haben oder haben werden. Sie kennen das Gefühl, was einem die Familie vermittelt, gar nicht richtig und erleben nur das Leben in einer großen Gemeinschaft von Leuten, die sie hier kennengelernt haben und vorher als Fremde bezeichnet hätten. Das spürt man auch manchmal, denn die Hausmütter sie für die Kinder nicht die richtige Mutter und sie lassen sich daher von denen nicht immer etwas sagen und darauf folgt ein strenger Umgangston damit sie trotzdem erzogen werden und ein ganzes Haus voller 10 Kinder funktioniert. Andererseits geht es den Kindern hier super gut! Das spüren wir auch täglich :) Sie haben und kriegen alles was sie brauchen und sind zum Teil auch ein wenig verwöhnt. Viele Kinder können noch gar nicht verstehen, wie viel Glück sie gehabt haben hier gelandet zu sein. Auf Grund all dieser Dinge schätze ich meine Kindheit, die ich in Deutschland hatte, sehr und all das was mir dort geboten wurde.

Ich persönlich habe auch sehr schnell eine enge Bindung zu vielen Kindern aufgebaut und vor allem zu den Kleineren, weil man dort die entscheidende Entwicklung mitbekommt und man auch für diese Kinder eine sehr wichtige Bezugsperson geworden ist. Wir sind eher die Spielkameraden und Freunde für sie, was uns zum Einen das Vertrauen von ihnen zu bekommen erleichtert, aber andererseits fehlt es uns in manchen Situationen auch an Autorität. Es ist ein äußerst schönes Gefühl wenn man eine Bindung aufbaut und man diesem Kind viel Liebe schenken kann und diese auch zurück bekommt, doch genau das wir mir den Abschied von allen Kindern und diesem Ort sehr erschweren.

Die ersten drei Monate waren jetzt schon für meine persönliche Entwicklung Goldwert. Es gab schon viele Situationen in denen ich überfordert, gestresst war und dann zu schnell gehandelt habe und mich im Nachhinein über mich geärgert habe. Ein anderes Beispiel ist wo ich mit den Gefühlen und den Gedanken in meinem Kopf nicht mehr klar kam und emotional wurde. Auch hier gibt es mal schlechte Tage, aber darauf folgt meistens ein super Gespräch mit meiner Mitfreiwilligen oder ein schöner Moment mit den Kindern. Ich merke selber wie ich super viel über alles nachdenke und mich auch abends mit dem vergangenen Tag beschäftige.

Ich kann wirklich nur sagen, dass es mir ausgesprochen gut hier geht und ich mich zuhause fühle. Ich bin auch super froh, dass meine Mitfreiwillige und ich uns so super verstehen und über alles reden können.
In dem Sinne vielen Dank, dass ihr mir das Jahr hier in diesem Kinderheim ermöglicht habt :)

„Seifenblasen" --> Foto: Wiebke Polomka

active abroad GmbH
Freising/München

active abroad wurde 1998 gegründet und bietet in Zusammenarbeit mit ausgewählten Partnern weltweit eine zuverlässige Vermittlung und Betreuung an. Wir helfen abenteuerlustigen, jungen Menschen mit einer individuellen und persönlichen Beratung bei der Auswahl des passenden Programmes. Im Sommer 2012 wurde uns als einer der ersten deutschen Au Pair Agenturen das RAL Gütezeichen verliehen, welches sicherstellt, dass die von der Gütegemeinschaft Au Pair e.V. vorgegebenen Qualitätsstandards eingehalten werden. Wir vermitteln junge Leute als Au Pair / Au Pair Expert / Demi Pair in die USA, nach Kanada, Australien, Neuseeland, China, Chile und in viele europäische Länder. Das Demi Pair Programm mit Sprachunterricht am Vormittag und Mithilfe in der Gastfamilie am Nachmittag bieten wir in Irland, Frankreich, Spanien, Italien, Australien, Neuseeland und Kanada an. Weitere Programme, die wir anbieten: „Au Pair/Demi Pair“, „Work & Travel“, „Camp Counselor“, „Ökologische Arbeit im Ausland, Farmstay, Wildlife Experience“ und „Sprachreisen“.

2. Name:
active abroad GmbH

3. Anschrift:
Obere Hauptstr. 8, 85354 Freising

4. Kontaktinformationen:
Tel: 08161-40288-0, Fax: 08161-40288-20
contact@activeabroad.net / www.activeabroad.de
Social Media: activeabroad

5. Ansprechspartner:
Maria Riedmaier, Sabine Harrar

6. Altersbegrenzung:
Mindestalter 18 Jahre

7. Spezielle Voraussetzungen:
Englischkenntnisse

8. Dauer des Aufenthalts:
1– 12 Wochen (abhängig vom Projekt)

9. Abreisezeitpunkt:
Ganzjährig

10. Anmeldefrist oder Bewerbungsfrist:
3 Monate vor Programmstart

11. Kosten:
Preisbeispiel:
2 Wochen Volunteering in einer Grundschule in Soweto, Unterkunft (Volunteerhaus) und 2 Mahlzeiten tägl., Orientation, Flughafentransfer, monatl. Kennenlernveranstaltungen, tägl. Shuttleservice zum Projekt und zurück zur Unterkunft ca. EUR 1.456.00. Ggf. Kosten für Visa, Auslandsversicherung

12. Lohn während des Aufenthalts:
Kein Lohn

13. Kosten während des Aufenthalts:
Persönliche Ausgaben

16. Bestimmte Staatsangehörigkeit vorausgesetzt:
Deutsche Staatsangehörigkeit, ansonsten auf Anfrage

17. Länder / Gebiete des Aufenthalts:
Südafrika

AIFS
American Institute For Foreign Study
Bonn

AIFS EDUCATIONAL TRAVEL

AIFS ist eine der ältesten und größten Organisationen für kulturellen Austausch weltweit und ein führender Anbieter im Bereich Jugend- und Bildungsreisen. Neben den Freiwilligenprojekten in Australien, Neuseeland, Kanada, Peru, Sri Lanka, Sansibar, Fidschi, Thailand, Südafrika, Nepal und auf Bali werden u.a. Work and Travel Aufenthalte sowie die Programme Camp America, Auslandspraktika und Farmwork and Travel angeboten - weitere Informationen auf der Website. Siehe auch unter „Au Pair", „Work & Travel", „Camp Counselor", „Schule", „Studium", „Sprachreisen" und „Erlebnisreisen".

2. Name:
AIFS (American Institute For Foreign Study)

3. Anschrift:
Friedensplatz 1
53111 Bonn

4. Kontaktinformationen:
Tel.: +49 (0)228/95730-0, E-Mail: info@aifs.de/info@aifs.at/ info@aifs.ch; www.aifs.de/www.aifs.at/www.aifs.ch

5. Ansprechspartner:
Tanja Schmidt

6. Altersbegrenzung:
Dominikanische Republik und Griechenland: ab 16 Jahre (mit Einverständniserklärung der Eltern); Bali, Portugal, Swasiland/eSwatini, Tansania & Sansibar und Vietnam: ab 17 Jahre, alle anderen Länder ab 18 Jahre.

7. Spezielle Voraussetzungen:
gute Englischkenntnisse, abgeschlossene Schulausbildung, Teamfähigkeit, Reiskranken- und Reisehaftpflichversicherung

8. Dauer des Aufenthalts:
Je nach Destination 2 Wochen bis 10 Monate

9. Abreisezeitpunkt:
mehrmals im Monat

10. Anmeldefrist oder Bewerbungsfrist:
spätestens 2 Monate vor der gewünschten Ausreise

11. Kosten:
Der Preis hängt für das jeweilige Projekt von dem Land und der Dauer ab. Detaillierte Informationen gibt es auf der Website.

12. Lohn während des Aufenthalts:
Die Projekte werden nicht vergütet.

13. Kosten während des Aufenthalts:
private Ausgaben während des Aufenthalts

16. Bestimmte Staatsangehörigkeit vorausgesetzt:
Deutschland, Österreich, Schweiz

17. Länder / Gebiete des Aufenthalts:
Australien, Bali, Costa Rica, Dominikanische Republik, Fidschi, Ghana, Griechenland, Irland, Island, Japan, Kanada, Madagaskar, Nepal, Neuseeland, Peru, Portugal, Südafrika, Südkorea, Swasiland/eSwatini, Tansania & Sansibar, Thailand, Vietnam

dsjw
gsaya

DSJW (GSAYA)
Deutsch-Südafrikanisches Jugendwerk e.V.
Bad Honnef

Das Deutsch-Südafrikanische Jugendwerk e.V. (DSJW) ist ein gemeinnützig anerkannter Verein, der 1991 zur Zeit des Wandels in Südafrika mit dem Ziel gegründet wurde, Rassismus und Diskriminierung zu überwinden und vor allem junge Menschen im südlichen Afrika und in Deutschland für transkulturelle Zusammenarbeit zu sensibilisieren.

*Unsere Freiwilligendienste: Ein Freiwilligendienst ist für uns ein Dienst von Menschen an Menschen. Wir möchten Freiheit und Verantwortung fördern und unseren Teilnehmer*innen die Chance geben, mit ihrem (sozialen) Engagement ein Zeichen für Gerechtigkeit, Frieden und Verständigung zu setzen. Es ist ein Lern- und Hilfsdienst, in dessen Mittelpunkt Begegnung und Austausch stehen. Durch die Begegnung mit Anderen wird er zum Ort des wechselseitigen, transkulturellen und sozialen Lernens. Das DSJW begleitet die jungen Menschen bei diesem Lernprozess. Darüber hinaus erhebt das DSJW den Anspruch, durch die Auswahl vorwiegend sozialer Projekte im ländlichen Raum einen entwicklungspolitischen Beitrag im Rahmen der begrenzten Möglichkeiten von Freiwilligendiensten zu leisten. Siehe auch unter „Gef. Freiwilligendienste"*

2. Name:
DSJW (GSAYA)
Deutsch-Südafrikanisches Jugendwerk e.V.
(German-South African Youth Association)

3. Anschrift:
Austraße 8a
53604 Bad Honnef

4. Kontaktdaten:
Tel.: 02224 9874010
E-Mail: info@dsjw.de, Homepage: www.dsjw.de
Instagram: dsjw_ev

5. Ansprechspartner:
Stefanie Reuffel und Bastian Knebel

6. Altersbegrenzung:
weltwärts-Programm: 18-28 Jahre
Classic-Programm: ab 18 Jahren

7. Spezielle Voraussetzungen:
Gute Englischkenntnisse; Interesse an Land und Kultur; Bereitschaft, kulturelle Unterschiede und Widersprüche zu akzeptieren

8. Dauer des Aufenthalts:
weltwärts-Programm: 12 Monate
Classic-Programm: 3-12 Monate

9. Abreisezeitpunkt:
weltwärts-Programm: Mitte August
Classic-Programm: flexibel

10. Anmeldefrist oder Bewerbungsfrist:
weltwärts-Programm: Stichtag im November für Ausreise Mitte August.
Classic-Programm: 6 Monate vor gewünschter Ausreise

11. Kosten:
weltwärts-Programm: Visakosten; Aufbau eines Spendenförderkreises erwünscht
Classic-Programm: Teilnahmebeitrag abhängig von Aufenthaltsdauer; Visakosten, Impfkosten, Flug, Versicherung

12. Lohn während des Aufenthalts:
weltwärts-Programm: gemäß der weltwärts-Richtlinie (u.a. Unterkunft, Verpflegung, Reisekosten, Krankenversicherung, 100 EUR Taschengeld im Monat)
Classic-Programm: -

13. Kosten während des Aufenthalts:
weltwärts-Programm: Kosten für private Ausgaben (z.B. für Reisen, Verpflegung) über das Taschengeld hinaus
Classic-Programm: ggf. Kosten für Unterkunft und Verpflegung; Kosten für private Ausgaben (z.B. für Reisen)

14. Finanzielle Förderung:
weltwärts-Programm: Förderung durch das BMZ
Classic-Programm: -

15. Träger von FSJ, DJiA, FÖJ, ESK, IJFD u.ä:
weltwärts

17. Länder / Gebiete des Aufenthalts:
Südafrika

Experiment
Bonn

EXPERIMENT
DEINE AUSTAUSCHORGANISATION

Explore. Exchange. Experience.
Experiment ist Deutschlands älteste gemeinnützige Austauschorganisation und sitzt in Bonn. Seit über 90 Jahren hat sie es sich zum Ziel gesetzt, den Austausch zwischen Menschen aller Kulturen, Religionen und Altersgruppen zu fördern. Der Verein bietet eine große Bandbreite an interkulturellen Programmen in vielen verschiedenen Ländern, darunter Schüleraustausche, Freiwilligendienste, Ferienprogramme, Praktika und Sprachreisen. Experiment ist Gründungsmitglied des „Arbeitskreises gemeinnütziger Jugendaustausch"(AJA), und legt großen Wert auf die Qualität der Austauschprogramme.

Bei Experiment wird zwischen flexiblen und geförderten Freiwilligendiensten unterschieden. Während bei den geförderten Programmen Startzeitpunkt und Aufenthaltsdauer festgelegt sind, können die flexiblen Freiwilligendienste individuell gestaltet werden. Die Teilnehmenden wohnen größtenteils in Gastfamilien und sind so von Anfang an in die Kultur und den Alltag ihres Gastlandes integriert. Experiment bietet einige Freiwilligenspecials, z.B. Kombiprogramme mit zwei lateinamerikanischen Ländern. Siehe auch unter „Au Pair", „Praktikum", „Gef. Freiwilligendienste", „Schulaufenthalt" und „Homestay"

2. Name:
Experiment – Deine Austauschorganisation

3. Anschrift:
Gluckstraße 1, 53115 Bonn

4. Kontaktinformationen:
Tel.: 0228 95722-0, Fax: 0228 358282
E-Mail: info@experiment-ev.de
Internet: www.experiment-ev.de
Social Media: experiment.ev

5. Ansprechspartner:
Ana Klähn, klaehn@experiment-ev.de

6. Altersbegrenzung:
ab 18 Jahre

7. Spezielle Voraussetzungen:
gute Englischkenntnisse, Interesse an interkulturellem Austausch, Offenheit, Flexibilität und Toleranz, physische und psychische Belastbarkeit

8. Dauer des Aufenthalts:
1 bis 6 Monate, längerer Kombinationen von 2 Programme möglich

9. Abreisezeitpunkt:
Ausreise ganzjährig möglich (außer im Dezember)

10. Anmeldefrist oder Bewerbungsfrist:
verbindliche Anmeldung spätestens drei Monate vor der Ausreise

11. Kosten:
ab 810 Euro je nach Dauer und Land plus Flug, Versicherung und Visum, Gesamtpaket inkl. Vermittlung, z.T. Unterbringung und Verpflegung in Gastfamilie oder WG, Vor- und Nachbereitung

13. Kosten während des Aufenthalts:
Flug, Visum, Versicherungen, Taschengeld, ggf. Transport zum Projekt, ggf. Kosten für erforderliche Quarantäne

14. Finanzielle Förderung:
Teilstipendien von Experiment zwischen 1.000 und 2.000 EUR

15. Träger von kulturweit, weltwärts, ESK, IJFD:
Europäischer Solidaritätskorp (ESK), weltwärts
(siehe Darstellung im Kapitel Staatlich geförderte Freiwilligendienste)

16. Bestimmte Staatsangehörigkeit vorausgesetzt:
gültiger Reisepass, Working-Holiday-Abkommen für einige Länder

17. Länder / Gebiete des Aufenthalts:
Argentinien, Australien, Benin, Costa Rica, Ecuador, Irland, Indien, Ghana, Guatemala, Kanada, Mauritius, Mexiko, Spanien, Südafrika, Neuseeland und Vietnam

GET
Global Education Tumulka

GET Global Education Tumulka GmbH München

GET Global Education Tumulka bietet viele Ideen und Möglichkeiten für einen sog. GAP Aufenthalt. Inspiring GAP Programme können sehr individuell und beliebig lang nach den persönlichen Wünschen und Bedürfnissen gestaltet werden. Spannende und faszinierende Destinationen lassen ein GAP Year unvergesslich werden. Hierbei ist es beispielsweise möglich, international anerkannte Sprachprüfungen, wie ein Cambridge-Zertifikat oder den TOEFL Test abzulegen und gleichzeitig Kultur und Leute des jeweiligen Landes kennenzulernen. Oder aber man legt den Schwerpunkt auf Freiwilligenarbeit bzw. Volunteering Projekte. Hier reicht die Bandbreite von der Mitarbeit in Kinder- oder Altenheimen bis hin zum Einsatz in einem Tierreservat oder Meeresschutzprogramm. Natürlich können auch andere Programme wie Fotografieren oder die Mitarbeit in einem Weingut gewählt werden. Inspiring GAP Programme können in Südafrika, Costa Rica, Nepal, Neuseeland, Australien, Kanada und Spanien absolviert werden.

Siehe auch unter „Schulaufenthalt im Ausland", „Sprachreisen" und „Summer School".

2. Name:
GET Global Education Tumulka GmbH

3. Anschrift:
Franz-Joseph-Str. 9
D-80801 München

4. Kontaktdaten:
Tel: 0049/89/41424540
Fax: 0049/89/4142454-22
E-Mail: info@get-education.com
Homepage: www.get-education.com
Öffnungszeiten: Montag – Freitag 9.00-18.00 Uhr

5. Ansprechspartner:
Alle Mitarbeiterinnen im Büro

6. Altersbegrenzung:
i.d. Regel 16-24 Jahre

8. Dauer des Aufenthalts:
i.d. Regel ab 1 Woche bis 12 Wochen, aber auch mehrere Programme miteinander kombinierbar

9. Abreisezeitpunkt:
individuell

10. Anmeldefrist oder Bewerbungsfrist:
individuell

11. Kosten:
Abhängig von Dauer und Inhalt des GAP Aufenthaltes

12. Lohn während des Aufenthalts:
unterschiedlich je nach Programm

13. Kosten während des Aufenthalts:
individuell

16. Bestimmte Staatsangehörigkeit vorausgesetzt:
Nein, offen für alle Nationalitäten

17. Länder / Gebiete des Aufenthalts:
Italien, Spanien, England, Irland, Südafrika, Namibia, Botsuana, Tansania, Costa Rica, Nepal, Kanada, USA

Kolping Jugendgemeinschaftsdienste - Workcamps Köln

„Gemeinsam weltweit Kulturen mitleben" unter diesem Motto bieten die Kolping JGD internationale Workcamps an. Hier bist du richtig, wenn du Lust hast im Sommer ***fair und nachhaltig zu reisen! Mehrwöchige Workcamps*** *ermöglichen es Dir, auf faire Weise ein Land, die Menschen dort und die Kultur kennenzulernen. Dabei steht der* ***interkulturelle Austausch auf Augenhöhe*** *im Mittelpunkt, begleitet von Fragen zum Einfluss des Einzelnen auf die Gestaltung eines fairen Miteinanders. Während des Workcamps wirst Du mit anderen Jugendlichen und Partner:innen vor Ort an gemeinnützigen Projekten arbeiten. Dadurch lebst Du den Alltag mit und stehst mitten in der Kultur und der Lebenssituation der Projektpartner:innen.* ***Die Reise wird Dich herausfordern, Dich mit Deiner Rolle in der Welt auseinanderzusetzen.*** *Siehe auch unter „Staatl. geförderte Programme" Die Workcamps finden in der Regel in den Monaten Juli, August und September sowie im Frühjahr eines Jahres statt. Siehe auch unter „Gef. Freiwilligendienste"*

2. Name:
Kolping Jugendgemeinschaftsdienste - Workcamps

3. Anschrift:
St.-Apern-Straße 32, 50667 Köln

4. Kontaktinformationen:
Tel.: (0221) 20 701 122
E-mail: jgd@kolping.de
Instagram: @kolping_workcamps
Web: www.kolping-jgd.de
Bürozeiten: Mo. – Do.: 9-17 Uhr, Fr.: 9-16 Uhr

6. Altersbegrenzung:
ab 16 Jahren am Abreisetag, abhängig vom Projekt

7. Spezielle Voraussetzungen:
Teilnahme am Workshop, englische oder spanische Sprachkenntnisse, abhängig vom Projektland, gültiger Reisepass, vollständige Covid Impfung. Hinweise: Menschen mit Mobilitätseinschränkungen sind herzlich willkommen. Hier bitte Rücksprache halten

8. Dauer des Aufenthalts:
2, 3 oder 4 Wochen

9. Abreisezeitpunkt:
Sommer: Juli, August und September
Winter: Februar, März

10. Anmeldefrist oder Bewerbungsfrist:
bis 8 Wochen vor Reisebeginn

11. Kosten:
ab 1.490 EUR (16 bis 26 Jahre) und 1.870 EUR (ab 27 Jahre).

Leistungen:
Flug ab/an Frankfurt in der Economy Class, Transfer zu Unterkunft und Verpflegung im Projekt. Projektleitung, Kranken-, Unfall- und Haftpflichtversicherung, Workshop in Köln/Bonn (Unterkunft und Verpflegung). 2-3 tägiger Workshop im Juli (Ausreise Sommer) / Januar (Ausreise Frühling)

13. Kosten während des Aufenthalts:
Je nach Reiseland und persönlichen Bedarf muss hier mit Kosten zwischen ca. 200 und 380 EUR gerechnet werden.

14. Finanzielle Förderung:
Die Finanzierung der Workcamps ist abhängig von der Möglichkeit, öffentliche Förderung zu erhalten. Unsere Projekte finanzieren sich durch einen Eigenbeitrag der Teilnehmenden sowie zum Teil aus Mitteln aus dem Kinder- und Jugendplan des Bundesministeriums für Familien, Senioren, Frauen und Jugend.

17. Länder / Gebiete des Aufenthalts:
Litauen, Nordirland, USA, Indien, Indonesien, Nepal, Philippinen, Thailand, Costa Rica, Ecuador, Mexiko, Kenia, Malawi, Namibia, Südafrika, Tansania und Deutschland.

Rainbow Garden Village München

Rainbow Garden Village (RGV) ist eine Volunteer Organisation für Freiwilligenarbeit und Auslandspraktika weltweit. Du findest hier in den Bereichen Soziales & Unterrichten, Tiere & Wildlife, Umwelt & Klima, Medizin & Pflege, Sport, Handwerk sowie Kreatives & Community jede Menge Möglichkeiten, dich zu engagieren – und das in über 30 Ländern weltweit. Lass dich von der Rainbow Garden Village Programmkoordination individuell beraten, es wird garantiert das passende Projekt für dich gefunden! RGV wurde 1999 in Ghana gegründet, um die Bildungssituation durch den Einsatz von Volunteers in den ländlichen Regionen zu verbessern. Das Konzept wurde erweitert und zunächst auf 10 Länder in Afrika und Asien angewendet. Mittlerweile wurde das Portfolio um etliche Projekte in weiteren Ländern in Europa, Lateinamerika und Ozeanien erweitert und du kannst aus unterschiedlichen Tätigkeitsbereichen wählen. Siehe auch unter „Praktika"

2. Name:
Rainbow Garden Village (RGV)

3. Anschrift:
Rosenkavalierplatz 18, 81925 München, Deutschland

4. Kontaktdaten:
Tel: 089 45453793
E-Mail: info@rainbowgardenvillage.com
Homepage: www.rainbowgardenvillage.com
Instagram: rainbow_garden_village
Telefonzeiten Mo - Fr : 10 - 12 und 14 - 16 Uhr
und auf Anfrage

5. Ansprechspartner:
RGV Team, info@rainbowgardenvillage.com

6. Altersbegrenzung:
Mindestalter: 16 (mit Einverständniserklärung der Eltern)
Höchstalter: -

7. Spezielle Voraussetzungen:
Die Mitarbeit ist in den meisten Projekten bereits ohne Vorkenntnisse möglich. Bei den Angeboten zur Freiwilligenarbeit werden generell keine Ausbildungen erwartet. Bei Pflichtpraktika im Bereich Medizin, BWL und Lehramt teilweise schon. Sprachkenntnisse begrenzen sich auf Englisch (fast alle Projekte), Französisch (Togo, Senegal) und Spanisch (Lateinamerika & Spanien). Sprachkurse in den verschiedenen Landessprachen werden zum Teil kostenlos vor Ort angeboten.

8. Dauer des Aufenthalts:
Mind. 2 Wochen bis zu 1 Jahr; es kann währenddessen oder nachträglich verlängert werden.

9. Abreisezeitpunkt:
Der Einsatz in den Zielländern kann das ganz Jahr über starten.

10. Anmeldefrist oder Bewerbungsfrist:
Am besten 2-3 Monate vor Projektstart (generell gibt es aber keine Fristen). Die optimale Vorbereitung gewährleistet unser Team in Deutschland, der persönliche Kontakt spielt dabei eine wichtige Rolle. Du hast die Möglichkeit, an einem Online-Vorbereitungsseminar teilzunehmen.

11. Kosten:
Die Gebühren variieren je nach Tätigkeitsbereich und Land: 2 Wochen ab ca. 950 EUR. Darin enthalten sind Airporttransfer im Zielland, Projektkosten und Platzierung, Ansprechpartner und Orientierungsprogramm vor Ort, Unterbringung mit Verpflegung (variiert), umfangreiches Reise ABC, RGV T-Shirt, Teilnahmebescheinigung

12. Lohn während des Aufenthalts:
Verpflegung, Betreuung und Unterkunft sind in der Gebühr enthalten. RGV ist eine gemeinnützige Gesellschaft, Programmteilnehmende erhalten keinen Lohn.

13. Kosten während des Aufenthalts:
Taschengeld, Auslandskrankenversicherung, Wochenendausflüge, Freizeitausgaben, Visumskosten

14. Finanzielle Förderung:
Erasmus+ und Förderungen für Praktika sind möglich

16. Bestimmte Staatsangehörigkeit vorausgesetzt:
Jede:r kann teilnehmen, solange gute Englisch-, Spanisch oder Französischkenntnisse vorhanden sind.

17. Länder / Gebiete des Aufenthalts:
Griechenland, Rumänien, Spanien, Ungarn, Island, Italien, Schweden, Kroatien, Ghana, Namibia, Tansania, Simbabwe, Senegal, Togo, Uganda, Südafrika, Indonesien, Indien, Nepal, Thailand, Sri Lanka, Vietnam, Bolivien, Dom Rep, Peru, Chile, Costa Rica, Ecuador, Australien, Neuseeland

SCI
Service Civil International
Deutscher Zweig e.V.
Bundesweit

Service Civil International
Deutscher Zweig e.V.

Ob Kinderbetreuung in Italien, Bäume pflanzen in Japan, HIV-Prävention in Sambia oder einen Spielplatz bauen in der Türkei: Ein Workcamp des Service Civil International (SCI) ist immer eine besondere Erfahrung. Seit mehr als 100 Jahren arbeitet der SCI für Frieden und interkulturellen Austausch im Rahmen einer internationalen Freiwilligenbewegung. Soziale, kulturelle oder ökologische Projekte werden in sog. Workcamps für zwei bis drei Wochen unterstützt. Während des „Arbeitsteils" wird praktisch mit angepackt, beim „Studienteil" erfährt die internationale Gruppe mehr über das Projekt, die Region und die Arbeit des SCI. Mit einer Dauer von bis zu 12 Monaten vermittelt der SCI auch mittelfristige und längerfristige Freiwilligendienste.
Siehe auch unter „Öko. Arbeit/Dienste, Farmstay, Wildlife" und „Staatl. geförderte Programme"

2. Name:
SCI
Service Civil International - Deutscher Zweig e.V.

3. Anschrift:
Blücherstr. 14
53115 Bonn

4. Kontaktdaten:
Tel.: 0228 – 212086
Fax: 0228 – 264234
E-Mail: info@sci-d.de
Internet: http://www.sci-d.de
Facebook: www.facebook.com/SCI.Germany
Instagram: www.instagram.com/sci_germany

5. Ansprechspartner:
Lisa Monhoff, Geschäftsführerin

6. Altersbegrenzung:
Workcamps im Inland ab 16 Jahre,
im Ausland ab 18 Jahre; kein Höchstalter

7. Spezielle Voraussetzungen:
Grundkenntnisse in Englisch

8. Dauer des Aufenthalts:
Workcamps: 2 - 3 Wochen
Längerfristige Aufenthalte: 1 - 12 Monate

9. Abreisezeitpunkt:
Die meisten Workcamps finden in den Sommermonaten statt, längerfristige Dienste das ganze Jahr über.

10. Anmeldefrist oder Bewerbungsfrist:
Für Workcamps ist eine kurzfristige Vermittlung möglich. Workcamps werden ab Februar desselben Jahres auf der Webseite veröffentlicht. Für längere Dienste muss man ein Bewerbungsverfahren durchlaufen. Bewerbungsfristen liegen Ende des Vorjahres oder Anfang des Ausreisejahres.

11. Kosten:
Kosten für Workcamps:
- Fahrtkosten
- Vermittlungsgebühr für Workcamps im Inland 90 EUR
- im Ausland: 140 EUR
- in den meisten Ländern des Globalen Südens in Asien, Afrika, Lateinamerika und Nahost zusätzlich eine Vor-Ort-Gebühr von 100 bis 300 EUR für den Aufenthalt.

Außerdem ist die Teilnahme an einem Vorbereitungsseminar verpflichtend. Für längerfristige Dienste gibt es besondere Regelungen.

12. Lohn während des Aufenthalts:
Kost und Logis werden in der Regel gestellt. Es gibt ein gemeinsam in der Gruppe organisiertes Freizeitprogramm.

13. Kosten während des Aufenthalts:
In den meisten Ländern des Globalen Südens und in einigen anderen Ländern bezahlen die Freiwilligen eine Vor-Ort-Gebühr für den Aufenthalt.

15. Träger von FSJ, DJiA, FÖJ, ESK, IJFD u.ä.:
- Programm „weltwärts"
- Internationaler Jugendfreiwilligendienst (IJFD)
- Europäisches Solidaritätskorps (ESK)

16. Bestimmte Staatsangehörigkeit vorausgesetzt:
Es können alle Menschen mit Wohnsitz in Deutschland vermittelt werden. Menschen mit Wohnsitz in anderen Ländern müssen sich über die dortigen Partner anmelden.

17. Länder / Gebiete des Aufenthalts:
Ca. 1.000 Workcamps in ca. 90 Ländern weltweit.

TravelWorks Münster

Freiwilligenarbeit

Siehe auch unter „Au Pair", „Praktikum", „Work & Travel ", „Schule", „Sprachreisen", „Summer School" und „Erlebnisreisen".

2. Name:
TravelWorks

3. Anschrift:
Münsterstr. 111, 48155 Münster

4. Kontaktinformationen:
Tel: 02506-8303-350, Fax: 02506-8303-230
E-Mail: info@travelworks.de Homepage: www.travelworks.de
Öffnungszeiten: 09:00 Uhr bis 16:00 Uhr

6. Altersbegrenzung:
I.d.R. ab 18 Jahren. Costa Rica und Südafrika auch ab 17 Jahren.

7. Spezielle Voraussetzungen:
- Je nach Land gute Englisch- oder Spanischkenntnisse.
- Je nach Projekt ggf. erweitertes polizeiliches Führungszeugnis notwendig.
- Je nach Projekt ggf. vorherige Arbeitserfahrung notwendig.
- Anpassungsvermögen, Flexibilität, Eigeninitiative und Selbstständigkeit, Reiseerfahrung von Vorteil.

8. Dauer des Aufenthalts:
Je nach Land und Programm ab 2 Wochen bis zu einem halben Jahr.

9. Abreisezeitpunkt:
I.d.R. ganzjährig.

10. Anmeldefrist oder Bewerbungsfrist:
I.d.R. 2-3 Monate vor Abreise. Auf Anfrage auch kurzfristiger.

11. Kosten:
Lateinamerika: ab 1.255 EUR, Afrika: ab 1.100 EUR, Asien: ab 2.420 EUR, Ozeanien: ab 2.150 EUR.
(Enthaltene Leistungen, z.B. Hin- & Rücktransfer Flughafen, Unterkunft in einer Gastfamilie (Einzelzimmer, Vollpension), Platzierung im Freiwilligenprojekt, Infohandbuch, 24-Stunden-Notrufnummer, Betreuung durch eine feste Programmkoordinatorin uvm.

12. Lohn während des Aufenthalts:
Das Engagement vor Ort ist ehrenamtlich und wird nicht entlohnt.

13. Kosten während des Aufenthalts:
Persönliche Kosten für Ausflüge, Verkehrsmittel etc., ggf. Mahlzeiten.

16. Bestimmte Staatsangehörigkeit vorausgesetzt:
Je nach Visum, i.d.R. aber nationalitätsunabhängig bzw. EU-Staatsangehörige sowie Schweizer Staatsbürger.

17. Länder / Gebiete des Aufenthalts:
Aktuelle Programme:
Europa: Teneriffa
Afrika: Namibia, Südafrika, Ghana
Asien: Thailand
Lateinamerika: Costa Rica, Chile
Ozeanien: Australien, Neuseeland

Wayers

Freiwilligenarbeit • Work & Travel • Praktika

München, Hamburg

'wayers

Freiwilligenarbeit heißt: Jetzt ist die Zeit, deine Welt mit Sinn zu füllen! Du kannst nur davon träumen, ein Vorbild für andere zu sein. Oder du lernst von den Kindern in Ghana, Südafrika oder Sansibar, die Welt mit ganz anderen Augen zu sehen. Du kannst dir Dokumentationen über „Ärzte ohne Grenzen" reinziehen. Du kannst aber auch selbst bei einem Auslandsaufenthalt zu einem nachhaltigen Fortschritt in Entwicklungsländern beitragen. Du kannst die rote Liste bedrohter Tierarten vom Sofa aus bequem googeln oder du wirst selbst aktiv und setzt dich vor Ort für das Überleben von Elefanten, Schildkröten & Co. ein. Du hast die freie Wahl: Du bleibst in deiner Komfortzone oder du lässt dich auf etwas völlig Neues ein. Vor dir liegt eine unvergessliche Reise, die deinen Horizont erweitern wird. Du wirst an spannenden Aufgaben wachsen und dabei auch noch Spaß haben. Du wirst unvergessliche Erfahrungen an einzigartigen Orten erleben, die dich tief im Herzen berühren. Lass dich von unseren beliebtesten Freiwilligenprojekten inspirieren.Es liegt ganz an dir: Willst du ein gewöhnliches oder ein außergewöhnliches Leben leben? Mit den wayers Freiwilligenprogrammen wählst du das Außergewöhnliche. Du beschließt, dich aus freien Stücken für Menschen, Umwelt und Wildlife einzusetzen. Wenn das mal kein fettes Statement ist. Siehe auch unter „Work & Travel".

2. Name:
Wayers. Freiwilligenarbeit • Work & Travel • Praktika

3. Anschrift:
Nymphenburger Str. 113, 80636 München
betahaus HafenCity, Versmannstraße 4, 20457 Hamburg

4. Kontaktinformationen:
Tel: (DE) +49 (0)89 286 751 0, (CH) +41 044 5510024
(AT) +43 1 205 12 88
Email: hello@wayers.com,
Homepage: https://wayers.com/de/

6. Altersbegrenzung:
Mindestalter 18 Jahre, bei einigen Projekten ist die Teilnahme schon ab 16 Jahren möglich

7. Spezielle Voraussetzungen:
i.d.R. keine, Je nach Projekt bereits Spanisch-Grundkenntnisse oder medizinische Grundkenntnisse

8. Dauer des Aufenthalts:
Ab 1 Woche und meist bis zu einem Jahr

9. Abreisezeitpunkt:
Starttermine meist wöchentlich und i.d.R. ganzjährig.

10. Anmeldefrist oder Bewerbungsfrist:
Wir empfehlen eine Anmeldung 3-6 Monate im Voraus; Teilnahme kann je nach Land ggf. auch ca. 5 Wochen vor Abreise ermöglicht werden.

11. Kosten:
z.B. 6 Wochen Aufenthalt in Peru im Bereich Sozialarbeit für 1.330 Euro (inkl. Unterkunft in unserem wayers Home mit Verpflegung, Flughafenabholung, Einführungsveranstaltung, Betreuung vor Ort, 24h-Notfallnummer, optimale Reisevorbereitung, Teilnahmezertifikat u.v.m.) Alle enthaltenen Leistungen findest du auf https://wayers.com/de/freiwilligenarbeit/

16. Bestimmte Staatsangehörigkeit vorausgesetzt:
I.d.R. nein
Bitte beachte die jeweiligen Visabestimmungen deiner Staatsbürgerschaft.

17. Länder/ Gebiete des Aufenthalts:
Bali, Costa Rica, Ghana, Griechenland, Island, Kambodscha, Kanada, Mexiko, Neuseeland, Peru, Sansibar, Sri Lanka, Südafrika und Thailand.

Camphill Village Trust International

Camphill Village Trust wurde 1940 von dem Wiener Kinderarzt Dr. Karl König in Aberdeen gegründet. In den Communities leben Behinderte und Nichtbehinderte in Wohngemeinschaften zusammen. Sie arbeiten gemeinsam in der Landwirtschaft und verschiedenen Werkstätten. Hintergrund sind christliche Prinzipien und die Weltan-schauung Rudolf Steiners. Man kann sich als sogenannter Co-Worker für die Mitarbeit zwischen 6 Monaten und 1 Jahr bewerben.

Es gibt ca. 90 Camphill Village Trust Institutionen in 20 verschiedenen Ländern. Da es kein zentrales Büro für Bewerbungen und die Organisation gibt, muss man sich direkt bei den einzelnen Institutionen bewerben, und die Reise von Deutschland (hin/zurück), Versicherung und eventuelle Arbeitserlaubnis selbst organisieren.

Hier einige Beispiele von Camphill Institutionen im Ausland mit Adresse und den Antworten auf folgende Fragen:

1: a: Werden auch Freiwillige aus Deutschland beschäftigt?
1: b: Gibt es momentan deutsche Freiwillige bei Ihnen?
1: c: Gab es auch früher Freiwillige aus Deutschland bei Ihnen?

2. Wie alt muss der Bewerber/in sein?

3. Sind die zu betreuenden Personen Patienten / Mieter /Schüler / Einwohner
- Kinder?
- Erwachsene?
- physisch behindert?
- mental behindert?

4. a: Wie viele Patienten / Mieter /Schüler / Einwohner gibt es durchschnittlich?
4. b: Wie viele Angestellte und/oder Volontäre gibt es?

5. Wann kann man anfangen?
Für wie viele Monate soll man sich binden?

6. Wird die Arbeit entlohnt?

Camphill Village Trust

Beannachar Camphill Community (Schottland)
Beannachar, South Deeside Road,
Banchory-Devenick, Aberdeen, AS12 5YL Scotland
Kontaktperson: Elisabeth Phethean
Tel: 0044 (0) 1224 861200
Fax: 0044 (0) 1224 869250
Homepage: www.beannachar.co.uk
E-Mail: elisabeth@beannachar.org
1) Ja / Ja / Ja /, 2) Mindestens 19 Jahre, 3) Psychisch behinderte Erwachsende. Zum Teil auch leicht physisch behindert, 4) 22 Bewohner + 10 Tagesstudenten / etwa 35, 5) Jederzeit, normalerweise im August oder September / 12 Monate, 6) 35 Pfund Taschengeld pro Woche plus Kost und Logis.

Botton Village (England)
Danby, Whitby, North Yorkshire,
YO21 2NJ England
Kontaktperson: Jane Balls
Tel: 0044 (0) 1287 660 871
Fax: 0044 (0) 1287 660 888
E-Mail: botton@cvt.org.uk
Homepage: http://www.cvt.org.uk/botton-village.html
1) Ja / Ja / Ja /, 2) Mindestens 20 Jahre, 3) Erwachsene mit Lernschwierigkeiten. Einige leiden an psychischen Behinderungen, 4) k. A., 5) Am Besten im September, Januar oder April für ein Jahr. Kürzere Aufenthalte sind auch möglich, 6) Kost und Logis, und Taschengeld.

Camphill Blair Drummond (Schottland)
Blair Drummond House, Cuthil Brae, Stirling,
FKS 4UT Scotland
Kontaktperson: Nigel Munt
Tel: 0044 (0) 1786 841573
Fax: 0044 (0) 1786 841188
Homepage: www.camphillblairdrummond.org.uk
E-Mail: nigel@camphillblairdrummond.org.uk
1) Ja / Ja / Ja, 2) ab 18 Jahren, 3) Physisch behinderte
Erwachsene und Jugendliche, 4) bis 30 Anwohner / es gibt bis 20 Volontäre, Co-workers und ca. 35 Angestellte), 5) Jederzeit, meist im Juli oder August / Minimum 3 Monate, meisten ein Jahr, 6) Volontäre erhalten keinen Lohn, Taschengeld: 38 Pfund pro Monat und freie Kost und Logis.

Simeon Care for the Elderly (Schottland)
Cairnlee Road, Bieldside,
Aberdeen AB15 9BN, Scottland, UK
Tel: 0044 (0) 1224 862415
Fax: 0044 (0) 11224 862415
Homepage: www.simeoncare.org
E-Mail: info@simeoncare.org.uk
1) Ja / Nein / Ja, 2) Ab 18 Jahren, 3) Ältere Menschen, 4) 16 / 2 Angestellte und 13 Volontäre 5) Im Sommer / Mindestens ein Jahr, 6) Kost und Logis + Taschengeld.

Staffansgården (Schweden)
Furugatan 1,
82060 Delsbo, Schweden
Kontaktperson: Matti Remes
Tel: 0046 (0) 653 16850, Fax: 0046 (0) 653 10968
Homepage: www.staffansgarden.com
E-Mail: info@staffansgarden.com
1) Ja / Ja / Ja /, 2) Mindestens 18 Jahre, 3) Psychisch behinderte Erwachsene, 4) 26 / 45, 5) Am besten im Frühjahr / mindestens 6 Monate 6) Kost und Logis, und Taschengeld.

Weitere Camphill Institutionen im Ausland:

Norwegen
Hogganvik Landsby
N-5583 Vikedal
Tel: 0047 52 76 01 11
Fax: 0047 52 76 04 08
Homepage: www.camphill.no/Hogganvik/
E-Mail: hogganvik@camphill.no
(Erwachsene mit besonderen Bedürfnissen).

Südafrika
Camphill Farm Community /Camphill School
P.O. Box 301, Hermanus 7200, Western Cape, S.A.
Tel: 0027 (0) 28 312 4949 (Schule)
Tel: 0027 (0) 21 200 22 30 (Farm)
E-Mail: co-workers@camphill-hermanus.org.za
E-Mail: schoolreception@camphill-hermanus.org.za
Homepage: www.camphill-hermanus.org.za
(multi-racial Dorf. Gemeinschaft mit Erwachsenen und Kindern mit besonderen Bedürfnissen).

Tschechische Republik
Camphill Ceské Kopisty
Ceské Kopisty 6, 41201 Litomerice
Tel: 00420 416 738 673
Fax: 00420 776 063 783
Homepage: www.camphill.cz
E-Mail: camphill@camphill.cz
(Ein Dorf für Menschen mit und ohne Behinderung).

USA
Trifom Camphill Community
20 Triform Road
Hudson, New York 12534
Tel: 001 518 851-9320
Fax: 001 518 851-2864
Homepage: www.triform.org
E-Mail: volunteer@triform.org
(Jugendliche mit besonderen Bedürfnissen).

Camphill Village Trust Internetlinks:

Europa, Association of Camphill Comunities:
www.camphill.org.uk

- Von dieser Homepage kann man eine pdf Liste über Camphill Institutionen weltweit downloaden

USA und Kanada, Camphill Association of North America:
www.camphill.org

ÖKOLOGISCHE ARBEIT / DIENSTE, FARMSTAY, WILDLIFE EXPERIENCE

HM92

Ein Engagement für die Umwelt

Krokusse stehen bereits im Januar in voller Blüte, Skifahrer warten vergeblich auf Neuschnee, Sturmschäden und Überschwemmungen sind beinahe an der Tagesordnung. Der Klimawandel fordert seinen Tribut. Während Politiker sich noch streiten, sind die Möglichkeiten zu handeln längst da. Die freiwillige Mitarbeit in Umweltschutzorganisationen ist weltweit gefragt. Natur- und Tierliebhaber können ihre Arbeitskraft auch für Farmstays anbieten. Der Einsatz in landwirtschaftlichen Betrieben, auf Obstplantagen, Weingütern oder Pferdehöfen steht im Austausch gegen Unterkunft und Verpflegung. Im Tierschutz sind die Projekte meist längerfristig angelegt. Hier reicht das Betätigungsfeld von der aktiven Feldarbeit in Forschungsstationen bis hin zur Internetrecherche und allgemeiner Büroarbeit.

Allen Projekten gemein ist die sehr begrenzte finanzielle Tragkraft. Deshalb sollte jedem bewusst sein, der an solchen Projekten teilhaben will, dass er, neben dem Enthusiasmus für die Arbeit, meist selbst für seinen Unterhalt aufkommen muss.

Literaturtipps

Frank, Monika / Kopitzke, Oliver / Seidel, Frank:
Jobben für Natur und Umwelt - Adressen, Erfahrungsberichte, Tipps
Interconnections-Verlag. 2010.

Ausenda, Fabio:
Green Volunteers, 8th Edition: The World Guide to Voluntary Work in Nature Conservation (Green Volunteers: The World Guide to Voluntary Work in Nature Conser)
Universe. 2011

Farmstay: Träume werden wahr!

Seit ich 6 Jahre alt bin reite ich für mein Leben gerne. Mein Traum war es schon immer auf einer Farm in Australien zu arbeiten und zu leben. Nach meiner abgeschlossenen Lehre war es dann endlich so weit und ich konnte meinen Traum verwirklichen. Und hier ist meine Story... :

In Sydney angekommen war ich so von den vielen Eindrücken überwältigt, da blieb für Schlafen keine Zeit :-) Am zweiten Tag wurde ich mit 10 anderen jungen Leuten aus der ganzen Welt auf die Trainingsfarm in Coonabarabran (ca. 6 Stunden nördlich von Sydney) gefahren, auf der man eine Woche lang alle möglichen Farmarbeiten erlernt und anschließend gleich zu einem Job vermittelt wird. Super also für die, die das alles nicht selbst in die Hand nehmen möchten und für die, die natürlich auch viel viel dazulernen möchten!

Hier mal ein kleiner Einblick in meine Woche auf der „Kulaba-Ranch“:

Montag:
- Fencing (Knoten lernen fürs Zäune reparieren)
- Motorbike/Quad fahren

Dienstag:
- Reiten
- Schaf-Arbeit (die Schafe mit Motorrädern oder Quads vom Paddock eintreiben, impfen, scheeren, entwurmen, ...)

Mittwoch:
- Zäune reparieren
- Traktor fahren

Donnerstag:
- Rinder eintreiben mit Pferd und Bike

In dieser Woche lernt man viele neue, tolle Leute kennen, hat Spaß und macht viele neue Erfahrungen! Schon am zweiten Tag erhielt ich mein erstes Jobangebot – eine Polo-Farm, nur 2 Stunden von Sydney entfernt. Da ich Pferde über alles liebe und ich schon immer mal mit Pferden arbeiten wollte, nahm ich dieses Angebot natürlich sofort an. Am Anfang war ich etwas besorgt, ob der Job vielleicht nicht doch meine reiterlichen Fähigkeiten übersteigt. Aber nachdem ich meinen Chef kennen gelernt hatte, mir alles noch einmal erklärt wurde und ich meine ersten Tage auf „Wandara“ verbracht hatte waren meine Zweifel wie weggeblasen und es war und ist der tollste Job überhaupt. Ich verbrachte dort die nächsten 4 Monate mit einem anderen deutschen Mädchen und die Arbeit dort bestand hauptsächlich darin, die Polo-Pferde unter der Woche für die Polo-Spiele zu trainieren. An jedem Wochenende ging es mit all den Pferden auf die verschiedenen Spiele in ganz „New South Wales“. Anfang Juni war leider alles vorbei, die Pferde durften wieder auf ihre Koppeln und ich ging für ein paar Wochen auf Reisen durch ganz Australien. Nachdem langsam das Geld knapp wurde, musste ich mich um einen weiteren Job umschauen. Durch die vielen Kontakte, die ich während der Polo-Saison geknüpft habe, war das alles leichter wie gedacht. Kurz darauf fing ich auf einer traditionellen australischen Schaf-Farm, nur eine Stunde von meiner alten Farm entfernt an. „Lamb-Marking“ – das war meine Arbeit für die nächsten zwei Monate. Darunter versteht man das impfen, ohrmarken, kastrieren und zählen der neugeborenen Lämmer. Und wieder einmal durfte ich viel Neues lernen und auch mal mit echten Cowboys zusammen arbeiten. Nun war es EIGENTLICH Zeit heim zu fliegen, doch ich hatte andere Pläne. Da im September eine weitere Polo-Saison geplant war und mein Chef mich fragte ob ich noch einmal für weitere 2 Monate seine Pferde trainieren möchte war das natürlich eine klare und schnelle Entscheidung. Deutschland musste dann wohl noch länger auf mich warten. Meine letzten Monate in Australien genoss ich noch in vollen Zügen, lernte selbst ein bisschen das Polo spielen und natürlich ist diese Zeit viel zu schnell vorbei gegangen. Anfang November stieg ich ins Flugzeug zurück nach Deutschland und mir war sofort klar: I WILL BE BACK!!!

Ein Bericht von Katja Ries, die mit active abroad in Australien war.

Volunteering im Lone Pine Koala Sanctuary. *Ein Bericht von Nele.*

Ende August begann meine Reise nach Brisbane, Australien. Dabei bin ich nach meiner Ankunft zunächst montags bis freitags vier Wochen lang zur Sprachschule gegangen, die direkt im Stadtzentrum liegt. Vormittags hatte ich normalen Englisch Unterricht, jeden Tag mit einem anderen Schwerpunkt: Lesen, Hören, Schreiben und Sprechen; nachmittags konnte ich einen Kurs selber wählen und entschied mich für Communication - ein Kurs, der eigentlich ausschließlich aus Konversationen besteht über Themen aller Art. Die Sprachschule kann ich nach meinem Aufenthalt sehr empfehlen - die Lehrer dort sind sehr freundlich, hilfsbereit und offen. Alles ist sehr familiär, und jeden Montag kommen neue Schüler, wodurch man schnell Kontakte in alle Welt knüpft. Außerdem sorgt die Schule auch für ein abwechslungsreiches Freizeitprogramm - so gab es unter der Woche Tischtennis Turniere, Pub Nights und BBQs; an den Wochenden ging's dann zum Whale Watching an die Gold Coast oder nach Stradbroke Island. Dadurch vergingen die vier Wochen wahnsinnig schnell, und mein Freiwilligenprojekt stand an: Volunteering im Lone Pine Koala Sanctuary.

Gearbeitet habe ich montags bis freitags von 8 Uhr bis 16 Uhr und dabei war kein Tag wie der andere: wir haben in unterschiedlichen Bereichen des Parks gearbeitet und die Pfleger unterstützt - mal auf dem Bauernhof, bei den Koalas oder den Kängurus & Wallabies. Dabei war ich nicht die einzige Freiwillige im Park - die Gruppe war bunt gemischt, was das Alter betraf aber auch die Herkunft: einige Deutsche, aber auch andere Europäer und Australier, die seit mehreren Monaten schon Lone Pine in ihrer Freizeit unterstützen. Die Arbeit war zwar anstrengend, doch auch sehr interessant - ich habe viel gelernt über die australischen Tiere, und nach vier Wochen weiß man definitiv, wieviel Arbeit hinter einem Tierpark steckt. Morgens fing die Arbeit oft mit dem Reinigen der Gehege an, unsere eigene Verantwortung mussten wir beweisen beim Monitoring der Besucher in einem Reserve, in dem Kängurus und Wallabies frei herumlaufen. Das Futter durften wir selber zubereiten, dabei haben wir Gemüse und Obst nach Rezeptkarten geschnitten, und am Nachmittag nach der Mittagspause durften wir auch helfen zu füttern.

Gewohnt habe ich während der zwei Monate in einem Studentenwohnheim - Iglu, das auch im Stadtzentrum liegt. Dadurch konnte ich zur Sprachschule laufen, zum Tierpark musste ich den Bus nehmen, was aber in Brisbane sehr übersichtlich ist, da die Stadt nicht allzu groß ist und man sich schnell zurechtfindet. Iglu bietet verschiedene Zimmer und Apartments an. Ich selbst hatte ein eigenes Zimmer in einem Apartment mit fünf anderen, zum Teil auch Schüler bei der Sprachschule, aber auch Studenten, die für ein Auslandssemester nach Brisbane kommen. Gemeinsam haben wir uns eine Küche geteilt und zu zweit jeweils ein Bad. Auch bei Iglu gab es oft Programm: selber Sushi machen, Brezeln backen oder Pancake Abende.

Insgesamt verging meine Zeit total schnell, fast zu schnell - am Ende wäre ich gerne noch länger geblieben. Doch ich nehme viele Erfahrungen aus der Zeit mit und habe Freunde gefunden, mit denen ich noch lange in Kontakt bleiben werde - und die mir auch in Zukunft die Möglichkeit geben, in verschiedene Länder zu reisen.

Nele war mit Carl Duisberg Centren unterwegs

active abroad GmbH
Freising/München

active abroad wurde 1998 gegründet und bietet in Zusammenarbeit mit ausgewählten Partnern weltweit eine zuverlässige Vermittlung und Betreuung an. Wir helfen abenteuerlustigen, jungen Menschen mit einer individuellen und persönlichen Beratung bei der Auswahl des passenden Programmes. Im Sommer 2012 wurde uns als einer der ersten deutschen Au Pair Agenturen das RAL Gütezeichen verliehen, welches sicherstellt, dass die von der Gütegemeinschaft Au Pair e.V. vorgegebenen Qualitätsstandards eingehalten werden. Wir vermitteln junge Leute als Au Pair / Au Pair Expert / Demi Pair in die USA, nach Kanada, Australien, Neuseeland, China, Chile und in viele europäische Länder. Das Demi Pair Programm mit Sprachunterricht am Vormittag und Mithilfe in der Gastfamilie am Nachmittag bieten wir in Irland, Frankreich, Spanien, Italien, Australien, Neuseeland und Kanada an. Weitere Programme, die wir anbieten: „Au Pair/Demi Pair", „Work & Travel", „Camp Counselor", „Flex. Freiwilligenarbeit" und „Sprachreisen".

2. Name:
active abroad GmbH

3. Anschrift:
Obere Hauptstr. 8, 85354 Freising

4. Kontaktinformationen:
Tel: 08161-40288-0, Fax: 08161-40288-20
contact@activeabroad.net / www.activeabroad.de
Social Media: activeabroad

5. Ansprechspartner:
Sabine Harrar, Maria Riedmaier

6. Altersbegrenzung:
Mindestalter 18 Jahre

7. Spezielle Voraussetzungen:
Mittlere bis gute Englischkenntnisse, Körperliche Belastbarkeit, Working Holiday Visum (AUS, NZ, Chile),

12 Monate Praxiserfahrung (Nebenjob, Praktika) für Farmarbeit in Island

8. Dauer des Aufenthalts:
3 – 12 Monate

9. Abreisezeitpunkt:
Ganzjährig

10. Anmeldefrist oder Bewerbungsfrist:
2 – 6 Monate im Voraus

11. Kosten:
Preisbeispiel 1: Farmstay Australien: 1.599 EUR . In diesem Preis sind folgende Leistungen enthalten: Flughafentransfer zum Hostel in Sydney, Hilfe bei der Registrierung, Hilfe beim Eröffnen eines Bankkontos sowie beim Erwerb einer Handy- SIM -Karte und der Steuernummer, 7 Nächte im Hostel in Sydney mit Sightseeing, Trips & Freizeitprogramm, zusätzlich 5 Tage Einführungskurs auf einer Trainingsfarm
Preisbeispiel 2: 2 Wochen Volunteering in einer Einrichtung mit wilden Tieren in Südafrika + Unterkunft und Verpflegung, Orientation, Flughafentransfer, ca. EUR 2.517,00, ggf. Kosten für Visa, Auslandsversicherung

12. Lohn während des Aufenthalts:
W&T AUS, NZ, Island gegen Lohn
Farmstay & W&T Chile, Farmstay KAN (Agrotourismus)
Volunteering kein Lohn

16. Bestimmte Staatsangehörigkeit vorausgesetzt:
EU Staatsangehörigkeit, bzw. für Länder mit Working Holiday Visa Abkommen (AUS, NZ, KAN, Chile)

17. Länder / Gebiete des Aufenthalts:
Australien, Neuseeland, Kanada, Chile, Island, Südafrika

Carl Duisberg Centren Köln

Die Carl Duisberg Centren organisieren weltweit Praktika und Freiwilligenarbeit

- *Praktika und Sprachkurse: Vermittlung eines Arbeitspraktikums mit oder ohne vorgeschaltetem Sprachkurs (auch für Abiturienten, z. T. ab 17 Jahre)*
- *Kurzstudiengänge in Kanada in wirtschaftsorientierten Themenfeldern*
- *Freiwilligenarbeit im sozialen oder ökologischen Bereich oder im Tierschutz, teilweise mit vorgeschaltetem Sprachkurs*
- *Work und Travel: Jobben im Ausland*

Siehe auch unter „Praktikum", „Work & Travel", „Schulaufenthalt im Ausland" und „Summer School".

2. Name:
Carl Duisberg Centren gemeinnützige GmbH
Abt. Sprachreisen

3. Anschrift:
Hansaring 49-51
50670 Köln

4. Kontaktdaten:
Tel: 0221 / 16 26 255
E-mail: praktika@cdc.de
Internet: www.carl-duisberg-auslandspraktikum.de
#carl_duisberg_im_ausland

5. Ansprechspartner:
Stefanie Schmitz

6. Altersbegrenzung:
18 - ca. 30 Jahre, teilweise bereits ab 17 Jahre; teilweise ohne obere Altersbegrenzung

7. Spezielle Voraussetzungen:
Gute Sprachkenntnisse bei Praktikumsbeginn; für einige Programme sind Vorerfahrungen im gewünschten Arbeitsbereich erforderlich.

8. Dauer des Aufenthalts:
Praktikumsdauer je nach Land und Programm zwischen 1 und 6 Monaten, je nach vorhandenen Sprachkenntnissen vorgeschalteter Sprachkurs von 2 bis 12 Wochen. Freiwilligenarbeit ab 2 Wochen.

9. Abreisezeitpunkt:
Ganzjährig

10. Anmeldefrist oder Bewerbungsfrist:
Keine festen Fristen, in der Regel Vorlaufzeit von 2-3 Monaten

11. Kosten:
4 Wochen Sprachkurs und 4 Wochen Praktikum (Vermittlung und Betreuung) inklusive 8 Wochen Unterkunft / Verpflegung, ab ca. 3.600 EUR.
Preise variieren je nach Programmdauer und Land.

12. Lohn während des Aufenthalts:
Praktika sowie Freiwilligenarbeit sind in der Regel unbezahlt. Bei Jobs im Rahmen von Work & Travel erhält man mindestens den Mindesteslohn.

13. Kosten während des Aufenthalts:
Es entstehen Kosten für Anreise, Reiseversicherungen, öffentliche Verkehrsmittel, Taschengeld, Reisen im Land, ggf. Visum.

16. Bestimmte Staatsangehörigkeit vorausgesetzt:
Die Angebote stehen allen EU-Bürgern offen, soweit nicht einzelstaatliche Visabestimmungen dem entgegenstehen.

17. Länder / Gebiete des Aufenthalts:
Praktika:
Australien, Neuseeland, Kanada, Irland, Argentinien, Spanien
College Programs / Kurzstudiengänge:
Kanada
Volunteer Work / Freiwilligenarbeit:
Kanada, Südafrika, Australien, Thailand, Namibia
Neuseeland, Chile, Costa Rica, Spanien

Die Carl Duisberg Centren sind Mitglied im Fachverband Deutscher Sprachreiseveranstalter (FDSV) und durch die Landes-Verbände ausgezeichnet als Canada Specialist / Aussie Specialist / NZ Specialist / SA Specialist.

Earthwatch
Oxford / England

EARTHWATCH

Earthwatch ermöglicht die einzigartige Chance dabei zu helfen, die Umwelt während eines Aufenthalts an einem der schönsten Plätze der Welt zu beschützen: Arbeiten als Volontär an einem Projekt einer Forschungsstation. Du arbeitest neben Wissenschaftlern als Teil des Teams aus aller Welt. Die Projekte variieren sehr stark hinsichtlich körperlicher Arbeit, Umweltbedingungen und Tätigkeiten.

2. Name:
Earthwatch Institute (Europe)

3. Anschrift:
Mayfield House,
256 Banbury Road,
Oxford, OX2 7DE
United Kingdom

4. Kontaktinformationen:
Tel: +44 (0) 1865 318838
Fax: +44(0)1865 311383
Homepage: www.earthwatch.org.uk
Email: info@earthwatch.org.uk

5. Ansprechspartner:
(Telefon siehe oben) Volontär Programme

6. Altersbegrenzung:
Ab 16 Jahren

7. Spezielle Voraussetzungen:
Keine speziellen Vorkenntnisse (außer Scuba Certification für Tauchprojekte).Volontäre sollten in guter körperlicher Verfassung sein. Ausbildung erfolgt vor Ort. Alles was du brauchst ist Enthusiasmus und Engagement. Englischkenntnisse sind hilfreich.

8. Dauer des Aufenthalts:
2-20 Tage

9. Abreisezeitpunkt:
Das ganze Jahr über

10. Anmeldefrist oder Bewerbungsfrist:
Spätestens 3 Wochen vor Abreise

11. Kosten:
Zwischen 120 GBP und 2.195 GBP
Der Preis ist eine absetzbare Spende, die unsere Forschungsarbeit unterstützt.

12. Lohn während des Aufenthalts:
Unterkunft und Verpflegung frei.

13. Kosten während des Aufenthalts:
Volontäre müssen ihre persönlichen Ausgaben und ihre Versicherung selbst organisieren, sowie An- und Abreise

14. Finanzielle Förderung:
Auf unsere Homepage finden sich Hinweise für Stipendien

17. Länder / Gebiete des Aufenthalts:.
Earthwatch unterstützt aktuell über 130 Forschungsprojekte in 45 Ländern. Wir unterstützen ein breites Spektrum an Projekten rund um den Globus vom Schutz der Pinguine in Südafrika über das Studium der Flussotter in Chile bis hin zum Schutz von historischen Gebäuden in Spanien

Internationaler Bauorden IBO Ludwigshafen

Bau- und Renovierungsarbeiten in gemeinnützigen Organisationen in Europa. Z.B. ein Begegnungszentrum in einem kleinen Dorf in Rumänien oder eine Schule für behinderte Kinder in Klaipeda, Litauen. Das Spektrum der Arbeiten ist weit gefächert: Mauern einreißen und Fenster streichen, Fußboden verlegen und Zimmerarbeiten, Putz abschlagen, Fliesen legen und Tapezieren, Elektroinstallationen und Dachisolierung.

2. Name:
IBO, Internationaler Bauorden

3. Anschrift:
Schützenstr. 1, 67061 Ludwigshafen

4. Kontaktinformationen:
Tel. 0621/6355 4946, Fax 0621/6355 4947
E-Mail: info@bauorden.de
Homepage: www.bauorden.de

5. Ansprechspartner:
Peter Runck

6. Altersbegrenzung:
Die meisten Freiwilligen sind zwischen 18 und 26 Jahre alt, es gibt auch eine Gruppe aktiver Senioren im Bau-orden und Camps für Familien

7. Spezielle Voraussetzungen:
Mitmachen können alle, die auf einer Baustelle zusammen mit anderen handwerklich – dazu mehr im nächsten Absatz – arbeiten möchten; das wird manchmal körperlich recht anstrengend. Hilfreich ist es bei Auslandseinsätzen, die Landessprache ein wenig zu kennen.

8. Dauer des Aufenthalts:
Die Arbeitsperioden sind zwischen 2-4 Wochen bei jedem Projekt. Die Arbeitszeit ist normalerweise 40 Stunden pro Woche. In Spanien, Portugal und Italien bis zu 45 Stunden. Die Arbeitsgruppen bestehen aus 8-12 Personen, oft aus unterschiedlichen Nationalitäten zusammengesetzt. Die Gruppe sorgt selbst für Einkäufe und Kochen.

9. Abreisezeitpunkt:
Primär ab Ende Juni bis Ende August
10. Anmeldefrist oder Bewerbungsfrist:
So früh wie möglich vor Abreise

11. Kosten:
Die Anmeldegebühr für ein Camp in Deutschland beträgt für deutsche Teilnehmer 80,- EUR (ab dem zweiten Camp innerhalb eines Kalenderjahres 60,- EUR), für ein Camp im Ausland 110,- EUR (Camps in Marokko 280,- EUR, Camps in Armenien und Georgien 180,- EUR). Für die Teilnahme an einem Camp in Armenien oder Georgien bezahlt der Bauorden Freiwilligen zwischen 18-26 Jahren einen Reisekostenzuschuss von 220,- EUR.

Unterkunft und Verpflegung sind während eines Camps kostenlos. Jeder Teilnehmer ist unfall- und haftpflichtversichert. Reisekosten werden nicht erstattet. Für Camps in Marokko und Georgien wird vom Bauorden ein Reisekostenzuschuss gezahlt

12. Lohn während des Aufenthalt:
Verpflegung, Unterkunft und Versicherungsschutz

13. Kosten während des Aufenthalt:
Taschengeld

16. Bestimmte Staatsangehörigkeit vorausgesetzt:
Nichtdeutsche Interessenten bitten wir um Anmeldung über die Partnerorganisation im Heimatland

17. Länder / Gebiete des Aufenthalts:
Zum Beispiel: Armenien, Belgien, Bulgarien, Estland, Frankreich, Georgien, Griechenland, Italien, Kroatien, Litauen, Marokko, Moldavien, Österreich, Portugal, Rumänien, Tschechien

INTERSWOP
Hamburg

Farmstays, Farm- und Ranchaufenthalte, Wildlife Experience, Nationalpark – Einsätze in Übersee.
Siehe auch unter „Praktikum“ und „Work & Travel“.

2. Name:
Farmstays International
c/o INTERSWOP

3. Anschrift:
Farmstays International
c/o INTERSWOP
Bogenstraße 54 a
20144 Hamburg

4. Kontaktinformationen:
Tel.: 040-410 80 28
info@farmstays.org
www.interswop.de
www.rancharbeit-australien.de
www.farmstay-kanada.de
www.farmstays.org

5. Ansprechspartner:
Marion Priess

6. Altersbegrenzung:
18 - 48

8. Dauer des Aufenthalts:
2-3 Monate. Bezahlte Rancharbeit Australien auch bis zu 1 Jahr möglich.

9. Abreisezeitpunkt:
Flexibel

10. Anmeldefrist oder Bewerbungsfrist:
Ca. 6 Wochen vor Programmbeginn

11. Kosten:
ab ca. EUR 1.450,-

12. Lohn während des Aufenthalts:
Teilnehmer erhält freie Kost und Logis auf der Farm für seine Mitarbeit. Bezahlte Rancharbeit in Australien mit Lohn, Unterkunft und Verpflegung auf der Farm

16. Bestimmte Staatsangehörigkeit vorausgesetzt:
Für alle, hängt vom Visum ab.

17. Länder / Gebiete des Aufenthalte:
Kanada, Australien, Neuseeland, Südafrika, Lateinamerika, USA

Service Civil International
Deutscher Zweig e.V.

SCI
Service Civil International Deutscher Zweig e.V.
Bundesweit

Ob Kinderbetreuung in Italien, Bäume pflanzen in Japan, HIV-Prävention in Sambia oder einen Spielplatz bauen in der Türkei: Ein Workcamp des Service Civil International (SCI) ist immer eine besondere Erfahrung. Seit mehr als 100 Jahren arbeitet der SCI für Frieden und interkulturellen Austausch im Rahmen einer internationalen Freiwilligenbewegung. Soziale, kulturelle oder ökologische Projekte werden in sog. Workcamps für zwei bis drei Wochen unterstützt. Während des „Arbeitsteils" wird praktisch mit angepackt, beim „Studienteil" erfährt die internationale Gruppe mehr über das Projekt, die Region und die Arbeit des SCI. Mit einer Dauer von bis zu 12 Monaten vermittelt der SCI auch mittelfristige und längerfristige Freiwilligendienste.
Siehe auch unter „Flex. Freiwilligenarbeit im Ausland" und „Staatl. geförderte Programme".

2. Name:
SCI
Service Civil International - Deutscher Zweig e.V.

3. Anschrift:
Blücherstr. 14
53115 Bonn

4. Kontaktdaten:
Tel.: 0228 – 212086
Fax: 0228 – 264234
E-Mail: info@sci-d.de
Internet: http://www.sci-d.de
Facebook: www.facebook.com/SCI.Germany
Instagram: www.instagram.com/sci_germany

5. Ansprechspartner:
Lisa Monhoff, Geschäftsführerin

6. Altersbegrenzung:
Workcamps im Inland ab 16 Jahre,
im Ausland ab 18 Jahre; kein Höchstalter

7. Spezielle Voraussetzungen:
Grundkenntnisse in Englisch

8. Dauer des Aufenthalts:
Workcamps: 2 - 3 Wochen
Längerfristige Aufenthalte: 1 - 12 Monate

9. Abreisezeitpunkt:
Die meisten Workcamps finden in den Sommermonaten statt, längerfristige Dienste das ganze Jahr über.

10. Anmeldefrist oder Bewerbungsfrist:
Für Workcamps ist eine kurzfristige Vermittlung möglich. Workcamps werden ab Februar desselben Jahres auf der Webseite veröffentlicht. Für längere Dienste muss man ein Bewerbungsverfahren durchlaufen. Bewerbungsfristen liegen Ende des Vorjahres oder Anfang des Ausreisejahres.

11. Kosten:
Kosten für Workcamps:
• Fahrtkosten
• Vermittlungsgebühr für Workcamps im Inland 90 EUR
• im Ausland: 140 EUR
• in den meisten Ländern des Globalen Südens in Asien, Afrika, Lateinamerika und Nahost zusätzlich eine Vor-Ort-Gebühr von 100 bis 300 EUR für den Aufenthalt.
Außerdem ist die Teilnahme an einem Vorbereitungsseminar verpflichtend. Für längerfristige Dienste gibt es besondere Regelungen.

12. Lohn während des Aufenthalts:
Kost und Logis werden in der Regel gestellt. Es gibt ein gemeinsam in der Gruppe organisiertes Freizeitprogramm.

13. Kosten während des Aufenthalts:
In den meisten Ländern des Globalen Südens und in einigen anderen Ländern bezahlen die Freiwilligen eine Vor-Ort-Gebühr für den Aufenthalt.

15. Träger von FSJ, DJiA, FÖJ, ESK, IJFD u.ä.:
• Programm „weltwärts"
• Internationaler Jugendfreiwilligendienst (IJFD)
• Europäisches Solidaritätskorps (ESK)

16. Bestimmte Staatsangehörigkeit vorausgesetzt:
Es können alle Menschen mit Wohnsitz in Deutschland vermittelt werden. Menschen mit Wohnsitz in anderen Ländern müssen sich über die dortigen Partner anmelden.

17. Länder / Gebiete des Aufenthalts:
Ca. 1.000 Workcamps in ca. 90 Ländern weltweit.

World Wide Opportunities on Organic Farms (WWOOF)

WWOOF ist keine Organisation aber eher ein loser Zusammenschluss von Bauernhöfen, Hofgemeinschaften, Gärtnereien usw. Die Idee des "WWOOFing" ist, dass man für einige Stunden Arbeit freie Kost und Logis erhält. Die Größe dieser Höfe ist genauso unterschiedlich wie die Arbeit. Von Obsternte bis Töpfern und Reparieren ist alles dabei. Das Prinzip "mindestens 2 Tage Arbeit" lässt einen großen Gestaltungsspielraum und reduziert das Risiko bei Nichtgefallen. Man hat die Möglichkeit, sich von vielen unterschiedlichen Projekten weltweit ein Bild zu machen. In vielen Ländern existieren nationale WWOOF Organisationen. Um zu erfahren wo man in dem jeweiligen Land WWOOFen kann, erhält man die Adressen bei der nationalen WWOOF - Organisation. Weitere Informationen unter www.wwoof.de

WWOOF Australia
2166 Gelantipy Road, W Tree via Buchan,
3885 Victoria, Australien.
Tel: 0061 (0)3-5155-0218
Fax: 0061 (0)3-5155-0342
E-Mail: wwoof@wwoof.com.au
Homepage: www.wwoof.com.au
(über WWOOF Australia kann man eine Liste von Ländern bekommen, die keine nationale Organisation haben.)

WWOOF Canada
4429 Carlson Road,
Nelson, BC, Canada,VIL 6X3
Tel: 001 - 250 999 7131
E-Mail: wwoofcan@shaw.ca
Homepage: www.wwoof.ca

WWOOF Denmark
Aasenvej 35, 9881 Bindslev, Dänemark
Tel: 0045 9893 8607
E-Mail: info@wwoof.dk
Homepage: www.wwoof.dk

WWOOF Italy
109, via Casavecchia, Castagneto Carducci,
57022 (Li), Italien
Tel: 0039 (0) 565 765001
E-Mail: info@wwoof.it
Homepage: www.wwoof.it

WWOOF Japan
Honcho 2-jo, 3-chome 6-7, Higashi-ku
Sapporo, 065-0042, Japan
Tel: 0081 (0) 11 780-4907
Fax: 0081 (0) 11 780-4908
E-Mail: info@wwoofjapan.com
Homepage: www.wwoofjapan.com

WWOOF Korea
1008 Seoul B/D, 45 Jongno-1Ga Jongno-Gu
Seoul, 110-121 South Korea
Tel: 82-2-723-4510
Fax: 82-2-723-9996
E-Mail: wwoofkorea@yahoo.co.kr
Homepage: http://koreawwoof.com/

WWOOF Nepal
Fanindra Regmi, GPO BOX 8973 NPC 840,
Kathmandu Nepal.
Tel / Fax : 9771-1-4363418
E-Mail: wwoofnepal@gmail.com
Homepage: www.wwoofnepal.org

WWOOF New Zealand
Jane & Andrew Strange, PO Box 1172, Nelson 7040
New Zealand
Tel + Fax: 0064 (0) 3 5449890
E-Mail: support@wwoof.co.nz
Homepage: www.wwoof.co.nz

WWOOF UK
WWOOF UK (United Kingdom of Great Britain and N. Ireland):
PO Box 2154, Winslow, Buckingham
MK18 3WS, England, UK.
E-Mail : hello@wwoof.org.uk
Homepage: www.wwoof.org.uk

Weitere WWOOF-Anlaufstellen unter:
www.wwoof.org

STAATLICH GEFÖRDERTE LANGZEIT-PROGRAMME

KLIPPANS
ÅNGBÅTSBRYGGA
VETERAN BOATS WELCOME
Tilläggsplats endast efter tillstånd av GÖTEBORGS HAMN AB

Freiwillige Arbeit im Ausland staatlich organisiert und gefördert

Staatlich geförderte Langzeitprogramme

Langzeitfreiwilligendienste (zwischen 6-18 Monaten – meist 12 Monate) sind oft eine sinnvolle Überbrückung zwischen Schulzeit und Ausbildung bzw. Studium. Sie bieten die Chance, länger in einem Land zu bleiben und Erfahrungen für die Zukunft zu sammeln. Vorlaufzeit/Bewerbung: 6 bis 12 Monate. Es gibt 4 Möglichkeiten:

kulturweit

Der internationale Freiwilligendienst der Deutschen UNESCO-Kommission bietet Menschen zwischen 18 bis 26 Jahren die Möglichkeit, sich für sechs oder zwölf Monate in der Auswärtigen Kultur- und Bildungspolitik zu engagieren. Dabei werden alle Freiwilligen finanziell unterstützt und in Seminaren begleitet – damit steht kulturweit allen jungen Menschen offen!

weltwärts

weltwärts bringt Menschen aus Deutschland, Asien, Afrika, Lateinamerika, Ozeanien und Osteuropa zusammen – durch Freiwilligendienste und Begegnungsprojekte. Lernen im gegenseitigen Austausch und die Stärkung internationaler Partnerschaften stehen dabei im Mittelpunkt. weltwärts ist entwicklungspolitisches Engagement, Globales Lernen und Begegnung auf Augenhöhe.

Internationaler Jugendfreiwilligendienst (IJFD)

Der Internationale Jugendfreiwilligendienst (IJFD) ist ein Programm, das im Ausland soziale und interkulturelle Erfahrungen ermöglicht. Man arbeitet ganztägig in einer gemeinnützigen Organisation oder Einrichtung. Gefördert wird der Internationale Jugendfreiwilligendienst vom Bundesministerium für Familie, Senioren, Frauen und Jugend.

Europäisches Solidaritätskorps (ESK, früher EFD)

Solidarität ist einer der Grundwerte der Europäischen Union. Das Europäische Solidaritätskorps ist eine großartige Chance für junge Menschen, sich freiwillig für ein soziales und vielfältiges Europa zu engagieren. Das geht z.B. in Freiwilligendiensten oder mit eigenen Initiativen. Durch ihren solidarischen Einsatz entsteht gesellschaftlicher Zusammenhalt in ganz Europa.

Aus dem „Erster Quartalsbericht – Larissa Lichau – weltwärts 2018/19"

Deutsch-Südafrikanisches Jugendwerk e.V., DSJW

Um 7:00 Uhr morgens bringt entweder ich oder meine Mitfreiwillige die Pflegekinder meiner Projektleiterin in die Schule und die beiden Kleinkinder aus dem Babyhaus in den Kindergarten, während sich die andere den Vorbereitungen für die Projekte, die wir in den Kindergärten im Township durchführen wollen oder verschiedenen Aufgaben auf der Farm widmet. Dazu gehören Gartenarbeit (Unkraut jäten, gießen, Sätzlinge züchten und einpflanzen und natürlich ernten), das Kochen von Babybrei für das Babyhaus, das Sortieren und Aufteilen von verschiedenen Sach- oder Essensspenden und die Mitwirkung bei Renovierungs- und Reparaturarbeiten (meistens streichen wir Wände, Decken, Zäune, Tür- oder Fensterrahmen und reparieren derzeit einige Schäden an den Gewächshäusern).

Gegen 8:30 Uhr gehen meine Mitfreiwillige und ich dann ins Babyhaus und beschäftigen uns mit den Babys, füttern diese oder wechseln die Windeln, um die diensthabende Hausmama zu entlasten. Im Anschluss arbeiten wir entweder gemeinsam an den unterschiedlichen Aufgaben auf der Farm weiter oder wir fahren zu verschiedenen Kindergärten im Township. An diese verteilen wir oft Sachspenden; beispielsweise haben wir schon Zahnbürsten, Matratzen, Kleidung, Lebensmittel und Sätzlinge für die Gemüsegärten in den Kindergärten verteilt und auch das von uns im Garten auf der Farm angebaute Gemüse spenden wir regelmäßig.

Abgesehen davon haben meine Mitfreiwillige und ich auch begonnen, verschiedene Projekteinheiten mit den Kindern in vier Kindergärten durchzuführen, da wir uns gerne auch noch direkter mit den Kindergartenkindern beschäftigen wollten. Derzeit haben wir ein kleines Sportprogramm mit Hula-Hoops, Bällen und Sandsäckchen für die Kinder ausgearbeitet, welches wir regelmäßig anleiten oder wir nehmen Stifte und Papier mit und malen gemeinsam mit den Kindern oder versuchen den älteren schon ein wenig das Schreiben von Buchstaben und Zahlen beizubringen.

Außerdem designen wir gerade ein kleines Buch mit verschieden Themeneinheiten und Kreativaufgaben, welches wir für jedes Kind ausdrucken möchten und werden dann von Woche zu Woche jedes Thema spielerisch behandeln. Wir hoffen, dass die Kinder auf diese Weise nicht nur etwas Abwechslung bekommen und Spaß haben, sondern auch an die englische Sprache herangeführt werden, da die meisten Kinder nur die lokale Sprache Setswana sprechen, Englisch jedoch nach den ersten Jahren die Unterrichtssprache in der Schule wird und es somit wichtig ist, dass die Kinder schon früh Englischkenntnisse erlangen. (Ich muss hier anmerken, dass es mich sehr fasziniert hat, dass die Interaktion mit den Kindern trotz der Sprachbarriere gut funktioniert. In der Regel kann man allein durch das Demonstrieren von Spielen unglaublich viel anleiten und wenn es doch einmal einer Erklärung auf Setswana bedarf, dolmetschen die Erzieherinnen problemlos für uns.)

Da viele Kindergärten auch nur spärlich ausgestattet sind, haben wir uns zudem vorgenommen, Bauklötze aus Altholz und Laufbecher aus leeren Konservendosen in der Werkstatt auf der Farm selbst herzustellen und diese dann zu verteilen.

Auch bei Renovierungsarbeiten im Township helfen wir mit. So haben wir die Küche in einem örtlichen Altenheim angestrichen, welche erneuert wurde und eine Rutsche für einen Kindergarten saniert. Außerdem bekommt einer der Kindergärten, die wir unterstützen derzeit ein Toilettenhaus und wir werden demnächst beginnen, dieses zu streichen.

„Schaukel" --> Foto: Deutsch-Südafrikanisches Jugendwerk e.V. (DSJW)

Mein letzter Rundbrief aus Rumänien.....

Das vermutlich Offensichtlichste was ich während meines Rumänienjahres lernen durfte ist natürlich die Sprache. Schon in den letzten beiden Rundbriefen habe ich ja von meinem Sprachkurs und den Anfängen meines Rumänisch lernen berichtet. Doch wenn ich nun auf die gesamte Zeit zurückblicke, kann ich sagen, dass sich meine Sprachkenntnisse doch auch besonders in der letzten Zeit entscheidend weiterentwickelt haben. Ein Ort, an dem ich dies sehr stark bemerkt habe, waren die warmen Tage im Sommer, die wir mit den Kindern draußen verbracht haben. Hier wurde viel gerutscht, geschaukelt, Sandburgen gebaut. Die Kinder mussten geduldig warten bis sie an die Reihe kamen. Da dies aber nur den wenigsten sehr gut gelang, musste ich sehr viel als Streitschlichter aktiv werden. In dieser alltäglichen Situation ist mir aufgefallen, was für einen sprachlichen Fortschritt ich in diesem einen Jahr gemacht habe. Ich hätte nie gedacht, dass es funktionieren würde in so kurzer Zeit Gespräche auf Rumänisch führen und auch Streitgesprächen folgen zu können.

Dies hat mich selbst überrascht und auch stolz gemacht. Hier muss ich aber auch dazu sagen, dass ich ohne meine vielen kleinen Lehrer und Lehrerinnen bestimmt nicht dasselbe Ergebnis erzielt hätte. Außerdem glaube ich jetzt im Nachhinein betrachtet, dass meine mangelnden Sprachkenntnisse besonders am Anfang meine Beziehung zu den Kindern eher verbessert hat als das es eine Blockade war. Ich denke, es hatte einen großen Wert, dass die Kinder in meiner Gruppe, die im Alltag zu Hause nur so mitlaufen und so gut wie keine Aufmerksamkeit bekommen, die meistens im Gewusel untergehen, etwas besser wussten als ich. Sie waren stolz mich zu verbessern und zu merken, dass es auch Dinge gibt, die sie besser können als andere. Es ging nicht immer darum, was man nicht kann und falsch macht, sondern dass ich ihnen dankbar bin, dass sie ihr Wissen mit mir teilen. Und das haben sie, meine kleinen Lehrer und Lehrerinnen! Die besten, die ich in meinem Leben je hatte!

Außerdem habe ich ein wunderschönes neues Land kennengelernt, neue Freundschaften geschlossen und auch durch „unangenehme" Begegnungen mit Menschen so viel dazugelernt. Das Land Rumänien hat mich in seinen Bann gezogen. Ein Land der Kontraste zwischen unberührter Natur und Bergen von Müll, zwischen kleinen Dorfgemeinschaften und Städten mit riesigen Blockbau Vierteln, zwischen Tradition und Veränderung. Ich hatte die Chance so viele Fassetten von diesem Land kennenzulernen und habe doch das Gefühl noch längst nicht alle zu kennen. Auch für mich gibt es in Rumänien noch so viel zu erkunden. Doch wenn ich nun an Rumänien denke, sind es nicht die Landschaften, die Architektur und die Orte, die ich an den Wochenenden und Ferientage gesehen habe, die mir in den Kopf kommen. Es sind vor allem die Menschen mit denen ich meine Zeit teilen durfte: Die alte Dame auf dem Markt, bei der ich mein Obst und Gemüse gekauft habe, die Nachbarin mit ihrem kleinen Hund, die so oft im Bademantel an meiner Tür geklopft hat, meine Tanzgruppe mit der ich so viele Stunden beim Proben verbracht und unglaublich viel gelacht habe, die Menschen im Bus mit denen ich jeden morgen ein müdes Lächeln austauschen durfte, meine Freundinnen, die mir alle Cafés der Stadt gezeigt haben, aber ganz besonders meine Kolleginnen Magareta und Salome, die Kinder meiner Gruppe und Maria, eine Freundin, die mir so wichtig geworden ist.

Doch bevor ich noch von meiner liebgewonnenen Freundin Maria erzähle möchte, ist es mir wichtig, von den letzten Tagen im Kindergarten zu berichten: Die Tage vergingen wie im Flug! Erst war es noch ein Monat, plötzlich nur noch zwei Wochen und dann nur noch eine Woche und dann kam von jedem Wochentag der letzte. Es war ein ganz seltsames Gefühl, denn zum einen war es schön ein Ende zu sehen und zu wissen, dass ich es geschafft habe, was ich mir vorgenommen hatte: Meinen Freiwilligendienst in Rumänien, mein Jahr in einem Kindergarten, aber auf der anderen Seite hatte ich Angst vor dem Abschied. Ich hatte Angst davor, auf das Lachen der Kinder verzichten zu müssen, was mich jeden Morgen begrüßt hat, auf die ansteckende Energie und die fordernde Art neues Wissen zu wollen, auf die Beziehungen. Und trotzdem kam der letzte Tag und somit auch der Nachmittag der Abschlussfeier, an dem ich so wie an vielen Kindergartentagen völlig unerwartet mit einer Wucht von Glück überrollt wurde. Ich durfte mehrfach den Satz „Sophia komm gerne wieder zu uns zurück" hören. Ich ging somit mit einem Gemisch von Abschiedstrauer und Glückseligkeit nach Hause...

Sophia Niggem hat einen Freiwilligendienst in Rumänien mit dem Friedensdienst EIRENE gemacht. Ihre Einsatzstelle war ein Kindergarten in der Stadt Cluj. In ihrem letzten Brief an Freunde und Verwandte berichtet sie unter andrem von ihren Lernerfahrungen während des Freiwilligendienstes.

Meine Ankunft in Mexiko.

Ich heiße Paula und bin am 11. Oktober mit einer Gruppe von weltwärts – Freiwilligen nach Mexiko geflogen, um dort meinen weltwärts – Freiwilligendienst zu absolvieren.

Ankunft in Mexiko-Stadt
Die erste Woche haben wir alle zusammen in Mexiko-Stadt verbracht und unser Orientierungsseminar gehabt, das aus vielen Workshops, sowie Besichtigungen und Touren durch die Stadt bestand. Geleitet wurden die Workshops, die von Lachyoga und Tanzen über Sticken und Basteln bis hin zum Teambuilding reichten, von tollen Mexikaner*innen, deren Ziel es war, uns möglichst gut auf die Arbeit in unseren Projekten vorzubereiten.

Die ersten Wochen in Amecameca de Juárez
Am letzten Tag mussten wir uns alle voneinander verabschieden und sind mit Bussen in unsere jeweiligen Einsatzstellen gefahren. Mein Projekt ist in Amecameca de Juárez, ca. 1-2 Stunden (das kommt hier ganz auf den Verkehr an) südöstlich von Mexiko-Stadt. Hier arbeite ich im „Casa Hogar y Centro de Discapacitados IAP", einem Heim für Menschen mit Behinderung. Insgesamt leben hier 29 Heimbewohner*innen, die wir durch ihren Alltag begleiten, mit ihnen basteln, spielen, Sport machen, kochen und Zeit miteinander verbringen.

Eine weitere Freiwillige von Experiment und ich wohnen für die ersten Monate auch in dem Heim und teilen uns ein Zimmer. So können wir uns besser eingewöhnen, die Heimbewohner*innen besser kennenlernen und uns im Arbeitsalltag einfinden. Die Wochenenden können wir für Ausflüge, zum Beispiel nach Mexiko-Stadt oder andere schöne Orte in der Nähe, nutzen.
Obwohl ich erst seit knapp zwei Wochen in meiner Einsatzstelle bin, kann ich schon sagen, dass ich mich wohlfühle und langsam ankomme. Die Arbeit macht großen Spaß, da jeder Tag etwas anders ist und man sich immer wieder neu auf die Heimbewohner*innen, die hier übrigens muchachos genannt werden, einstellen muss, wodurch es nie langweilig wird. Es ist interessant, die Welt ein bisschen durch ihre Augen zu sehen.

Ich bin gespannt, was noch alles auf uns zukommen wird, auf was für Menschen wir treffen werden, wie hier Feste wie zum Beispiel el Día de los Muertos oder Weihnachten gefeiert werden. Noch ist alles etwas aufregend, jede Busfahrt ist ein kleines Abenteuer (da es hier beispielsweise keine festgelegten Haltestellen gibt) und viele spanische Vokabeln fehlen mir noch immer, aber schon in den letzten Wochen haben wir viel dazugelernt und erlebt.

Die Mexikaner*innen, die ich bisher kennengelernt habe, sind, insofern man das so pauschalisieren kann, um einiges offener, sehr freundlich und häufig auch hilfsbereiter als in Deutschland und unterstützen uns großartig in dieser aufregenden Anfangszeit in einem fremden Land.

Ich freue mich sehr auf das kommende Jahr! (Paula M. weltwärts mit Experiment)

Ein Jahr weltwärts
Ein Interview mit einer Teilnehmerin

Alter: 24
Name: Sandy Joy Jotzer
Herkunftsort/Land: Hamburg, Deutschland

Erzähl mal kurz, wo warst du, wann war es, wie bist du auf die Möglichkeit eines Freiwilligendienstes gekommen?
Ich bin seit Ende August 2022 und noch bis August 2023 in Mexiko und mache hier einen Freiwilligendienst in dem Bereich nachhaltige Landwirtschaft und Umweltbildung. Viele Freundinnen von mir haben bereits nach dem Abitur einen weltwärts-Freiwilligendienst absolviert. Bei mir ist im Laufe meines Studiums der Wunsch gewachsen, noch einen Freiwilligendienst im Ausland zu machen. Daher habe ich mich in den letzten Semestern meines Bachelors mit Hilfe von Internetrecherchen und Gesprächen mit Freudinnen darüber informiert, welche Möglichkeiten mir für einen Freiwilligendienst offenstehen. Vor allem auch die Website von weltwärts hat mir sehr weitergeholfen, da dort alle weltwärts-Organisationen mit Beschreibungen zu ihren Einsatzstellen zu finden sind.

Was hat dich motiviert, einen Freiwilligendienst zu machen?
Ich war nach meinem Abitur 2017/2018 bereits knapp 8 Monate im Rahmen eines „Work and Travel“ in Neuseeland und habe diese Zeit als sehr bereichernd empfunden. Jedoch war ich zu der Zeit nicht sehr lange an einem Ort und hatte nicht die Möglichkeit, dort wirklich tiefer in das einheimische Leben einzutauchen und mir einen Alltag und Freundeskreis etc. aufzubauen. Zudem ist Neuseeland auf die Kultur bezogen doch sehr westlich. Ich hatte Lust, nochmal in einem anderen Land wirklich für längere Zeit an einem Ort zu leben und dort die Kultur und Menschen kennenzulernen. Vor allem wollte ich aber auch die spanische Sprache lernen und einer sozialen Tätigkeit im Ausland nachgehen, was ich während meines „Work and Travel“-Aufenthaltes nicht getan hatte.

Sollte man etwas beachten, bevor man sich bewirbt?
Ich denke es hilft immer, wenn man sich von vorneherein bewusst macht, in welches Land man möchte oder in welchem Bereich man arbeiten möchte. Außerdem hilft es sich selbst zu fragen, was die eigenen Beweggründe für einen Freiwilligendienst im Ausland sind, um sich und seine Ziele während des Bewerbungsprozesses besser präsentieren zu können.

Wie war die Reaktion der Familie?
Meine Mutter hat meine Entscheidung für einen Freiwilligendienst sehr positiv aufgefasst und von vorneherein sehr unterstützt. Mein Vater dahingegen war eher ein wenig skeptisch und hat sich sorgen gemacht, weil mein Einsatzland Mexiko oft nicht unbedingt als sicher gilt. Dennoch hat er nie versucht, mich von meiner Entscheidung abzubringen und hat mich ebenso wie meine Mutter bei allen Belangen, die meine Ausreise betrifft, unterstützt. Auch der Rest meiner Familie hat meine Entscheidung, noch einmal ins Ausland zu gehen, befürwortet, wofür ich sehr dankbar bin.

Wie viel kostet es – was muss man selbst bezahlen, was wird gefördert. Bekommt man Lohn?
Der größte Teil der Finanzierung wird von dem weltwärts-Programm und der Entsendeorganisation übernommen. Sie kommen für die Flüge, die Unterkunft und die Verpflegung und Versicherung auf, sowie für die Kosten von Vorbereitungs- und Nachbereitungsseminaren. Einen Lohn gibt es nicht, aber ich erhalte von meiner Entsendeorganisation ein zusätzliches Taschengeld von 100 Euro pro Monat und komme somit insgesamt gut über die Runden. Die meisten Organisation bitten die Freiwilligen um den Aufbau eines Förderkreis. Im Falle meiner Entsendeorganisatin soll der Förderkreis eine Gesamtspende von 220 Euro pro Monat umfassen. Viele der Freiwilligen, mit denen ich zurzeit hier in Mexiko bin, spenden aber auch einfach ihr Kindergeld, das man auch während eines Freiwilligendienstes im Ausland weiterhin erhält. Darüber hinaus gibt es weitere Möglichkeiten, um Spenden zu sammeln, zum Beispiel mit Ständen auf Schulfesten, Anfragen in Vereinen, Kirchengemeinden oder weiteren Organisationen, in denen man tätig ist, oder so wie ich es gemacht habe, die Bewerbung bei Stiftungen, die den Freiwilligendienst ebenfalls unterstützen können.

Was waren deine Erwartungen, bevor deiner Abreise?
Ehrlich gesagt habe ich von vorneherein versucht, eher keine genauen Erwartungen oder Vorstellungen zu haben. Ich hatte natürlich schon Wünsche, also zum Beispiel, dass mir meine Arbeit gefallen wird, dass ich mich gut mit meiner Gastfamilie verstehen werde und dass ich mit der Zeit meine Spanischkenntnisse ausbaue. Aber insgesamt habe ich versucht einfach sehr offen in diese Erfahrung reinzugehen und alles auf mich zukommen zu lassen, ohne große Erwartungen.

Wie waren deine ersten zwei Wochen?
Die ersten zwei Wochen waren sehr spannend und voller neuer Eindrücke. In der ersten Woche hatten wir ein sogenanntes „Einführungsseminar" mit allen Freiwilligen, in dem wir mehr über das Land gelernt und uns mit unserem bevorstehenden Aufenthalt auseinandergesetzt haben. Außerdem war hier, als wir angekommen sind, gerade Regenzeit und es hat jeden Tag wie aus Eimern geschüttet, was für mich auch etwas Neues war. Die ersten Tage und Wochen in der Gastfamilie und in meiner Einsatzstelle haben aber wirklich gut funktioniert und ich habe mich gleich gut aufgehoben gefühlt.

War es einfach, sich mit Kollegen, den Personen dort zu verbinden?
Tatsächlich ja. Natürlich war am Anfang auch eine Sprachbarriere vorhanden und ich bin eine eher zurückhaltende Person, was es manchmal nicht ganz einfach macht, Kontakte zu knüpfen. Aber ich wurde hier von allen direkt super freundlich und offen aufgenommen und konnte bereits einige wertvolle Freundschaften knüpfen und sehr inspirierende Menschen kennenlernen.

Was wirst du mit nach Hause nehmen?
Auf jeden Fall etwas von der mexikanischen Mentalität, wie zum Beispiel ihre Lockerheit und Lebensfreude, und generell einfach mehr Offenheit neuen Menschen und Situationen gegenüber. Darüber hinaus denke ich auch ein etwas besseres Weltverständnis, interkulturelle Kompetenzen und vor allem viele schöne und eindrückliche Erlebnisse.

Wirst du in Zukunft davon profitieren, mal als Freiwillige gearbeitet zu haben?
Definitiv. Ich finde, gerade wenn man bereits einen Studienabschluss hat, bietet ein Freiwilligendienst einen guten, geschützten Rahmen sich selbst ausprobieren und (erste) berufliche Erfahrungen zu sammeln. Außerdem hat mir die Arbeit in einem anderen Land geholfen, meine interkulturellen Kompetenzen auszubauen und meine Spanischkenntnisse zu verbessern, was auch im späteren Berufsleben definitiv von Vorteil sein kann. Generell würde ich sagen, ich habe in diesem Jahr auf verschiedenen Ebenen dazugelernt, sowohl über mich selbst als auch über andere Menschen und die Welt.

Welchen Rat kannst du anderen geben?
Sich nicht zu viele Sorgen und Stress zu machen vor der Ausreise oder auch während des Auslandsaufenthaltes (Ich weiß, leichter gesagt als getan, aber es gibt wirklich keinen Grund zur Sorge). Ich denke immer alles kommt so, wie es kommen soll und falls mal ein Problem auftreten sollte, oder zum Beispiel auch die Vorbereitung für das Auslandsjahr nicht so klappt, wie man sich das vorgestellt hätte, gibt es für alles eine Lösung. Und wenn du einmal die Entscheidung getroffen hast, einen weltwärts-Freiwilligendienst zu absolvieren, lass dich nicht von kleinen Unsicherheiten oder Stolpersteinen davon abbringen.

Was ist/war dein nächstes großes Ding, nachdem du wieder zu Hause bist?
Wenn ich nach Hause komme, freue ich mich darauf, erstmal wieder ein wenig Zeit mit meinen Freunden und meiner Familie zu verbringen. Danach geht es für mich höchstwahrscheinlich in die Niederlande um dort einen Master in dem Bereich „nachhaltige Ernährungssysteme" oder „Gesundheit und Kommunikation" zu machen.

Was gibt es abschließend noch zu sagen?
Ich kann nur jedem empfehlen, sich nach dem Abitur oder auch nach einem Bachelor/Master oder einer Ausbildung die Zeit zu nehmen, einen weltwärts-Dienst zu machen, wenn man schon einmal mit dem Gedanken gespielt hat. Es bietet einem auf jeden Fall auch nach einem Studium die Möglichkeit, sich persönlich und beruflich weiterzuentwickeln. Wenn für euch bald ein Auslandsaufenthalt ansteht, wünsche ich euch ganz viel Spaß und eine tolle Zeit!

Vielen Dank - und alles Gute für die Zukunft!

Zu den Fotos: Die Fotos zeigen verschiedene Umweltbildungsaktionen für Schulklassen, die Sandy während ihres Freiwilligendienstes planen und/ oder begleiten durfte

kulturweit freiwilligendienst

unesco Deutsche UNESCO-Kommission

kulturweit-Freiwilligendienst Deutsche UNESCO-Kommission Berlin

kulturweit ist ein internationales Bildungsprogramm der Deutschen UNESCO-Kommission, gefördert vom Auswärtigen Amt. Mit dem kulturweit-Freiwilligendienst leisten Menschen zwischen 18 und 26 ein Freiwilliges Soziales Jahr im Ausland. Für sechs oder zwölf Monate lernen sie dabei die Arbeit von Bildungs- und Kultureinrichtungen weltweit kennen und machen sich im Weltnaturerbe, in UNESCO-Biosphärenreservaten und Geoparks für nachhaltige Entwicklung stark. Alle kulturweit-Freiwilligen werden pädagogisch begleitet und finanziell unterstützt: mit Seminaren und einem Sprachkurs, mit Versicherungen, Reisegeld und Mietzuschuss.

2. Name:
kulturweit-Freiwilligendienst

3. Anschrift:
Deutsche UNESCO-Kommission
kulturweit
Hasenheide 54, 10967 Berlin

4. Kontaktdaten:
Telefon: 030 80 20 20-300
Fax: 030 80 20 20-329
E-Mail: kontakt@kulturweit.de
Website: www.kulturweit.de
Bewerbung: bewerbung.kulturweit.de

Montag bis Freitag 10 bis 16 Uhr
Telefon: 030 80 20 20-300
E-Mail: kontakt@kulturweit.de

SoMe-Accounts:
instagram.com/kulturweit
facebook.com/kulturweit
twitter.com/kulturweit

6. Altersbegrenzung:
Teilnehmer*innen müssen während des Freiwilligendienstes zwischen 18 bis 26 Jahren alt sein. Eine Bewerbung ist bereits mit 17 Jahren möglich.

7. Spezielle Voraussetzungen:
Formale Voraussetzungen:

- Teilnehmer*innen müssen während des gesamten Freiwilligendienstes mindestens 18 Jahre und höchstens 26 Jahre alt sein, d.h. sie dürfen während des Aufenthaltes nicht 27 Jahre alt werden
- Lebensmittelpunkt in Deutschland (d.h. Interessierte sollten entweder die letzten zwei bis drei Jahre dauerhaft in Deutschland gelebt haben oder falls sie derzeit im Ausland leben, einen Großteil ihres Lebens in Deutschland verbracht haben; die deutsche Staatsbürgerschaft ist nicht erforderlich)
- muttersprachliche oder sehr gute Deutschkenntnisse (Sprachniveau C1 nach dem Europäischen Referenzrahmen)

- eine für den Auslandsaufenthalt angemessene gute gesundheitliche Verfassung
- ein gültiger Reisepass, der bis sechs Monate nach der geplanten Rückkehr gültig ist

Persönliche Voraussetzungen:
- Offenheit
- Verantwortungsbewusstsein
- Freude an freiwilligem Engagement
- Interesse an kultur- und bildungspolitischem Engagement, an Natur und Umwelt
- Spaß an Projektarbeit
- Mut, über den eigenen Tellerrand zu schauen

8. Dauer des Aufenthalts:
6 oder 12 Monate

9. Abreisezeitpunkt:
Beginn des Freiwilligendienstes ist ein zehntägiges Vorbereitungsseminar, das jährlich am 1. September beginnt.

10. Anmeldefrist oder Bewerbungsfrist:
Bewerbungen sind jederzeit online möglich. Die Bewerbungsfrist endet jährlich Anfang Dezember. Der Freiwilligendienst beginnt am 1. September des Folgejahres.

11. Kosten:
Ein ggf. benötigtes Visum für das Gastland muss inkl. sämtlicher bei der Beantragung entstehender Kosten von den Freiwilligen selbst getragen werden.

12. Lohn während des Aufenthalts:

- monatliches Taschengeld in Höhe von 150 EUR
- monatlicher Zuschuss zu Unterkunft und Verpflegung in Höhe von 200 EUR
- Zahlung von Auslandskranken-, Haftpflicht- und Unfallversicherung
- Übernahme der Beiträge zur Sozialversicherung (Kranken-, Pflege-, Renten- und Arbeitslosenversicherung) in Deutschland
- Zuschuss zu internationalen Reisekosten mit einem regional angemessenen Betrag
- Zuschuss zu Sprachkurs im Gastland
- Sofern Freiwillige kindergeldberechtigt sind, bleibt dieser Anspruch auch während des Freiwilligendienstes bestehen.

13. Kosten während des Aufenthalts:
Ausgaben, die die Zuschüsse und das Taschengeld von kulturweit überschreiten, müssen von den Freiwilligen selbst getragen werden.

14. Finanzielle Förderung:
kulturweit wird durch das Auswärtige Amt gefördert.

15. Träger von FSJ, DJiA, FÖJ, ESK, IJFD u.ä:
Mit kulturweit leisten Freiwillige ein Freiwilliges Soziales Jahr (FSJ) im Ausland nach dem Jugendfreiwilligendienstegesetz.

16. Bestimmte Staatsangehörigkeit vorausgesetzt:
Keine

17. Länder / Gebiete des Aufenthalts:
Afrika, Asien, Lateinamerika, Naher Osten, GUS, Mittel-, Südost- und Osteuropa. Ein Freiwilligendienst ist in Ländern möglich, in denen die kulturweit-Partner Einsatzstellen anbieten und in denen eine Entsendung von Freiwilligen zulässt.

weltwärts
Bonn

Du willst etwas bewegen? Dann ist der entwicklungspolitische Freiwilligendienst weltwärts genau das Richtige für dich.

Mit weltwärts kannst du nach der Schule, der Ausbildung oder dem Studium in ein Land in Afrika, Lateinamerika, Asien, Ozeanien oder Osteuropa gehen. Dort unterstützt du in der Regel ein Jahr lang ein Projekt einheimischer Partnerorganisationen, z.B. in der Arbeit mit benachteiligten Kindern und Jugendlichen, im Bereich Bildung oder Gesundheit, bei der Verwirklichung von Menschenrechten, im Umweltschutz oder in der Landwirtschaft.

Die Begegnung mit den Menschen vor Ort ermöglicht es dir, andere Kulturen und Lebensweisen kennenzulernen. Dabei kannst du die Welt aus einer anderen Perspektive sehen. Du gewinnst neue Freundschaften. Gleichzeitig verbesserst du deine Sprachkenntnisse und erwirbst wichtige Kompetenzen für deinen weiteren Berufsweg in einer globalisierten Welt.

In diesem Jahr feiert das Programm seinen 15. Geburtstag und bislang sind über 40.000 Freiwillige in 80 Länder ausgereist.

Rund 140 verschiedene Entsendeorganisationen beteiligen sich am Programm und bieten eine Vielfalt unterschiedlicher Einsatzplätze an. In diesem Nachschlagewerk findest du einige dieser Organisationen mit ihrem spezifischen Angebot. Es gibt aber noch viel mehr Organisationen, mit denen du einen entwicklungspolitischen Freiwilligendienst machen kannst. Informiere dich in der weltwärts-Börse über die verschiedenen Möglichkeiten.

2. Name:
weltwärts

3. Anschrift:
ENGAGEMENT GLOBAL gGmbH
Service für Entwicklungsinitiativen
Koordinierungsstelle weltwärts
Friedrich-Ebert-Allee 40
53113 Bonn

4. Kontaktinformationen:
Tel.: 0800 188 7 188. Erreichbar Montag bis Donnerstag von 8 bis 18 Uhr. Freitags von 8 bis 14 Uhr.
E-Mail: info@engagement-global.de
Homepage: www.weltwaerts.de
Instagram: @weltwaerts
Facebook: https://www.facebook.com/weltwaerts

5. Ansprechspartner:
Für einen weltwärts-Freiwilligendienst bewirbst du dich direkt bei einer der rund 140 Entsendeorganisationen, die das weltwärts-Programm anbieten. Alle Entsendeorganisationen findest du auf www.weltwaerts.de

6. Altersbegrenzung:
weltwärts richtet sich an Jugendliche und junge Erwachsene zwischen 18 und 28 Jahren bzw. 35 Jahren mit Beeinträchtigung oder Behinderung.

7. Spezielle Voraussetzungen:
Neben guten Grundkenntnissen einer der Sprachen im Gastland, wird ein Schul- oder Berufsabschluss oder anderweitige Eignung, etwa ein anderer Freiwilligendienst, erwartet. Außerdem solltest du Offenheit für andere Kulturen, Lernbereitschaft und Interesse an Entwicklungsthemen mitbringen und Lust haben, dich auch nach deinem Dienst weiter für eine solidarische Welt einzusetzen.

8. Dauer des Aufenthalts:
Sechs bis 24 Monate

9. Abreisezeitpunkt:
Für den Beginn des weltwärts-Einsatzes gibt es keine feste Regel. Sehr oft sind die Ausreisen im Sommer vorgesehen. Es gibt aber auch Entsendeorganisationen, bei denen du im Winter einen Einsatz beginnen kannst. Das hängt unter anderem von den Gegebenheiten vor Ort ab.

10. Anmeldefrist oder Bewerbungsfrist:
Die Bewerbung erfolgt direkt bei einer der rund 140 weltwärts-Entsendeorganisationen. Die Entsendeorganisationen haben unterschiedliche Bewerbungsfristen und -verfahren. Die Bewerbung sollte ungefähr ein Jahr vorher erfolgen. Weitere Informationen findest du unter www.weltwacrts.de.

11. Kosten:
Du erhältst Flug, Unterkunft und Verpflegung, Versicherungen, ein Taschengeld von circa 100 EUR pro Monat und eine qualifizierte Begleitung und Betreuung.

14. Finanzielle Förderung:
weltwärts ist für alle da, ganz unabhängig von den finanziellen Möglichkeiten der Freiwilligen.
Der Freiwilligendienst wird zu 75 Prozent vom Bundesministerium für wirtschaftliche Zusammenarbeit und Entwicklung (BMZ) gefördert. Die restlichen 25 Prozent übernehmen die weltwärts-Entsendeorganisationen, die du unterstützen kannst, indem du Spenden sammelst.

15. Träger von kulturweit, weltwärts, ESK, IJFD:
Es gibt 140 Organisationen, die weltwärts anbieten und Freiwillige entsenden. Die Organisationen sind sehr unterschiedlich. Bei allen Organisationen handelt es sich um NGOs, das heißt sie sind gemeinnützig und engagieren sich international für soziale Zwecke.

16. Bestimmte Staatsangehörigkeit vorausgesetzt:
Du solltest eine deutsche Staatsbürgerschaft besitzen oder ein dauerhaftes Aufenthaltsrecht in Deutschland haben.

17. Länder / Gebiete des Aufenthalts:
Länder in Afrika, Asien, Lateinamerika, Ozeanien oder Osteuropa

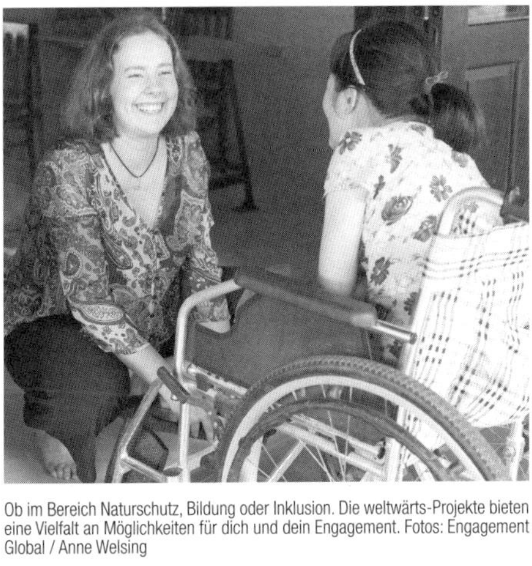

Ob im Bereich Naturschutz, Bildung oder Inklusion. Die weltwärts-Projekte bieten eine Vielfalt an Möglichkeiten für dich und dein Engagement. Fotos: Engagement Global / Anne Welsing

iFWD im Sport
Welt bewegen.

ASC 1846 GÖTTINGEN gemeinsam. In Bewegung!

ASC Göttingen von 1846 e.V. Göttingen

Entwicklungspolitischer Freiwilligendienst weltwärts: Arbeit mit Kindern und Jugendlichen mit dem Schwerpunkt Sport im südlichen und östlichen Afrika. Die Projektstellen sind in Schulen und Kinderheimen in Südafrika, Namibia, Ruanda, Uganda, Tansania und Sambia.

2. Name:
ASC Göttingen von 1846 e.V.
Internationale Freiwilligendienste im Sport

3. Anschrift:
Waldweg 28
37073 Göttingen

4. Kontaktinformationen:
Tel:. 0551 384205 - 0
Fax: 0551 384205 - 29
E-Mail: international@fwd-sport.de
Homepage: www.ifwd-sport.de

6. Altersbegrenzung:
Alter zwischen 18 und 28 Jahren bei Ausreise

7. Spezielle Voraussetzungen:
Wir erwarten keine Fachkenntnisse, für uns ist Dein Interesse an Sport und der Arbeit mit Kindern wichtig! Führerschein ist wünschenswert, aber keine Pflicht.

8. Dauer des Aufenthalts:
Der weltwärts Dienst dauert 12 Monate. Es wird eine Unterkunft und z.T. ein Fahrzeug zur Verfügung gestellt. In jedem Land stehen lokale Projektmanager*innen des ASC als Ansprechpartner*innen zur Verfügung.

9. Abreisezeitpunkt:
Ausreise zwischen Mitte August und Ende September

10. Anmeldefrist oder Bewerbungsfrist:
Bewerbungsfrist ist 31.12. des Vorjahres. Im Januar finden Auswahlwochenenden statt. Dort lernen Du und der ASC euch persönlich kennen.

11. Kosten:
Fahrtkosten zum Auswahlwochenende und bei Zusage Beteiligung an Visumskosten. Keine weiteren projektbezogenen Kosten.

12. Lohn während des Aufenthalts:
100 EUR Taschengeld und 80 € Verpflegungspauschale, Unterkunft frei. Reisekosten, Seminarkosten, Versicherungen werden vom ASC übernommen.

14. Finanzielle Förderung:
Finanzielle Unterstützung des Aufenthalts sowohl von der Organisation selbst, als auch die von anderen.
Der Aufbau eines Spenderkreises ist gewünscht.

15. Träger von FSJ, DJiA, FÖJ, ESK, IJFD u.ä:
Träger für FSJ und BFD im Sport in Niedersachsen, Anbieter von FÖJ im Sport in Niedersachsen, Entsende- und Aufnahmeorganisation für weltwärts.

17. Länder / Gebiete des Aufenthalts:
Der ASC entsendet nach Südafrika, Namibia, Ruanda, Uganda, Tansania und Sambia.

ASF
Aktion Sühnezeichen Friedensdienste Berlin

Aktion Sühnezeichen Friedensdienste

Arbeit mit: sozial Benachteiligten, Menschen mit Behinderungen, älteren Menschen, insbesondere Holocaust-Überlebenden und ihren Nachkommen. Historische und politische Bildungsarbeit.

2. Name:
deutsch: Aktion Sühnezeichen Friedendienste (ASF)
internat.: Action Reconciliation Service for Peace (ARSP)

3. Anschrift:
Auguststraße 80
10117 Berlin

4. Kontaktinformationen:
Tel.: 030 – 28395-184, Fax: 030 – 28395-135
Email: asf@asf-ev.de, Homepage: www.asf-ev.de
Öffnungszeiten: Montag-Freitag 9 Uhr–17 Uhr

6. Altersbegrenzung:
Mindestalter: 18 Jahre
Sommerlager: z.T. ab 16 Jahren

8. Dauer des Aufenthalts:
Sommerlager: 1-3 Wochen
Langzeitfreiwilligendienst: 12 Monate

9. Abreisezeitpunkt:
Sommerlager: Mai bis Oktober
Langzeitfreiwilligendienst: 12 Monate: September bis August

10. Anmeldefrist oder Bewerbungsfrist:
Sommerlager: ab April
Langzeitfreiwilligendienst 12 Monate:
1. November (d. Vorjahres)

11. Kosten:
Sommerlager: 25 - 130 EUR (erm. 100 EUR)
Langzeitfreiwilligendienst: 990 EUR (Soli-Beitrag)

12. Lohn während des Aufenthalts:
Sommerlager: Kost, Logis und Programm frei
Langzeitfreiwilligendienst: Kost und Logis frei, Taschengeld (je nach Land unterschiedlich), Reisekosten, Seminarkosten, Versicherungen.

14. Finanzielle Förderung:
Langzeitfreiwilligendienst: Aufbau eines Förderkreises (15 UnterstützerInnen spenden monatlich 15 EUR für den Freiwilligendienst)

15. Träger von FSJ, DJiA, FÖJ, ESK, IJFD u.ä:
Langzeitfreiwilligendienst als IJFD und ESK möglich.

17. Länder / Gebiete des Aufenthalts:
Sommerlager: verschiedene Länder v.a. in Europa.
Langzeitfreiwilligendienst: Z.B.: Belgien, Deutschland, Frankreich, Großbritannien, Israel, Niederlande, Norwegen, Polen, Tschechische Republik, USA.

VOM HEILIGEN LANDE
Verlässlich · Christlich · Über Grenzen hinweg

Deutscher Verein vom Heiligen Lande (DVHL) Köln

Seit mehr als 160 Jahren setzt sich der Deutsche Verein vom Heiligen Lande (DVHL) für die Menschen im Nahen Osten ein – immer vor dem Hintergrund des interreligiösen Dialogs und friedenspolitischen Engagements. Jedes Jahr entsendet er im Rahmen des Internationalen Jugendfreiwilligendienstes rund 30 junge Menschen ins Heilige Land. Der DVHL ist mit Erfahrung und Kompetenz auf einzigartige Weise im Nahen Osten präsent. Er engagiert sich dort, wo Menschen konkrete Hilfe brauchen, und tritt mit ihnen für eine bessere Zukunft ein. Im Spannungsfeld von Judentum, Christentum und Islam steht er für Verständigung, Versöhnung und Frieden. Das Heilige Land als Ort der drei Weltreligionen ist geprägt durch seine kulturelle, soziale und politische Vielfalt. In diesem abwechslungsreichen Umfeld leben und arbeiten unsere Freiwilligen. Durch ihr freiwilliges Engagement bringen sie sich in unseren vereinseigenen sowie kooperierenden Einrichtungen ein, knüpfen neue Kontakte und leisten so einen ganz konkreten Beitrag.

2. Name:
Deutscher Verein vom Heiligen Lande (DVHL)

3. Anschrift:
Steinfelder Gasse 17, 50670 Köln

4. Kontaktinformationen:
Tel.: 0221 99 50 65 30/31
E-Mail: freiwilligendienste@dvhl.de
Homepage: www.dvhl.de
Instagram: www.instagram.com/der_dvhl

6. Altersbegrenzung:
Wir bieten Freiwilligendienst-Plätze im Internationalen Jugendfreiwilligendienst (IJFD) für Menschen im Alter zwischen 18 und 26 Jahren an.

7. Spezielle Voraussetzungen:
Allgemeine Englischkenntnisse, Bereitschaft zu einem einfachen Lebensstil und Leben in Gemeinschaft, Motivation und Offenheit ein fremdes Land kennenzulernen, Teilnahme an den Bildungsseminaren.

8. Dauer des Aufenthalts:
12 Monate

9. Abreisezeitpunkt:
Das Ausreiseseminar findet im Juli/August statt, im Anschluss daran reisen die Freiwilligen aus.

10. Anmeldefrist oder Bewerbungsfrist:
Bewerbungen sind über unsere Homepage bis zum 30. November des Vorjahres möglich. Wir laden alle Bewerber:innen zu einem Wochenende zum Kennenlernen ein, an dem wir den DVHL vorstellen, umfassend über die Freiwilligendienste informieren und Ehemalige von ihren Erfahrungen berichten.

11. Kosten:
Die Freiwilligen bauen in ihrer Vorbereitungszeit einen eigenen Förderkreis auf. Der Hin- und Rückflug wird mit jeweils 250 EUR finanziell unterstützt.

12. Lohn während des Aufenthalts:
Die Freiwilligen erhalten freie Unterkunft und Verpflegung sowie ein monatliches Taschengeld i.H.v. 150 EUR.

13. Kosten während des Aufenthalts:
Der DVHL übernimmt die Auslandskranken-, -haftpflicht- und –unfallversicherung und kommt für die Seminarkosten sowie Fahrtkosten zu den Seminaren auf.

14. Finanzielle Förderung:
Finanzielle Förderung durch den Internationalen Jugendfreiwilligendienst, den Eigenanteil des Trägers und den Förderkreis der Freiwilligen.

15. Träger von FSJ, DJiA, FÖJ, ESK, IJFD u.ä:
Wir sind anerkannter Träger des Internationalen Jugendfreiwilligendienstes.

16. Bestimmte Staatsangehörigkeit vorausgesetzt:
Wir können Freiwillige entsenden, die dauerhaft in Deutschland leben.

17. Länder / Gebiete des Aufenthalts:
Israel und palästinensische Gebiete.

DSJW (GSAYA)
Deutsch-Südafrikanisches Jugendwerk e.V.
Bad Honnef

dsjw
gsaya

Das Deutsch-Südafrikanische Jugendwerk e.V. (DSJW) ist ein gemeinnützig anerkannter Verein, der 1991 zur Zeit des Wandels in Südafrika mit dem Ziel gegründet wurde, Rassismus und Diskriminierung zu überwinden und vor allem junge Menschen im südlichen Afrika und in Deutschland für transkulturelle Zusammenarbeit zu sensibilisieren.

*Unsere Freiwilligendienste: Ein Freiwilligendienst ist für uns ein Dienst von Menschen an Menschen. Wir möchten Freiheit und Verantwortung fördern und unseren Teilnehmer*innen die Chance geben, mit ihrem (sozialen) Engagement ein Zeichen für Gerechtigkeit, Frieden und Verständigung zu setzen. Es ist ein Lern- und Hilfsdienst, in dessen Mittelpunkt Begegnung und Austausch stehen. Durch die Begegnung mit Anderen wird er zum Ort des wechselseitigen, transkulturellen und sozialen Lernens. Das DSJW begleitet die jungen Menschen bei diesem Lernprozess. Darüber hinaus erhebt das DSJW den Anspruch, durch die Auswahl vorwiegend sozialer Projekte im ländlichen Raum einen entwicklungspolitischen Beitrag im Rahmen der begrenzten Möglichkeiten von Freiwilligendiensten zu leisten. „Flex. Freiwilligenarbeit"*

2. Name:
DSJW (GSAYA)
Deutsch-Südafrikanisches Jugendwerk e.V.
(German-South African Youth Association)

3. Anschrift:
Austraße 8a
53604 Bad Honnef

4. Kontaktdaten:
Tel.: 02224 9874010
E-Mail: info@dsjw.de, Homepage: www.dsjw.de
Instagram: dsjw_ev

5. Ansprechspartner:
Stefanie Reuffel und Bastian Knebel

6. Altersbegrenzung:
weltwärts-Programm: 18-28 Jahre
Classic-Programm: ab 18 Jahren

7. Spezielle Voraussetzungen:
Gute Englischkenntnisse; Interesse an Land und Kultur; Bereitschaft, kulturelle Unterschiede und Widersprüche zu akzeptieren

8. Dauer des Aufenthalts:
weltwärts-Programm: 12 Monate
Classic-Programm: 3-12 Monate

9. Abreisezeitpunkt:
weltwärts-Programm: Mitte August
Classic-Programm: flexibel

10. Anmeldefrist oder Bewerbungsfrist:
weltwärts-Programm: Stichtag im November für Ausreise Mitte August.
Classic-Programm: 6 Monate vor gewünschter Ausreise

11. Kosten:
weltwärts-Programm: Visakosten; Aufbau eines Spendenförderkreises erwünscht
Classic-Programm: Teilnahmebeitrag abhängig von Aufenthaltsdauer; Visakosten, Impfkosten, Flug, Versicherung

12. Lohn während des Aufenthalts:
weltwärts-Programm: gemäß der weltwärts-Richtlinie (u.a. Unterkunft, Verpflegung, Reisekosten, Krankenversicherung, 100 EUR Taschengeld im Monat)
Classic-Programm: -

13. Kosten während des Aufenthalts:
weltwärts-Programm: Kosten für private Ausgaben (z.B. für Reisen, Verpflegung) über das Taschengeld hinaus
Classic-Programm: ggf. Kosten für Unterkunft und Verpflegung; Kosten für private Ausgaben (z.B. für Reisen)

14. Finanzielle Förderung:
weltwärts-Programm: Förderung durch das BMZ
Classic-Programm: -

15. Träger von FSJ, DJiA, FÖJ, ESK, IJFD u.ä:
weltwärts

17. Länder / Gebiete des Aufenthalts:
Südafrika

EIRENE Internationaler Christlicher Friedensdienst e.V. Neuwied

EIRENE Internationaler Christlicher Friedensdienst e.V. hat seit über 35 Jahren Erfahrungen in der Freiwilligenentsendung. Insgesamt haben bisher mehr als 3.500 Freiwillige einen Dienst mit EIRENE geleistet. EIRENE ist eine internationale Organisation mit internationalen Kooperationen im Globalen Süden und im Globalen Norden. In gemeinsamen Programmen wirken lokale und internationale Fachkräfte und Freiwillige mit. Mit dem Freiwilligenprogramm verfolgt EIRENE das Ziel, jungen und älteren Menschen die Möglichkeit zu bieten, durch ihre Mitarbeit bei Partnerorganisationen im Ausland einen Friedensdienst zu leisten.

2. Name:
EIRENE Internationaler Christlicher Friedensdienst e.V.

3. Anschrift:
Engerser Str. 81, 56564 Neuwied

4. Kontaktdaten:
Tel.: 0 26 31 / 83 79-0, Fax: 0 26 31 / 83 79-90
E-Mail: eirene-int@eirene.org, Internet: www.eirene.org
Instagram: eirene_ev
Twitter: @EIRENE_eV
Facebook: @eireneinternationaler.christlicherfriedensdienst

Bürozeiten: Mo-Do.: 8.30 – 13.00, 14.00 – 16.30;
Fr.: 8.30 – 13.00

5. Ansprechspartner:
Sekretariat: 02631/8379-0

6. Altersbegrenzung:
Ein Friedensdienst mit EIRENE ist ab 18 Jahren möglich. Im Rahmen des „Friedensdienstes für Ältere" ist auch eine Entsendung von Personen über 27 bzw. 28 Jahren möglich.

7. Spezielle Voraussetzungen:
Allgemeine Englischkenntnisse, Spanischgrundkenntnisse in Lateinamerika, Französischkenntnisse in Marokko. Bereitschaft die Sprache des Gastlandes zu lernen, sich in verschiedenen Bereichen der politischen Lobbyarbeit zu engagieren sowie die Bereitschaft zu einem Leben unter einfachen Verhältnissen.

8. Dauer des Aufenthalts:
Die Dauer des Dienstes ist vom jeweiligen Programm abhängig, beträgt aber in der Regel mindestens 12 Monate.

9. Abreisezeitpunkt:
Beginn der Vorbereitungsseminare im Juli/August danach Ausreise.

10. Anmeldefrist oder Bewerbungsfrist:
Du kannst dich über unsere Website direkt für den Freiwilligendienst bewerben (https://eirene.org/freiwilliger-werden). Darüber hinaus bietet dir EIRENE die Möglichkeit, dich auf einem Infoseminar über die Inhalte und Rahmenbedingungen eines Freiwilligendienstes umfassend zu informieren. Auf diesem Seminar (digital oder real) lernst du EIRENE besser kennen, erhältst Infos über mögliche Einsatzstellen und ehemalige Freiwillige erzählen dir von ihren Erfahrungen.

11. Kosten:
Die Reisekosten für Hin- und Rückreise während des Freiwilligendienstes werden übernommen. Generell tragen die Teilnehmenden die Visakosten bis 100 EUR.

12. Lohn während des Aufenthalts:
Während der Dienstzeit erhalten die Freiwilligen freie Unterkunft, eine Verpflegungspauschale und ein angemessenes monatliches Taschengeld.

13. Kosten während des Aufenthalts:
EIRENE animiert die Freiwilligen einen Unterstützer_innenkreis aufzubauen der den Dienst finanziell unterstützt. Die Beiträge aus dem Unterstützer_innenkreis sollen 4500 EUR für die Dauer des Dienstes betragen. Kranken- und Haftpflichtversicherung werden von EIRENE übernommen.

14. Finanzielle Förderung:
Für Einsätze in Nordamerika, West- und Osteuropa ist u.a. eine Co- Finanzierung über den IJFD möglich. Friedensdienste in Uganda, Marokko, Bolivien, Costa Rica werden über „weltwärts" co-finanziert.

15. Träger von FSJ, DJiA, FÖJ, ESK, IJFD u.ä:
IJFD, weltwärts, privat rechtlich, FIJ

16. Bestimmte Staatsangehörigkeit vorausgesetzt:
Die Programme richten sich an Menschen, die einen Aufenthaltsstatus in Deutschland haben.

17. Länder / Gebiete des Aufenthalts:
Uganda, Marokko, Bolivien, Costa Rica, Belgien, Frankreich, Nordirland, Rumänien, USA und Kanada

Evangelische Freiwilligendienste gGmbH Hannover

Diakonisches Jahr im Ausland (DJiA) – Über Grenzen hinweg!
Das Diakonische Jahr im Ausland (DJiA) ist als Freiwilligendienst, ein soziales Bildungs- und Orientierungsjahr für junge Menschen. Sie engagieren sich in diakonischen und sozialen Projekten im Ausland.

2. Name:
Evangelische Freiwilligendienste gGmbH,
Diakonisches Jahr im Ausland (DJiA)

3. Anschrift:
Otto-Brenner-Str. 9
30159 Hannover

4. Kontaktinformationen:
Tel: 05 11/4 50 00 83 40
Fax: 05 11/4 50 00 83 31
E-Mail: djia@ev-freiwilligendienste.de
Homepage: www.djia.de

6. Altersbegrenzung:
Ab 18 bis 30 Jahre, Mindestalter für die USA: 21 Jahre. Wenn Sie unter 18 Jahre alt sind, beraten wir Sie gerne individuell über bestehende Einsatzmöglichkeiten.*

7. Spezielle Voraussetzungen:
Grundlegende Sprachkenntnisse für die jeweiligen englisch-, französisch- und spanischsprachigen Länder sind erwünscht. Interesse an sozialem Engagement, Verantwortungsbewusstsein sowie Neugierde und Bereitschaft sich auf neue und andere Lebensbedingungen einzulassen zählen mehr als Schulnoten- und Ausbildungszeugnisse.

8. Dauer des Aufenthalts:
9-12 Monate. Dauer des Aufenthaltes abhängig vom Gastland bzw. Projekt.

9. Abreisezeitpunkt:
Mitte August/Anfang September eines Jahres*

10. Anmeldefrist oder Bewerbungsfrist:
Bewerbungsschluss: Anfang November eines jeden Jahres*. Oft gibt es im Frühjahr eine 2. Bewerbungsrunde – erkundigen Sie sich einfach bei uns.

11. Kosten:
Einmaliger Programmbeitrag*, findet das DJiA als IJFD, ESK oder entwicklungspolitischer Freiwilligendienst weltwärts statt, erheben wir keinen verpflichtenden Programmbeitrag. Sie sind gebeten sich im Rahmen unseres Solidaritätsmodells durch das Aufbringen von Spenden an der Finanzierung des Programms zu beteiligen.

12. Lohn während des Aufenthalts:
Wir übernehmen folgende Kosten: Unterkunft, Verpflegung, Taschengeld, Reisekosten ins Gastland und zurück, pädagogische und fachliche Begleitung und Seminare in Deutschland und im Ausland sowie Versicherungen und Unterstützung zum Spracherwerb.

13. Kosten während des Aufenthalts:
Alle Kosten, die nicht mit den oben genannten Leistungen abgedeckt werden (z.B. private Ausgaben für Heimaturlaub und Reisen).

14. Finanzielle Förderung:
Siehe Nr. 11

15. Träger von FSJ, DJiA, FÖJ, ESK, IJFD u.ä:
Träger von DJiA, ESK, IJFD, weltwärts und ADiA.

17. Länder / Gebiete des Aufenthalts:
Argentinien, Belgien, Bolivien, Dänemark, Frankreich, Griechenland, Großbritannien, Italien, Kosovo, Lettland, Peru, Polen, Portugal, Slowakei, Spanien, Südafrika, Südkorea, Tschechien, Ungarn, USA.*

* Alle aktuellen Konditionen z.B. Länderliste, finanzielle Rahmenbedingungen unter www.djia.de!

EXPERIMENT
DEINE AUSTAUSCHORGANISATION

Experiment Bonn

Explore. Exchange. Experience.
Experiment ist Deutschlands älteste gemeinnützige Austauschorganisation und sitzt in Bonn. Seit über 90 Jahren hat sie es sich zum Ziel gesetzt, den Austausch zwischen Menschen aller Kulturen, Religionen und Altersgruppen zu fördern. Der Verein bietet eine große Bandbreite an interkulturellen Programmen in vielen verschiedenen Ländern, darunter Schüleraustausche, Freiwilligendienste, Ferienprogramme, Praktika und Sprachreisen. Experiment ist Gründungsmitglied des „Arbeitskreises gemeinnütziger Jugendaustausch"(AJA), und legt großen Wert auf die Qualität der Austauschprogramme.

Bei Experiment wird zwischen flexiblen und geförderten Freiwilligendiensten unterschieden. Während bei den geförderten Programmen Startzeitpunkt und Aufenthaltsdauer festgelegt sind, können die flexiblen Freiwilligendienste individuell gestaltet werden. Die Teilnehmenden wohnen größtenteils in Gastfamilien und sind so von Anfang an in die Kultur und den Alltag ihres Gastlandes integriert. Experiment bietet einige Freiwilligenspecials, z.B. Kombiprogramme mit zwei lateinamerikanischen Ländern. Siehe auch unter „Au Pair", „Praktikum", „Flex. Freiwilligenarbeit", „Schulaufenthalt" und „Homestay".

2. Name:
Experiment – Deine Austauschorganisation

3. Anschrift:
Gluckstraße 1, 53115 Bonn

4. Kontaktinformationen:
Tel.: 0228 95722-0, Fax: 0228 358282
E-Mail: info@experiment-ev.de
Internet: www.experiment-ev.de
Social Media: experiment.ev

5. Ansprechspartner:
Ana Klähn, klaehn@experiment-ev.de

6. Altersbegrenzung:
ab 18 Jahre, Höchstalter für Förderprogramme zwischen 27 und 30 Jahren

7. Spezielle Voraussetzungen:
gute Englischkenntnisse, Interesse an interkulturellem Austausch, Offenheit, Flexibilität und Toleranz, physische und psychische Belastbarkeit

8. Dauer des Aufenthalts:
9 oder 12 Monate

9. Abreisezeitpunkt:
ESK ganzjährig und weltwärts überwiegend im Sommer / Herbst

10. Anmeldefrist oder Bewerbungsfrist:
ESK ganzährig, am besten 6 Monate im Voraus und weltwärts zwischen August und Oktober des Vorjahres

11. Kosten:
Gemäß der weltwärts-Richtlinien wird ein Förderkreis zum Deckung des Fehlbedarfs von 2.8000 bis 3.200 EUR als Spenden benötigt.

12. Lohn während des Aufenthalts:
Unterkunft, Verpflegung, pädagogische Begleitung, Reisekosten, Krankenversicherung, 100 EUR Taschengeld im Monat bei weltwärts, und 100 bis 180 € bei ESK je nach Einsatzstelle

13. Kosten während des Aufenthalts:
Visum, ggf. Transport zum Projekt oder Ergänzung des Taschengelds, ggf. Kosten für erforderliche Quarantäne

14. Finanzielle Förderung:
Vollstipendium im ESK, Teilstipendium von 75% im weltwärts-Programm

15. Träger von kulturweit, weltwärts, ESK, IJFD:
Europäischer Solidaritätskorp (ESK) und weltwärts

16. Bestimmte Staatsangehörigkeit vorausgesetzt:
Ständiger Wohnsitz in Deutschland erforderlich, außerdem deutsche Staatsangehörigkeit oder dauerhaftes Aufenthaltsrecht

17. Länder / Gebiete des Aufenthalts:
Argentinien, Benin, Ecuador, Indien, Mexiko, Südafrika, Vietnam

freiwillig-freiwillig Bonn

Dein Stellenportal für weltweites Engagement

*Auf **www.freiwillig-freiwillig.de** findest du eine große Datenbank mit Einsatzstellen für einen Freiwilligendienst für junge Menschen zwischen 18 und 28 Jahren. Vergleiche staatlich geförderte (weltwärts & IJFD) und privatfinanzierte Plätze und bewirb dich bei uns direkt bei den Organisationen. Entdecke sinnvolle Möglichkeiten für ein **Freiwilliges Internationales Jahr (FIJ)** nach Schule, Uni oder Ausbildung. Unterstütze gemeinnützige soziale, kulturelle und ökologische Projekte im Ausland. Sammle vielseitige Erfahrungen, lerne eine neue Sprache und auf eigenen Beinen zu stehen.*

2. Name:
freiwillig-freiwillig

3. Anschrift:
AKLHÜ e.V. – Netzwerk und Fachstelle für internationale Personelle Zusammenarbeit
freiwillig-freiwillig
Meckenheimer Allee 67-69
53115 Bonn

4. Kontaktdaten:
+49 228 908 99 10
aklhue@entwicklungsdienst.de
https://www.freiwillig-freiwillig.de

5. Ansprechspartner:
AKLHÜ e.V., portal@entwicklungsdienst.de

6. Altersbegrenzung:
Alle jungen Menschen zwischen 18 und 28 Jahren.

7. Spezielle Voraussetzungen:
Grundsätzlich gelten die Voraussetzungen des IJFD- oder weltwärts-Programms. Genauer beschrieben findest du das in den FAQs auf unserer Website:
www.freiwillig-freiwillig.de/faqs-freiwilligendienst/

8. Dauer des Aufenthalts:
Auf freiwillig-freiwillig findest du Projektestellen zwischen 3 und 24 Monaten. Die meisten unserer Einsätze dauern jedoch ca. 12 Monate. Das liegt daran, dass wir davon überzeugt sind, dass sowohl die Freiwilligen als auch die Partnerorganisationen im Gastland erst nach einer bestimmten Dauer von einem FIJ profitieren. Sie sind daher sehr viel nachhaltiger als Projekte, in denen alle paar Wochen neue Freiwillige kommen.

9. Abreisezeitpunkt:
Beim Großteil der Organisationen beginnt das FIJ in den Sommermonaten, meist zwischen Juli & September. Einige Organisationen bieten auch Startzeiten in den Wintermonaten zwischen Dezember & März an. Die privatfinanzierten Plätze starten das ganze Jahr über.

10. Anmeldefrist oder Bewerbungsfrist:
Die Bewerbungsfristen und -verfahren für dein FIJ sind bei den Organisationen unterschiedlich. Da Organisatorisches oft langen Vorlauf braucht (z.B. Visa), beschäftigst du dich im besten Fall ca. ein Jahr vor der geplanten Ausreise mit deiner Bewerbung. Es kann sich jedoch auch lohnen, kurzfristig noch nach Plätzen zu gucken!

11. Kosten:
Durch staatliche Förderprogramme werden je nach Organisation in der Regel Anreise, Unterkunft, Verpflegung vor Ort und Versicherung übernommen, sowie ein monatliches Taschengeld in Höhe von ca. 100 EUR ausbezahlt. Bei den privatfinanzierten Projekten kommst du für alle Ausgaben selber auf.

14. Finanzielle Förderung:
Bei den staatlich geförderten Programmen beträgt die maximale Förderhöhe 75%. Für die verbleibenden Kosten ist der Beitrag der Freiwilligen notwendig – sonst würden die gemeinnützigen Organisationen dauerhaft keine Freiwilligendienste anbieten können. So sollten je nach Programm und Ort für jeden Auslandsmonat zwischen 230 und 330 EUR eingeplant werden.
Bei einem einjährigen FIJ beläuft sich der Betrag also zwischen 2.800 und 4.000 EUR. Die Organisationen unterstützen dich gerne bei der Entwicklung eines Finanzierungskonzepts.

15. Träger von FSJ, DJiA, FÖJ, ESK, IJFD u.ä:
Bei uns gibt es Projekte der staatlich geförderten Programme weltwärts und IJFD (Internationaler Jugendfreiwilligendienst).

16. Bestimmte Staatsangehörigkeit vorausgesetzt:
Es gibt auch für junge Menschen ohne deutsche Staatsbürgerschaft die Möglichkeit ein FIJ zu leisten. Für das weltwärts-Programm benötigst du ein dauerhaftes Aufenthaltsrecht. Beim IJFD musst du mindestens drei Jahre in Deutschland leben, ein entsprechendes/n Aufenthaltsrecht bzw. Aufenthaltstitel haben und darfst nicht in dein Heimatland entsendet werden. Für die privatfinanzierten Projekte sind die Auflagen lockerer.

17. Länder / Gebiete des Aufenthalts:
Eine aktuelle Übersicht über die Länder, in denen ein FIJ möglich ist, gibt es unter www.freiwillig-freiwillig.de unter Länder.

Internationaler Bund Kassel

Im Rahmen seiner Freiwilligenauslandsprogramme bietet der Internationale Bund jungen Menschen ein vielfältiges Angebot an Einsatzmöglichkeiten weltweit in sozialen oder kulturellen gemeinnützigen Einrichtungen.
Ein Freiwilligendienst im Ausland bedeutet Engagement für Frieden, Gerechtigkeit und den Dialog zwischen verschiedenen Kulturen. In einer zunehmend globalisierten Welt leistet ein internationaler Freiwilligendienst darüber hinaus einen wichtigen Beitrag zur Persönlichkeitsentwicklung junger Menschen.

2. Name:
Internationaler Bund Südwest gGmbH
für Bildung und soziale Dienste
Volunteers' Abroad Programs

3. Anschrift:
Königsplatz 57
34117 Kassel

4. Kontaktinformationen:
Tel: 0561 574637-0, Fax: 0561 574637-10
Email: VAP-Kassel@ib.de
www.ib-freiwilligendienste.de
www.freiwillig-freiwillig.de

5. Ansprechspartner:
siehe Punkt 4.

6. Altersbegrenzung:
Mindestalter bei Ausreise: 18 Jahre
Maximale Altersgrenze: 28 Jahre

7. Spezielle Voraussetzungen:
Die BewerberInnen sollten die Bereitschaft mitbringen, miteinander sowie in Gemeinschaft mit anderen Menschen zu leben, zu arbeiten und voneinander zu lernen. Indem sie sich darauf, sowie auf den jeweiligen Lebensstil einlassen, wird das Bewusstsein dafür geschult, was im Laufe des Dienstes wichtig ist. Wir erwarten von den BewerberInnen ein hohes Maß an Flexibilität, Integrationsfähigkeit, Offenheit und die Bereitschaft, ihre Ansprüche an allgemeine Lebensbedingungen den örtlichen Gegebenheiten anzupassen. Sie sollten Interesse für globale Themen mitbringen und Neugierde für andere Kulturen. Sprachkenntnisse der Landessprache des gewünschten Gastlandes sind zum Teil Voraussetzung, auf jeden Fall aber von Vorteil.

8. Dauer des Aufenthalts:
10 – 12 Monate

9. Abreisezeitpunkt:
Beginn im August/September jeden Jahres

10. Anmeldefrist oder Bewerbungsfrist:
Im Sinne eines partnerschaftlichen Umgangs mit unseren BewerberInnen bemühen wir uns um ein transparentes und differenziertes Bewerbungs- und Auswahlverfahren. Für eine Teilnahme an unseren Freiwilligenauslandsprogrammen ist eine rechtzeitige Bewerbung von Vorteil, da die Besetzung der Plätze sukzessive erfolgt. Das Bewerbungsverfahren beginnt am 1. September eines jeden Jahres für eine Entsendung im Folgejahr. Wir berücksichtigen nur vollständige Bewerbungen unter Verwendung unseres online-Bewerbungsformulars.

11. Kosten:
Je nach Programmart z.B. anteilig Kosten für Reise, Impfungen, Visum. Aufbau eines Unterstützerkreises erwünscht.

12. Lohn während des Aufenthalts:
Taschengeld zwischen 75 und 100 EUR
Unterkunft und Verpflegung stellt in der Regel die Partnerorganisation nach ortsüblichen Bedingungen.

13. Kosten während des Aufenthalts:
abhängig von den persönlichen Bedürfnissen und den Lebenshaltungskosten des jeweiligen Landes

14. Finanzielle Förderung:
Je nach Programmart

15. Träger von FSJ, DJiA, FÖJ, ESK, IJFD u.ä:
Der Internationale Bund ist anerkannter Träger für weltwärts, IJFD, FSJ-A, ESK, ADiA

16. Bestimmte Staatsangehörigkeit vorausgesetzt:
Gemäß Programmdefinition müssen Menschen ohne deutsche Staatsangehörigkeit mindestens seit drei Jahren ihren Aufenthalt in Deutschland nachweisen.

17. Länder / Gebiete des Aufenthalts:
Schwerpunkte unserer Arbeit sind in Afrika, Europa, Lateinamerika und englischsprachige Übersee-Länder wie Australien, Neuseeland und USA

ICJA
Freiwilligenaustausch weltweit e.V.
Berlin

Arbeit mit bolivianischen Straßenkindern, in einer Schule in Ghana oder in einem Waisenheim in Taiwan: Der ICJA entsendet junge und auch ältere Menschen zu internationalen Freiwilligendiensten ins Ausland.

2. Name:
ICJA
Freiwilligenaustausch weltweit e.V.

3. Anschrift:
Stralauer Allee 20E,
10245 Berlin

4. Kontaktinformationen:
Telefon. 030 2000 7160, Telefax: 030 2000 7161
E-Mail: icja@icja.de, Homepage: www.icja.de

6. Altersbegrenzung:
18 - 80 Jahre

7. Spezielle Voraussetzungen:
Bereitschaft, Freiwilligenarbeit zu leisten; Bereitschaft zur Teilnahme an Seminaren; Eigeninitiative und eigenverantwortliches Handeln; Aufgeschlossenheit, die eigene Kultur und eigene Wertvorstellungen zu reflektieren.

8. Dauer des Aufenthalts:
Meist 12 Monate, in manchen Fällen 3 oder 6 Monate möglich

9. Abreisezeitpunkt:
Januar/August

10. Anmeldefrist oder Bewerbungsfrist:
Frühjahr/Sommer für die kommende Januarausreise
Sommer/Herbst für die kommende Augustausreise

11. Kosten:
In den meisten Fällen ist ein Kostenzuschuss bis hin zu einer vollständigen Übernahme durch Fördergelder gegeben. Ein eventueller Beitrag für einzelne Programme ist von Faktoren wie der Länderwahl und der Dauer abhängig.

12. Lohn während des Aufenthalts:
Taschengeld

14. Finanzielle Förderung:
(s. 11. Kosten)

15. Träger von FSJ, DJiA, FÖJ, ESK, IJFD u.ä:
ICJA-Freiwilligenaustausch, ww-Programm, Internationaler Jugendfreiwilligendienst (IJFD), Europäisches Solidaritätskorps (ESK), Freiwilligendienste bis 80

16. Bestimmte Staatsangehörigkeit vorausgesetzt:
Je nach Programm unterschiedlich. Grundsätzlich soll der Lebensmittelpunkt in Deutschland liegen.

17. Länder / Gebiete des Aufenthalts:
Argentinien, Bolivien, Brasilien, Costa Rica, Dominikanische Republik, Ecuador, Finnland, Frankreich, Ghana, Großbritannien, Indien, Indonesien, Island, Israel, Japan, Kenia, Kolumbien, Kroatien, Marokko, Mexiko, Mosambik, Nepal, Neuseeland, Nicaragua, Peru, Philippinen, Spanien, Südafrika, Südkorea, Taiwan, Tansania, Togo, Uganda und Vietnam

Aktuell immer auf www.icja.de

ijgd
seit 1949 freiwillig. engagiert. vielfältig.

Internationale Jugendgemeinschafts-dienste ijgd Berlin und Bonn

Die ijgd sind ein unabhängiger, gemeinnütziger Verein der internationalen Jugendarbeit. Seit über 60 Jahren engagieren sich junge Menschen bei ijgd freiwillig im In- und Ausland: zum Beispiel im sozialen, ökologischen und politischen Bereich oder in der Denkmalpflege. In allen Arbeitsbereichen fördern wir das Verständnis zwischen den Kulturen. Wir ermöglichen Gemeinschaft mitzugestalten und eröffnen dadurch neue Erfahrungshorizonte.

2. Name:
Internationale Jugendgemeinschaftsdienste ijgd
Engl.: International Youth Community Services

3. Anschrift:
ijgd Berlin, Glogauer Str. 21, 10999 Berlin (Weltwärts I)
ijgd Bonn, Kasernenstraße 48, 53111 Bonn (Weltwärts II)

4. Kontaktinformationen:
Tel.: 030-6120313-50, Fax: 030-6120313-38
Tel.: 0228-22800-54, Fax: 0228-22800-29
E-Mail: aala@ijgd.de bzw. ild.bonn@ijgd.de
www.ijgd.de
Mo-Fr 10.00 -16.00

6. Altersbegrenzung:
18 bis 28 Jahre

7. Spezielle Voraussetzungen:
Sprachkenntnisse des Gastlandes erwünscht, Basiswissen im jeweiligen Einsatzbereich

8. Dauer des Aufenthalts:
Mindestens elf Monate

9. Abreisezeitpunkt:
Jeweils 1. Mai bzw. 1. September

10. Anmeldefrist oder Bewerbungsfrist:
Jeweils im Frühjahr des Abreisejahres

11. Kosten:
Größtenteils kostenfrei. Förderkreis erwünscht

12. Lohn während des Aufenthalts:
100 EUR Taschengeld monatlich

13. Kosten während des Aufenthalts:
keine

14. Finanzielle Förderung:
Bundesministerium für wirtschaftliche Zusammenarbeit (BMZ)

15. Träger von FSJ, DJiA, FÖJ, ESK, IJFD u.ä.:
Die ijgd sind auch Träger des Freiwilligen Sozialen / Ökologischen Jahres / des Europäischen Solidaritätskorps (ESK), des Internationalen Jugendfreiwilligendienstes, des Freiwilligen Jahres in der Denkmalpflege/ im politischen Leben/ in Wissenschaft, Technik und Nachhaltigkeit sowie internationaler Workcamps

16. Bestimmte Staatsangehörigkeit vorausgesetzt:
Deutsche Staatsangehörigkeit, wenn diese nicht vorliegt, dann mindestens die letzten drei Jahre Aufenthalt in Deutschland

17. Länder / Gebiete des Aufenthalts:
Weltwärts I: Ecuador, Ghana, Indien, Indonesien, Kenia, Mexiko, Nicaragua, Südafrika, Togo
Weltwärts II: u.A. Armenien, Moldawien

Karl Kübel Stiftung für Kind und Familie Bensheim

Karl Kübel Stiftung für Kind und Familie

Im Rahmen des weltwärts-Programms entsendet die Karl Kübel Stiftung für Kind und Familie jährlich zwischen 18 und 20 Freiwillige nach Indien und auf die Philippinen. Sie verbringen acht Monate in 2er-Teams bei einer unserer Partnerorganisationen. Wir engagieren uns in der Entwicklungszusammenarbeit mit den Schwerpunkten Bildung, Armutsbekämpfung und Menschenrechte. Unsere Freiwilligen bringen sich entsprechend ihrer Fähigkeiten ein und sammeln währenddessen interkulturelle Erfahrungen. Als langjährige Entsendeorganisation legen wir großen Wert auf die pädagogische Begleitung und verstehen den Einsatz als Lerndienst. Weltwärts ist ein staatlich gefördertes Programm.

2. Name:
Karl Kübel Stiftung für Kind und Familie

3. Anschrift:
Darmstädter Str. 100, 64625 Bensheim

4. Kontaktdaten:
Tel.: 06251 7005-76
E-Mail: weltwaerts@kkstiftung.de
Internet: www.kkstiftung.de/weltwaerts
Facebook: KKStiftung / #karlkübelstiftung
Instagram: karlkuebelstiftung / #karlkübelstiftung

5. Ansprechspartner:
Dr. Kirsten Sames

6. Altersbegrenzung:
18-28 Jahre

7. Spezielle Voraussetzungen:
Interesse an interkulturellen Lernerfahrungen, gute Gesundheit, Englisch-Kenntnisse

8. Dauer des Aufenthalts:
In der Regel dauert der Freiwilligendienst acht Monate von August bis einschließlich März.

9. Abreisezeitpunkt:
nomalerweise Anfang August

10. Anmeldefrist oder Bewerbungsfrist:
im Oktober/November des Vorjahres der Entsendung

11. Kosten:
Die Kosten für Unterkunft und Verpflegung werden durch das Programm abgedeckt, lediglich für das Visum fallen Kosten an. Der Aufbau eines Förderkreises zur finanziellen Unterstützung des Programms ist erwünscht.

12. Lohn während des Aufenthalts:
Taschengeld

13. Kosten während des Aufenthalts:
Keine. Die Freiwilligen sind während ihres Aufenthalts versichert und erhalten ein Taschengeld.

14. Finanzielle Förderung:
Es handelt sich um ein staatlich gefördertes Programm, durch das die Kosten getragen werden – bis auf die Kosten für das Visum.

15. Träger von FSJ, DJiA, FÖJ, ESK, IJFD u.ä:
Wir sind als weltwärts-Entsendeorganisation anerkannt und mit dem QUIFD-Qualitätssiegel für Freiwilligendienste zertifiziert.

16. Bestimmte Staatsangehörigkeit vorausgesetzt:
Für das Programm bewerben kann man sich, wenn man die deutsche Staatsangehörigkeit oder ein dauerhaftes Aufenthaltsrecht in Deutschland besitzt.

17. Länder / Gebiete des Aufenthalts:
Indien und Philippinen für acht Monate

DIE STERNSINGER
KINDERMISSIONSWERK

Kindermissionswerk ‚Die Sternsinger' e.V.

*Wir, das Kindermissionswerk ‚Die Sternsinger' unterstützen engagierte Frauen, Männer, Jugendliche und Kinder in mehr als hundert Ländern weltweit. Das sind unsere Partner*innen. Und vielleicht bald auch deine! Du hast die Schule geschafft oder die Ausbildung abgeschlossen?*
*Du willst mal etwas anderes sehen und neue Perspektiven entdecken? Dann haben wir was für dich: Unser Freiwilliges Internationales Jahr (FIJ) bringt dich in Kontakt mit Menschen, die sich jeden Tag dafür einsetzen, dass Kinder und Jugendliche in Würde leben können. Und du bist dabei. Du lebst mit unseren Partner*innen und unterstützt ihre Arbeit, dein Beitrag zählt. Und du erlebst ganz konkret, was es heißt, voneinander zu lernen und füreinander da zu sein. Wir arbeiten nach dem Grundsatz: vermeiden, reduzieren, kompensieren! Alle Flüge im Zusammenhang mit deinem FIJ werden selbstverständlich kompensiert. Mehr zu dem Thema erfährst du auch auf der Webseite vom Kindermissionswerk ‚Die Sternsinger'.*

2. Name:
Kindermissionswerk ‚Die Sternsinger' e.V.

3. Anschrift:
Stephanstraße 35, 52064 Aachen

4. Kontaktdaten:
Tel.: 0241.4461-0, E-Mail: freiwillig@sternsinger.de
Web: www.mein-eine-welt-jahr.de
Bürozeiten: Mo – Fr., 8.00 – 17.00 Uhr

5. Ansprechspartner:
Regina Eckert de Villanueva;
eckert@sternsinger.de; 0241.4461-26
Christine Mossoux;
mossoux@sternsinger.de; 0241.4461-9201

6. Altersbegrenzung:
Für unseren Freiwilligendienst musst du zum Zeitpunkt der Ausreise zwischen 18 und 28 Jahre alt sein.

7. Spezielle Voraussetzungen:
• Du hast eine abgeschlossene Schul- bzw. Berufsausbildung oder einen Studienabschluss.
• Du bist flexibel und belastbar.
• Du möchtest dich sozial engagieren und hast Erfahrungen im Umgang mit Kindern und Jugendlichen.
• Du bist interessiert an anderen Kulturen, anpassungsfähig und lernbereit.
• Du bist bereit, in einem katholischen Umfeld zu arbeiten.
• Du hast Kenntnisse der Landessprache oder bist bereit, diese bis zur Ausreise zu erlenen.
• Du bist bereit, in regelmäßigen Berichten über deinem Freiwilligendienst zu informieren.
• Du bist bereit, dich nach deinem Dienst in der Eine-Welt-Arbeit zu engagieren.

8. Dauer des Aufenthalts:
Du engagierst dich für zwölf Monate, von Anfang August bis Ende Juli des Folgejahres bei unseren Projektpartnern.

9. Abreisezeitpunkt:
Die verpflichtende Vorbereitung auf den Dienst findet ab Januar bis Juli in Form von Wochenenden und Wochenkursen statt. Die Ausreise ist Anfang August.

10. Anmeldefrist oder Bewerbungsfrist:
Über unsere Webseite www.mein-eine-welt-jahr.de kannst du den Bewerbungsbogen herunterladen und dich ab Juli direkt bei uns bewerben. Der Anmeldeschluss ist Mitte Oktober. Das Auswahlverfahren findet u.a. durch Auswahlgespräche in Kleingruppen statt und ist Ende Dezember beendet.

11. Kosten:
Ein wesentlicher Teil der Kosten für deinen Freiwilligendienst wird vom Kindermissionswerk ‚Die Sternsinger' und dem Förderprogramm weltwärts übernommen!
Auf dich kommen Kosten für die Sprachvorbereitung auf eine der im Gastland gesprochenen Amtssprachen zu, sowie Kosten für das Visum und ggfs. die Arbeitserlaubnis des jeweiligen Gastlandes.

12. Lohn während des Aufenthalts:
Du erhältst keinen Lohn, sondern ein monatliches Taschengeld. Unterkunft und Verpflegung sind frei.

13. Kosten während des Aufenthalts:
Wir versichern dich in einer Auslandskranken-, Unfall- und Haftpflichtversicherung und übernehmen die Kosten.

14. Finanzielle Förderung:
Alle dienstlichen Belange deines Freiwilligenjahres sind durch uns bzw. unsere Partner finanziell abgedeckt.

15. Träger von FSJ, DJiA, FÖJ, ESK, IJFD u.ä:
Wir nutzen das weltwärts-Programm des Bundes zur Umsetzung unseres Freiwilligendienstes.

16. Bestimmte Staatsangehörigkeit vorausgesetzt:
Du bist im Besitz der deutschen Staatsbürgerschaft oder hast ein dauerhaftes Aufenthaltsrecht in Deutschland.

17. Länder / Gebiete des Aufenthalts:
Wir entsenden in Länder des sog. „Globalen Südens" in Afrika, Asien, Lateinamerika und Osteuropa.

Kolping Jugendgemeinschaftsdienste - weltwärts Freiwilligendienst Köln

Kolping

Jugendgemeinschaftsdienste

*Zentral bei unseren Freiwilligendiensten ist die Begegnung mit den Menschen vor Ort und der **interkulturelle Austausch**. So bietet sich dir die Chance, neue, **internationale Erfahrungen** zu sammeln und gleichzeitig einen Beitrag zur Förderung von gegenseitigem Verständnis und Respekt, unabhängig von Nationalität, ethnischer Zugehörigkeit oder Konfession zu leisten. Wir möchten dich dazu anregen, soziale Verantwortung in unserer Gesellschaft zu übernehmen. Dein **Verständnis für globale Zusammenhänge** soll geweckt und gefördert werden. Vielleicht weißt du noch nicht welches Thema dein weltwärts-Freiwilligendienst haben soll? Keine Sorge. Auf unserer Website kannst du ganz einfach nach Themen und Regionen deinen Freiwilligendienst finden. Lateinamerika oder Ozeanien? **Menschenrechte, Naturschutz, Schulen oder Handwerk**? Die meisten Projekte lassen auch Spielraum für spezielle Fähigkeiten und Interessen. Siehe auch unter „Flex. Freiwilligenarbeit“*

2. Name:
Kolping Jugendgemeinschaftsdienste - weltwärts Freiwilligendienst

3. Anschrift:
St.-Apern-Straße 32, 50667 Köln

4. Kontaktinformationen:
Tel.: (0221) 20 701 122
E-mail: jgd@kolping.de
Instagram: @kolping_weltwaerts
Web: www.kolping-jgd.de
Bürozeiten: Mo. – Do.: 9-17 Uhr, Fr.: 9-16 Uhr

6. Altersbegrenzung:
zwischen 18 und 28 Jahren am Tag der Ausreise (beziehungsweise 35 Jahre bei einer Behinderung oder Beeinträchtigung)

7. Spezielle Voraussetzungen:
gesundheitliche Eignung
Hauptschul- oder Realschulabschluss mit abgeschlossener Berufsausbildung oder vergleichbaren Erfahrungen oder Fachhochschulreife bzw. Allgemeine Hochschulreife, Interesse an anderen Kulturen sowie Engagement

8. Dauer des Aufenthalts:
Weltwärts-Freiwilligendienste haben eine Mindestdauer von 11 Monaten.

9. Abreisezeitpunkt:
die Ausreise erfolgt jedes Jahr im Sommer (August/ September).

10. Anmeldefrist oder Bewerbungsfrist:
im Oktober/November des Vorjahres der Entsendung

11. Kosten:
Teilnahme an weltwärts-Programm ist kostenlos. Wir bitten trotzdem um Aufbau eines Unterstützerkreises als Engagement für das Projekt.

12. Lohn während des Aufenthalts:
Keine. Taschengeld von 100 EUR pro Monat.

16. Bestimmte Staatsangehörigkeit vorausgesetzt:
Deutsche Staatsbürgerschaft oder ein dauerhaftes Aufenthaltsrecht

17. Länder / Gebiete des Aufenthalts:
Thailand, Vietnam, Fidschi, Costa Rica, Dominikanische Republik, Ecuador, Ghana, Malawi, Südafrika, Tansania und Uganda

Covid-19 Hinweis: Deine Gesundheit und die Gesundheit unserer Partner*innen vor Ort stehen bei uns an allererster Stelle. Bei allen unseren Projekten orientieren wir uns an den Reisebestimmungen des Auswärtigen Amts und weltwärts.

„Neve Hanna"-Kinderhilfe e.V. Hamburg

נווה חנה
NEVE HANNA

„Neve Hanna"-Kinderhilfe e.V. bietet einen staatlich geförderten und anerkannten einjährigen Freiwilligendienst im Kinderheim „Neve Hanna" in Israel an. Insgesamt sechs Freiwillige arbeiten sowohl im praktischen Bereich (Garten, Streichelzoo, Küche, Bäckerei) als auch mit den Kindern.

2. Name:
„Neve Hanna"-Kinderhilfe e.V.

3. Anschrift:
„Neve Hanna"-Kinderhilfe e.V.
Frau Simone Berger-Lober
Cleudner Straße 24
04349 Leipzig

4. Kontaktinformationen:
Homepage: www.nevehanna.de
Instagram: nevehanna_freiwilligendienst
E-Mail: volontaere@nevehanna.de

5. Ansprechspartner:
Frau Simone Berger-Lober

6. Altersbegrenzung:
18-27

7. Spezielle Voraussetzungen:
Offen für jede*n mit einem hohen Maß an Motivation und Engagement

8. Dauer des Aufenthalts:
11-12 Monate

9. Abreisezeitpunkt:
August/September

10. Anmeldefrist oder Bewerbungsfrist:
15.01. des jeweiligen Jahres

11. Kosten:
Flugkosten des Hin- und Rückflugs

12. Lohn während des Aufenthalts:
Kost und Logis frei
Monatliches Taschengeld zwischen 170 und 220 Euro
Umfangreicher Versicherungsschutz
Kostenloses WLAN

13. Kosten während des Aufenthalts:
Anteilige Kostenbeteiligung am Hebräisch-Sprachkurs

14. Finanzielle Förderung:
Die Gesamtkosten des Freiwilligendienstes werden vom Träger und dem Bund getragen, mit Ausnahme der oben genannten Kosten.

15. Träger von FSJ, DJiA, FÖJ, ESK, IJFD u.ä:
IJFD

16. Bestimmte Staatsangehörigkeit vorausgesetzt:
Nein

17. Länder / Gebiete des Aufenthalts:
Israel / Kiryat Gat

pax christi Aachen

pax christi

Internationale Katholische Friedensbewegung

Freiwilliges Internationales Jahr

*Im Rahmen der Friedensdienste von pax christi arbeiten und leben junge Freiwillige in verschiedenen Ländern und Friedensprojekten weltweit. pax christi ist eine internationale, ökumenische Friedensbewegung in der katholischen Kirche. Um Prozesse des Friedens und der Versöhnung zu fördern, führt pax christi Informationsveranstaltungen und Kampagnen, Aktionen und Hilfsprojekte durch. Mitglieder und Gruppen von pax christi sind solidarisch mit denen, die verachtet, bedroht und ausgegrenzt werden oder in Lebensgefahr bei uns Asyl suchen. Als Freiwillige*r bei pax christi unterstützt du unsere Einsatzstellen ganz praktisch in ihren Projekten und lernst die Friedensarbeit vor Ort kennen.*

2. Name:
pax christi Aachen

3. Anschrift:
Klosterplatz 7, 52062 Aachen

4. Kontaktinformationen:
Tel: 0241 402 876, Fax: 0241 401 879 6
E-Mail: info@pax-christi-aachen.de
www.pax-friedensdienste.de

5. Ansprechspartner:
Lea Scholtes, Referentin für weltwärts-Friedensdienste, friedensdienste@pax-christi-aachen.de
Moritz Weißer, Referent für EU-Friedensdienste, eu-volunteers@pax-christi-aachen.de

6. Altersbegrenzung:
Ein Friedensdienst bei pax christi ist zwischen 18 und 28 (30 beim ESK) Jahren möglich.

7. Spezielle Voraussetzungen:
Unsere Friedensdienste richten sich an Menschen, die Lust haben, sich in einem friedenspolitischen und sozialen Projekt in einem anderen Land zu engagieren. Wir setzen die Bereitschaft voraus, an den pädagogischen Begleitseminaren und Sprachkursen teilzunehmen und sich auf die jeweiligen Verhältnisse der Gastländer einzulassen.

8. Dauer des Aufenthalts:
12 Monate

9. Abreisezeitpunkt:
ab August/September jedes Jahr

10. Anmeldefrist oder Bewerbungsfrist:
Bewerbungen sind jederzeit über www.pax-friedensdienste.de möglich. Dort stehen außerdem Projektbeschreibungen und die Berichte der ehemaligen Freiwilligen zur Verfügung.

11. Kosten:
Für die Freiwilligen fallen keine Kosten an. Wir unterstützen die Freiwilligen bei der Gründung eines Unterstützendenkreises, um Spenden für den Friedensdienst zu sammeln.

12. Lohn während des Aufenthalts:
Verpflegungsgeld, Unterbringung, Taschengeld, Reisekosten und weitere Kosten (Versicherung, Visum etc.) werden gestellt.

13. Kosten während des Aufenthalts:
Keine

14. Finanzielle Förderung:
Die Friedensdienste werden durch das weltwärts-Programm des BMZ oder das Europäische Solidaritätskorps (ESK) der EU gefördert. pax christi und seine Partner sind anerkannte Träger im jeweiligen Programm.

15. Träger von FSJ, DJiA, FÖJ, ESK, IJFD u.ä:
weltwärts und ESK

16. Bestimmte Staatsangehörigkeit vorausgesetzt:
Die Friedensdienste richten sich auf Grund der Vorgaben der Förderprogramme an Menschen, die dauerhaft in Deutschland leben.

17. Länder / Gebiete des Aufenthalts:
pax christi versendet in folgende Länder:
Ecuador (Guayaquil und Riobamba)
Israel/Palästinensische Gebiete
Westbalken (Kosovo, Bosnien-Herzegowina, Nordmazedonien)
Polen (Krzyowa/Kreisau, Oswiecim/Auschwitz, Szczecin/Stettin)

SCI
Service Civil International
Deutscher Zweig e.V.
Bundesweit

Service Civil International
Deutscher Zweig e.V.

Ob Kinderbetreuung in Italien, Bäume pflanzen in Japan, HIV-Prävention in Sambia oder einen Spielplatz bauen in der Türkei: Ein Workcamp des Service Civil International (SCI) ist immer eine besondere Erfahrung. Seit mehr als 100 Jahren arbeitet der SCI für Frieden und interkulturellen Austausch im Rahmen einer internationalen Freiwilligenbewegung. Soziale, kulturelle oder ökologische Projekte werden in sog. Workcamps für zwei bis drei Wochen unterstützt. Während des „Arbeitsteils" wird praktisch mit angepackt, beim „Studienteil" erfährt die internationale Gruppe mehr über das Projekt, die Region und die Arbeit des SCI. Mit einer Dauer von bis zu 12 Monaten vermittelt der SCI auch mittelfristige und längerfristige Freiwilligendienste.
Siehe auch unter „Flex. Freiwilligenarbeit" und „Ökologische Arbeit, Farmstay, Wildlife Experience"

2. Name:
SCI
Service Civil International - Deutscher Zweig e.V.

3. Anschrift:
Blücherstr. 14
53115 Bonn

4. Kontaktdaten:
Tel.: 0228 – 212086
Fax: 0228 – 264234
E-Mail: info@sci-d.de
Internet: http://www.sci-d.de
Facebook: www.facebook.com/SCI.Germany
Instagram: www.instagram.com/sci_germany

5. Ansprechspartner:
Lisa Monhoff, Geschäftsführerin

6. Altersbegrenzung:
Workcamps im Inland ab 16 Jahre,
im Ausland ab 18 Jahre; kein Höchstalter

7. Spezielle Voraussetzungen:
Grundkenntnisse in Englisch

8. Dauer des Aufenthalts:
Workcamps: 2 - 3 Wochen
Längerfristige Aufenthalte: 1 - 12 Monate

9. Abreisezeitpunkt:
Die meisten Workcamps finden in den Sommermonaten statt, längerfristige Dienste das ganze Jahr über.

10. Anmeldefrist oder Bewerbungsfrist:
Für Workcamps ist eine kurzfristige Vermittlung möglich. Workcamps werden ab Februar desselben Jahres auf der Webseite veröffentlicht. Für längere Dienste muss man ein Bewerbungsverfahren durchlaufen. Bewerbungsfristen liegen Ende des Vorjahres oder Anfang des Ausreisejahres.

11. Kosten:
Kosten für Workcamps:
- Fahrtkosten
- Vermittlungsgebühr für Workcamps im Inland 90 EUR
- im Ausland: 140 EUR
- in den meisten Ländern des Globalen Südens in Asien, Afrika, Lateinamerika und Nahost zusätzlich eine Vor-Ort-Gebühr von 100 bis 300 EUR für den Aufenthalt.

Außerdem ist die Teilnahme an einem Vorbereitungsseminar verpflichtend. Für längerfristige Dienste gibt es besondere Regelungen.

12. Lohn während des Aufenthalts:
Kost und Logis werden in der Regel gestellt. Es gibt ein gemeinsam in der Gruppe organisiertes Freizeitprogramm.

13. Kosten während des Aufenthalts:
In den meisten Ländern des Globalen Südens und in einigen anderen Ländern bezahlen die Freiwilligen eine Vor-Ort-Gebühr für den Aufenthalt.

15. Träger von FSJ, DJiA, FÖJ, ESK, IJFD u.ä.:
- Programm „weltwärts"
- Internationaler Jugendfreiwilligendienst (IJFD)
- Europäisches Solidaritätskorps (ESK)

16. Bestimmte Staatsangehörigkeit vorausgesetzt:
Es können alle Menschen mit Wohnsitz in Deutschland vermittelt werden. Menschen mit Wohnsitz in anderen Ländern müssen sich über die dortigen Partner anmelden.

17. Länder / Gebiete des Aufenthalts:
Ca. 1.000 Workcamps in ca. 90 Ländern weltweit.

Links und Informationen zum Thema

www.rausvonzuhaus.de

www.wegweiser-freiwilligenarbeit.com

https://www.wege-ins-ausland.de/wege-ins-ausland/freiwilligendienst-im-ausland/gefoerderter-freiwilligendienst-im-ausland

Literaturtipps

Lombardo, Lisa:
Weltwärts nach Tansania: Ein Jahr als Freiwillige in Afrika (Jobs, Praktika, Studium)
Interconnections Verlag. 2013.

Walter, Philipp:
Richtungswechsel: Ein weltwärts-Freiwilliger erzählt von seinen Erlebnissen und Erfahrungen in Namibia
Bloggingbooks. 2012.

Christ, Katja / Fischer Jörn:
Internationale Freiwilligendienste: Lernen und Helfen im Ausland
Interconnections medien & reise. 2010.

Clowes, Katja / Fischer; Jörn:
Internationale Freiwilligendienste - Lernen und Helfen weltweit - Infos, Adressen, Tipps, Erfahrungsberichte: weltwärts, Kulturweit, EFD, ... Jugendfreiwilligendienst, Diakonisches Jahr
Interconnections Verlag. 2012

Links und Informationen zum Thema

FSJ (freiwilliges soziales Jahr) und das FÖJ (freiwilliges ökologisches Jahr) im Ausland

Nach dem Schulabschluss gibt es für Jugendliche und junge Erwachsene viele Möglichkeiten, sich zu engagieren. Unter anderem besteht die Möglichkeit, einen Jugendfreiwilligendienst zu absolvieren. Dazu zählt das Freiwillige Soziale Jahr (FSJ), etwa in einer Kindereinrichtung, einer Pflegestation, beim Sportverein oder im Museum, und das Freiwillige Ökologische Jahr (FÖJ) bei einem Tierschutzverein, einer Umweltstiftung oder in einem landwirtschaftlichen Betrieb. Die Bedeutung des FSJ/FÖJ im Ausland sinkt, da stattdessen Einsatzstellen im Internationalen Jugendfreiwilligendienst (IJFD) geschaffen wurden. Fragt also Entsendeorganisationen auch, ob sie Plätze im IJFD anbieten - siehe hierzu auch Seite 156. Für alle, die im Ausland Erfahrungen sammeln möchten, bietet sich zum Beispiel ausserdem die Teilnahme am deutsch-französischen Freiwilligendienst.

Die vielfältigen Angebote in den Jugendfreiwilligendiensten im In- und Ausland ermöglichen interessierten jungen Menschen bis zum Alter von 27 Jahren und in der Regel 12 Monate lang nicht nur Erfahrungen, sondern auch Orientierung: Ist beispielsweise ein Pflegeberuf für mich als junger Mann eine dauerhafte Perspektive? Bin ich als junge Frau handwerklich geschickt genug für meinen Traumberuf?

Die Jugendfreiwilligendienste sind Bildungsdienste und verbessern die Ausbildungs- und Erwerbschancen. Die Teilnehmerinnen und Teilnehmer sammeln wichtige soziale und personale Kompetenzen, die wiederum als Schlüsselqualifikationen am Arbeitsmarkt gefragt sind. Freiwillige leisten damit einen wertvollen Beitrag - nicht nur für die Gesellschaft, sondern auch für sich.

Die Rahmenbedingungen für ein FSJ/FÖJ werden durch das Gesetz zur Förderung der Jugendfreiwilligendienste vorgegeben. Flexible Zeitstrukturen ermöglichen eine individuelle Anpassung des Freiwilligendienstes an die eigene Lebensplanung.
Alle, die ein FSJ/FÖJ absolvieren, sind gesetzlich sozialversichert. Die Beiträge leisten die Träger und/oder die Einsatzstelle. Darüber hinaus besteht bis zum 25. Lebensjahr ein Anspruch auf Kindergeld, es sei denn, das Gesamteinkommen eines Kindes über 18 Jahre übersteigt die festgelegten Einkommensgrenzen.
Während ihres Einsatzes erhalten die Freiwilligen ein Taschengeld. Unterkunft und Verpflegung werden in der Regel gestellt, können aber auch durch Geldersatzleistungen erstattet werden.

Mehr Infos zum FSJ (freiwilliges soziales Jahr) und das FÖJ (freiwilliges ökologisches Jahr) im Ausland gibt es u.a. beim: Bundesministerium für Familie, Senioren, Frauen und Jugend (BMFSFJ). Und eine Liste über die Träger unter:
https://www.bmfsfj.de/blob/jump/96722/fsj-foej-anlaufstellen-data.pdf

Angebote ökologischer Freiwilligendienste im Ausland der FÖJ-Träger:
https://foej.de/foej-im-ausland/

Darüber hininaus hat der Bundesarbeitskreis Freiwilliges Soziales Jahr Informationen zum FSJ auf seiner Website unter www.pro-fsj.de zusammengestellt. Informationen zum FÖJ gibt es auch auf www.foej.de

Entwicklungsdienst

Entwicklungsdienst ist die zeitlich befristete Mitarbeit von berufserfahrenen Fachkräften in Projekten und Programmen der derzeit sieben anerkannten Entwicklungsdienste und ihrer Partnerorganisationen vor Ort. Fachkräfte, die als Entwicklungshelferinnen oder Entwicklungshelfer einen Dienst leisten, unterscheiden sich von anderen in der Entwicklungszusammenarbeit tätigen Experten vor allem dadurch, dass sie „ohne Erwerbsabsicht" mitarbeiten.

Die Anforderungen an die Qualifikation der Fachkräfte, die über die anerkannten Entwicklungsdienste in Projekte und Programme von Partnerorganisationen vermittelt werden, sind sehr hoch. Nicht nur mehrjährige Berufserfahrung sondern auch entwicklungspolitisches und soziales Engagement, interkulturelle Sensibilität und Sprachkenntnisse werden vorausgesetzt. In besonderen Positionen ist inzwischen auch Auslandserfahrung eine selbstverständliche Grundlage für die Mitarbeit. Für Berufsanfänger gibt es bisher nur wenige Möglichkeiten, in der Entwicklungszusammenarbeit praktische Erfahrungen zu sammeln. Als Ergänzung zu den „alten Hasen" ist es aber sinnvoll, junge Menschen mit innovativen Ideen und aktuellen Methodenkenntnissen einzusetzen. Die anerkannten Entwicklungsdienste haben deshalb in den letzten Jahren Programme entwickelt, die es jungen Berufsanfängern ermöglichen, erste Erfahrungen in der Entwicklungszusammenarbeit zu sammeln.

Auskünfte zum Entwicklungsdienst erteilen die Träger und ihre gemeinsame Beratungs- und Anmeldestelle beim:
AKLHÜ - Netzwerk und Fachstelle für internationale personelle Zusammenarbeit e.V. (AKLHÜ),
Meckenheimer Allee 67-69, 53115 Bonn, Tel: 0228 / 9089910, Fax: 0228 / 9089911,
E-mail: aklhue@entwicklungsdienst.de, Homepage: www.entwicklungsdienst.de

Anderer Dienst im Ausland - ADiA

Freiwilligenarbeit im Ausland kann mittels der Institution „Der Andere Dienst im Ausland, ADiA, geleistet werden. Dieser soziale Dienst ist zudem als Wehrersatzdienst anerkannt. Man konnte den ADiA anstelle des normalen Zivildienstes absolvieren. Der Zivildienst ist seit Juli 2011 wegfallen. Der Andere Dienst im Ausland besteht aber fort. Für ihn gibt es auch im künftigen Gefüge der Auslandsfreiwilligendienste einen Bedarf, weil es sich um ein spezifisches, historisch gewachsenes und mit weit über 2.000 Teilnehmern auch großes Programm handelt. Der Andere Dienst im Ausland wird auch künftig als solcher vom Bund nicht finanziell gefördert oder im Einzelnen qualitativ geregelt. Es besteht aber aufgrund der Anerkennung der Einsatzplätze durch den Bund eine gegenüber den vollständig ungeregelten Auslandsprogrammen erhöhte Sicherheit für die Teilnehmer.

Der ADiA ist als Zivildienst im Ausland bekannt. Rechtlich bestand aber keine Verwandtschaft mit dem weggefallenen Zivildienst. Denn letzterer konnte aus völkerrechtlichen Gründen nur im Hoheitsgebiet der Bundesrepublik Deutschland geleistet werden. In einem Anderen Dienst im Ausland müssen allerdings gleiche Aufgaben erledigt werden wie früher im Zivildienst und heute im Bundesfreiwilligendienst. Die Hauptvoraussetzung für die Ableistung eines Anderen Dienstes im Ausland ist, dass man vom Bundesamt für den Zivildienst als Kriegsdienstverweigerer anerkannt wurde.

Weitere Informationen unter: http://www.bundes-freiwilligendienst.de/ausland/adia-anderer-dienst-im-ausland.html

Internationaler Jugendfreiwilligendienst - IJFD

Der Internationale Jugendfreiwilligendienst richtet sich an Jugendliche im Alter von 18 bis 26 Jahren. Es ist unerheblich, welche Schulausbildung und ob bereits eine abgeschlossene Berufsausbildung vorliegt. Auch Jugendliche ohne Schulabschluss können am IJFD teilnehmen.

Der Internationale Jugendfreiwilligendienst nimmt für sich in Anspruch ein vielschichtiger Lern- und Bildungsdienst zu sein. Ziele des IJFD sind das Sammeln von interkulturellen, gesellschaftspolitischen und persönlichen Erfahrungen in einer anderen Kultur. Junge Menschen können sich für andere Menschen und andere Gesellschaften einsetzen. Gleichzeitig erfolgt ein informelles Lernen während der Tätigkeit und innerhalb der begleitenden Seminare. Die eigene Persönlichkeit wird entwickelt, indem die Jugendlichen lernen, sich in einem neuen, ungewohnten Umfeld zu bewegen. Die so erworbenen sozialen und interkulturellen Kompetenzen kommen den jungen Menschen auch nach ihrer Rückkehr nach Deutschland zugute.

Ein Ziel des Internationalen Jugendfreiwilligendienstes ist es zudem, das Verständnis für andere Kulturen zu fördern und den interkulturellen Dialog voranzubringen.

Der IJFD dient auch der beruflichen Orientierung. Die Freiwilligen gewinnen einen Einblick in einen von ihnen gewählten Tätigkeitsbereich.

Der Internationale Jugendfreiwilligendienst richtet sich an junge Frauen und Männer. Er ist unabhängig vom jeweiligen Schulabschluss, von der ethnischer Herkunft oder dem Einkommen.

Die Träger dürfen den Abschluss einer Vereinbarung zum Internationalen Jugendfreiwilligendienst nicht von mittelbaren oder unmittelbaren Spenden des Freiwilligen an den Träger abhängig machen. Dennoch ist eine angemessene, den Rahmen der Verhältnismäßigkeit einhaltende finanzielle Beteiligung der Freiwilligen nicht ausgeschlossen.

Dieser Jugendfreiwilligendienst im Ausland orientiert sich am Gemeinwohl und besteht aus einer ganztägigen, überwiegend praktische Hilfstätigkeit, innerhalb eines mehrmonatigen Auslandsaufenthaltes ohne Unterbrechung. Der Dienst kann grundsätzlich in jedem Land der Erde geleistet werden. Er muss arbeitsmarktneutral ausgestaltet sein. Die Interessen der Bundesrepublik Deutschland müssen stets gewahrt werden.

Freiwillige werden in den Richtlinien des BMFSFJ wie folgt beschrieben:

Es muss sich um Personen handeln, die einen ganztägigen Dienst ohne Erwerbsabsicht leisten, selbstverständlich freiwillig. Es darf sich bei diesem Dienst nicht um eine Tätigkeit im Rahmen einer Berufsausbildung handeln.

Die Personen müssen sich aufgrund eines Vertrages, einer Vereinbarung, zur Leistung des Dienstes verbindlich verpflichten. Der zeitliche Rahmen reicht von mindestens sechs bis höchstens 18 Monaten. In der Regel soll der Freiwilligendienst 12 Monate geleistet werden.

Als Gegenleistung für den Dienst dürfen die Jugendlichen nur unentgeltliche Unterkunft, Verpflegung und Arbeitskleidung sowie ein angemessenes Taschengeld und Reisekosten erhalten. Anstelle von Unterkunft, Verpflegung und Arbeitskleidung kann auch eine entsprechende Geldersatzleistungen gezahlt werden. Das Taschengeld ist nur dann angemessen ist, wenn es in der Höhe 350 EUR pro Monat nicht übersteigt

Zum Zeitpunkt des Dienstantrittes im Ausland muss die Vollzeitschulpflicht erfüllt sein. Zudem dürfen die Freiwilligen bis zum Dienstabschluss das 27. Lebensjahr noch nicht vollendet haben.

Weitere Informationen unter: http://www.internationaler-jugend-freiwilligendienst.de/ijfd/

Europäisches Solidaritätskorps - ESK

Das Europäische Solidaritätskorps ist ein EU-Förderprogramm, das jungen Menschen die Möglichkeit gibt, Freiwilligenarbeit zu leisten, eine Ausbildung zu absolvieren und eigene Solidaritätsprojekte durchzuführen, die Gemeinschaften in ganz Europa zugute kommen.

Die Initiative wurde von EU-Kommissionspräsident Jean-Claude Juncker in seiner jährlichen Rede zur Lage der EU im September 2016 angekündigt und im Dezember 2016 offiziell eingeläutet.

Nach einer einfachen Registrierung können die Teilnehmer/-innen für verschiedenste Projekte ausgewählt werden. Diese Projekte werden unter Leitung von Organisationen durchgeführt, die zuvor geprüft und zur Durchführung von Projekten des Europäischen Solidaritätskorps zugelassen wurden.

Das Europäische Solidaritätskorps besteht aus einem Pool junger Menschen, die ihr Interesse an einer Teilnahme an Solidaritätsprojekten bekunden, sich mit dem Auftrag und den Grundsätzen des Europäischen Solidaritätskorps einverstanden erklären und sie auch vertreten.

Bei der Registrierung werden die Angaben der Interessenten in der Datenbank des Europäischen Solidaritätskorps gespeichert. Interessierte Organisationen können die Datenbank nach geeigneten Projektmitarbeiterinnen und -mitarbeitern durchsuchen. In der Folge laden die Organisationen dann ausgewählte Teilnehmer zur Teilnahme an diesen Projekten ein.

Die Organisationen können eine Förderung ihrer Projekte beantragen. Nach Genehmigung ihrer Projekte können sie den Teilnehmerpool nach geeigneten Bewerberinnen und Bewerbern für ihre Projekte durchsuchen. Potenzielle Kandidaten werden kontaktiert und gegebenenfalls eingestellt.

Alle Organisationen werden Prüfungen unterzogen, bevor sie zur Durchführung von Projekten für das Europäische Solidaritätskorps zugelassen und zur Konsultation der Teilnehmerdatenbank ermächtigt werden.

Teilnehmer können sich bereits mit 17 Jahren für das Europäische Solidaritätskorps melden – teilnehmen ist allerdings erst ab 18 Jahren möglich. Zu Beginn eines Einsatzes dürfen die Teilnehmer nicht älter als 30 Jahre sein.

Ausserdem ist die Staatsangehörigkeit eines EU-Landes oder eines der folgenden Länder Voraussetzung oder für Personen, die sich rechtmäßig in der EU oder einem der folgenden Länder aufhalten: Island, Liechtenstein, Norwegen, Türkei, Nordmazedonien, Serbien und benachbarte Partnerländer der EU.

Das ESK steht allen jungen Menschen offen, allerdings müssen bei einigen Projekten je nach Art und Finanzierung zusätzliche Voraussetzungen in Bezug auf Alter, Wohnsitz oder Staatsangehörigkeit beachtet werden.

Weitere Informationen: webforum JUGEND, Nationale Koordinierungsstelle Jugend für Europa
Internet: www.jugendfuereuropa.de
www.jugend-in-aktion.de
www.solidaritaetskorps.de

KIBBUZ UND MOSCHAW

Arbeitsgemeinschaft in der Landwirtschaft

Ein Kibbuz in Israel ist eine Arbeitsgemeinschaft in der Landwirtschaft mit zusätzlichen Gewerben wie Industrie oder Tourismus. Ein Moschaw ist ein kleiner Bauernhof. Seit der Gründung des Staates Israel haben viele Jugendliche aus der ganzen Welt Volontärarbeit in einem Kibbuz oder Moschaw geleistet.

Die einzelnen Kibbuzim können sehr unterschiedlich sein. Es gibt Kibbuzim, deren Einwohner außer der Arbeitsgemeinschaft auch die religiöse oder politische Überzeugung teilen. Sie haben eine Größe von 200 bis über 2000 Einwohner (ein Moschaw ist etwas kleiner).

Typische Arbeitsbereiche für einen Volontär sind zum Beispiel Wäscherei, Küchenarbeit, Obsternte, Kinderbetreuung, Altenpflege oder Fabrikarbeit. Während eines Aufenthalts ist es üblich, in unterschiedlichen Bereichen zu arbeiten. Es gibt auch in einigen Kibbuzim die Möglichkeit, einen ULPAN Kurs zu besuchen und Hebräisch zu lernen. Dann arbeitet man halbtags oder nur einige Tage pro Woche und studiert nebenbei.

Ein Kibbuzaufenthalt bedeutet nicht nur Arbeit. Die Volontäre bekommen einen guten Einblick in die israelische Kultur und das Alltagsleben, da sie sehr eng mit den Einheimischen zusammenleben und gemeinsam mit ihnen Sabbat und Feiertage feiern. Die meisten Kibbuzim organisieren auch 1-2-tägige Ausflüge pro Monat.

Ein Kibbuzaufenthalt ist auch Möglich im Rahmen von einem Freiwilligen Sozialen Jahr im Ausland. Im Kapitel: „Soziale Arbeit- und Dienste im Ausland“ sind einige Träger hierfür.

Farbpalette Freiwilligenzeit

Grün als Farbe der Hoffnung und des Aufbruchs passt ganz gut zu den ersten Monaten. Voller Neugier und ängstlicher Vorfreude flog ich nach Israel. Ein faszinierendes Land, eine neue Sprache und eine fremde Kultur wollte ich kennen lernen. Einblicke in eine andere Religion und Lebensrealität habe ich mir, nicht zu Unrecht, erhofft. Offen und wach für die Andersartigkeit meines Gegenübers wollte ich sein. Wie ein Schwamm sog ich die vielfarbigen und vielschichtigen Bilder und Begegnungen in diesem anregenden und zugleich anstrengenden Land in mich auf.

Rot ganz klassisch für Emotion. Selten bin ich Menschen begegnet, die sich so freuen mich zu treffen und mit mir zusammen zu arbeiten wie an meinem Haupteinsatzort, der Schule Beit Sefer Rachel Strauß. Wie oft kam ich am Morgen ins Klassenzimmer und Adam begrüßte mich mit „...D'ena, sameach!" („Magdalena, Freude!) oder Robbin schloss mich mit einem liebevollen „Hey, Magdalenusch" spontan in die Arme... Immer häufiger bemerkte ich im Verlauf meiner Freiwilligenzeit, dass mir die „Behinderten" - ich nenne sie lieber „Menschen mit speziellen Bedürfnissen" – auf der emotionalen Ebene viel voraushaben. Dabei denke ich nicht nur an ihre Herzlichkeit, sprühende Lebensfreude und Begeisterungsfähigkeit, sondern vielmehr an ihre verblüffende und oft so befreiende Ehrlichkeit. Sie blockieren und verbiegen sich nicht, um einer unbewusst verinnerlichten Umgangsform oder Wertvorstellung gerecht zu werden. Nein, sie zeigen und leben scheinbar genauso selbstverständlich Traurigkeit, Schwäche, Enttäuschung, Wut und Hilflosigkeit!

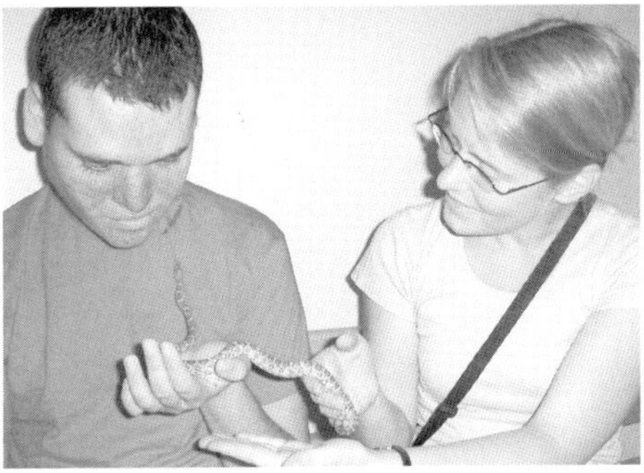

Braun. Unweigerlich erinnert mich diese Farbe an das beschämendste Kapitel deutscher Geschichte und Gegenwart, das samt seinen furchtbaren Auswirkungen in Israel nach wie vor zum Greifen nahe ist. Nach meinem Freiwilligendienst mit der Aktion Sühnezeichen Friedensdienste sind mir „Schlussstrichdebatten" oder die ablehnende und müde Reaktion im Geschichtsunterricht hinsichtlich Shoa und Nationalsozialismus so unbegreiflich und beängstigend wie nie zuvor. Vielleicht, weil die „sechs Millionen" durch die Begegnung mit Überlebenden plötzlich ein Gesicht haben oder Nationalsozialismus durch familienbiographische Recherchen kein abstraktes Phänomen mehr ist.

Verdichtet hat sich diese Auseinandersetzung am Holocaustgedenktag Ende April. Die Sirenen, die das komplette öffentliche Leben zum Stillstand brachten, tönen mir noch heute in den Ohren. Ich erinnere mich an die gespenstige Atmosphäre und traurigen Gesichter während der Gedenkminuten und an Gesprächsfetzen aus der Diskussion mit vierzig israelischen Neuntklässlern: „Wie redet ihr in Deutschland über Holocaust? Warum gibt es in Deutschland nach wie vor Antisemitismus und Neonazis? Was haben deine Großeltern vor 60 Jahren getan? Warum haben auch so viele Christen geschwiegen?" ...

Blau - Zeichen der Zuversicht: Channa, die ihre Familie in Auschwitz verloren hat, öffnete mir als Deutsche jeden Sonntagnachmittag Tür und Herz. Sie sprach über ihre schmerzvolle Vergangenheit, vertraute mir ihre Wunden, Narben, Entwurzelung und Enttäuschung an. Wir redeten, schwiegen und weinten gemeinsam. Am Ende jedes Treffen nahmen wir uns in den Arm und freuten uns beide, dass sich unsere Wege kreuzen durften!

Gelb als Symbol für empfangene Gastfreundschaft und viele offene wie aufmerksame Menschen, die ich in Israel kennen und schätzen lernte. Laubhüttenfest bei Medina, Hilas Purimparty, Sederabend mit Familie Flusser, unzählige Sabbateinladungen bei Kollegen, Bekannten und Freunden. Die so gewonnenen Einblicke, das vertiefte Verständnis für jüdische Religion und Kultur bereichern mich. Mein Bild und mein Verständnis vom Judentum sind nach einem Jahr Israel um ein Vielfaches bunter, differenzierter und realistischer. Vielleicht auch, weil ich es mir weniger aus Büchern angelesen habe, als vielmehr beobachten, direkt (nach-)fragen und mitfeiern konnte.

Magdalena Beyer war mit ASF in Israel

Kibbutz Volunteers
Kibbutz Program Center (KPC)

Volontäraufenthalte in Kibbuzim
Sprachaufenthalte (ULPAN) in Kibbuzim (3 Monate/6 Monate)
Praktikumaufenthalte in Kibbuzim (Beruf/Studium)

2. Name:
Kibbutz Volunteers
Kibbutz Program Center (KPC)

4. Kontaktinformationen:
Vertreter in Deutschland:

DRK Soziale Freiwilligendienste
Mecklenburg-Vorpommern gGmbH
Wismarsche Str. 298, 19055 Schwerin
Tel: 0385 593782 -283, -284
Homepage: https://drk-freiwillig-mv.de/internationaler-freiwilligendienst/einsatzlaender/israel/kibbutz-volunteers-kpc/
Facebook: globalmv

IJGD - International Youth Voluntary Service
Wera Tischler
Landesverein Berlin e.V. Glogauer Str. 21 D-10999 Berlin
ifd.berlin@ijgd.de
Tel: 030-6120313-40
Homepage: www.ijgd.de/ijgdweltweitfreiwillig
Facebook: ijgdweltweitfreiwillig

KFA - Kölner Freiwilligen Agentur e.V.
Clemensstr. 7, D-50676 Köln
Tel: 0221-888278-20
Homepage: https://www.koeln-freiwillig.de/freie-plaetze-ifd/
Facebook: ijgdweltweitfreiwillig

6. Altersbegrenzung:
18-35

7. Spezielle Voraussetzungen:
Grundkenntnisse Englisch. Dazu motiviert, hart zu arbeiten und überall.

8. Dauer des Aufenthalts:
2 - 6 Monate.

9. Abreisezeitpunkt:
Volontäraufenthalt nach Wunsch und Vereinbarung.
Sprachaufenthalte nach Programmplan.

10. Anmeldefrist oder Bewerbungsfrist:
1 Monat vor Abreise

11. Kosten:
Einschreibegebühren und Versicherungen: 850 NIS.
Flug gemäß aktuellen Preisen

12. Lohn während des Aufenthalts:
Kost und Logis frei. Taschengeld: 300 NIS pro Monat

13. Kosten während des Aufenthalts:
Kosten für persönliche Ausgaben

16. Bestimmte Staatsangehörigkeit vorausgesetzt:
Alle können teilnehmen

17. Länder / Gebiete des Aufenthalts:
Israel (Nord und Süd)

Links und Informationen zum Thema

KIBBUTZ PROGRAM CENTER - TAKAM-ARTZI
13 Leonardo De Vinci St.,
Floor # 6 Tel Aviv 6473315
Israel

Kontakt:
Aya Sagi oder Nava Grebler
Tel: 00972-3-5246154/6
Fax: 00972-3-5239966
E-Mail: kpc@volunteer.co.il
Homepage: www.kba.org.il/volunteers/
sowie www.kibbutzvolunteers.org.il/

Zentrale Stelle für die Vermittlung von Volontären in Kibbuzim:
Büro Sonntags bis Donnerstags jeweils von 8.30 bis 14.30 Uhr geöffnet.

Moshav Movement in Israel
Volunteer Centre
Leonardo da Vinci St. 19
Tel Aviv 64733, Israel

Tel.: 00972 3 6958473
Fax 00972 3 6960139

Links mit weiteren vielfältigen Informationen:

http://www.hagalil.com/israel/kibbutz/kibbutz.htm
http://www.klartexxt.de/israel/kibbutz.htm

Literaturtipps

Becker, Claus Stefan
Kibbuz, Moschaw und Freiwilligendienste. Israel
Interconnections.1997.

Pybus, Victoria
Kibbutz Volunteer
Vacation Works. 2004.

ARCHÄOLOGISCHE AUSGRABUNGEN

Eine Expedition in die Vergangenheit

Die Wikinger waren vor langer Zeit in New York. Heinrich Schliemann entdeckte Troja. Er hat sicher große Fußspuren hinterlassen, aber es ist noch lange nicht alles entdeckt, was unsere Erde verborgen hält. Oft ist es der Faktor Zufall, der zu Kulturschätzen aus vergangenen Tagen führt. Beim Bau von Straßen oder beim Ausheben eines neuen Fundaments werden Reste alter Bauwerke entdeckt. Die dann durchgeführten archäologischen Ausgrabungen stehen unter enormen Zeitdruck, da erst nach Abschluss der Ausgrabungen das neue Projekt durchgeführt werden kann. Helfende Hände und eine gute körperliche Kondition sind hier gefragt.

Archäologische Ausgrabungen sind vor allem für diejenigen interessant, die sich intensiver mit Kulturgeschichte, Archäologie und Architektur beschäftigen.

Während des Studiums der Archäologie werden vor allem von den Universitäten Studienreisen zu Ausgrabungsstätten angeboten und Ausgrabungen selbst organisiert.

Tipps zur Mitarbeit bei archäologischen Ausgrabungen

Die Tipps von der Israel Antiquities Authority für freiwillige Helfer bei archäologischen Ausgrabungen sind auch für Ausgrabungen in anderen Teilen der Welt sehr hilfreich.

Volontärarbeit
Viele Archäologen haben gerne Freiwillige bei ihren Ausgrabungen, weil diese hoch motiviert und sehr neugierig sind. Sie sammeln Erfahrungen, obwohl die Arbeit oft sehr schwierig und anstrengend ist. Normalerweise sind keine Vorkenntnisse notwendig. Die Arbeit besteht aus graben, schaufeln, Körbe mit Erde oder Steinen füllen, Scherben reinigen und vieles mehr. Volontäre müssen selbst ihre Reisearrangements zum Ausgrabungsort und zurück organisieren.

Unterkunft
Die Unterkunft für Volontäre variiert vom Schlafsack im Freien, ein Zimmer in einer Jugendherberge, (einem Kibbuz - nur für Israel), bis hin zu einem 3-Sterne Hotel in der Nähe der Ausgrabung. In der Regel bezahlt man selbst für Kost und Logis. Ausgrabungen, bei denen alles bezahlt wird ist die Ausnahme. Bei Ausgrabungen in der Nähe von Städten müssen Volontäre oft selbst Ihre Unterkunft finden.

Bekleidung und Ausrüstung
Volontäre sollten strapazierfähige Kleidung tragen. Im Sommer sind Sonnenhüte wichtig. Die weitere Ausrüstung ist abhängig von der Art der Ausgrabung und der Unterkunft: Arbeitshandschuhe, Schlafsack, Camping Besteck, Handtücher und Sonnencreme.

Arbeitsstunden
Der Arbeitsplan ist sehr unterschiedlich. Ein Arbeitstag beginnt im allgemeinen vor Sonnenaufgang und endet am Mittag. Normalerweise gibt es eine Ruheperiode nach der Mittagspause. Der Nachmittag und Abend ist oft reserviert für Vorlesungen, weitere Ausgrabungsarbeiten, Reinigen und Sortieren von Fundstücken oder die Zeit ist zur freien Verfügung.

Kurse und Vorlesungen
Auf einigen Expeditionen werden Kurse von Sponsorinstituten angeboten. Einzelheiten bezüglich Themen sowie Kosten sind bei der Expeditionsleitung erhältlich. Die meisten Expeditionsleiter (oder andere Expeditionsmitglieder) bieten Vorlesungen über die Geschichte und die Archäologie der Ausgrabungsstätte, sowie Diskussionen an. Volontäre sollten sich darüber informieren.

Freizeit und Ausflüge
Freizeit Aktivitäten (Swimmingpools, Strände und Fitness) sind zum Teil vorhanden. Die meisten Expeditionen organisieren Ausflüge zu Ausgrabungen im Gebiet und zu benachbarten Museen.

Versicherung
Meist muss man sich selbst versichern (Unfall- und Krankenversicherung). Auch wenn die Expedition für die Unfallversicherung sorgt, wird empfohlen, sich vor Abreise versichern zu lassen.

Anmeldung und Registrierung
Wenn schon Ausgrabungserfahrung vorhanden ist, sollte dies bei der Anmeldung dem Expeditionsleiter mitgeteilt werden. Auch wenn es um Studien in verwandten Fächern geht, wie Anthropologie, Architektur, Erdkunde, Forschung, Graphische Kunst.

Hippos (sussita) excavations Project

Das Hippos Excavations Project ist eine der wichtigsten kontinuierlich laufenden Forschungsexpeditionen zur klassischen Archäologie in Israel. Seit dem Jahr 2000 gräbt unser internationales Team die Stätte von Hippos (Sussita) aus, um so viel wie möglich von der antiken Stadt zu zeigen und anhand ihrer gut erhaltenen Überreste etwas über unsere Vergangenheit zu erfahren. Infos zur Teilnahme unter: https://www.dighippos.com/join

Hippos war eine griechisch-römische Stadt in der Dekapolis, erbaut auf einem flachen Hügel am Fuß der Golanhöhen, etwa 350 m über und 2 km östlich des See Genezareth. Zur Stadt gehörte eine kleine, unmittelbar am See gelegene Hafenanlage

Erste Untersuchungen wurden 1885 von dem deutschen Archäologen Gottlieb Schumacher durchgeführt, der den Fundort allerdings irrtümlich als Gadara identifizierte.

Erste Ausgrabungen erfolgten 1951–1955 durch die israelische Archäologin Claire Epstein. Sie fand eine byzantinische Kirche, vermutlich Sitz des Bischofs von Hippos. Nach Ende der Ausgrabungen verwendete die israelische Armee wie die Griechen des Altertums den Hügel als Festung bis zur Besetzung der Golanhöhen im Sechstagekrieg.

Im Jahr 2000 begann eine weitere Grabung unter Leitung von Arthur Segal von der Universität Haifa. Die bis 2011 durchgeführten zwölf Kampagnen konzentrierten sich auf zwölf Grabungsorte, darunter:

das römische Forum,
einen kleinen römischen Tempel (Kaiserkult),
einen großen hellenistischen Tempel,
zwei byzantinische Kirchen,
die nordöstlichen Wohnanlagen,
die römischen Stadttore und
Teile der nördlichen und südlichen Befestigungsanlagen.

Im September 2019 haben Archäologen in einer verbrannten byzantinischen Kirche griechische Inschriften und Mosaike mit christlichen Motive, darunter eine Abbildung eines Korbs mit Brotlaiben, einem Pfau und einem Fisch frei gelegt. Die Kirche wurde wahrscheinlich während der Eroberung durch das Sassanidenreich im Jahre 614 n. Chr. in Brand gesteckt. (Quelle: https://de.wikipedia.org/wiki/Hippos). Also es wird sicher auch weiterhin viele interessante Sachen zu entdecken geben für künftige Voluntäre.

Archaeological Institute of America

Ob studierter Archäologe - oder "nur" interessierter Freiwilliger, das Archaeological Institute of America informiert über Ihre Homepage von Ausgrabungen weltweit, mit genauer Beschreibung der einzelnen Projekte (www.archaeological.org, unter: Fieldwork - Fieldwork Opportunities (AFOB)) - zum Beispiel:

Die römische Festung Pulpon in Spanien für Schüler zwischen 16-17 Jahren. (Juni/Juli)

Beschreibung: Dieses Programm ist für Schüler, um ihnen die Möglichkeiten und Herausforderungen archäologischer Methoden und Praktiken zu zeigen. Die Teilnehmer erhalten einen Einführungskurs, ein Praktikum in archäologischer Feldarbeit, und Ausführungen zur spanischen prähistorischen Geschichte. Jedes Jahr hat ein Schwerpunkt-Thema, wie zum Beispiel die Untersuchung eines massiven Gebäudes, das als militärische Garnison, als Horreum oder als Aufbewahrungsort für Lapis specularis hätte dienen können. Die Studenten unterstützen die Forschungen der Einführung und der Entwicklung der römischen Kultur im Mittelmeerraum und speziell auf den Ballearen. ArchaeoSpain Teilnehmer sind an allen Aufgaben beteiligt, inkl. Vermessungen, Fotografie, Ausgrabung, Konservierung und Ausstellung der Kunstgegenstände.

Kontakt:

ArchaeoSpain, 5 Ironwood Lane, West Hartford, Connecticut 06117, USA
Tel: 001 866-932-0003, Fax: 001 866-932-0003, programs@archaeospain.com
Weitere Infos, Anmeldung und Bewerbungsunterlagen:
https://www.archaeospain.com/romansiteforhighschoolerexcavation.html

Earthwatch

Auch Earthwatch informiert über Ausgrabungen weltweit, an denen man als Freiwilliger teilnehmen kann (https://earthwatch.org/expeditions/browse) - hier ist ein Beispiel von einer Ausgrabung:

Populonia in Italien. Das Ziel dieser Expedition ist einfach: die Experten bei ihrer Arbeit zu unterstützen, die komplexe Vergangenheit von Populonia zu rekonstrurieren. Populonia war einst ein Zentrum für Metallarbeiten und Handel.

Kontakt:
Earthwatch Institute (Europe), 256 Banbury Road, Oxford, OX2 7DE, UK
Tel : 0044 (0) 1865 318 838, Email: info@earthwatch.org.uk, Internet: www.earthwatch.org

Weitere Ausgrabungsmöglichkeiten:

Deutsche Gesellschaft zur Förderung der Unterwasserarchäologie e.V.
Teilnahme an Ausgrabungen in Polen, Italien, Frankreich, Peru und Tunesien
Die praktische archäologische Arbeit der DEGUWA konzentriert sich vornehmlich auf forschungsorientierte Prospektionen und Ausgrabungen, die unter der Leitung von Archäologen und anderen Fachwissenschaftlern mit behördlicher Genehmigung durchgeführt werden. Die Teilnahme von anderen taucherfahrenen Helfern ist ausdrücklich erwünscht. Vorraussetzung für die Teilnahme als Nicht-Archäologe ist gewöhnlich der Abschluss eines NAS Kurses, in dem die Grundlagen der Unterwasserarchäologie in Praxis und Theorie vermittelt werden (www.deguwa.org, unter Expeditionen).

Archäologische Ausgrabungen im Rahmen von kulturweit über das Deutsche Archäologische Institut (DAI)
Um das Deutsche Archäologische Institut (DAI) in seiner Arbeit zu unterstützen, werden Freiwillige beispielsweise in Istanbul im Bereich der öffentlich zugänglichen Fachbibliothek oder der Betreuung von wissenschaftlichen Veranstaltungen tätig sein. Möglich ist auch die Mitwirkung in den archäologischen Archiven oder zeitweise bei Ausgrabungen an Einsatzorten im Ausland. Freiwillige beim DAI werden immer für 6 Monate eingesetzt.

Großbritannien
Das Council for British Archaeology (CBA) informiert über archäologische Übungsausgrabungen in Großbritannien. Die Informationen sind auf der Homepage zugänglich: http://new.archaeologyuk.org/?aspxerrorpath=/briefing/field.asp oder in der Zeitschrift: British Archaeology (kann auch online bestellt werden).

Council for British Archaeology,
92 Micklegate, York
YO1 6JX
Großbritannien
Tel: 0044(0)1904 671417
Fax: 0044 (0)1904 671384
E-Mail: digs@britarch.ac.uk

Weitere Informationen
im Kapitel „Langzeitdienste" auf den Seiten 136-137 sowie unter
https://www.kulturweit.de/netzwerk/deutsches-arch%C3%A4ologisches-institut

SCHULAUFENTHALT IM AUSLAND

C 1573
6V.23509

Schulalltag im Ausland

Eine Möglichkeit, als Schüler/in ins Ausland zu kommen, ist die Teilnahme an einem Austauschprogramm: Man lebt für einige Zeit im Ausland in der Familie eines Austauschpartners oder einer Austauschpartnerin und besucht dort die Schule. In der Folgezeit kommt der/die Partner/in nach Deutschland. Außer den Reisekosten fallen dann kaum weitere Kosten an. Der Unterricht im Ausland wird an den meisten deutschen Schulen anerkannt. Genaue Informationen hierüber erhält man an der Heimatschule.

Neben den Austauschprogrammen, bietet sich auch die Möglichkeit, an Schulaufenthalten teilzunehmen, bei denen man während des Aufenthalts - wie bei der Austauschvariante - in Gastfamilien lebt, die kein Geld für die Unterbringung ihrer Gastschüler erhalten. Dann besteht im allgemeinen auch keine Wahlmöglichkeit, was die Familie oder den Schulort betrifft. Eine größere Wahlfreiheit bietet die Variante, bei der man sowohl Schulort, Schultyp als auch Gastfamilie wählen kann. Darüber hinaus gibt es die klassischen Internatsaufenthalte an den weltweit unterschiedlichsten Orten, bei denen in der Regel die Unterbringung an der Schule erfolgt.

Die meisten Schüler/innen reisen über eine der vielen Vermittlungsorganisationen. Diese helfen bei der Erledigung der bürokratischen Angelegenheiten und sollten die Teilnehmer auch auf den Aufenthalt vorbereiten und vor Ort betreuen. Dies ist z.B. bei einem möglichen Wechsel der Gastfamilie wichtig.

Wer den Aufenthalt selbst organisieren will, kann sich beispielsweise an eine der deutschen Schulen im Zielland wenden. Diese Schulen werden nicht nur von deutschen Schüler/innen besucht, sondern auch von Einheimischen, die häufig an einem Austauschplatz in Deutschland interessiert sind. Mit etwas Glück ist dann die Schule bei der Partnersuche behilflich.

Eine der beliebtesten Möglichkeiten ist ein High School Jahr in den USA. Hinweise hierzu Seite 197 von Education USA.

Ich persönlich habe bei diesem Abenteuer auch noch wirklich tolle Freunde gefunden!

Ich wusste, wann mein Flug ging, ich wusste, dass mein Gepäck fertig war und dass mein Vater mit mir fliegen würde, trotzdem konnte ich die ganze Nacht, bevor es losging, nicht schlafen. Einfach so für vier Monate in ein anderes Leben, mit hoffentlich neuen Freunden, anderen Sitten, anderen Regeln und vielen neuen Erfahrungen, klang in der Nacht, bevor es losging, total unwirklich, aber im Nachhinein war es genauso.

In den ersten drei Tagen waren nur die neuen Boarder da und ich weiß noch wie am ersten Abend ungefähr 20 neue Mädchen, mich eingeschlossen, versucht haben nicht zu sehr aufzufallen. Es gab Hot-Dogs zu essen, darf man das jetzt mit den Fingern essen oder muss man Messer und Gabel dafür benutzen? Diese Frage ging uns allen durch den Kopf, aber keiner traute sich irgendetwas zu sagen, geschweige denn so eine Frage zu stellen.

Nach drei Tagen stießen dann auch die ganzen Mädchen hinzu, die schon in den Jahren davor auf der Schule waren, und auf einmal wurde es sehr laut im Common Room. Alle redeten durcheinander und so schnell, dass ich und die zwei anderen Deutschen, die sehr gute Freunde geworden sind, nur gedacht haben, dass wir die niemals verstehen, geschweige denn genauso schnell sprechen können würden. Aber ich kann euch beruhigen, nach ca. zwei Wochen haben wir genauso schnell gesprochen, gedacht und fast alles verstanden.

Nach und nach pendelte sich dann auch bei uns Neuen der Alltag ein und damit ihr wisst, worauf ihr euch einstellen könnt, erzähl ich euch einfach mal, wie eine normale Woche abgelaufen ist. Mein Tag fing um 7.15 Uhr an und um 7.40 Uhr musste ich fertig in Uniform zum „Check" am Büro vorbei kommen und von dort aus ging es zum Frühstück. Danach schnell zurück ins Haus zum Zähneputzen und es ging einmal über die Wiese in die Schule. Der Unterricht lief dann von 8.40 Uhr bis 16 Uhr, allerdings mit einer einstündigen Mittagspause und 50 Minuten E4. Das ist so etwas wie Art-club oder eine Schulversammlung. Als Schulfächer hatte ich Englisch, Mathe, Science, PE, Drama (mein Lieblingsfach) Art, Geography, Informatik, und Media.

Nach der Schule gab es viele Clubs, denen man sich anschließen konnte. Ich war im Hockeyteam, das mache ich auch hier in Deutschland, außerdem habe ich angefangen zu rudern, ganz typisch britisch auf der Themse :), ich war beim Mädchenfußball und bin manchmal auch noch zum Strickclub, der bei uns im Haus war, gegangen, aber eher um zu quatschen, als um zu stricken :). Um 17.50 Uhr war dann der erste Callover, da versammelte sich das ganze Haus im Common Room und es wurde geguckt, ob alle anwesend sind und danach ging man zusammen zum Abendessen. Von 18.45 Uhr bis 20.45 Uhr war Preptime, dass ist die Zeit, in der man seine Hausaufgaben machen muss, ich persönlich habe nie länger als 30 Minuten für die Hausaufgaben gebraucht, aber viele meiner Freunde haben diese Zeit fast ganz benötigt. Um 21.30 Uhr war dann der zweite und letzte Callover, bei dem noch alle wichtigen Informationen für den nächsten Tag besprochen wurden. Um 22.30 Uhr musste ich schlafen gehen, was auch nicht schwer einzuhalten war, denn die Tage waren viel anstrengender und ausgefüllter als zu Hause.

An den Wochenenden war alles viel entspannter, mit Frühstück im Schlafanzug und vielen Stunden quatschen, coolen Ausflügen, dem ein oder anderen Filmabend und z.B. Tannenbaum schmücken, um dabei lauthals Weihnachtslieder zu singen. Jetzt bin ich schon fast zwei Monate wieder zu Hause und vermisse meine neue große „Familie" sehr. Und auch mit diesem Abstand zu meiner „Time abroad" kann ich nur zu allen, die mich fragen, sagen: Mach es einfach, du wirst die schönste Zeit deines Lebens haben, auch wenn es Momente geben wird, in denen du am liebsten alles schmeißen möchtest und nach Hause willst. Es gibt 1.000.000 mal mehr Momente, an die du dich erinnern wirst und noch im Nachhinein sehr gerne daran zurück denkst und schmunzeln musst. Ich persönlich habe bei diesem Abenteuer auch noch wirklich tolle Freunde gefunden!

Paulina K. verbrachte einen Term an einer Internatsschule in England, vermittelt durch die Carl Duisberg

Schüleraustausch in Australien – Das Leben bei einer australischen Gastfamilie

Ich war 2022 für 2 terms mit Experiment e.V in Australien and der Palm Beach Currumbin State High School an der Gold Coast. Vorab kann ich sagen, dass ich wirklich die beste Zeit meines Lebens hatte und alle Erfahrungen, die ich gemacht habe niemals vergessen werde.

Ich habe meine Gastfamilie ca. 1 1/2 Monate vor meiner Abreise aus Deutschland zugeteilt bekommen. Natürlich war ich ziemlich aufgeregt als ich dann auf einmal eine E-Mail bekommen habe und es hieß: Das ist deine Gastfamilie. Ich habe meiner Gastmutter noch am gleichen Tag geschrieben und dann haben wir einen Termin zum Telefonieren ausgemacht. Meine Gastfamilie war von Anfang an freundlich und als ich dann bei ihnen zuhause ankam haben sie mich herzlich begrüßt. Sie hatten mein Zimmer schon vorbereitet und Blumen und ein kleinen Stoffkoala auf mein Bett gelegt. Ich erinnere mich immer noch wieder gerne an meinen ersten Tag zurück als ich ankam und meine Gastmutter und meine beiden Gastgeschwister mich direkt umarmt und mir alles gezeigt haben.

In den ersten Tagen war es noch ein bisschen "komisch", einfach dadurch das man sich noch nicht so gut kannte, was sich aber schnell geändert hat. Meine Gastmutter und Gastgeschwister haben mich wie ein vollständiges Familienmitglied behandelt. Ich habe mich unfassbar wohlgefühlt bei ihnen zu leben. Etwas später habe ich ihnen meine Gastgeschenke gegeben, worüber sich alle so sehr gefreut haben. Für meine Gastmutter hatte ich ein Kochbuch selbst erstellt und auch ein paar Infos über den Ort, wo ich lebe und meine Familie mit hineingeschrieben und für meine zwei Gastgeschwister habe ich jeweils ein Deutschlandtrikot mit ihren Namen drauf mitgebracht. Natürlich habe ich auch noch typisch deutsche Süßigkeiten mitgenommen, die übrigens sehr gut angekommen sind. In den ersten Tagen sind wir zusammen losgefahren und habe uns um meine SIM-Karte, Go-Card (Busfahrkarte), etc. gekümmert und sind zusammen einkaufen gegangen, um Lebensmittel zu kaufen die ich gerne mag.

An meinem ersten Schultag hat sie mich zur Schule gebracht und auch wieder abgeholt. Als ich in der Schule angekommen bin hat die International Koordinatorin uns empfangen und alle nötigen Informationen gegeben. Außerdem haben wir unsere Schuluniformen bekommen. Die Schule hat viele Ausflüge mit den Internationals gemacht zum Beispiel nach Byron Bay, Fraser Island oder auch zum Schnorcheln um Cook Island. Aber auch mit meiner Gastfamilie habe ich viel unternommen, unter anderem sind wir oft in den Regenwald auf Wanderungen gegangen, sind nach Sydney geflogen, in den Surfurlaub nach Yamba gefahren und haben viel an der Gold Coast und im nördlichen Teil von New South Wals unternommen.

Meine Gastmutter hat immer versucht alles und so viel wie möglich für mich machbar zu machen und war immer für mich da, wenn ich irgendwelche Probleme hatte in der Schule aber auch privat. Wir hatten ein unfassbar gutes Verhältnis und ich werde definitiv wieder zurück nach Australien kommen, um alle zu besuchen. Ich kann jetzt definitiv sagen, dass ich eine zweite Familie gefunden habe.
Auch der Rest der Familie sowie ihr Freund und seine Kinder hat mich offen empfangen und wie eine Enkeltochter, Cousine, etc. behandelt. Alle hatten immer ein offenes Ohr und waren unfassbar hilfsbereit. Vor allem wenn ich ab und zu ein paar Probleme hatte den australischen Akzent zu verstehen, hatten wir immer etwas zu Lachen. Es ist mir unglaublich schwer gefallen zurück nach Deutschland zu kommen, aber ich werde meine Zeit in Australien niemals vergessen. Es war die beste Entscheidung, die ich jemals getroffen habe und ich bin Experiment e.V, sowie meiner Gastfamilie, der Schule aber auch meiner anderen Familie in Deutschland unglaublich dankbar diese Chance bekommen zu haben.

Maibritt war mit Experiment unterwegs

Testimonial – Magdalena

Hallo, mein Name ist Magdalena und ich bin mittlerweile 16 Jahre alt. Allerdings habe ich mir mit 15 einen großen Traum erfüllt, indem ich für fünf Monate ein Auslandsjahr in Kanada gemacht habe. Ich habe mich für das Land Kanada als meinen Zielort entschieden, da ich bereits zuvor mit meiner Familie dort Urlaub gemacht habe und das Land mit seiner Kultur und vor allem auch der wunderschönen Natur in Erinnerung geblieben ist.
Bei meiner Ankunft in meinem Wunschort Victoria, BC wurde ich von meiner Gastmutter (65) und ihrer Tochter (39) herzlich willkommen geheißen und wir sind dann gemeinsam zu ihrem Haus gefahren. Dort waren bereits zwei andere Austauschülerinnen, eine aus Japan (16) und eine aus Italien (17), mit denen ich mich auf Anhieb sehr gut verstanden habe. Zu dritt haben wir gemeinsam mit unserer Gastmutter in ihrem Haus gewohnt, jedoch war trotzdem immer viel los, da oft Verwandte, wie ihre zwei Töchter mit ihren Kindern zu besuch kamen.
Da nach meiner Ankunft die Sommerferien in Victoria noch nicht vorbei waren, hatte ich eine ganze Woche Zeit, um mich an die Zeitverschiebung zu gewöhnen, meine Gastfamilie richtig kennenzulernen und die Stadt zu erkunden. Bevor alle regulären Schüler wieder zur Schule kamen, wurden wir internationalen Schüler an meiner Schule von einem Lehrer, welcher auch unserer Ansprechpartner bei Fragen und Problemen war, empfangen. Zudem hat er uns die Schule gezeigt und uns erklärt, wie alles abläuft, damit wir bereit für unseren Schulalltag waren. Man muss wissen, dass man in Kanada nur vier Fächer pro Halbjahr hat und als Austauschüler, insbesondere wenn man nur ein halbes Jahr bleibt, sehr flexibel ist, was die Fächer Wahl betrifft. So habe ich mich teils entschieden was ich gerne machen möchte, teils wurde es mir zugeordnet. Letztendlich hatte ich die Fächer Spanisch, Englisch, Kunst und Sport, welche ich dann jeden Tag hatte. Auch wenn es sich echt langweilig anhört jeden Tag dieselben Fächer zu haben, ist es eigentlich gar nicht so schlecht, da man sehr viel dazu lernt, auch den gesamten Unterricht auf Englisch zu haben, hört sich anfangs sehr schwierig an, doch ist ebenfalls gar nicht so schwer und falls man doch Schwierigkeiten hat, helfen die Lehrer einem super gerne.
Ein Schultag besteht immer aus vier Blöcken, die jeweils 80 Minuten dauern und aus einem deiner Fächer bestehen. Meine Schule fing um 08:35 Uhr an und endete montags, mittwochs und donnerstags um 15 Uhr und dienstags und freitags um 14 Uhr. Morgens hatte ich zwei Blöcke, darauf folgte eine 40-minütige Mittagspause und danach kamen zwei weitere Blöcke. Zudem schreiben Schüler meist nur am Ende des Halbjahrs eine finale Klausur in jedem ihrer Fächer, dies kann aber auch eine Projektarbeit sein und zwischendurch gibt es oft nur kleinere Tests. Allem in allem habe ich die Schule in Kanada als relativ einfach empfunden, im Vergleich zu einer deutschen Schule.
Zu sagen, dass es nur ein Highlight während meiner Zeit dort gegeben hätte, wäre gelogen, da es so viele waren, wie das Whalewatching und die Ausflüge zum Meer bei Sonnenuntergang mit Freunden, jedes Volleyball- und Basketballspiel mit meiner Mannschaft, die Tour in die Rocky Montanis oder auch die gemeinsame Zeit um Weihnachten herum mit meiner Gastfamilie. Es gab so viele schöne Momente und ich bin sehr froh darüber, dass ich diese in einem so wunderschönen Land erleben durfte.
Das wichtigste, was ich während meinem Auslandsjahr gelernt habe ist, dass es sich lohnt auf Menschen zu zugehen und neue Erfahrungen zu sammeln. Auch das würde ich als Tipp an euch weitergeben, seid nicht so schüchtern und macht den ersten Schritt auf andere Schüler zu, da diese es gewöhnt sind, dass Austauschüler kommen und es deshalb nichts besonderes für sie ist, gleichzeitig werden sie euch trotzdem super gerne in ihrer Gruppe aufnehmen und willkommen heißen und sind meistens auch sehr neugierig etwas von eurem Heimatland und Leben zu erfahren. Außerdem probiert so viel wie möglich aus eurer Zeit in dem Land zu machen und genießt einfach jeden einzelnen Tag.

Mein Auslandsjahr, war die beste Entscheidung, die ich je getroffen habe und ich bereue nicht eine Sekunde davon, es war ein großartiges Erlebnis, bei dem ich sehr viel dazugelernt habe und ich hoffe, dass es bei euch genauso großartig wird.

Magdalene war mit TravelWorks in Kanada.

SCHULAUFENTHALT IM AUSLAND

AbroadConnection Landsberg

Wer während seiner Schulzeit schon Auslandserfahrungen machen konnte, profitiert davon sein ganzes Leben mit starkem Selbstwertgefühl, interkultureller Kompetenz, Kommunikationsfähigkeit und vielen weiteren positiven Attributen. Es macht Freude und beflügelt die Sehnsucht nach Abenteuer, Aufbruch, Bildung und Entdeckung, sich auf die Reise zu machen. Ein Semester, Term oder Schuljahr im Ausland ist mehr als ein Urlaub in einem fernen Land. Es bedeutet das komplette Eintauchen in das Alltagsleben einer Kultur. Dabei entdeckt man nicht nur den Lebensstil, die Traditionen und Gewohnheiten der Einheimischen. Man entdeckt auch unerwartete neue Seiten an sich selbst. Und es ist wunderbar neue Menschen kennen zu lernen und daraus Freundschaften zu entwickeln.

AbroadConnection organisiert High School-Aufenthalte in Kanada, Australien und Neuseeland.

2. Name:
AbroadConnection

3. Anschrift:
OB-Dr.-Engshuber-Str. 8
86899 Landsberg

4. Kontaktinformationen:
Tel. Landsberg: 08191 941378
E-Mail: caudera@abroadconnection.de
www.abroadconnection.de

5. Ansprechspartner:
Susanne Caudera-Preil, Saskia Nunes, Bettina Schoeps

6. Altersbegrenzung:
14-19 Jahre

7. Spezielle Voraussetzungen:
Englischkenntnisse

8. Dauer des Aufenthalts:
3 bis 12 Monate

9. Abreisezeitpunkt:
Vier mal pro Jahr

10. Anmeldefrist oder Bewerbungsfrist:
Möglichst 5 Monate vor der geplanten Abreise.

11. Kosten:
Je nach Zielland, Schule und Aufenthaltsdauer zwischen EUR 5.000 und 22.000,-
Ggf. Visumsgebühren, Flüge

13. Kosten während des Aufenthalts:
Taschengeld, empfohlen ca. EUR 200 pro Monat
Ggf. Schuluniform

17. Länder / Gebiete des Aufenthalts:
Kanada, Australien, Neuseeland

AIFS
American Institute For Foreign Study
Bonn

AIFS ist eine der ältesten und größten Organisationen für kulturellen Austausch weltweit und ein führender Anbieter im Bereich Jugend- und Bildungsreisen. Neben den USA wird das Schüleraustausch Programm auch in Kanada, Australien, Neuseeland, England und Irland angeboten.
Siehe auch unter „Au Pair", „Work & Travel", „Camp Counselor", „Flex. Freiwilligenarbeit", „Studium", „Sprachreisen" und „Erlebnisreisen".

2. Name:
AIFS (American Institute For Foreign Study)

3. Anschrift:
Friedensplatz 1, 53111 Bonn

4. Kontaktinformationen:
Tel.: +49 (0)228/95730-0, E-Mail: info@aifs.de/info@aifs.at/ info@aifs.ch; www.aifs.de/www.aifs.at/www.aifs.ch

5. Ansprechspartner:
Katharina Hovekamp, Ute Lamb

6. Altersbegrenzung:
14 bis 18 Jahre bei Ausreise

7. Spezielle Voraussetzungen:
Schülerstatus; mindestens drei Jahre Englisch als Unterrichtsfach; gute psychische und physische Gesundheit; neugierig, tolerant, aufgeschlossen und anpassungsfähig

8. Dauer des Aufenthalts:
USA: Schulhalbjahr oder Schuljahr; Kanada, Australien, Neuseeland, England, Irland: Trimester Term, Schulhalbjahr oder Schuljahr; England und Irland zusätzlich: Kurzprogramm ab 2 bzw. 3 Wochen möglich

9. Abreisezeitpunkt:
USA: Januar oder August/September; Kanada: Januar/ Februar oder August/September; Australien und Neuseeland: Januar, April oder Juli; England und Irland: Januar oder September (Kurzprogramm England: Ausreise zwischen September und Mai/Juni nach Absprache)

10. Anmeldefrist oder Bewerbungsfrist:
USA: 30. September (Januar) / 31. März (August)
Kanada: mind. 8-12 Wochen vor Ausreise, Australien: min. 10 Wochen vor Ausreise, NZ, England, Irland: min 4 Wochen vor Ausreise

11. Kosten:
Die Preise hängen stark von dem Land und der Dauer ab. Detaillierte Informationen zu den Preisen gibt es auf der Website oder in der High School Broschüre (Digital oder Print). Im Preis u. a. enthalten: Hin- und Rückflug, Beratung und Betreuung vor der Abreise und während des gesamten Aufenthaltes vor Ort, Vorbereitungsseminar, Package mit AIFS Collegejacke, AIFS T-Shirt und Handbüchern als App für Schüler und Eltern, Vermittlung an eine High School, Vermittlung in eine Gastfamilie inkl. Unterkunft und Verpflegung, ggf. Orientation Days zu Beginn des Aufenthalts, bei allen außereuropäischen Zielen: umfangreiches Versicherungspaket. Die Kosten für die Flüge und die Orientation Days sind bei allen Programmen außer Select (UK + USA) und den Kurzprogrammen im Preis enthalten.

13. Kosten während des Aufenthalts:
Schulextras (Bücher und Lehrmaterialien, Schuluniform, Verpflegung etc.), Taschengeld, bei allen europäischen Zielen: Krankenversicherung

14. Finanzielle Förderung:
Sir Cyril Taylor Scholarship für ein Schuljahr in den USA. in Zusammenarbeit mit dem Deutschen Fachverband für High School e.V. (DFH) vergibt AIFS ein Teilstipendium; alle Infos gibt es auf der Website

16. Bestimmte Staatsangehörigkeit vorausgesetzt:
Deutschland, Österreich, Schweiz

17. Länder / Gebiete des Aufenthalts:
USA, Kanada, Australien, Neuseeland, England, Irland

ASSE Germany GmbH
Köln

ASSE (ASSE International Student Exchange Programs) ist eine der größten und renommiertesten Schüleraustauschorganisationen weltweit. Seit den Anfängen, die bis ins Jahr 1938 zurückreichen, hat ASSE seine Angebote stetig erweitert und bietet neben Austauschprogrammen für Schüler auch Austauschmöglichkeiten für Au Pairs, Abiturienten, Studierende, Work & Travel Teilnehmer, Praktikanten und Trainees an. Zusammen mit den Partnerorganisationen iSt - Internationale Sprach- & Studienreisen, GIVE Gesellschaft für Internationale Verständigung und team! Sprachen & Reisen - haben annähernd 25.000 deutsche Schüler mit ASSE ein „High School"-Jahr in Amerika oder Kanada verbracht. ASSE ist weltweit einer der größten High School-Programmanbieter und ermöglicht jährlich tausenden Schülern einen internationalen Austausch in über 30 verschiedene Länder. Anfang 2016 wurde ASSE Germany als Geschäftsstelle in Deutschland eröffnet, um Bewerbern aus Deutschland die verschiedenen Austauschprogramme nun auch direkt anbieten zu können. Siehe auch unter: „Au-Pair" und „Studium im Ausland".

2. Name:
ASSE Germany GmbH

3. Anschrift:
Gürzenichstr. 21 a-c, 50667 Köln

4. Kontaktinformationen:
Tel: 0221 – 5481 4500, Fax: 0221 – 5481 4499
E-Mail: info@assegermany.de, www.assegermany.de

5. Ansprechspartner:
Giulia Balzan (E-Mail: info@assegermany.de)

6. Altersbegrenzung:
High School Programme: 14 – 18 Jahre bzw. 15 – 18 Jahre (je nach Programm)

7. Spezielle Voraussetzungen:
Körperlich und geistig gesund; gute schulische Leistungen; in den letzten 2 Jahren die Klasse nicht wiederholt; Schulenglischkenntnisse; kulturell offen und motiviert

8. Dauer des Aufenthalts:
Ein Schulhalbjahr oder ein Schuljahr. In dieser Zeit lebst du bei einer sorgfältig ausgewählten Gastfamilie. Du gehst nicht nur in deinem Gastland zur Schule, sondern erlebst auch den typischen Alltag in einer anderen Kultur. Außerdem steht dir ein Betreuer vor Ort mit Rat und Tat zur Seite.

9. Abreisezeitpunkt:
August/September bzw. Januar/Februar und je nach Programm

10. Anmeldefrist oder Bewerbungsfrist:
In der Regel Mitte April für eine Ausreise im August/September bzw. September für eine Ausreise im Januar/Februar (Eine Bewerbung ist jedoch jederzeit möglich. Wir fragen Schulplätze gerne individuell an).

11. Kosten:
Variiert je nach Gastland. USA ab 10.350 EUR inklusive Flügen und umfangreichem Versicherungspaket (Kranken-, Unfall- und Haftpflichtversicherung)

13. Kosten während des Aufenthalts:
Taschengeld (ca. 250 EUR/Monat), ggf. Schulnebenkosten (u.a. Schulbücher für Wahlfächer, Schuluniform falls nötig, Ausflüge)

14. Finanzielle Förderung:
USA High School Classic Programm: ASSE vergibt jedes Jahr einige Teilstipendien in Höhe von 1.000 EUR an ausgewählte Schülerinnen und Schüler, die ein Schuljahr in den USA verbringen möchten. Ggf. Beantragung von Auslandsbafög möglich

16. Bestimmte Staatsangehörigkeit vorausgesetzt:
Neben deutschen Staatsbürgern, nehmen wir auch Schweizer und Österreicher in unsere Programme auf, sowie Bewerber mit unbefristeter Aufenthaltsgenehmigung für diese Länder.

17. Länder / Gebiete des Aufenthalts:
Nordamerika: USA, Kanada, Mexiko
Europa: Dänemark, England, Estland, Finnland, Frankreich, Italien, Niederlande, Portugal, Slowakei, Spanien, Tschechien, Türkei
Asien/Ozeanien: Australien, China, Japan, Mongolei, Neuseeland, Taiwan, Thailand, Südkorea
Afrika: Südafrika
Südamerika: Argentinien, Brasilien

Siegel/Listings: Council on Standards for International Educational Travel (CSIET), WYSE Travel Confederation, Alliance for International Exchange

Carl Duisberg Centren Köln

Das Team Internationale Schulprogramme der Carl Duisberg Centren organisiert Schulaufenthalte an öffentlichen und privaten Schulen, mit der Unterbringung in Gastfamilien oder an Internatsschulen im englischsprachigen Ausland. Dabei können gezielt Schulplätze in den USA, Kanada, Australien, Neuseeland, England oder Irland vermittelt werden. Eine individuelle, an die Bedürfnisse der Teilnehmer angepasste Beratung und professionelle Vorbereitung der Schüler auf den Aufenthalt durch unser erfahrenes Team sind zentrale Bestandteile unseres Angebots. Siehe auch unter „Praktikum", „Work & Travel", „Ök. Arb., Farmstay, Wildlife Experience" und „Summer School".

2. Name:
Carl Duisberg Centren gemeinnützige GmbH
Abt. Internationale Schulprogramme

3. Anschrift:
Hansaring 49-51
50670 Köln

4. Kontaktdaten:
Tel: (0221) 16 26 207
E-Mail: highschool@cdc.de
Homepage: www.carl-duisberg-highschool.de
#carl_duisberg_im_ausland

5. Ansprechspartner:
Tasja Frenzel

6. Altersbegrenzung:
Mindestalter: 14
Höchstalter: 17 (IRL, England), 18 (CAN, USA), 19 (NZL, AUS)

7. Spezielle Voraussetzungen:
Aufgeschlossenheit für andere Länder und Kulturen; Anpassungsbereitschaft an Gegebenheiten des Gastlandes; Selbstständigkeit im Rahmen der landesüblichen Möglichkeiten; Zufriedenstellende Kenntnisse der Landessprache; Mindestnotendurchschnitt variiert nach Zielland, dokumentiert durch das letzte vorliegende Zeugnis.

8. Dauer des Aufenthalts:
Je nach Land und Wunsch 3 bis 18 Monate, z.T. auch Programme von 6 bis 12 Wochen Dauer.

9. Abreisezeitpunkt:
Januar/Februar oder Juli/August/September,
in AUS/NZL auch April.

10. Anmeldefrist oder Bewerbungsfrist:
01.04. für den Beginn im Juli/August/September bzw. 01.10. für den Beginn Januar/Februar, Spätbewerbungen z.T. möglich.

11. Kosten:
Die Kosten sind abhängig von der Dauer des Aufenthaltes, der Schulform und dem Zielland. Im Folgenden ein paar Beispiele. Eine genaue Auflistung der Preise und Leistungen entnehmen Sie bitte unserer Webseite:
www.carl-duisberg-highschool.de
Preisbeispiele (Schuljahr 23/24):

USA (inkl. Flug):
Semester: ab 10.790 EUR

Kanada (inkl. Flug):
Semester: ab 12.050 EUR

Australien (inkl. Flug):
2 Terms: ab 13.650 EUR

Neuseeland (inkl. Flug):
2 Terms: ab 12.950 EUR

Irland (ohne Flug):
1 Term ab Sept: 8.790 EUR

England (ohne Flug):
1 Term ab Sept: 8.900 EUR

12. Kosten während des Aufenthalts:
Taschengeld (ca. 250 EUR monatlich),
Versicherung je nach Programm 30, 44 oder 76 EUR monatlich

16. Bestimmte Staatsangehörigkeit vorausgesetzt:
Alle Nationalitäten sind willkommen, sofern keine Visumsbestimmungen der Teilnahme entgegenstehen. Für uns ist es wichtig, unsere Teilnehmer zu einem persönlichen Beratungsgespräch zu treffen.

17. Länder / Gebiete des Aufenthalts:
USA, Kanada, Australien, Neuseeland, Irland, England

EcoExchange
Essen

Was erwartet dich

Du möchtest in eine andere Kultur eintauchen, in einer neuen Sprache träumen, Abenteuer erleben, Freunde fürs Leben finden, dich persönlich weiterentwickeln und das ganze mit einem gesunden Umweltbewusstsein? Dann sind wir genau der Ansprechpartner für dich.

Wir von EcoExchange übernehmen Verantwortung für dich und die Umwelt!

Was macht uns so besonders.

Wir gleichen jeglichen von uns verursachten CO^2-Ausstoß aus. Dies gilt auch für eure Flugreisen.
Ein Teil unserer Einnahmen geht an ausgewählte Umweltprojekte
Wir beziehen ausschließlich Ökostrom. Wir vermeiden Müll. Wir arbeiten ressourcenschonend (Strom, Wasser, Papier, seltene Erden)

Unser Qualitätsversprechen

Durch unsere langjährige Erfahrung, bieten wir dir einen Austausch ohne böses Erwachen.
Wir sind davon überzeugt, dass ein ausgezeichneter Service vor, während und nach eines Austauschs eine Selbstverständlichkeit darstellt.
Wir verstehen uns als Organisation, dies bedeutet jedoch nicht, dass unsere Aufgaben bei der Organisation und Koordination deines Austausches endet. Wir möchten dir eine unvergessliche Zeit zu ermöglichen. Aus diesem Grunde haben wir immer ein offenes Ohr für dich und meistern jede Herausforderung mit dir zusammen.

2. Name:
EcoExchange

3. Anschrift:
Martin-Luther-Str. 116, 45144 Essen

4. Kontaktinformationen:
Tel.: 0201 43390203
Mail: info@ecoexchange.info
Homepage: www.ecoexchange.info

5. Ansprechspartner:
Patrick Sauer

6. Altersbegrenzung:
14 – 18

7. Spezielle Voraussetzungen:
Keine speziellen Voraussetzungen, Interessierte Schüler:innen werden zuvor auf Eignung Geprüft

8. Dauer des Aufenthalts:
Von Kurzzeit bis mehrjährigen Aufenthalten ist alles möglich

9. Abreisezeitpunkt:
August und Januar jeden Jahres, Bei Kurzzeit variabel

10. Anmeldefrist oder Bewerbungsfrist:
01.04 für die Abreise im August,
01.10 für die Abreise im Januar

11. Kosten:
Preise jeweils für ein Schuljahr:
England ab 14.680 EUR
Irland ab 14.565 EUR
Schottland ab 14.680 EUR
USA ab 10.720 EUR
Kanada auf Anfrage
Schweden 8.700 EUR
Norwegen ab 8.700 EUR
Dänemark ab 8.700 EUR

13. Kosten während des Aufenthalts:
Taschengeld und Versicherungen

16. Bestimmte Staatsangehörigkeit vorausgesetzt:
Deutsch, Österreich, Schweiz

17. Länder / Gebiete des Aufenthalts:
England, Irland, Schottland, USA, Kanada, Schweden, Norwegen und Dänemark

Edu-Seasons Sprachreisen Berlin

edu seasons

Familiensabbatical – Die Kinder gehen zur Schule und die Eltern lernen die Zielsprache, absolvieren ein Volunteering/Community Service, studieren oder machen im Ausland Home Office.
Siehe auch unter „Sprachreisen“ und „Studium im Ausland“.

2. Name:
Edu-Seasons Sprachreisen

3. Anschrift:
Hönower Straße 35
10318 Berlin

4. Kontaktdaten:
Tel: 0049 (0) 30 12020486
E-Mail: info@edu-seasons.com
Homepage: www.edu-seasons.com
Öffnungszeiten: 9.00 – 16.00 Uhr montags bis freitags, Termine außerhalb dieser Zeit nach Vereinbarung

5. Ansprechspartner:
Milena Berné

6. Altersbegrenzung:
Mindestalter ab 2. Klasse

7. Spezielle Voraussetzungen:
Keine speziellen Voraussetzungen notwendig.

8. Dauer des Aufenthalts:
9 und 12 Wochen Wochen (1 Term), 1 Halbjahr, 1 Schuljahr

9. Abreisezeitpunkt:
August, Januar/Februar, April

10. Anmeldefrist oder Bewerbungsfrist:
6-9 Monate vor Abreise, mind. 3 Monate

11. Kosten:
Reisekosten. (ohne An- und Abreise, ohne Unterbringung) Irland: ab 2200 EUR für 1 Term=9 Wochen. Kanada ab 4000 EUR für 1 Halbjahr inkl. Anmeldegebühr und Medical Insurance für das Kind. Spanien: ab 4000 EUR für 1 Term=12 Wochen und 12 Wochen Spanisch Sprachkurs für 1 Elternteil; Im Preis enthalten: Bewerbung, Visasupport, Reiseplanung und Orientierung

13. Kosten während des Aufenthalts:
Miete, Visum, Versicherungen, An-und Abreise je nach Programmdauer, Familiengröße und Reiseland unterschiedlich

14. Finanzielle Förderung:
Kanada – teilweise Stipendienvergabe, Vergünstigungen bei Geschwisterkindern, Sabbatical Programme großer Unternehmen wie z.B. Deutsche Bahn

16. Bestimmte Staatsangehörigkeit vorausgesetzt:
Deutschland, Österreich, Schweiz

17. Länder / Gebiete des Aufenthalts:
Irland, Kanada, Spanien

EF ACADEMY

International Boarding Schools

EF Academy – Internationale Privatschulen und Internate im Ausland Düsseldorf

Die EF Academy eröffnet Schülern eine Welt voller Möglichkeiten und eine grenzenlose Zukunft durch eine hervorragende Schulbildung im Ausland und zielgerichtete Vorbereitung auf die Universität. Unsere internationalen Schüler aus über 75 verschiedenen Nationen, haben die Möglichkeit, internationale Schulabschlüsse, wie das IB Diploma, zu absolvieren oder ihren Lebenslauf durch ein Auslandsjahr an einem internationalen Internat im Ausland zu ergänzen. Ob im historischen Oxford, dem pulsierenden New York oder dem sonnigen Kalifornien – die Schulen der EF Academy verbinden ausgezeichnete Bildung mit interkulturellem Austausch an den spannendsten Orten der Welt.

2. Name:
EF Education (Deutschland) GmbH

3. Anschrift:
Carl-Theordor-Straße 1
40213 Düsseldorf

4. Telefon/E-Mail/Homepage:
Tel: 0211 688 57 350
E-Mail: germany@efacademy.org
Homepage: www.efacademy.org/de/
Öffnungszeiten: Montag – Donnerstag von 09:00 – 19:00 Uhr, Freitag von 09:00 – 18:00 Uhr

6. Altersbegrenzung:
Klasse: 9 – 12
Alter: 13 – 18 Jahre

7. Spezlelle Voraussetzungen:
Wir verfolgen einen ganzheitlichen Bildungsansatz, bei dem wir sowohl die letzten vier Halbjahreszeugnisse und das derzeitige Englischniveau, als auch die generelle Motivation, eine internationale Schule im Ausland zu besuchen, berücksichtigen.

8. Dauer des Aufenthalts:
Einzelnes Schul- bzw. Auslandsjahr/-halbjahr sowie Schullaufbahn für zwei bis fünf Jahre mit internationalem Schulabschluss möglich.

9. Abreisezeitpunkt:
Schulstart Ende August/Anfang September, Halbjahr ebenfalls ab Januar möglich

10. Anmeldefrist oder Bewerbungsfrist:
In der Regel endet die letzte Bewerbungsfrist am 15. März (bitte setzen Sie sich für Nachrückverfahren oder Wartelisten mit uns in Verbindung)

11. Kosten:
Die Schulgebühren sind abhängig vom Schulstandort und in Landeswährung angegeben:
New York: 66.500 USD pro Schuljahr
Pasadena: 69.500 USD pro Schuljahr
Oxford: 49.500 GBP pro Schuljahr
Schulgeld, Unterbringung (Mehrbettzimmer im Internatswohnheim), Verpflegung, Versicherung sowie Aktivitäten & Ausflüge sind in den Gesamtgebühren inbegriffen.

13. Kosten während des Aufenthalts:
In den Schulgebühren sind nicht enthalten:

- Visumskosten
- Taschengeld
- Flugkosten

16. Bestimmte Staatsangehörigkeit vorausgesetzt:
Jede Nationalität ist willkommen! Die Schulen der EF Academy heißen derzeit Schüler aus über 75 verschiedenen Nationen willkommen. Ggf. können Visavoraussetzungen abweichen.

17. Länder / Gebiete des Aufenthalts:
USA und England

EF High School Exchange Year Düsseldorf

Education First

EF bietet seit fast 50 Jahren Austauschprogramme an. Während dieser Zeit hat sich an der ursprünglichen Idee, den interkulturellen Austausch zu fördern, nichts geändert: Jugendliche verschiedener Nationalitäten und Kulturen sollen das Land ihrer Wahl, die dortige Kultur und den Alltag in einer Gastfamilie kennenlernen. Gleichzeitig erhalten sie die Möglichkeit, ihre Fremdsprachenkenntnisse zu perfektionieren. Unsere besondere Qualität und Stärke liegen in der professionellen und persönlichen Betreuung unser Teilnehmer. Vom ersten Schritt der Bewerbung bis zum Abschied von der Gastfamilie sind ausschließlich EF-Mitarbeiter an der Organisation des Austauschjahres beteiligt.
Verbringe mit uns ein unvergessliches Austauschjahr an einer örtlichen High School in den USA, Großbritannien oder Irland. Verbessere deine Englischkenntnisse, während du den Alltag in einem anderen Land erlebst. Lebe in einer Gastfamilie, entdecke eine neue Kultur und knüpfe lebenslange Freundschaften aus aller Welt. Du wirst eine öffentliche High School für ein Schuljahr oder ein Schulsemester in den Klassen 9-12 besuchen.

2. Name:
EF High School Exchange Year

3. Anschrift:
Carl-Theordor-Straße 1, 40213 Düsseldorf

4. Telefon/E-Mail/Homepage:
Tel: 0211 688 57 300
Email: highschoolyear.de@ef.com
Homepage: www.ef.de/highschool
Öffnungszeiten:
Montag bis Donnerstag 09:00 Uhr - 19:00 Uhr
Freitag 09:00 Uhr - 18:00 Uhr
Samstag 10:00 Uhr - 15:00 Uhr

5. Ansprechspartner:
EF Büro Düsseldorf: 0211 688 57 300

6. Altersbegrenzung:
USA: Mindestalter 15, Höchstalter 18,5
Irland: Mindestalter 15, Höchstalter 17,5
England: Mindestalter 16, Höchstalter 18

7. Spezielle Voraussetzungen:
- durchschnittliche Noten, kein „mangelhaft" in Hauptfächern
- ausreichende Englischkenntnisse
- Motivation, Reife, realistische Erwartungen, Offenheit
- Physische und psychische Gesundheit

8. Dauer des Aufenthalts:
Schuljahr: ca. 9-10 Monate
Schulhalbjahr: ca. 3-5 Monate (je nach Gastland und Halbjahr)

9. Abreisezeitpunkt:
Abreise Sommer USA: Abreise Juli bis September
Abreise Sommer Irland/Großbritannien: Mitte/Ende August
Abreise Winter USA: Dezember - Januar
Abreise Winter Irland/Großbritannien: Anfang Januar

10. Anmeldefrist oder Bewerbungsfrist:
Es gibt verschiedene Bewerbungszeiträume, bitte fragt individuell bei uns an!

11. Kosten:
Programmpreis Schuljahr USA: 14.950,00 EUR
Programmpreis Schuljahr Irland: 13.950,00 EUR
Programmpreis Schuljahr Großbritannien (inkl. Schulgebühren): 19.950,00 EUR
Programmpreis Schulhalbjahr USA: 13.950,00 EUR
Programmpreis Schulhalbjahr Irland: 12.950,00 EUR
Programmpreis Schulhalbjahr Großbritannien: 14.450,00 EUR

Hinzu kommen: Visumskosten, Anmeldegebühr, Versicherungskosten

13. Kosten während des Aufenthalts:
Auf Anfrage schicken wir euch gerne unsere Preisliste mit den Angabe über die Zusatzkosten für Visum, Versicherungen etc. zu.

14. Finanzielle Förderung:
Wir bieten aktuell keine Stipendien an. Es besteht die Möglichkeit, Auslands-BAFöG zu beantragen.

16. Bestimmte Staatsangehörigkeit vorausgesetzt:
Die Programmaufnahme ist prinzipiell für Schüler aller Nationalitäten möglich.

17. Länder / Gebiete des Aufenthalts:
USA, Irland und Großbritannien

EXPERIMENT
DEINE AUSTAUSCHORGANISATION

Experiment
Bonn

Explore. Exchange. Experience.
Experiment ist Deutschlands älteste gemeinnützige Austauschorganisation und sitzt in Bonn. Seit über 90 Jahren hat sie es sich zum Ziel gesetzt, den Austausch zwischen Menschen aller Kulturen, Religionen und Altersgruppen zu fördern. Der Verein bietet eine große Bandbreite an interkulturellen Programmen in vielen verschiedenen Ländern, darunter Schüleraustausche, Freiwilligendienste, Ferienprogramme, Praktika und Sprachreisen. Experiment ist Gründungsmitglied des „Arbeitskreises gemeinnütziger Jugendaustausch"(AJA), und legt großen Wert auf die Qualität der Austauschprogramme.

*Schüleraustausch: Unsere Partnerorganisationen in den Gastländern sind sorgsam ausgewählt und stehen Experiment sowie den Programmteilnehmenden rund um die Uhr als kompetente und verlässliche Ansprechpartner zur Seite. Die Schüler*innen sind vor Ort in Gastfamilien untergebracht, sodass sie von Anfang an in die Kultur und den Alltag ihres Gastlandes integriert sind.*
Siehe auch unter „Au Pair", „Praktikum", „Flex. Freiwilligenarbeit", „Gef. Freiwilligendienste" und „Homestay"

2. Name:
Experiment – Deine Austauschorganisation

3. Anschrift:
Gluckstraße 1, 53115 Bonn

4. Kontaktinformationen:
Tel.: 0228 95722-0, Fax: 0228 358282
E-Mail: info@experiment-ev.de
Internet: www.experiment-ev.de
Social Media: experiment.ev

5. Ansprechspartner:
Michaela Schäfer, school@experiment-ev.de

6. Altersbegrenzung:
14 bis 18 Jahre zum Zeitpunkt der Ausreise

7. Spezielle Voraussetzungen:
Interesse an interkulturellem Austausch, Eigeninitiative, Aufgeschlossenheit, Offenheit und Toleranz

8. Dauer des Aufenthalts:
Ab 3 Monaten bis zu einem Schuljahr

9. Abreisezeitpunkt:
Juli-September, Januar-März, vereinzelt auch April oder Oktober

10. Anmeldefrist oder Bewerbungsfrist:
Offizieller Bewerbungsschluss ist der 1. März für Sommerausreisen und der 1. September für Winterausreisen, nach Verfügbarkeit. Danach werden Bewerbungen noch so lange angenommen, wie Plätze verfügbar sind.

11. Kosten:
Ab 4.690 EUR je nach Dauer und Land
Leistung: Unterkunft und Verpflegung bei einer Gastfamilie. Hin-und Rückflug sowie Kranken-Unfall und Haftpflichtversicherung bei außereuropäischen Ländern

13. Kosten während des Aufenthalts:
Taschengeld, Schulmaterialien, evtl. Transport zur Schule, ggf. Kosten für erforderliche Quarantäne

14. Finanzielle Förderung:
Umfangreiches eigenes Stipendienprogramm mit einem Volumen von 100.000 EUR, Vollstipendien für die USA als durchführende Austauschorganisation für den Bundestag (Parlamentarisches Patenschafts-Programm), China-Stipendien über die Stiftung Mercator, weitere Stipendien über die Kreuzberger Kinderstiftung.

16. Bestimmte Staatsangehörigkeit vorausgesetzt:
Angebote offen für alle.

17. Länder / Gebiete des Aufenthalts:
Argentinien, Australien, Belgien, Costa Rica, Dänemark, Ecuador, Estland, Frankreich, Großbritannien, Irland, Italien, Japan, Kanada, Mexiko, Neuseeland, Niederlande, Norwegen, Polen, Portugal, Schweden, Spanien, Südafrika, Thailand, USA.

GET Global Education Tumulka GmbH München

GET Global Education Tumulka ist seit über 30 Jahren auf dem Bildungsmarkt tätig und bietet mit der Abteilung für Internationale Schulberatung kompetente Beratung durch Bildungsexperten zu Schulaufenthalten in UK, USA, Kanada, Frankreich, Australien, Neuseeland und der Schweiz. GET besitzt ein erfahrenes weltweites Netzwerk für Internate, Colleges und internationale Schulen von höchstem Anspruch. Da ein Schulaufenthalt im Ausland ein Leben lang besonders prägend ist, ist es für jede Familie sehr wichtig, einen qualifizierten Ansprechpartner für alle schulischen Anliegen an seiner Seite zu wissen.
*Mit einer Auswahl an über 300 weltweit führenden Internatsschulen unterstützt **GET Global Education Tumulka** Familien dabei, die passende Schule nach den persönlichen Wünschen und Bedürfnissen für die Kinder zu finden - vom Kleinkindalter über die Teenagerjahre bis hin zum Schulabsolventen. Dabei stehen die Bedürfnisse, Talente und die Persönlichkeit des Kindes immer an oberster Stelle. GET bietet Familien einen einzigartigen Rundum-Service und ist absoluter Experte für maßgeschneiderte internationale Bildungswege und Schulabschlüsse.*

Siehe auch unter „Soziale Arbeit im Ausland", „Sprachreisen" und „Summer School".

2. Name:
GET Global Education Tumulka GmbH

3. Anschrift:
Franz-Joseph-Str. 9
D-80801 München

4. Kontaktdaten:
Tel: 0049/89/41424540
Fax: 0049/89/4142454-22
E-Mail: info@get-education.com
Homepage: www.get-education.com
Öffnungszeiten: Montag – Freitag 9.00-18.00 Uhr

5. Ansprechspartner:
Dr. (Univ. Roma) Elena Ongyerth

6. Altersbegrenzung:
12-17 Jahre

8. Dauer des Aufenthalts:
Als Schnupperaufenthalt bereits ab 1 Woche möglich, i.d. Regel sonst ab 1 Term bis hin zu mehreren Jahren

9. Abreisezeitpunkt:
individuell

10. Anmeldefrist oder Bewerbungsfrist:
individuell

11. Kosten:
Unterschiedlich je nach Länge des Aufenthaltes, i.d. Regel kostet 1 Term ca. 10.000 GBP
Kost und Logis im Schulgeld enthalten

13. Kosten während des Aufenthalts:
individuell

16. Bestimmte Staatsangehörigkeit vorausgesetzt:
Nein, offen für alle Nationalitäten

17. Länder / Gebiete des Aufenthalts:
England, USA, Kanada, Frankreich

HiCo Education

HiCo Education – High School & College Consulting Bensheim

HiCo Education berät Jugendliche individuell und persönlich auf ihrem Weg ins Ausland. Als Agentur für internationale Schulprogramme vermittelt HiCo Education High School Aufenthalte (öffentliche High Schools, Privatschulen & Internate) College-Programme und Sprachreisen. Unser Schwerpunkt liegt im englischsprachigen Ausland: USA, Kanada, England und Irland. Unser Hauptprogramm liegt im Schulwahlbereich. Das bedeutet wir bieten je nach den Vorgaben und Wünschen der Schüler geeignete Schulen an. Dies kann sein im Bereich Sport, Kunst, Schulabschluss (IB-Programme) oder eine bestimmte Stadt bzw. und Region. Darüber hinaus bieten wir in allen Ländern auch Kurzprogramme ab 4 Wochen an. Als kleinere Agentur mit ca. 200 Schülern im Jahr beraten wir individuell und persönlich.

2. Name:
HiCo Education – High School & College Consulting

3. Anschrift:
Darmstädter Str. 162, 64625 Bensheim, Germany

4. Kontaktinformationen:
Tel. +49 (0) 6251 5850688
Fax +49 (0) 6251 5830002
Email: info@hico-education.de
Homepage: www.hico-education.de

5. Ansprechspartner:
High School USA: Ilona Wondratschek
High School CAN/GB/IRL: Andrea Wetzel
Internate: Ilona Wondratschek

6. Altersbegrenzung:
Bei Privatschulen ab 14 Jahren (ab Klasse 9)

7. Spezielle Voraussetzungen:
Aufgeschlossen anderen Ländern und Kulturen gegenüber
Ausreichende Sprachkenntnisse, Toleranz, Flexibilität

8. Dauer des Aufenthalts:
Kurzprogramme bei allen Ländern ab 4 Wochen
Semester: ca. 5 Monate
Schuljahr: ca. 10 Monate

9. Abreisezeitpunkt:
Kurzprogramme: Flexibel je nach Platzkapazität
Semester: August/September/Januar
Schuljahr: August/September

10. Anmeldefrist oder Bewerbungsfrist:
Classic Programm USA: bis 31.03. bei Ausreise Sommer, bis 30.09. bei Ausreise Winter.
Privatschulen und Select-Programmen werden auch späte Bewerbungen berücksichtigt

11. Kosten:
Classic Programm USA (inkl. Flug)
Semester: 11.200 EUR / Schuljahr 12.200 EUR

Kurzprogramm 3 Monate ab 9.500 EUR
Alle weiteren Programmgebühren detailliert auf unserer Homepage

12. Lohn während des Aufenthalts:
Beim Classic Programm USA (Kost & Logis frei)

13. Kosten während des Aufenthalts:
Taschengeld ca. 200 EUR im Monat, evtl. Schuluniform, Schulausflüge, außerschulische Aktivitäten

14. Finanzielle Förderung:
Wir vergeben jedes Jahr Teilstipendien, Infos hierzu stehen auf unserer Homepage

16. Bestimmte Staatsangehörigkeit vorausgesetzt:
Wir akzeptieren Schüler jeglicher Nationalitäten.
Wir haben jedes Jahr Schüler aus Österreich, Luxemburg und der Schweiz mit im Programm

17. Länder / Gebiete des Aufenthalts:
USA, Kanada, Großbritannien, Irland, Costa Rica, Australien, Neuseeland, Südafrika, Spanien, Malta

High School Experts GmbH
Global Horizons USA
Langen

#HighSchoolExperts

In einer globalisierten Welt ermöglichen wir eine kulturelle und lebensbereichernde Erfahrung, die einen nachhaltig positiven Einfluss auf das Leben eines jungen Menschen hat.
Das ist unsere Leidenschaft.
Bist du aktiv, aufgeschlossen, anpassungsfähig, freundlich u. bereit auf ein Abenteuer, das Deinen Horizont in akademischer, sozialer u. emotionaler Weise erweitert? Dann bist Du hier genau richtig! Und wenn Du zwischen 14 - 18 Jahre jung bist, perfekt!

2. Name:
High School Experts GmbH
Global Horizons USA

3. Anschrift:
Paul-Ehrlich-Str. 1a; 63225 Langen

4. Kontaktdaten:
+49 6103 504 05 68
info@highschoolexperts.org
www.highschoolexperts.org
Facebook: highachoolexperts
Instagram: HighSchoolExperts

5. Ansprechspartner:
Hoodakhsh Afshari

6. Altersbegrenzung:
14-18 Jahre

7. Spezielle Voraussetzungen:
Schülerstatus 9 – 12 Klasse

8. Dauer des Aufenthalts:
0,5 - 4 Jahre

9. Abreisezeitpunkt:
Variiert nach Schulstart
Januar / Februar / August / September

10. Anmeldefrist oder Bewerbungsfrist:
Boarding Program: 01.03.
Public Program: 01.04.
Private Day School Program: No deadline

11. Kosten:
Ab EUR 11.595,-

13. Kosten während des Aufenthalts:
Schulextras, Bücher und Lernmaterial, evtl. Schuluniform/ Dresscode, Taschengeld, Versicherung (abhängig vom Programm)

14. Finanzielle Förderung:
Stipendien durch die Schule gewährt
Geschwisterrabatt

16. Bestimmte Staatsangehörigkeit vorausgesetzt:
Jeder kann teilnehmen

17. Länder / Gebiete des Aufenthalts:
USA
Costa Rica

www.international-experience.net

iE
international Experience e.V.
Lohmar

international Experience e.V., gemeinnützig anerkannte Organisation, wurde im Jahre 2000 von ehemaligen Austauschschülern und -lehrern gegründet. Wir bieten internationalen Schüleraustausch für 3, 5 oder 10 Monate in den USA, Kanada, Australien, Neuseeland, Südafrika, Argentinien, Chile, Costa Rica, Spanien, England, Irland, Schottland, Italien, Frankreich und Skandinavien. Wir sehen uns als Partner für individuelle maßgeschneiderte Programme und bieten daher in Zeiten weltweiter Globalisierung den jungen Menschen einen wichtigen Baustein in ihrer persönlichen Entwicklung. Sie können zwischen einem Aufenthalt an einer öffentlichen High School, einer speziell ausgesuchten Privatschule mit Gastfamilienaufenthalt oder hervorragenden Internaten weltweit wählen. Für das Besondere bieten wir auch ein High School Segelschiff für ein oder zwei Jahre Weltreise an.

2. Name:
iE international Experience e.V.

3. Anschrift:
Amselweg 20, 53797 Lohmar

4. Kontaktdaten:
Tel: 02246/915 49 0
Fax: 02246/ 915 49 12
E-Mail: info@international-experience.net
Homepage: www.international-experience.net
Instagram Account: @international_experience_ev
Online Bewerbung:
www.international-experience.net link: online bewerben
Öffnungszeiten:
Mo - Do: 9:00 Uhr bis 17:00 Uhr
Fr: 9:00 Uhr bis 15:00 Uhr

5. Ansprechspartner:
USA Öffentliche Schulen und Privatschulen: Frau Stephanie von Aswegen, Frau Jennifer Gillner, Frau Nadine Cyrus, Frau Silke Hover; Australien, Neuseeland, Südafrika und Kanada: Frau Carina Boristowski, Frau Hannah Kleppe, Frau Maxi de la Haye; Argentinien, Spanien, Frankreich, Italien, Skandinavien und inbound: Frau Nicola Gillner; England, Schottland, Irland: Frau Almira Dzananovic; Internate weltweit: Frau Andrea Bauer.

6. Altersbegrenzung:
14 bis 18 Jahre, auf Anfrage auch College und „After School" Programme möglich

7. Spezielle Voraussetzungen:
Aufgeschlossenheit, Flexibilität, Offenheit und Toleranz gegenüber anderen Kulturen.
Gute Kenntnisse der Sprache des Ziellandes, besonders in den englischsprachigen Ländern. Argentinien: Spanischkenntnisse hilfreich, jedoch nicht erforderlich.

8. Dauer des Aufenthalts:
Normalerweise 5 – 10 Monate (ein oder zwei Semester), in einigen Ländern (z.B. Neuseeland) auf Anfrage auch länger möglich. 3 Monate möglich z.B. in Irland, Kanada, Argentinien, Spanien, 1 – 4 Quartale möglich z.B. in Südafrika, Neuseeland, Australien.

9. Abreisezeitpunkt:
Richtet sich nach Schulbeginn im Gastland
Sommerausreise: Juli – September
Winterausreise: Januar - Februar

10. Anmeldefrist oder Bewerbungsfrist:
Sommer: 31. März des Jahres
Winter: 30. September des Vorjahres, Spätanmeldungen auf Anfrage möglich.

11. Kosten:
Basis Programm USA, Public High School: 10.395,- EUR / 5 Monate, 11.495,- EUR / 10 Monate (Versicherung inkl.), zzgl. Flüge und Visagebühren. Basis Programm USA Private Day School: 15.895,- EUR / 5 Monate, 19.995, EUR / 10 Monate (Versicherung inkl.) zzgl. Flüge und Visagebühren. Andere Programm sie iE – Preiskonfigurator auf der Website.

13. Kosten während des Aufenthalts:
Versicherung: 75.- EUR / Monat (in einigen Programmen inklusive); Taschengeld: ca. 150 - 250.- EUR / Monat; USA freie Logis im öffentlichen Schulbereich, andere Länder evtl. Gastfamiliengelder (siehe iE-Preisliste).

14. Finanzielle Förderung:
Grundsätzlich Auslands BAFöG möglich.
Teilstipendium von iE e.V. und iE-USA nach Bewerbung möglich (begrenzte Anzahl Plätze). Im Internatsprogramm Teilstipendien für ausgewählte Schüler direkt über die Internate möglich.

16. Bestimmte Staatsangehörigkeit vorausgesetzt:
Unsere Programme sind für alle Nationalitäten offen.

17. Länder / Gebiete des Aufenthalts:
USA, Kanada, Australien, Neuseeland, Südafrika, Argentinien, Chile, Spanien, England, Irland, Schottland, Italien, Frankreich, Skandinavien.

MAP MUNICH ACADEMIC PROGRAM GMBH
München

Mit mehr als 30 Jahren Erfahrung hat sich MAP auf langfristige High School Aufenthalte mit einer Programmdauer ab 5 Monaten in den USA bzw. ab 3 Monaten in Kanada, Australien, Neuseeland, Irland und Spanien spezialisiert. Die Schüler wohnen in ausgewählten Gastfamilien und besuchen entweder eine öffentliche High School oder auf Wunsch eine Privatschule bzw. ein Internat. MAP bietet dabei ein umfangreiches und individuelles Service-Paket an.

2. Name:
MAP MUNICH ACADEMIC PROGRAM GMBH

3. Anschrift:
Türkenstraße 104, 80799 München

4. Kontaktdaten:
Tel: 089/35 73 79 77
E-Mail: info@map-highschoolyear.com
Homepage: www.map-highschoolyear.com
Instagram: map_highschoolyear
Öffnungszeiten: Mo. - Do.: 9.00 - 18.00 Uhr,
Fr.: 9.00 - 15.00 Uhr

5. Ansprechspartner:
Trautlinde Bohlen und das MAP Team

6. Altersbegrenzung:
14 – 18 Jahre
Im USA Classic Program ist ein bestimmtes Alter (15 Jahre, auf Grund von Visumsbestimmungen) zu berücksichtigen.

7. Spezielle Voraussetzungen:
Bewerber für das USA Classic Program dürfen im Fach Englisch keine Note Fünf haben, in den letzten 2 Jahren keine Klasse wiederholt haben und müssen einen befriedigenden Notendurchschnitt vorweisen. Für alle anderen Programme und Länder gibt es keine bestimmten Notenvorgaben. Für den Besuch einer Private High School sind gute Noten notwendig. Selbstständigkeit, Reife, Aufgeschlossenheit, Kontaktfreude sowie Anpassungsfähigkeit und Kompromissbereitschaft werden vom Schüler erwartet.

8. Dauer des Aufenthalts:
3 (USA nur Privatschulen), 5 oder 10/12 Monate

9. Abreisezeitpunkt:
Richtet sich nach Schulbeginn im Gastland. Sommerausreise: Juli/August/September. Winterausreise: Januar/Februar. In manchen Ländern auch individuell möglich

10. Anmeldefrist oder Bewerbungsfrist:
USA: Sommerausreise: 1. April des Jahres, Winterausreise: 15. September des Vorjahres, spätere Bewerbung auf Anfrage. In allen anderen Ländern gibt es keine strengen Bewerbungsfristen. Wir empfehlen eine frühzeitige Bewerbung, da die Wahlmöglichkeit bei den Schulen dann am größten ist.

11. Kosten:
Abhängig von der Programmdauer und dem Gastland. Aktuelle Preise siehe Website.
Preisbeispiel: USA Classic Program 2023/2024 exkl. Flug: 5 oder 10 Monate EUR 9.300

13. Kosten während des Aufenthalts:
Taschengeld ca. EUR 250 monatlich, Versicherung, Kosten für Schulbücher/-ausflüge etc., richtet sich nach individuellen Bedürfnissen und Aufenthaltsort/-land.

14. Finanzielle Förderung:
MAP vergibt 5 Teilstipendien im Wert von je EUR 1.000 für Aufenthalte ab 5 Monaten in allen Ländern (ausgenommen Privatschulaufenthalte).

16. Bestimmte Staatsangehörigkeit vorausgesetzt:
Nein.

17. Länder / Gebiete des Aufenthalts:
Australien, Irland, Kanada, Neuseeland, Spanien, USA (Staatenwahl möglich)

Ocean College Berlin

*Ocean College segelt mit einem Traditions-Segelschiff 6 Monate über den Atlantik und zurück. An Bord findet Schulunterricht statt. Das Ziel von Ocean College ist es, mit dem Schiff und den verschiedenen Landaufenthalten außerschulische Lernorte zu realisieren. Während der Fahrt sind die Schüler*innen komplett in den Schiffsbetrieb eingebunden. In der Wache sind sie für die Schiffsführung verantwortlich, was Navigieren, Steuern, Segel setzen, Sicherheits- und Maschinenrunden, Astronavigation, Karteneinträge und Ausguck beinhaltet. Der längste Landaufenthalt mit dem Besuch von Regenwald-Aufforstungsprojekten, einem zweiwöchigen Sprachkurs und der Arbeit auf einer Kaffeefarm findet in Costa Rica statt. Während der Reise gibt es dreimal eine Schiffsübergabe, bei der sich die Schüler*innen für alle Positionen an Bord bewerben können und das Schiff dann eigenverantwortlich segeln.*

2. Name:
Ocean College

3. Anschrift:
Hubertusallee 42, 14193 Berlin

4. Kontaktinformationen:
Tel: 030 98531478
E-Mail: info@oceancollege.eu
Homepage: www.oceancollege.eu
Öffnungszeiten: immer

5. Ansprechspartner:
Johan Kegler (j.kegler@oceancollege.eu)
Franziska Müller (f.mueller@oceancollege.eu

6. Altersbegrenzung:
Schüler: 15-19 Jahre; Mentoren: 17-20 Jahre

7. Spezielle Voraussetzungen:
Keine speziellen Voraussetzungen

8. Dauer des Aufenthalts:
6 Monate

9. Abreisezeitpunkt:
Einmal Jährlich Oktober-April

10. Anmeldefrist oder Bewerbungsfrist:
Aktuelle Fristen sind auf unserer Webseite zu finden

11. Kosten:
25.000 EUR
Abgedeckt sind folgende Kosten:

- Unterkunft und Vollpension auf Segelschiff und bei Landprogrammen
- Segelunterricht mit professioneller, englischsprachiger Crew
- ein halbes Jahr Schul-Unterricht mit 3 deutschsprachigen Lehrer:innen
- Landprogramme in ca.10 Ländern
- mehrwöchiger Besuch einer Sprachschule
- Segelkleidung

13. Kosten während des Aufenthalts:
Taschengeld nach Bedaft (theoretisch ist kein Taschengeld nötig), Krankenversicherung, An- und Abreise zum Schiff

14. Finanzielle Förderung:
Stipendienprogramm von Ocean College, Crowdfunding, Unterstützung eigener Funding-Projekte

16. Bestimmte Staatsangehörigkeit vorausgesetzt:
Keine bestimmte Staatsangehörigkeit vorausgesetzt

17. Länder / Gebiete des Aufenthalts:
Folgende Länder/Orte sind möglich (abhängig von Segelbedingungen u.ä. besuchen wir nicht alle genannten Orte): Deutschland, England, Frankreich, Spanien, Portugal, Gibraltar, Marokko, Teneriffa, Kap Verden, Karribik-Inseln, Curacao, Kolumbien, Panama, Costa Rica, Kuba, Bermuda, Azoren

OUTDOOR COLLEGE
Sundsacker

Das OUTDOOR COLLEGE ist ein Naturschulprojekt für deutsche Schüler in Norwegen. Hier werden Jugendliche im ersten Halbjahr der 9. Klasse in ihrer ganzheitlichen Entwicklung unterstützt. Sie lernen mit Freiheit, Selbstständigkeit und Verantwortung umzugehen. In SüdNorwegen, in der Kommune Sirdal befindet sich die Dr. Rolf Hoffmann Skole, das Zuhause des OUTDOOR COLLEGE. Der schulische Alltag findet in kleinen Lerngruppen statt. Der Unterrichtsinhalt basiert auf dem „deutschen Lehrplan" und wird mit dem unterrichten der norwegischen Sprache ergänzt. Was das OUTDOOR COLLEGE auszeichnet ist die Verknüpfung theoretischer Inhalte mit dem praktischen Leben in und mit der Natur. Die Schüler versorgen und verpflegen sich eigenständig in der Gruppe, sie arbeiten und trainieren mit Huskys, monatlich finden einwöchige Expeditionen z.B. im Kajak, auf einer Wandertour im Fjell oder mit Schneeschuhen statt. Im Winter zahlt sich das Training mit den Huskys aus, denn dann geht es mit den Hundeschlitten raus in die weiße Winterlandschaft. Unterstützt und gefördert werden die Schüler von der Projektleitung sowie dem Lehrerteam, das ebenfalls in der Dr. Rolf Hoffmann Skole lebt. Selbstständigkeit, Verantwortung und der Umgang mit Freiheit das sind die drei Säulen des OUTDOOR COLLEGE. Die naturbelassene Landschaft Norwegens bietet mit ihrem Wildnischarakter einen besonderen Lehrraum. Bei den natursportlichen Herausforderungen können Grenzen erfahren und überwunden werden, um so ein besonderes Vertrauen in die eigenen Fähigkeiten zu entwickeln. Die nachhaltige Persönlichkeitsentwicklung wird von uns gefördert, wobei die Wildnis hierfür das perfekte "Klassenzimmer" bietet.

2. Name:
OUTDOOR COLLEGE

3. Anschrift:
Mühlenberg 4, 24398 Sundsacker

4. Kontaktinformationen:
Tel: +49 (0)4644 973 71 70
E-Mail: info@outdoor-college.de
Homepage: www.outdoor-college.de

5. Ansprechspartner:
Initiatoren des Projekts: Maike & Günther Hoffmann

6. Altersbegrenzung:
Schüler, die nach den Sommerferien in die 9. Jahrgangsstufe einer Gemeinschaftsschule oder Gymnasium eintreten. Ziel ist es, das die Schüler in die zweite Hälfte des Schuljahres zurück in ihre Heimatschule und Klasse gehen können. Ein Zeugnis mit Noten erhalten die Schüler für die Leistungen im OUTDOOR COLLEGE

7. Spezielle Voraussetzungen:
Für jeden OUTDOOR COLLEGE Durchgang werden auch immer ausgebildete Lehrkräfte für den Unterricht gesucht. Voraussetzung ist mindestens der erfolgreiche Abschluss des 1. Staatsexamens

8. Dauer des Aufenthalts:
1. August bis 28. Februar (7 Monate).

9. Abreisezeitpunkt:
An- und Abreise der Schüler erfolgt ab/nach Schleswig Holstein gemeinschaftlich im Bus. Während des siebenmonatigen Aufenthalts werden die Schüler nicht nach Hause reisen. Weihnachten und Silvester feiern sie gemeinschaftlich in ihrem neuen Zuhause in Norwegen. Besuche von Familie oder Freunden während des Aufenthalts ist nicht möglich.

10. Anmeldefrist oder Bewerbungsfrist:
1. März

11. Kosten:
Die monatlichen Kosten betragen EUR 2.250. Darin sind die An- und Abreisekosten, die Unterbringung, Verpflegung, Betreuung, Unterricht, Expeditionstouren inkl. Equipment und die persönliche Grund Outdoor Ausrüstung enthalten. Die Schüler erhalten Rucksack, Schlafsack, Wanderschuhe, Schutzjacke -und Hose, Funktionsunterwäsche und Handschuhe, das später auch im persönlichen Besitz jedes einzelnen bleibt.

13. Kosten während des Aufenthalts:
Wir empfehlen ein Taschengeld in Höhe von EUR 100 pro Monat mitzugeben. Eine Krankenversicherung, Reiserücktritt und evtl. Unfallversicherung sollten individuell abgeschlossen werden.

14. Finanzielle Förderung:
Es handelt sich beim OUTDOOR COLLEGE um ein Privatschulprojekt, das von den Initiatoren eigenständig ins Leben gerufen wurde. Finanzielle Unterstützungen sollten sich die Schüler individuell und eigenständig organisieren.
16. Bestimmte Staatsangehörigkeit vorausgesetzt:
Grundsätzlich nein, jedoch wird in den 7 Monaten im OUTDOOR COLLEGE der „deutsche Lehrplan" gelehrt.

17. Länder / Gebiete des Aufenthalts:
Norwegen

Rotary | Rotary Jugenddienst Deutschland e.V.

Rotary Jugenddienst Deutschland e.V. (RJD) Hamburg

Seit über 75 Jahren erweitert der internationale Jugendaustausch von Rotary International den Horizont junger Menschen. Mehr als 8.000 junge Menschen in über 80 Ländern nehmen jährlich an den Programmen teil. Während ihres Austauschjahres leben die Jugendlichen bei Gastfamilien. Die Organisation erfolgt auf lokaler Ebene über die Rotary Clubs und auf regionaler Ebene über die Rotary Distrikte. Eine umfassende Vorbereitung aller Beteiligten sowie kompetente und geschulte Ansprechpartner vor Ort sorgen für eine optimale Sicherheit der Teilnehmer. Als Mitglied im Dachverband gemeinnütziger Jugendaustauschorganisationen (AJA) erfüllt der Rotary Jugenddienst Deutschland zudem besondere Qualitätsrichtlinien.

2. Name:
Rotary Jugenddienst Deutschland e.V. (RJD)

3. Anschrift:
Rotary Verlag, Raboisen 30, 20095 Hamburg

4. Kontaktinformationen:
Tel.: +49 (0)441-885 08 88
Fax: +49 (0)441-885 07 70
E-Mail: info@rotary-jd.de
www.rotary-jd.de

5. Ansprechspartner:
Dr. Franz Josef Aka, 1. Vorsitzender RJD
Jeder Rotary Club vor Ort, Clubfinder: https://rotary.de/clubs/

6. Altersbegrenzung:
Die Teilnehmer des Jahresaustausch müssen am 1. August des Austauschjahres 16 bis 18 Jahre alt sein, die 10. Schulklasse mit guten Noten abgeschlossen haben und gesundheitlich den Anforderungen gewachsen sein.

7. Spezielle Voraussetzungen:
Der uneingeschränkte Wille, am Austausch teilnehmen zu wollen. Hinzu kommen Aufgeschlossenheit für andere Länder und Kulturen, Anpassungsbereitschaft sowie Selbstständigkeit.

8. Dauer des Aufenthalts:
Angeboten werden die Programme „Kurzaustausch" und „Jahresaustausch" Der Jahresaustausch endet nach etwa 11 Monaten im Juli des Folgejahres.

9. Abreisezeitpunkt:
Das rotarische Austauschjahr beginnt für die Länder der Südhemisphäre im letzten Drittel des Juli und für die Länder der Nordhemisphäre Mitte August.

10. Anmeldefrist oder Bewerbungsfrist:
Die Bewerbung für den Jahresaustausch erfolgt im Jahr vor dem geplanten Austausch im Frühsommer bis Anfang Oktober beim örtlichen Rotary Club. Unterschiedliche Bewerbungszeiträume in den einzelnen deutschen Rotary Distrikten. Die Bewerbungsfristen für den Kurzaustausch (family to family) sind je nach Land unterschiedlich. Frühzeitige Absprachen mit den örtlichen Rotary Clubs sind sinnvoll.

11. Kosten:
Durch das Engagement der Rotary Clubs auf lokaler Ebene können die Kosten für einen Auslandsaufenthalt für Teilnehmer und Familien gering gehalten werden. In der Regel entstehen im Wesentlichen nur sachbezogene Kosten wie z.B. Flugkosten, Krankenversicherung, Haft- und Unfallversicherung.

13. Kosten während des Aufenthalts:
Kost und Logis sind frei. Zusätzlich erhalten die Teilnehmer über die Rotary Clubs ein kleines Taschengeld. Unterschiedliche Ausgaben für Orientierungsseminare, Ausstattung und Ausrüstung, Teilnahme an Freizeiten und Touren, die von Rotary organisiert werden. Krankenversicherung, Haft- und Unfallversicherung, event. einen Zuschuss zum Taschengeld.

14. Finanzielle Förderung:
Bei Bedürftigkeit kann der Kostenanteil für Orientierungsseminare, Ausstattung und Ausrüstung durch ein „Stipendium" ausgeglichen werden.

16. Bestimmte Staatsangehörigkeit vorausgesetzt:
An den Programmen des Rotary Jugendaustausches (Jahresaustausch, Familienaustausch, New Generations Service Exchange (NGSE) und internat. Sommercamps) kann jeder teilnehmen.

17. Länder / Gebiete des Aufenthalts:
Der Rotary Jugendaustausch erfolgt weltweit in einem von 40 Gastländern.

Schul- und Studienberatung Hauser Rednitzhembach

Wer eine kleine, persönliche Agentur sucht, ist bei Schul-und Studienberatung Hauser gut aufgehoben. Ich berate persönlich und individuell zu den Möglichkeiten eines Schulaufenthaltes in der Nähe und der Ferne. Dabei werden Deine Vorstellungen und Wünsche soweit möglich aufgegriffen und berücksichtigt. Du kannst eine öffentliche oder private Schule besuchen, im Internat oder bei einer Gastfamilie wohnen. Wir arbeiten mit englischsprachigen Schulen und Programmen und haben aber auch eine sehr gute Auswahl für diejenigen, die lieber Französisch oder Spanisch lernen möchten. Optionen in Südafrika, Argentinien, Brasilien, Japan, Israel und weiteren europäischen Ländern runden das Angebot ab. Bei mir findet man nicht nur die bekannten Wege ins Ausland, sondern auch kleine, verborgene Schätze, an die man so vielleicht nicht gleich denken würde.
Siehe auch unter "Sprachreisen" und „Summer School".

2. Name:
Schul- und Studienberatung Hauser

3. Anschrift:
Bahnhofstraße 3
91126 Rednitzhembach

4. Kontaktdaten:
Tel: 09122-6954433
E-Mail: info@schuljahrimausland.de
www.schuljahrimausland.de

5. Ansprechspartner:
Katharina Hauser

6. Altersbegrenzung:
Ca. 13 – 19 Jahre

7. Spezielle Voraussetzungen:
Motivation und Offenheit, in einem fremden Land zu leben. Grundkenntnisse der Sprache im Zielland meist erwünscht, aber nicht überall zwingend notwendig

8. Dauer des Aufenthalts:
Ab 3 Monate; Kurzzeitprogramme ab 4 Wochen; Schulabschlussprogramme 2 Jahre; in der Regel ein Term, ein halbes oder ein ganzes Schuljahr

9. Abreisezeitpunkt:
Juli/August/September für 1. Schulhalbjahr; Januar/Februar für 2. Schulhalbjahr
Kurzzeitprogramme: abhängig vom Programm/der Schule

10. Anmeldefrist oder Bewerbungsfrist:
Für öffentliche Schulen ca. 5-6 Monate vor Schulbeginn, an Privatschulen bis zu einem Jahr; „last minute"-Bewerbungen willkommen

11. Kosten:
Ab rund 7.000 EUR; abhängig vom Zielland und Programm
Dazu Reisekosten (An- und Abreise), ggf. Visum

13. Kosten während des Aufenthalts:
Taschengeld, in manchen Programmen eigene Versicherung, Extras vor Ort (z.B. Instrumentalunterricht, Clubmitgliedschaften, optionale Angebote/Trips, etc.)

14. Finanzielle Förderung:
An Privatschulen ist oft eine Bewerbung für Stipendien möglich; Teilstipendien für ausgesuchte öffentliche Programme; je nach finanzieller Situation lohnt sich auch ein Antrag auf Auslands-Bafög

16. Bestimmte Staatsangehörigkeit vorausgesetzt:
In der Regel alle Nationalitäten willkommen, nach Absprache mit dem Partner; eventuell bestimmte Visabedingungen

17. Länder / Gebiete des Aufenthalts:
Großbritannien, Irland, USA, Kanada, Neuseeland, Australien, Südafrika, Frankreich, Spanien, Italien, Dänemark, Norwegen, Schweden, Finnland, Niederlande, Malta, Tschechische Republik, Israel, Argentinien, Brasilien, China, Japan, Schule auf dem Schiff

Stepin GmbH
Bonn

Du möchtest für ein paar Monate oder sogar ein ganzes Jahr den deutschen Schulalltag gegen das Leben in einem anderen Land eintauschen? Ein High School-Aufenthalt macht es möglich. Ob Europa, Nordamerika oder bis ans andere Ende der Welt nach Ozeanien – wir helfen seit über 20 Jahren dabei den Traum vom Auslandsjahr während der Schulzeit zu verwirklichen. Ein Schüleraustausch sorgt nicht nur für jede Menge Spaß und Abwechslung im Schulalltag, ganz nebenbei knüpfst du internationale Freundschaften, erweiterst deinen Horizont, verbesserst deine Fremdsprachenkenntnisse, lernst eine neue Kultur von Grund auf kennen und findest vielleicht sogar ein zweites Zuhause. Diese Erfahrungen werden dich ein ganzes Leben lang begleiten und dir immer wieder, auch im späteren Beruf, von Vorteil sein.

2. Name:
Stepin GmbH
(Student Travel & Education Programmes International)

3. Anschrift:
Mallwitzstraße 1-3, 53177 Bonn

4. Kontaktinformationen:
Tel. 0228 71005-0, Fax: 0228/ 71005-999
E-Mail: info@stepin.de, Internet: www.stepin.de
Beratungszeiten: montags bis freitags von 9.00 - 18.00 Uhr

5. Ansprechspartner:
High School-Programmberatung

6. Altersbegrenzung:
13-18 Jahre (variiert je nach Land und Programm)

8. Dauer des Aufenthalts:
Ab 3 bis 12 Monate (variiert je nach Land und Programm)

9. Abreisezeitpunkt:
Winter (Jan.—Feb.), Sommer (Jul.- Sep.), Frühling und Herbst auf Anfrage (variiert je nach Land und Programm)

10. Anmeldefrist oder Bewerbungsfrist:
Sommerausreise (Mär. – Jun.), Winterausreise (Okt. – Nov.), (variiert je nach Land und Programm) frühzeitige Anmeldung empfohlen

11. Kosten:
USA: ab EUR 10.990,–
Kanada: ab EUR 7.290,–
Australien: ab EUR 8.190,–
Neuseeland: ab EUR 7.690,–
Großbritannien: ab EUR 9.290,–
Irland: ab EUR 8.790,–
Spanien: ab EUR 8.490,–

Im Programmpreis enthalten:
Intensive Beratung und Auswahlgespräch, ausführliche und regelmäßige Informationen bis zur Ausreise, Vorbereitungsseminar sowie Handbuch für Eltern und Schüler, persönlicher Pate, FUN-Wochenende (nur bei Sommerausreise und mit geringer Kostenbeteiligung), Vermittlung in eine Gastfamilie und Schule, Betreuung durch Stepin und Partnerorganisation, 24-Stunden Notrufnummer im Gastland, Insolvenzversicherung durch Reisesicherungsschein, Stepin T-Shirt und Teilnahmezertifikat, Returnee-Wochenende (mit geringer Kostenbeteiligung), Flug & Versicherung (je nach Programm inklusive oder optional).
Ausführliche Informationen auch unter www.stepin.de/highschool oder in unserer High School Broschüre (kostenlos bestellbar, Online-Version auf der Website)

13. Kosten während des Aufenthalts:
Taschengeld, Visumsgebühren, Kosten für Schulbücher oder Unterrichtsmaterialien, Schulausflüge, ggf. Schulbus und Schuluniform

14. Finanzielle Förderung:
Jährliche Vergabe von zwei Vollstipendien in unterschiedlichen Ländern sowie ein Stipendium in Kooperation mit dem DFH (Deutscher Fachverband High School)
Ausführliche Informationen unter www.stepin.de/stipendien

16. Bestimmte Staatsangehörigkeit vorausgesetzt:
Alle EU Bürger, andere Nationalitäten nach Rücksprache mit den örtlichen Partnerorganisationen

17. Länder / Gebiete, des Aufenthalts:
USA, Kanada, Australien, Neuseeland, Großbritannien, Irland, Spanien

Study Nelson Ltd - Bildungsberatungsagentur für Neuseeland Nelson und Wellington, Neuseeland

Ein Schulbesuch in Neuseeland ist für Jugendliche die einmalige Chance, Einblicke in eine fremde Kultur zu bekommen, den Alltag an einem College und in einer neuseeländischen Gastfamilie kennen zu lernen, selbstständiger zu werden und vor allem die Englischkenntnisse zu verbessern. Study Nelson bietet hierfür ein einzigartiges schulisches und persönliches Betreuungsprogramm, das keine Wünsche offen lässt. Vom Kurzaufenthalt über das klassische Schulprogramm bis zum International anerkannten Schulabschluss können Schüler die Gelegenheit nutzen, einmal über den Tellerrand hinauszuschauen und unvergessliche Erfahrungen zu sammeln. Die schulische Betreuung wird durch unsere ausgebildeten Diplompädagogen gewährleistet, so dass der Collegeaufenthalt garantiert zum Erfolg wird und der Anschluß an die weitere Schullaufbahn problemlos verläuft. Unser deutschsprachiges Team ist direkt vor Ort und immer erreichbar – ein Vorteil, den nur wir bieten.

2. Name:
Study Nelson Ltd

3. Anschrift:
PO Box 1282, Nelson 7040, Neuseeland

4. Telefon / Telefax / E-Mail / Homepage:
Tel: 0064 3 546 6338, Fax: 0064 3 545 9227
E-Mail: info@studynelson.com
Homepage: www.studynelson.com
Öffnungszeiten: 8.30 bis 17.30 Uhr (neuseeländischer Zeit)

5. Kontakt:
Birgit Neumann

6. Altersbegrenzung:
Teilnehmer von Gymnasien sowie Real- und Hauptschulen müssen mindestens 14 Jahre alt sein.

8. Dauer des Aufenthalts:
Kurzaufenthalt: 3 Monate.
Klassischer Schulaufenthalt:
Außerdem gibt es die Option, in Neuseeland innerhalb von ca. 18 Monaten einen in Deutschland und Österreich anerkannten Schulabschluss (NCEA) zu machen.

9. Abreisezeitpunkt:
Januar, April, Juli und Oktober.

10. Anmeldefrist oder Bewerbungsfrist:
Eine Anmeldung ist jederzeit möglich. Wir empfehlen eine Vorlaufzeit von mindestens 3-4 Monaten vor gewünschtem Schulbeginn. Durch unseren Hauptsitz vor Ort sind kurzfristigere Anmeldungen möglich.

11. Kosten:
Siehe Programme auf unserer Website.
Im Programmpreis enthalten: Im Programmpreis enthalten: Begleiteter Hin- und Rückflug, sämtliche Versicherungen, Schulgebühren, Unterbringung und Verpflegung in Gastfamilie oder Internat, persönliche Betreuung vor Ort, akademische Beratung je nach persönlichen Zielsetzungen, Einführungswoche in Neuseeland u.v.m.

13. Kosten während des Aufenthalts:
Visumsgebühren, Taschengeld, ggf. Kosten für Unterrichtsmaterial, Schulausflüge und Schuluniform

14. Finanzielle Förderung:
Für Schüler, die sich sozial engagieren, vergibt Study Nelson Teilstipendien - www.studynelson.com. Unterstützung und Beratung bei Beantragung von Auslandsbafög

16. Bestimmte Staatsangehörigkeit vorausgesetzt:
Das Programm ist offen für Schüler aller Nationalitäten.

17. Länder / Gebiete des Aufenthalts:
Wir sind auf Schulaufenthalte in Neuseeland spezialisiert und mit unserem Hauptsitz direkt in Neuseeland vor Ort.

TravelWorks
Münster

Schulaufenthalte

Siehe auch unter „Au Pair“, „Praktikum“, „Work & Travel “, „Flex. Freiwilligenarbeit“, „Sprachreisen“, „Summer School“ und „Erlebnisreisen“.

2. Name:
TravelWorks

3. Anschrift:
Münsterstr. 111
48155 Münster

4. Kontaktinformationen:
Tel: 02506-8303-600, Fax: 02506-8303-230
E-Mail: highschool@travelworks.de
Homepage: www.travelworks.de
Öffnungszeiten: 09:00 Uhr bis 18:00 Uhr

6. Altersbegrenzung:
12-18 Jahre (je nach Land/Programm).

7. Spezielle Voraussetzungen:
SchülerInnen einer weiterführenden Schule (Hauptschule, Realschule, Gesamtschule oder Gymnasium), Notendurchschnitt und Englischkenntnisse müssen größtenteils mindestens befriedigend sein; Bewerber sollten flexibel, motiviert, weltoffen und anpassungsfähig sein.

8. Dauer des Aufenthalts:
Term (3-3,5 Monate), Semester/Halbjahr (ca. 5 Monate), Schuljahr (10-12 Monate). Summer School-Aufenthalte in den Sommerferien möglich (1-6 Wochen; USA, Australien, Neuseeland, Kanada, Großbritannien, Irland und Costa Rica).

9. Abreisezeitpunkt:
Abhängig vom gewählten Land von Juni bis September (Sommerausreise), im Januar/Februar (Winterausreise), April (Frühjahrsausreise) oder Oktober. Individuelle Anreisetermine auf Anfrage in einigen Ländern möglich.

10. Anmeldefrist oder Bewerbungsfrist:
Abhängig vom Programm und Ausreisedatum.

11. Kosten:
Je nach Reiseland und gewählter Schulform, z.B. komplettes Schuljahr USA (öffentliches Programm Classic): 8.350 EUR. Enthaltende Leistungen Beispiel USA Classic: Vorbereitungsseminar (inkl. Elternseminar) in Deutschland bzw. Österreich, Visumsdokument DS-2019, Visumsservice und SEVIS-Gebühr (ca. 180 USD), Flugbegleitung und Ort in New York zubuchbar, aber nicht in Leistungen enthalten. Flugbegleitung durch TravelWorks bei Sommerausreise, 2- (Winterausreise) bzw. 3-tägiges (Sommerausreise) Orientierungsseminar in New York City, Flug New York City - Wohnort der Gastfamilie, Unterkunft und Verpflegung in einer ausgewählten Gastfamilie, Vermittlung an eine High School, Kranken-, Unfall- und Haftpflichtversicherung, Betreuung durch einen festen Programmkoordinator während der gesamten Vorbereitungen und vor Ort, 24-Stunden-Notrufnummer, Handbücher, Welcome Back-Paket uvm. (Visumsgebühren sind nicht enthalten). Alle enthaltenen Leistungen, Programmvarianten und Details siehe www.travelwoks.de bzw. im aktuellen Katalog.

13. Kosten während des Aufenthalts:
Taschengeld (ca. 200 EUR/Monat), je nach Gastland ggf. Ausgaben für Schuluniform, Schulausflüge, Verkehrsmittel, Bücher und Lernmaterial.

14. Finanzielle Förderung:
verschiedene Teilstipendien

16. Bestimmte Staatsangehörigkeit vorausgesetzt:
USA Öffentlich Classic nicht mit amerikanischer Staatsangehörigkeit möglich.

17. Länder / Gebiete des Aufenthalts:
Nordamerika: USA und Kanada. Lateinamerika: Costa Rica. Ozeanien: Australien und Neuseeland. Afrika: Südafrika. Europa: Großbritannien, Irland und Niedelande

High School Aufenthalt in den USA. Was man beachten muss.

Bei einem privat-organisierten Aufenthalt (F-1 Visum) an einer Schule (ohne Ausnahme) sind folgende Voraussetzungen zu beachten, unabhängig von der Dauer des Aufenthaltes:

Die gastgebende Schule muss beim United States Citizenship and Immigration Service (USCIS) http://www.ice.gov/sevis/schools/index.htm die Teilnahme am Student and Exchange Visitor Program (SEVP) beantragt haben. Erst wenn die Schule am SEVP teilnimmt kann sie das Visumsvordokument I-20 ausstellen. Dieses Formular benötigt der Schüler, um in Deutschland das Visum (F-1) zu beantragen.

Bei öffentlichen Schulen ist nur der Besuch der Klassen 9-12 möglich. Der Besuch einer öffentlichen Schule ist auf 12 Monate begrenzt.

Eine Liste der Schulen, die das I-20 ausstellen dürfen finden Sie unter http://studyinthestates.dhs.gov/school-search/ Wenn die Schule nicht in der Liste geführt wird, hat die Schule keine Berechtigung das Formular I-20 auszustellen.

Öffentliche Schulen sind gesetzlich verpflichtet, ein angemessenes Schulgeld zu erheben. Informationen zu School Districts, einschliesslich der Summe, die jährlich pro Schüler verwendet wird (= Schulgebühr) finden Sie unter http://nces.ed.gov/ccd/districtsearch/ Wenn Sie im Suchfeld den Bundesstaat und den Ort eingeben, wird/werden der/die School District(s) aufgeführt. Klicken Sie auf den gesuchten District, und bei den erscheinenden Informationen „Fiscal" (in der Mitte des Bildschirms) an, um die ungefähre Höhe des Schulgeldes zu ermitteln. Den genauen Betrag kann Ihnen nur die Schule nennen. In der Regel sind es aber mehrere tausend Dollar, so dass ein Aufenthalt mit einer Organisation sogar preiswerter sein kann. Ein notariell beglaubigter Nachweis der Zahlung, d.h. Eingang auf dem Konto der Schule/des Schulbezirks muss zum Visainterview mitgebracht werden.

Auch für den Besuch einer Privatschule benötigen Sie das I-20 Visumsvordokument von der Schule. Die Zahlung des Schulgeldes müssen Sie selbst mit der Schule regeln, wobei die Schule auch auf den Betrag verzichten darf. Die Übertragung der Erziehungsgewalt (Transfer of Guardianship/Custodianship) auf Personen in den USA hat keine Auswirkung auf diese Vorschriften, ebensowenig die Zusage der Schule, dass ein Schüler aufgenommen wird.

Informationen zum High School Aufenthalt finden Sie auf auch der Webseite
http://educationusa.de/themen/high-school/

Quelle:
EducationUSA
Diplomatische Vertretung der USA in Deutschland
e-mail: info@educationusa.de
web: www.educationusa.de

Education USA
Supported by the U.S. Department of State

C.S.I.E.T.

(Council on Standards for International Educational Travel)

Im Rahmen einer Initiative des amerikanischen Präsidenten forderte dieser im Jahr 1982 alle Schulen und Gemeinden auf, sich aktiv am internationalen Schüleraustausch zu beteiligen. In diesem Zusammenhang wurde seitens der Schulen, Gemeinden und Sponsoren von Jugendaustauschverfahren die Notwendigkeit erkannt, allgemeingültige Standards und Auswahlkriterien für Austauschschüler sowie die Durchführung der Reise zu erarbeiten. In Folge davon gab die Abteilung für Schüleraustausch der United States Agency im amerikanischen Außenministerium (U.S.I.A.) bei der US-Bundesbehörde für Schulwesen eine Studie zum Thema "Schüleraustausch" in Auftrag. Die Studie ergab, dass zahlreiche Schulen und Gemeinden das Fehlen allgemeingültiger Richtlinien und Standards für Schüleraustauschverfahren beklagten und sich deshalb nicht daran beteiligten.

Die Studie empfahl deshalb, unverzüglich ein Gremium aus Vertretern von Schulen, gemeinnützigen Stiftungen, Elternverbänden, Gemeinden und aus der Privatwirtschaft mit dem Ziel zusammenzustellen, für den Schüleraustausch verbindliche Richtlinien zu entwickeln. So wurde im Dezember 1984 die Council on Standards for International Educational Travel (C.S.I.E.T.) ins Leben gerufen, die verbindliche Richtlinien für den internationalen Schüleraustausch mit den USA entwickelte, deren Einhaltung sie bis heute ständig überprüft.

Die richtlinienkonform arbeitenden Austauschorganisationen werden auf einer jährlich von der C.S.I.E.T. herausgegebenen Empfehlungsliste veröffentlicht (www.csiet.org, unter: Advisory List)

Anerkennung von ausländischen Schulabschlüssen in Deutschland

Ein ausländisches „Abitur", ist nur in einigen Fällen gleichbedeutend mit dem deutschen Abitur. Mit einem ausländischen Abschluss erhält man also nicht immer eine allgemeine Zugangsberechtigung zu deutschen Hochschulen und Universitäten.

Wenn man nach einem ausländischem Schulabschluss in Deutschland studieren möchte, sollte man sich daher bereits im Vorfeld bei den entsprechenden Universitäten informieren, ob sie den Abschluss anerkennen. Generell kann die Kultusministerkonferenz bei Fragen behilflich sein (www.kmk.org).

Für die "Übersetzung" von Abschlüssen, damit diese in anderen Ländern verwendet werden können, ist die „Anerkennung und Bewertung ausländischer Bildungsnachweise" eine zentrale Anlaufstelle. Infos unter: http://anabin.kmk.org/

Die Anerkennung von Auslandsschuljahren im Rahmen der Schulzeitverkürzung (G8) wurde im AJA aktiv diskutiert: Seit 2008 veröffentlicht der AJA zusammen / in Kooperation mit zurzeit 15 Kultusministerien der Bundesländer die Informationsblätter „Anerkennung eines Auslandsschuljahrs bei 12-jährigem Abitur". Diese umfassenden Informationen für Lehrer, Eltern und Schüler kostenlos unter: http://aja-org.de/downloadcenter/

DFH – Deutscher Fachverband High School e.V.

Deutscher
Fachverband
High School e.V.

Der Deutsche Fachverband High School (DFH), www.highschool.de, ist ein Zusammenschluss führender deutscher Anbieter von Gastschuljahrprogrammen zum Zweck exakter Kundeninformation und Qualitätskontrolle. Unser Ziel ist es, Schülern und Eltern zuverlässige und objektive Informationen an die Hand zu geben, anhand derer sie die Programmangebote vergleichen können.

Strenge Qualitätsrichtlinien zur Durchführung von High-School-Programmen.
Der DFH hat strenge Qualitätsrichtlinien zur Ausschreibung und Durchführung von High-School-Programmen erarbeitet, zu deren Einhaltung sich sämtliche Mitgliedsunternehmen des Verbandes verpflichtet haben.

Qualitätskontrolle durch unabhängigen Fachbeirat.
Als unabhängiges Kontroll- und Beratungsgremium überprüft ein aus erfahrenen Pädagogen und einem Psychologen bestehender Fachbeirat die Einhaltung dieser Richtlinien und die Zufriedenheit der Schüler sowohl während des Aufenthalts wie auch während der hiesigen Vorbereitung und nach Beendigung des Programms. Dies erfolgt durch breitangelegte Teilnehmerbefragungen.

Informationen für Schüler und Eltern
Eine Infobroschüre für Schüler und Eltern beantwortet die meistgestellten Fragen zum Thema High School und enthält auch die Qualitätsrichtlinien des Verbandes, die eine gute Checkliste zum Vergleich der Veranstalterangebote darstellen.
Die Broschüre wird auf Anfrage von der Geschäftsstelle versandt. www.dfh.org

AJA Arbeitskreis gemeinnütziger Jugendaustauschorganisationen

AJA ist der Dachverband gemeinnütziger Jugendaustauschorganisationen in Deutschland. Der Arbeitskreis wurde 1993 gegründet mit dem Ziel Qualitätsstandards zu setzen und die Interessen des internationalen Jugendaustausches als Mittel zur interkulturellen Verständigung gegenüber Politik und Medien zu vertreten.

Die Mitglieder AFS Interkulturelle Begegnungen e.V., Deutsches Youth For Understanding Komitee e.V., Experiment e.V., Open Door International e.V., Partnership International e.V. und Rotary Jugenddienst Deutschland e.V führen seit Jahrzehnten weltweit langfristige, bildungsorientierte Schüleraustauschprogramme durch.

Die Basis gemeinsamer Qualitätskriterien, zu denen sich alle Mitglieder verpflichten, sind Gemeinnützigkeit / Ehrenamtlichkeit, beidseitiger internationaler Austausch, Persönlichkeitsentwicklung und Sicherheit der Teilnehmer durch umfassende Betreuung sowie der Austausch von Expertise / Erfahrung untereinander. Darüber hinaus vergeben die Mitgliedsorganisationen im großen Umfang Stipendien, um möglichst vielen jungen Menschen interkulturelle Erfahrungen zu ermöglichen.
Homepage: www.aja-org.de

AUS- UND WEITERBILDUNG IM AUSLAND

Es gibt viele Möglichkeiten

Nach dem Schulabschluss steht die ganze Welt offen. Mit einer Berufs- oder Weiterbildung im Ausland kann man auf Reisen gehen und gleichzeitig seine Qualifikation für den Arbeitsmarkt verbessern.

Deutschland ist Exportweltmeister, dass heißt fundierte Fremdsprachenkenntnisse und das Wissen über andere Märkte, Gewohnheiten und kulturelle Unterschiede werden immer wichtiger. Nicht nur im Austausch mit ausländischen Kollegen zu hause, sondern auch auf den Zielmärkten des künftigen Arbeitgebers.

Bei der Ausbildung im Ausland ist besonders darauf zu achten, dass die meisten Länder ein anderes Ausbildungssystem haben. Daher sollte man im Vorfeld klären, welches Ausbildungsniveau und welche Anerkennung der Ausbildungsplatz besitzt und mit welchen Kosten zu rechnen ist. Im Ausland erfolgt die Ausbildung vielfach an privaten Fachschulen, die Schulgebühren erheben. In einigen Ländern wie Frankreich oder Spanien kann man sich auch für eine binationale Ausbildung bewerben.

Studienreisen und -aufenthalte dienen der Weiterbildung und können auch zur Abrundung eines Studiums oder einer bestimmten Fachrichtung hilfreich sein. Aber auch weitere interessante Angebote wie Film- und Schauspielkurse gehören zum Bereich Aus- und Weiterbildung.

Die skandinavischen (Heim-)Volkshochschulen sind Internatsschulen mit zwei- bis zwölfmonatigen Kursangeboten. Die Kurse richten sich an Erwachsene, die meisten Teilnehmer sind zwischen 17 und 25 Jahre alt. Ziel dieser Schulen ist es, den Schülern eine fachliche, soziale und persönliche Weiterentwicklung zu ermöglichen.

It is hard to explain this kind of school....

.... there is a big difference between a German school and a „Volkshochschule“ or Højskole in Scandinavia like Vejle Sports Academy. You have to come here to understand it. If I should try and explain, I would say that the school has three components:

First, there is the sports that I came for to begin with. I was surprised that you can choose between over 20 different sports. Secondly, there is the „fællesskab“ which is actually the best thing here. „Fællesskab“ is the Danish word for the fact that it is like one big family here. At the school everybody is your best friend. Both students and teachers are really supportive. E.g. nobody will laugh at you if you are not that good at something. Instead they will cheer you on, so you don‘t have to be scared to fail. It also means that you can open yourself up without being scared.

The third thing is the general knowledge subjects. This is the part where you also develop personally. You talk about different life themes and your point of view will be challenged. We don‘t have these classes in Germany, so I was positively surprised. I also really like the personal relationship you have to the teachers. You don’ t call them mister, but you just say the prename of the teacher.

The hardest part here is the language. Especially in the first period. You don‘t have to be scared that people will not talk to you, because people are really friendly. But sometimes after classes the Danes will speak to each other in Danish and it can be hard to follow. Therefore it is a good thing that there are other international students. However, for German students the language is not that hard, because many of the Danish words are similar to German or English.

- Moritz Pinkepank, Germany

Gefördert durch:
Bundesministerium für Wirtschaft und Klimaschutz
aufgrund eines Beschlusses des Deutschen Bundestages

BERUFSBILDUNG OHNE GRENZEN

Handwerkskammer Düsseldorf

Beratungsstelle „Berufsbildung ohne Grenzen" der HWK Düsseldorf

Die Beratungsstelle an der Handwerkskammer Düsseldorf ist Teil des gleichnamigen bundesweiten Netzwerks zur Förderung der grenzüberschreitenden Mobilität in der beruflichen Bildung. Sie ist eine Serviceleistung für die Mitgliedsbetriebe der Handwerkskammer Düsseldorf, um Mobilitätshürden langfristig zu überwinden und eine einfache wie effektive Umsetzung von Auslandspraktika in der dualen Berufsbildung zu ermöglichen. Die einzelnen Leistungen richten sich flexibel und individuell nach den Bedarfen der Betriebe. Sie reichen von der Erstinformation über die Suche nach Finanzierungsmöglichkeiten und Partnern im Ausland bis hin zur persönlichen Begleitung der Auszubildenden im ausländischen Betrieb sowie der Nachbereitung des Auslandspraktikums. Dabei ist die Beratung stets kostenlos. Siehe auch unter "Praktikum"

2. Name:
Beratungsstelle „Berufsbildung ohne Grenzen" der Handwerkskammer Düsseldorf

3. Anschrift:
Georg-Schulhoff-Platz 1, 40221 Düsseldorf

4. Kontaktinformationen:
Tel.: +49 211 87 95-608
E-Mail: rebecca.hof@hwk-duesseldorf.de
Homepage: www.hwk-duesseldorf.de/ausland
Instagram: mobilitaetsberatungduesseldorf
Facebook: BogHWKDuesseldorf/
Youtube: UCqWy04hiy3ZM19bMU0gW6KQ

5. Ansprechspartner:
Rebecca Hof
(Beraterin im Netzwerk „Berufsbildung ohne Grenzen")

6. Altersbegrenzung:
keine Altersbegrenzung

7. Spezielle Voraussetzungen:
Das Angebot richtet sich an kleine und mittlere Unternehmen, Auszubildende, junge Fachkräfte sowie Berufsbildungspersonal (d. h. Ausbilder:innen, Betriebsinhaber:innen, Berufsschullehrer:innen, Vertreter:innen der beruflichen Bildung).

8. Dauer des Aufenthalts:
Die Aufenthaltsdauer kann individuell gestaltet werden. Bei Auszubildenden gibt es allerdings eine gesetzlich festgelegte Höchstdauer von maximal einem Viertel der regulären Ausbildungsdauer. Je nach Förderprogramm kann es darüber hinaus zeitliche Begrenzungen geben.

9. Abreisezeitpunkt:
Die Ausreise ist bei individuell gestalteten Mobilitäten ganzjährig möglich. Die Termine für Gruppenmobilitäten 2023 für Auszubildende mit bei der HWK Düsseldorf eingetragenem Lehrvertrag lauten wie folgt: 22.04.-13.05: Vigo, Spanien (für angehende Bäckerinnen/Bäcker, Konditorinnen/Konditoren), 28.05.-10.06: Niort, Frankreich (für angehende Friseurinnen/Friseure, Kfz-Mechatronikerinnen/Kfz-Mechatroniker), 02.07.-22.07: Lissabon, Portugal (offen für alle Handwerksberufe vorbehaltlich der Verfügbarkeit entsprechender Gastbetriebe im Zielort), 09.09.-30.09: Vigo, Spanien (für angehende Bäckerinnen/Bäcker, Konditorinnen/Konditoren), 01.10.-28.10: Valetta, Malta (für angehende Verwaltungsfachangestellte an HWKn und IHKn im BoG-Netzwerk), 05.11.-02.12: Turku, Finnland (offen für alle Handwerksberufe vorbehaltlich der Verfügbarkeit entsprechender Gastbetriebe im Zielort), Weitere Informationen, Anmeldefristen und -unterlagen finden Sie auf den jeweiligen Projektseiten unter https://www.hwk-duesseldorf.de/artikel/programme-fuer-auszubildende-31,0,2492.html

10. Anmeldefrist oder Bewerbungsfrist:
Wir raten, für die Organisation individueller beruflicher Auslandsaufenthalte ca. drei Monate Vorlaufzeit einzuplanen. Die jeweiligen Anmeldefristen für Gruppenmobilitäten 2023 sind auf der entsprechenden Projektseite angegeben.

11. Kosten:
Die Höhe der Reise- und Aufenthaltskosten für individuelle berufliche Auslandsaufenthalte ist abhängig vom jeweiligen Mobilitätsprojekt und kann teilweise über Förderprogramme wie z. B. Erasmus+ abgedeckt werden.

12. Lohn während des Aufenthalts:
Bei beruflichen Auslandsaufenthalten als Teil der Ausbildung wird die Ausbildungsvergütung vom deutschen Ausbildungsbetrieb weitergezahlt. Darüber hinaus sind die Lernaufenthalte im Ausland i. d. R. unvergütet.

13. Kosten während des Aufenthalts:
Auch die Kosten während des Aufenthalts fallen je nach Mobilitätsprojekt unterschiedlich aus.

14. Finanzielle Förderung:
Auslandsaufenthalte in der Berufsbildung können über diverse Förderprogramme finanziell unterstützt werden. Je nach Zielgruppe, Zielland, Aufenthaltsdauer usw. können unterschiedliche Programme in Frage kommen. Die Beratungsstelle „Berufsbildung ohne Grenzen" der Handwerkskammer Düsseldorf berät hier individuell und informiert über die jeweils geeigneten Fördermöglichkeiten.

16. Bestimmte Staatsangehörigkeit vorausgesetzt:
Wir unterstützen unsere Mitgliedsbetriebe und deren Mitarbeiter:innen, unabhängig von deren Nationalität

17. Länder / Gebiete des Aufenthalts:
Berufliche Auslandsaufenthalte sind generell weltweit möglich.

Fabrica Spa (Benetton research and Development Communication Centre) Italien

FABRICA

Fabrica ist das Benetton Research und Entwicklungszentrum für Kommunikation. Von einem kreativen Team geleitet, unterstützt Fabrica junge Künstler und Forscher aus der ganzen Welt. Nach einem harten Auswahlverfahren, lädt Fabrica junge Künstler ein, an unterschiedlichen Kommunikationsaktivitäten teilzunehmen: Kino oder Grafik, Design oder Musik, als Teil des Colors Magazine oder innerhalb von neuen Medien oder Fotografie. In ihrer Rolle als Labor für übertragene Kreativität, beschäftigt sich Fabrica mit neuen Formen der Kommunikation, begleitet von zwei Schlüsselprinzipien: Lernen durch Praxis, und der „Multi-Disziplin-Ansatz".

2. Name:
Fabrica Spa (Benetton research and Development Communication Centre)

3. Anschrift:
Fabrica Spa
Applications Office
Via Ferrarezza
31020 Catena di Villorba (TV)
Italien

4. Kontaktinformationen:
Tel: + 39 (0)422 516202
Fax: + 39 (0)422 516251
E-Mail: fabrica@fabrica.it
Homepage: www.fabrica.it
www.colorsmagazine.com

6. Altersbegrenzung:
Max. 25 Jahre

7. Spezielle Voraussetzungen:
Die Bewerbung muss eine Kopie von Kollektionen beinhalten, sowie eine schriftliche Empfehlung von einem Lehrer, Professor oder jemand anderem, der sich mit der Arbeit intensiv beschäftigt hat. Alle digitalen Kollektionen auf CD-Rom müssen auch in einer Printversion vorliegen. Bewerbungssprache: Englisch, Italienisch oder Französisch. Wenn Ihre Kollektionen den Auswahlkriterien entspricht, werden Sie nach Fabrica für eine Probezeit von 2 Wochen eingeladen.

8. Dauer des Aufenthalts:
1 Jahr

10. Anmeldefrist oder Bewerbungsfrist:
Bewerbungen können das ganze Jahr eingereicht werden.

11. Kosten:
Die Reisekosten Deutschland-Italien hin/zurück.

14. Finanzielle Förderung:
Kost und Logis (auch während der Probezeit). Nach der Probezeit Mittagessen von Montag bis Freitag, ein monatlicher Geldbetrag, um die Lebenshaltungskosten zu decken, sowie Versicherung für die ganze Vertragslaufzeit.

16. Bestimmte Staatsangehörigkeit vorausgesetzt:
Alle Nationalitäten können teilnehmen

17. Länder / Gebiete des Aufenthalts:
Italien

Industrie- und Handelskammer
Aachen

Industrie- und Handelskammer Aachen
École Franco-Allemande de Commerce et d'Industrie Paris Aachen/Paris

Deutsch-französische kaufmännische Ausbildung in Paris
- *Industriekauffrau / Industriekaufmann*
- *BTS (Brevet de Technicien Supérieur) Comptabilité-Gestion.*

"Interkulturelle Kompetenzen, Zweisprachigkeit, Praxisbezug, internationales Arbeitsumfeld, zwei anerkannte Abschlüsse, sehr gute Berufsperspektiven"

2. Name:
Industrie- und Handelskammer Aachen
École Franco-Allemande de Commerce et d'Industrie Paris

3. Anschrift:
Theaterstr. 6-10
52062 Aachen

4. Kontaktinformationen:
Tel.: 0241 / 4460352
Fax: 0241 / 4460314
E-Mail: angelika.ivens@aachen.ihk.de
Homepage: www.ausbildunginternational.de

5. Ansprechspartner:
Dr. Angelika Ivens

6. Altersbegrenzung:
Höchstalter: 21 Jahre

7. Spezielle Voraussetzungen:
Allgemeine Hochschulreife / Fachhochschulreife
Gute Französisch- / Mathematikkenntnisse

8. Dauer des Aufenthalts:
2 Jahre
Beginn: Im September eines jeden Jahres

10. Anmeldefrist oder Bewerbungsfrist:
Fortlaufend (begrenzte Anzahl an Ausbildungsplätzen)

12. Lohn während des Aufenthalts:
Ausbildungsvergütung im jeweiligen Unternehmen

13. Kosten während des Aufenthalts:
Miete / Taschengeld

14. Finanzielle Förderung:
Wohngeld

17. Länder / Gebiete des Aufenthalts:
Paris (Frankreich)

Pasvik Folkehøgskole
Svanvik / Norwegen

a. Schuljahr: *(9 Monate) Norwegische Sprache und Kultur, kombiniert mit einer Vertiefung in einer der folgenden Fächer: Foto, Film und Video / Jagd, Fischerei, und Naturleben / Kreative Kunst / Pferdesport / Leben in der Natur und Hundeschlittenfahrt / Internationale Studien.*
b. Kurzer Kurs: *Z.B. Wildlife–Kursus im Nationalpark, Sprachkursus: Norwegisch, Finnisch, oder Samisch, „Fortgeschrittene und Anfänger" (Kurs zum Naturverständnis für Kinder- und Jugendbetreuer), Forellenfischerei auf der Kolahalbinsel.*

2. Name:
Pasvik Folkehøgskole (Volkshochschule)

3. Anschrift:
9925 Svanvik
Norwegen

4. Kontaktinformationen:
Tel.: 0047-78964100
Fax: 0047-789964101
E-Mail: pasvik@ffk.no
Homepage: www.pasvik.fhs.no

5. Ansprechspartner:
Rektor Ketil Foss

6. Altersbegrenzung:
Langer Kurs: 18-30 Jahren / Kurzer Kurs: ab 16 Jahren

7. Andere Begrenzungen:
Ausländische Bewerber müssen Englisch beherrschen.

8. Dauer des Aufenthalts:
Schuljahr: 9 Monate ab August bis Mai.
Kurzer Kurs: 1 bis zu 2 Wochen.

9. Abreisezeitpunkt:
Das Schuljahr fängt in der letzen Augustwoche an.
Kurzer Kurs fängt das ganze Jahr hindurch an.
Weitere Informationen bei der Schule

10. Anmeldefrist oder Bewerbungsfrist:
So früh wie möglich. Weitere Informationen bei der Schule.

11. Kosten:
Ein Schuljahr: ca. 9.800 EUR

Kurs - und Preisbeispiele:
Pferdesport: 1.750 EUR
Hundeschlitten: 885 EUR
Foto und Reise: 1.750 EUR
Sprachkurs: 625 EUR

Preise sind inkl. Kost und Logis, aber ohne Reise Deutschland - Svanvik hin/rück.

13. Kosten während des Aufenthalts:
Eventuelle Extrakosten für Reisen während des Kurses.
Weitere Informationen bei der Schule.
Kost und Logis ist inklusive. Taschengeld und Versicherung sind extra

16. Bestimmte Staatsangehörigkeit vorausgesetzt:
Für alle

17. Länder / Gebiete des Aufenthalts:
Norwegen

VEJLE IDRÆTSHØJSKOLE

Vejle Idrætshøjskole Dänemark

Hast du Lust auf eine Auszeit ohne Prüfungen? Einfach einen Traum verwirklichen, bevor du dich auf die nächste Aufgabe vorbereitest? Durch herausfordernde Aktivitäten an der Vejle Sportvolkshochschule wirst du deine persönlichen, sozialen und physischen Fähigkeiten weiterentwickeln ohne jeglichen Druck von Prüfungen - auf Dänisch oder auf Englisch.

Du kannst einfach anhand der angebotenen Sportfächer deine Lieblingsfächer zusammenstellen. Du kannst dich entweder in einer bestimmten Richtung spezialisieren, oder viele unterschiedliche Sportrichtungen ausprobieren. Bereite dich mit Erlebnissen, Herausforderungen, Schweiß, Gemeinsamkeit und Gemütlichkeit auf das Leben vor.

2. Name:
Vejle Idrætshøjskole

3. Anschrift:
Ørnebjergvej 28,
7100 Vejle
Dänemark

4. Kontaktinformationen:
Telefon: 0045 75820811
Telefax: 0045 75820680
E-Mail: kontor@vih.dk
Homepage: www.vih.dk oder www.vih.dk/english
Montag – Freitag: 8.00-15.00 Uhr

6. Altersbegrenzung:
Ab 17,5 Jahre

7. Spezielle Voraussetzungen:
Englischkenntnisse und Offenheit. Der Unterricht ist auf Dänisch und Englisch.

8. Dauer des Aufenthalts:
3 bis 6 Monate

9. Abreisezeitpunkt:
Im August oder Januar. Wenn du bereits etwas Dänisch kannst, dann auch im Oktober und März.

11. Kosten:
Herbst: 3.800 EUR, Frühjahr: 4.600 EUR, Ganzes Jahr: 6.750 EUR + Reisekosten zur Schule hin/rück.
Die Preise sind inklusive Kost, Logis und Unterricht, sowie eine Studenreise. Folgende Blöcke werden angeboten:
Sport Block 1: Adventurerace, Basketball, Boot camp, COPS Polizeitraining, Fitness 360, Fußball, Functional Flow, Handball, Indoor cycling, Marathon und Triathlon, Outdoor Energy, Powerfitness, Ski
Sport Block 2: Adventure 360, Aerobic, step und Fitnessdance, Badminton und Racket Sports, Dance, Fußballakademie, Futsal, Laufen, Mountainbike, Multisport, Fitnessgeräte, Wassersport, Volleyball / Beachvolley
Kompetenzlinie: Body & mind, Ernährung & Verbrennung, Fitnesstrainer, Outdoorleben, Sportpsychologie, Trainer und Teambuilder,
International Class, Musik, Personal Power,
Polizei, Teamplayer
Reisen: Adventurereisen, Club La Santa, Freiluft-Reise, Skireise
Inspirationsfächer: Band, Tanz, Design, Englisch, Filmklassiker, Foto, Guitar, Chor, Politik, Spoken word
Traditionelle Volkshochschulfächer: Life philosophy, gemeinsam singen, Vorträge

13. Kosten während des Aufenthalts:
Taschengeld für persönliche Ausgaben, Ausflüge

14. Finanzielle Förderung:
Wenn du die Schule für 1 Jahr besuchen möchtest, ist eine weitere Minderung des Kurspreises möglich. Bitte bei der Schule nachfragen.

16. Bestimmte Staatsangehörigkeit vorausgesetzt:
Alle können teilnehmen.

17. Länder / Gebiete des Aufenthalts:
Dänemark

zis
Stiftung für Studienreisen
Salem

Die gemeinnützige zis Stiftung für Studienreisen fördert Schüler und Auszubildende mit einem 600-Euro-Stipendium für eine selbst organisierte Auslandsreise. Thema, Reiseland sowie Reisezeitpunkt bestimmst du selbst. Du musst allerdings dazu bereit sein, alleine für mindestens vier Wochen ins Ausland zu gehen, um ein Thema deiner Wahl zu bearbeiten. Die Stipendiensumme darf während der Reise nicht überschritten werden. Flüge sind tabu! Du führst Reisetagebuch und fertigst nach der Reise einen Studienbericht an. Gemeinsam mit einer Kostenabrechnung werden diese Unterlagen anschließend bei zis eingereicht und juriert. Die zis Stiftung wird von der Deutschen UNESCO Kommission unterstützt. Besonders gelungene Reiseprojekte werden anschließend der Studienstiftung des Deutschen Volkes vorgeschlagen.
Pro Jahr werden bis zu 50 Reisen gefördert.

2. Name:
zis Stiftung für Studienreisen,
gemeinnützige Stiftung des bürgerlichen Rechts

3. Anschrift:
c/o Schule Schloss Salem
88682 Salem

4. Kontaktinformationen:
Tel.: 07553 / 919 332
Fax: 07553 / 919 301
info@zis-reisen.de
www.zis-reisen.de
Mo und Mi 14 bis 18 Uhr
Di und Do 9 bis 13 Uhr

5. Ansprechspartner:
Dagmar Baltes

6. Altersbegrenzung:
Mind. 16 bis max. 20 Jahre

7. Spezielle Voraussetzungen:
Du musst dazu bereit sein, alleine für mindestens vier Wochen ins Ausland zu reisen. Du gehst sparsam mit den Reiseausgaben um, denn die Stipendiensumme von 600 EUR darf auf der gesamten Reise nicht überschritten werden.

8. Dauer des Aufenthalts:
Mindestens vier Wochen.

9. Abreisezeitpunkt:
Bestimmst du selbst

10. Anmeldefrist oder Bewerbungsfrist:
Bewerbungen werden ab November bis 15. Februar jeden Jahres angenommen.

11. Kosten:
Die An- und Abreise sowie der gesamte Aufenthalt müssen mit der Stipendiensumme in Höhe von 600 EUR abgedeckt werden. Unterkünfte organisierst du selbst, idealerweise im direkten Zusammenhang mit deinem Reisethema.

12. Lohn während des Aufenthalts:
Während der Reise darf Geld hinzuverdient werden

13. Kosten während des Aufenthalts:
keine

14. Finanzielle Förderung:
Du erhältst ein Stipendium in Höhe von 600 EUR pro Reise

16. Bestimmte Staatsangehörigkeit vorausgesetzt:
Bewerben kann sich jeder, unabhängig von Nationalität.

17. Länder / Gebiete des Aufenthalts:
Nur Länder, die ohne Flugreise erreichbar sind.

Berufsausbildung im Ausland

Und wo soll es hingehen? In die USA, nach Schweden, Spanien oder China: Das Auslandsschuljahr in der Oberstufe und das Auslandspraktikum während des Studiums sind schon lange gang und gäbe. Weniger bekannt ist: Auch Auszubildende können an Austauschprogrammen teilnehmen und für mehrere Wochen vom heimischen Betrieb in ein Unternehmen im Ausland wechseln.

Früher war der Weg durch die Lande eine Selbstverständlichkeit. Zu Fuß und per Anhalter zog jeder junge Geselle seit dem 13. Jahrhundert drei Jahre lang durch die Lande. Wer auf der Walz war, durfte seinem Zuhause niemals näher als 50 Kilometer kommen und musste ständig weiterziehen.

Heute nehmen von den ca. 1,6 Millionen Auszubildenden in Deutschland lediglich zwei Prozent die Chance wahr, Auslandserfahrung bereits während der Ausbildung zu sammeln. Zu den Hindernissen gehören die von Land zu Land verschiedenen Ausbildungsinhalte, Stundenpläne und Prüfungsordnungen sowie die damit zusammenhängenden Schwierigkeiten der gegenseitigen Anerkennung von Berufsabschlüssen.

Eine zukunftsorientierte Berufsbildung erfordert zunehmend die Einbeziehung europäischer und internationaler Aspekte. Das Bundesministerium für Bildung und Forschung (BMBF) unterstützt daher grenzüberschreitende Bildungskooperationen, stärkt die Transparenz von Abschlüssen und Qualifikationen und fördert die Mobilität in der beruflichen Bildung. Auszubildende können durch Aufenthalte in ausländischen Betrieben, die in die Ausbildung integriert sind und mindestens drei Wochen dauern, internationale Qualifikationen erwerben. Fachkräfte können ihre Qualifikationen erweitern.

Neben den Mobilitätsmaßnahmen im EU-Programm Erasmus+ (siehe auch Kapitel Finanzierung und EU-Förderung), der den bilateralen Austausch in der beruflichen Aus- und Weiterbildung fördert, gibt es einige Programme, über die Azubis einen Teil ihrer Ausbildung im Ausland absolvieren können. Gemeinsam ist ihnen, dass man sich nicht selbst um eine Teilnahme bewerben kann, sondern den Weg über das Ausbildungsunternehmen gehen muss. Wer sich für eines der nachfolgenden Programme interessiert, kann auch einfach seinen Arbeitgeber direkt darauf ansprechen.

Frankreich

Deutsch-französisches Austauschprogramm in der beruflichen Bildung
Das deutsch-französische Sekretariat organisiert und fördert einen bis zu vierwöchigen Austausch zwischen Auszubildenden der beiden Länder.
https://protandem.org/

Auszubildenden Austausch
Organisiert vom deutsch-französischen Jugendwerk. Einen Überblick über die Austauschmöglichkeiten mit Frankreich bietet die Broschüre „Deutsch-französischer Austausch in der beruflichen Bildung“:
http://www.eu-info.de/static/common/files/1256/deutsch-franzoesischer_austausch_id_bb.pdf

Compagnons du devoir
Die französische Wandergesellenvereinigung bietet jungen Handwerkerinnen und Handwerkern berufliche Aus- und Weiterbildungsmöglichkeiten in Frankreich.
http://www.compagnons-du-devoir.com

Tschechien

Das Programm „Freiwillige Berufliche Praktika“ richtet sich an Berufsschulen, Ausbildungsbetriebe und überbetriebliche Ausbildungseinrichtungen, die an einer deutsch tschechischen Zusammenarbeit in der beruflichen Bildung interessiert sind.
http://www.tandem-org.de/arbeitsbereiche/freiwillige-berufliche-praktika.html

Weiter Programme:

ELCA Landschaftsgärtner-Austausch
Die European Landscape Contractors Association fördert seit mehreren Jahren den europäischen Austausch von jungen Landschaftsgärtnern
https://www.bildungsserveragrar.de/weiterbildung/praktikum-im-ausland/elca/

Euregio-Zertifikat
Das Projekt der deutsch-französisch-schweizerischen Oberrheinkonferenz vermittelt Praktika in den beteiligten Ländern
https://mobileuregio.org/deutschland/start.html

Deutsche Auslandshandelskammern
Zahlreiche AHKs bieten an ihren Standorten im Ausland berufliche Aus- und Weiterbildungsdienstleistungen an. Dabei arbeiten sie eng mit deutschen Unternehmen zusammen.
http://www.ahk.de

Mobilitätsberatung in den Kammern - Berufsbildung ohne Grenzen

Der Zentralverband des Deutschen Handwerks (ZDH) und der Deutsche Industrie- und Handelskammertag e.V. (DIHK) fördert die Berufsbildung im Ausland. Für einen erfolgreichen und interessanten beruflichen Aufenthalt im Ausland gibt es einiges zu bedenken und viele Fragen zu klären. Konkrete Hilfe und Antworten gibt es bei einer/einem von den z.Z. 35 MobilitätsberaterInnen an Handwerkskammern und Industrie- und Handelskammern.
Weitere Informationen: **http://www.berufsbildung-ohne-grenzen.de/**

Gesamte Ausbildung im Ausland

Das duale System der Berufsausbildung, wie wir es in Deutschland kennen, gibt es in anderen Ländern nicht. Wer die gesamte Ausbildung im Ausland absolvieren möchte, sollte sich genau über das Berufsbildungssystem des jeweiligen Landes, den Ausbildungsweg sowie Stellenwert und Niveau der Ausbildung informieren. Einen Überblick über die europäischen Berufsbildungssysteme gibt es beispielsweise unter:
http://www.bildung-weltweit.de/Berufsbildungssysteme-6712.html

VENETIARVM NIVERSITAS
IN DOMO FOSCARI
Università
Ca'Foscari
Venezia
Lena Herzog
LAST WHISPERS
Immersive Oratorio for Vanishing Voices,
Collapsing Universes and a Falling Tree
INSTALLAZIONE SITE-SPECIFIC
21 aprile - 30 settembre 2022
lunedì - sabato 8:00 - 19:00
Cortile centrale di Ca' Foscari
Palazzo Ca' Giustinian, Dorsoduro 3246
A cura di Silvia Burini,
Maria Gatti Racah, Giulia Gelmi,
Anastasia Kozachenko-Stravinsky

STUDIUM IM AUSLAND

Auslandssemester sind eine Bereicherung für jeden Studiengang

Immer mehr deutsche Studenten gehen für einige Semester oder gar für das gesamte Studium ins Ausland. Nicht nur außerhalb der EU, sondern gerade innerhalb der europäischen Gemeinschaft sind viele Regelungen zu beachten.

Um die Voraussetzungen und die beste Wahl der Universität und des Studienfaches zu klären, sollten rechtzeitig alle notwendigen Informationen gesammelt werden. Erste Anlaufstelle für eine Beratung ist die Heimatuniversität und der DAAD (deutsche akademische Austauschdienst).

Im Anschluss sind die häufigsten Fragen zum Thema aufgelistet, sowie Adressen für weiterführende Informationen. Am Ende des Kapitels finden sich einige der besten und bekanntesten Universitätsadressen. Im Internet findet sich die passende Suchmaschine für das richtige Studienfach und die dazugehörige Universität.

Literaturtipps

Princeton Review:
The Best 380 Colleges, 2016 Edition (College Admissions Guides)
Princeton Review. 2015.

Horndasch, Sebastian:
Master nach Plan. Erfolgreich ins Masterstudium: Auswahl, Bewerbung, Finanzierung, Auslandsstudium, mit Musterdokumenten
Springer Berlin Heidelberg. 2011.

Horndasch, Sebastian:
Bachelor nach Plan. Dein Weg ins Studium: Studienwahl, Bewerbung, Einstieg, Finanzierung, Wohnungssuche, Auslandsstudium
Springer Berlin Heidelberg. 2010.

„Herzlichen Glückwunsch zur Zusage der University of New South Wales“.

Hi, ich bin Jonas aus Heidelberg. Im Wintersemester Juli – November 2012 habe ich an der University of New South Wales in Sydney, Australien Law studiert. Ich möchte euch etwas mehr über die Vorbereitung und die fantastische Zeit in Australien und an der UNSW erzählen.

Aus eigener Erfahrung kann ich nur empfehlen, mit der Vorbereitung ein Jahr vor Antritt des Auslandsstudiums zu beginnen.

Attraktive Finanzierungsmöglichkeiten ergeben sich aus Auslands-BAföG, dem Bildungskredit und dem Studienkredit der KFW, sowie dem Studenten-Bildungsfond der DKB . Bewerben kann und sollte man sich auf die verschiedenen Finanzierungsmöglichkeiten 1 Jahr oder 6 Monate vor Abreise ins Ausland, um dann bereits vor Abreise auf der sicheren Seite zu sein. Ebenfalls möglich und extrem empfehlenswert: Bewerbt Euch vor Antritt des Auslandsstudiums auf ein Scholarship der UNSW für Study-Abroad-Students. Einen Versuch ist es wert! Freude kommt auf wenn man endlich die ersten Kurse wählen kann und dann der große Tag kommt, auf den man sehnsüchtig gewartet hat – man findet eine E-Mail in seinem E-Mail-Postfach: „Herzlichen Glückwunsch zur Zusage der University of New South Wales“. Ist der Flug gebucht und hält man das Ticket in den Händen, beginnt man die Tage zu zählen. Die Zeit an der UNSW beginnt mit einer Einführungstour über den gesamten Campus, bei der die verschiedenen Einrichtungen besichtigt werden. Ganz wichtig ist die Einschreibung in die Kurse während der O-Week, der Einführungswoche für alle neuen australischen und internationalen Studenten.

Der technisch hochmodern ausgerüstete Campus der UNSW selbst liegt in Kensington, einem ruhigen, schönen Suburb in Sydney und ganz in der Nähe des bezaubernden Coogee-Beach. Er erstreckt sich über eine große Fläche und ist sehr grün. Als Student an der UNSW hat man die Möglichkeit, sich in einem der vielen Society-Clubs einzubringen und zu engagieren. Die Themenbereiche reichen von Football über traditionelle Speisen bis hin zu Menschenrechten, so dass für jeden etwas dabei ist.

Für Studenten der UNSW ist es durch die Nähe zum Campus sehr angenehm, in den Suburbs Kensington, Kingsford, Randwick, Coogee, Bronte oder Bondi zu wohnen. Ob man lieber im Wohnheim oder einer WG wohnt, muss man für sich selbst entscheiden. Unbedingt beachten solltet Ihr, nicht schon von Deutschland aus ein Zimmer oder eine Wohnung anzumieten. Es reicht völlig aus, direkt in Sydney vom Hostel aus loszuziehen, um Wohnungen zu besichtigen.

Der Law School der UNSW steht eine eigene hochmoderne Einrichtung zur Verfügung, in der sich mehrere Vorlesungssäle, Büros der Professoren und Angestellten, eine juristische Bibliothek und eine Küche für Studenten befinden. Die Professoren an der UNSW sind sehr kompetent und freundlich, und didaktisch spitze. Ganz anders als in Deutschland, herrscht zwischen den Studenten und den Professoren in Australien ein enges persönliches Verhältnis. Der Unterricht an der UNSW ist gespickt durch Vorträge, kleine Hausarbeiten und Tests. In jeder Unterrichtseinheit wird viel diskutiert und in Gruppen gearbeitet. Diese Verbindung von mündlichen und schriftlichen Leistungen sowie der enge Kontakt zu den Professoren machen das Studium an der UNSW zu einem spannenden, interessanten und großartigen Erlebnis. Die Vorlesungen finden an drei oder vier Tagen unter der Woche statt. Trotz der vielen Freizeit ist das Arbeitspensum nicht zu unterschätzen, da viel Eigeninitiative gefordert wird. Durch das Auslandsstudium an der UNSW hat man die einmalige Möglichkeit, „anders“ zu studieren, das Studium aus der Perspektive einer Nation mit einem anderen kulturellen, gesellschaftlichen und historischen Hintergrund zu erkunden. Dies ist unheimlich interessant und spannend.

Aber auch das Erleben und Entdecken Australiens kommt nicht zu kurz. Denn zu bieten haben Sydney und der gesamte Kontinent einiges. Sydney selbst bietet seinen Besuchern unzählige Möglichkeiten um sich dort wohlzufühlen. Es werden viele Feste gefeiert, es gibt zahlreiche Märkte, Museen, Parks, Cafés und andere Freizeitmöglichkeiten um die Stadt und auch das Umland ausgiebig zu erkunden. Wenn das große Reisen beginnt, locken neben dem unendlichen australischen Kontinent selbst, natürlich auch Ziele wie Neuseeland, Fidschi, Bali und im Prinzip der gesamte asiatische Raum.

Fazit: Ein Auslandsstudium dient nicht nur dazu, Sprachkenntnisse zu vertiefen, Studienbedingungen in einem anderen Land kennen zu lernen, neue Menschen zu treffen, Kontakte zu knüpfen und den eigenen Horizont zu erweitern. Auch spätere Arbeitgeber schätzen Auslandserfahrung heute sehr. Es zeigt, dass man weltoffen, dynamisch, flexibel, interessiert, selbstbewusst und selbständig ist. Damit garantiert Euch ein Auslandsstudium gute Chancen im Berufsleben. Wagt den Schritt zum Auslandsstudium, denn es wird Euch und Euer Leben positiv verändern!

Jonas war durch GOstralia! in Australien

Studium beim Auswärtigen Amt
Ein Interview mit einer Studentin

Alter: 21 Jahre
Name: Sophia Oster
Herkunftsort/Land: Franken/Deutschland
Seit wann studierst du beim Auswärtigen Amt: August 2019

Warum hast du dich für dieses Studium entschieden? Kamen noch andere Möglichkeiten in die engere Auswahl?
Ich habe mich für den Studiengang entschieden, weil ich die Möglichkeit spannend finde, in vielen unterschiedlichen Ländern der Welt in verschiedenen Positionen zu arbeiten. Ich kann in Thailand Deutschen in Notsituationen helfen, ein paar Jahre später in Peru Kulturveranstaltungen organisieren und danach in Berlin Besuche von ausländischen Regierungsvertretern betreuen. Zusammen mit meinem Interesse für Sprachen ergab das eine perfekte Kombination. Mich hat auch angesprochen, dass es als duales Studium Theorie und Praxis miteinander verknüpft. Durch die Verbeamtung bietet mir die spätere Arbeit beim Auswärtigen Amt außerdem eine sichere berufliche Zukunft.
In meine engere Auswahl kamen auch ein FSJ oder ein Jurastudium, das mir rückblickend aber wahrscheinlich zu trocken gewesen wäre.

Hattest du ein Wartesemester oder hast du direkt nach dem Abitur das Studium begonnen?
Ursprünglich wollte ich nach dem Abitur ein FSJ machen und das Auswahlverfahren für den gehobenen Dienst beim Auswärtigen Amt erstmal nur ausprobieren, weil ich das Studium spannend fand und mir für später vorstellen konnte. Aber nachdem ich im Auswahlverfahren für den Jahrgang 2019 ausgewählt wurde, habe ich direkt nach meinem Abitur angefangen und das bisher auch nicht bereut. Unter den Studierenden gibt es aber ganz unterschiedliche Hintergründe und Altersgruppen, viele haben auch zuerst etwas anderes studiert oder schon gearbeitet.

Welche Voraussetzungen musst du erfüllen, um bei dem Auswärtigen Amt studieren zu können?
Man braucht mindestens das Abitur oder eine Fachhochschulreife oder gleichwertigen Bildungsabschluss. Außerdem muss man Deutsche/Deutscher im Sinne des Grundgesetzes sein. Der Besitz einer anderen Staatsangehörigkeit neben der deutschen ist in der Regel aber kein Hindernis.
Eine weitere Voraussetzung sind deutsche Sprachkenntnisse auf Muttersprachniveau (C2 des Gemeinsamen Europäischen Referenzrahmens) und mindestens gute Englischkenntnisse (circa Niveau B2 bis C1 des Gemeinsamen Europäischen Referenzrahmens). Außerdem muss man im schriftlichen Auswahlverfahren gute Grundkenntnisse in Französisch nachweisen. Alternativ kann man Französisch auch ersetzen durch Arabisch, Bosnisch, Chinesisch, Farsi, Japanisch, Koreanisch, Kroatisch, Polnisch, Portugiesisch, Russisch, Serbisch, Spanisch oder Türkisch (jeweils entsprechend dem Niveau B1/B2 des Gemeinsamen Europäischen Referenzrahmens). Wenn man Französisch im Auswahlverfahren ersetzt, muss man aber vor dem Studienbeginn im Sommer eine Französischprüfung ablegen, um nachzuweisen, dass man bis dahin die notwendigen Französischkenntnisse erworben hat.

Wie viele Bewerber gab es auf einen Studienplatz? Wie lief das Bewerbungsverfahren ab?
Je nach Jahr kommen auf einen Studienplatz zwischen 14 und 19 Bewerber:innen. Insgesamt haben sich 2018, als ich das Auswahlverfahren durchlaufen habe, gut 1000 Personen beworben – das ergibt dann rund 17 Bewerber:innen pro Studienplatz.
Die Bewerbung kann man ein Jahr im Voraus online abgeben. Bewerbungsschluss ist normalerweise Anfang Oktober. Anschließend findet in verschiedenen deutschen Städten das schriftliche Auswahlverfahren statt. Ich habe daran in München teilgenommen, es hat ein paar Stunden gedauert und besteht aus einem allgemeinen Teil und Sprachtests. Wer diese Etappe bestanden hat, wird zum mündlichen Auswahlverfahren eingeladen. Dieser Teil nimmt einen ganzen Tag in Anspruch und findet auf dem Campus in Berlin Tegel statt.

Wo hast du Informationen über den Studiengang gesammelt?
Auf der Website des Auswärtigen Amts gibt es unter dem Reiter „Karriere" alle wichtigen Infos. https://www.auswaertiges-amt.de/de/karriere/auswaertiges-amt Ich war außerdem auf einer Messe, wo ich mit Studierenden und der Ausbildungsleitung sprechen konnte.

Sind für das Studium besondere Sprachkenntnisse erforderlich? Welche Sprachen benötigst du – und wie/wo hast du diese gelernt?
Welche Sprachkenntnisse genau gefordert werden, findet man bei den Infos zu den Einstellungsvoraussetzungen.
Ich habe meine Sprachkenntnisse in der Schule und durch Schüleraustausche gelernt. Im schriftlichen Auswahlverfahren habe ich Französisch durch Spanisch ersetzt. Deshalb habe ich vor meiner Einstellung an einem vom Auswärtigen Amt organisierten Brückenkurs teilgenommen, der mich auf die notwendige Französischprüfung vorbereitet hat. In meinem Jahrgang haben die Studierenden ihre Sprachkenntnisse aber auf ganz unterschiedliche Arten erworben – von Personen, die zweisprachig aufgewachsen sind über Kurse an der Volkshochschule oder Auslandsaufenthalte.

Hast du dich für ein Stipendium beworben?
Nein, das war auch nicht nötig, weil ich als Beamtenanwärterin bezahlt werde. Wie viel das genau ist, kann man im Internet nachschauen (Besoldung für Anwärter im gehobenen Dienst beim Bund).

Wie finanzierst du dein Studium?
Ich finanziere mein Studium mit der Besoldung, die ich erhalte. Das finde ich sehr angenehm, weil ich dadurch direkt nach meinem Abitur von meinen Eltern finanziell unabhängig bin.

Was machst du in deiner Freizeit am Studienort?
In meiner Freizeit spiele ich in einem Blockflötenensemble und spiele Dungeons and Dragons. Außerdem habe ich im Januar angefangen, Mandarin zu lernen. Berlin bietet schier endlose Möglichkeiten zur Freizeitgestaltung. Es gibt viele Parks und Seen, was insbesondere in Pandemiezeiten praktisch ist für gemeinsame Picknicks, zahlreiche Cafés, Bars und Restaurants, Museen und Veranstaltungen, sowie Sportkurse und -teams für die unterschiedlichsten Sportarten.

Was gefällt dir an der Stadt, in der du studierst?
Ich mag, wie vielseitig und weltoffen Berlin ist. Der Campus und die Unterkunftszimmer liegen im Tegeler Forst, wo es erstaunlich ruhig und idyllisch ist. Seit ich nach Friedrichshain umgezogen bin, kann ich das Großstadtleben in vollen Zügen genießen.

Wirst du während deines Studiums die Möglichkeit für weitere Auslandsaufenthalte haben?
Fester Bestandteil des Studiums ist ein circa achtmonatiges Praktikum an einer deutschen Auslandsvertretung in dem man die Arbeit im Ausland kennenlernen kann. Ich war von März bis Ende September 2021 an der deutschen Botschaft in Nur-Sultan, in Kasachstan, wo ich in allen Arbeitseinheiten mitarbeiten durfte und auch das deutsche Konsulat in Almaty, im Süden Kasachstans, besuchen konnte. Nach dem Studium wird es für mich nach China auf meinen ersten richtigen Auslandsposten gehen.

Wo siehst du dich in 10 Jahren?
In 10 Jahren würde ich gerne an der deutschen Vertretung bei den Vereinten Nationen in New York arbeiten. Außerdem will ich alle Kontinente bereist haben.

Was kannst du Studenten mit auf den Weg geben, die an einem Studiengang beim Auswärtigen Amt interessiert sind?
Man sollte sich bewusst sein, dass man mit der Entscheidung für eine Tätigkeit beim Auswärtigen Amt eine Entscheidung trifft, die wegen der Rotation auch auf das Privatleben große Auswirkungen hat. Alle Beschäftigten wechseln alle drei bis vier Jahre ihren Posten und damit auch den Wohnort. Normalerweise sind das immer zwei Stationen im Ausland und eine in Deutschland in Berlin oder Bonn.
Das Studium bereitet auf eine sehr vielseitige und einzigartige Tätigkeit vor und falls das für dich spannend klingt, kann ich Dir nur ans Herz legen, es einfach mal mit einer Bewerbung zu versuchen.

Vielen Dank - und alles Gute für die Zukunft!

Academic Embassy Bonn

Academic Embassy unterstützt Schüler, Abiturienten, Studenten und ihre Eltern bei wichtigen Entscheidungen rund um das Auslandsstudium. Bei der Planung eines Studienaufenthaltes im Ausland spielt die Wahl der passenden Universität, des richtigen Programms, die Finanzierung sowie die korrekte und vollständige Zusammenstellung der Bewerbungsunterlagen eine wichtige Rolle, um die Bewerbung an der persönlichen Traumuniversität erfolgreich zu gestalten. Um bei diesen Aufgaben den Überblick zu behalten, bietet Academic Embassy als offizielle Vertretung seiner Partneruniversitäten in Europa, USA, Kanada, Südafrika, Peru und China eine für die Bewerber kostenlose Beratung und Organisation, die durch die ausländischen Universitäten finanziert wird. Hier eine Übersicht über die möglichen Programme: Auslandssemester, Bachelor- und Masterstudium, Pathway Programme, Medizinstudium im Ausland, Summer Sessions, Kombination Studium & Praktikum, Universitäre Sprachprogramme, Gap Year.

2. Name:
Academic Embassy

3. Anschrift:
Markt 39, 53111 Bonn

4. Kontaktinformationen:
Tel: 0228/90871-555, Fax: 0228/2864-333
E-Mail: beratung@academic-embassy.de
Homepage: www.academic-embassy.de
Facebook: www.facebook.com/AcademicEmbassy
Öffnungszeiten: Montag bis Freitag 9:00 Uhr - 18:00 Uhr
Unverbindliche Beratung per Telefon, E-Mail oder nach Vereinbarung durch einen Termin in unserem Bonner Büro.

5. Ansprechspartner:
Studienberatung: Lars Zimmermann

6. Altersbegrenzung:
ab 17 Jahre

7. Spezielle Voraussetzungen:
(Fach-)Abitur, gutes Englisch, Motivation und Begeisterung für Abenteuer.

8. Dauer des Aufenthalts:
Je nach gewähltem Programm kann die Dauer des Aufenthaltes zwischen vier Wochen (z.B. universitäres Sprach- oder Sommerprogramm) und mehreren Jahre dauern (komplettes Bachelor- oder Masterstudium).

9. Abreisezeitpunkt:
Abhängig von der Universität und dem Programm.
Die Studien- und Sprachprogramme starten an vielen Universitäten mehrmals pro Jahr, so dass sich die Ausreise sehr flexibel gestalten lasst.

10. Anmeldefrist oder Bewerbungsfrist:
Einige Universitäten bieten eine kurzfristige Bewerbung an; grundsätzlich sollte man sich aber bereits ein Jahr vor Ausreise mit den notwendigen Bewerbungsschritten befassen.

11. Kosten:
Die anfallenden Studiengebühren unterscheiden sich sehr nach Universität, Studiengang und Programmdauer. Weitere Infos entnehmen Sie bitte unserer Website unter der Rubrik „Auslandsstudium“: www.academic-embassy.de

13. Kosten während des Aufenthalts:
Neben den Studien- bzw. Programmgebühren sollte zusätzlich Geld für Unterkunft und Verpflegung eingeplant werden, da diese sich nach Zielland und persönlichen Lebensgewohnheiten unterscheiden können. Hinzu kommen Kosten für Freizeitausgaben, Bücher, Versicherung und die An- und Abreise sowie Ausflüge innerhalb des Ziellandes.

14. Finanzielle Förderung:
Wer im Bachelor- oder Masterstudium ein oder zwei Semester im Ausland studieren möchte, hat die Möglichkeit Auslands-BAföG in Anspruch zu nehmen. „Das neue BAföG“ unterstützt Studierende mit bis zu 4600 EUR für Studiengebühren, die nicht zurückgezahlt werden müssen, 1000 EUR für Reisekosten sowie Zuschläge für Lebenshaltungskosten und Auslandsversicherung.
Für Bewerber, die einen kompletten Bachelor oder Master im Ausland absolvieren möchten, bieten die Universitäten (abhängig von den vorher im Abitur oder Bachelor erzielten Noten) Stipendien an, die eine beachtliche Studiengebührenermäßigung darstellen.
Mehr zur Finanzierung des Auslandsstudiums auf unserer Website: http://www.academic-embassy.de/auslandsstudium/finanzierung/

17. Länder / Gebiete des Aufenthalts:
USA, Kanada, Südafrika, Lettland, Spanien, China u.a.

Academy of European Studies & Communication Management The Hague Univ of Applied Science Niederlande

THE HAGUE UNIVERSITY OF APPLIED SCIENCES

- *Interessante, innovative praxisorientierte Bachelor-Abschlüsse mit starken beruflichen Elementen*
- *Interdisziplinäre, integrative Studienprogramme*
- *Vorlesungen, Seminare, Workshops und Diskussionsrunden bringen die Theorie ins Klassenzimmer*
- *Studenten aus aller Welt*
- *Ein Semester Arbeiterfahrung in einer internationalen Umgebung während eines Praktikums*
- *Intensivkurs: ein 4-Jahres-Programm innerhalb 3 Jahre*

2. Name:
Academy of European Studies & Communication

3. Anschrift:
Academy of European Studies & Communication Management, Johanna Westerdijkpl 75, P.O Box 13336, 2501 EH The Hague, The Netherlands

4. Kontaktinformationen:
Tel: 00 31 70 445 8600, Fax: 00 31 70 445 8625
Montag-Freitag 09.00-17.00 Uhr
www.thehagueuniversity.com

5. Ansprechspartner:
Rajash Rawal, Head of Internationalisation
Academy of European Studies & Communication Management, Johanna Westerdijkpl 75, P.O Box 13336, 2501 EH The Hague, The Netherlands
Tel: 00 31 70 445 8694, Fax: 00 31 70 445 8625
Email: R.Rawal@hhs.nl, Web: www.thehagueUniv.nl

6. Altersbegrenzung:
Mindestalter von 18 Jahren vor Ende des ersten Studienjahres

7. Spezielle Voraussetzungen:
- Vollständige Anmeldung für das Auslandsstudium
- Kopie des Ausweises mit den persönlichen Daten und Gültigkeitsdatum
- Beglaubigte englische Abschriften der Zeugniskopien
- Ausbildungsbegleitende Zeugnisse und Fachgebiet (in Englisch)
- Nachweis der englischen Sprachkenntnis
- Chronologischer Lebenslauf der Ausbildung
- Bewerbungsschreiben

8. Dauer des Aufenthalts:
3 Jahre

9. Abreisezeitpunkt:
Akademisches Jahr von Ende August bis Mitte Juli

10. Anmeldefrist oder Bewerbungsfrist:
Bewerbung bis 1. August, falls kein Visa notwendig – wenn Visa erforderlich ist der Anmeldeschluss 15. Juni

11. Kosten:
1.620 EUR Schulgeld pro Jahr (für EU)
5.500 EUR (für nicht EU/EEA Nationalität)

13. Kosten während des Aufenthalts:
Gruppe A: EU/EEA-Bürger, Studenten aus der Schweiz oder Surinam: Full-time programmes: 1.620 EUR
Gruppe B: nicht EU/EEA-Bürger, Neu aufgenommene Studenten in Gruppe B: 5.500 EUR.

16. Bestimmte Staatsangehörigkeit vorausgesetzt:
Es gelten die Visumbestimmungen. Studenten außerhalb der EU, Norwegen, Schweiz, Island, Australien, Kanada, Japan, Monaco, Neuseeland, Vatikan und den USA sind verpflichtet vor Einreise in die Niederlanden ein MVV (Einreisevisa) zu beantragen. Dieses Verfahren kann bis zu 8 Monaten dauern. The Hague Uni bietet ihren Studenten die MVV zu beantragen, was das Verfahren stark verkürzt. Studenten, die nicht aus der EU, Island, Norwegen oder Schweiz kommen benötigen eine Aufenthaltsgenehmigung nach der Einreise in die Niederlanden. Weitere Informationen über die Visumbestimmungen und die Aufenthaltsgenehmigung werden nach der Prüfung der eingesendeten Bewerbungsunterlagen zugesendet.

17. Länder / Gebiete des Aufenthalts:
Niederlande

AIFS
American Institute For Foreign Study
Bonn

AIFS ist eine der ältesten und größten Organisationen für kulturellen Austausch weltweit und ein führender Anbieter im Bereich Jugend- und Bildungsreisen. Im Rahmen des Programms Studieren im Ausland (Study Abroad) können junge Leute eine zeitlang in den USA am Foothill College (Kalifornien), am NOVA College (Washington D.C.), am Snow College (Utah), am Kapiolani Community College (Hawaii), am Brookdale Community College (New Jersey), am Santa Barbara City College, am Golden West College, am College of the Desert (alle 3 in Kalifornien), Olympic College (Washington), an der SUNY in Plattsburgh (New York State), an der San Diego State University, San Diego (Kalifornien) oder am College of the Canyons, Santa Clarita (Kalifornien) in Südafrika an der Stellenbosch University (Stellenbosch), in Costa Rica auf der Veritas University (San José), in Kanada an der Capilano University (Vancouver), Algonquin College (Ontario) oder am Camosun College (Vancouver Island), in Australien an der Wollongong University (New South Wales), in Irland am University of Limerick, auf Bali am Warmadewa University, in Neuseeland an der Victoria University (Wellington), in Japan an der Yamanashi Gakuin University (Kofu) und in England (bald auch dort wieder möglich) studieren. Siehe auch unter „Au Pair", „Work & Travel", „Camp Counselor", „Flex. Freiwilligenarbeit", „Schule", „Sprachreisen" und „Erlebnisreisen".

2. Name:
AIFS – American Institute For Foreign Study

3. Anschrift:
Friedensplatz 1, 53111 Bonn

4. Kontaktinformationen:
Tel.: +49 (0)228/95730-0, E-Mail: info@aifs.de/info@aifs.at/info@aifs.ch; www.aifs.de/www.aifs.at/www.aifs.ch

5. Ansprechspartner:
Katharina Hovekamp, Ute Lamb

6. Altersbegrenzung:
je nach Hochschule ab 17 bzw. ab 18 Jahre.

7. Spezielle Voraussetzungen:
mindestens (Fach-)Abitur bzw. Matura der einen gleichwertigen Abschluss; gutes Schulenglisch; stabile psychische und physische Gesundheit; für England: Motivationsschreiben sowie Referenz über schulische und soziale Kompetenzen.

8. Dauer des Aufenthalts:
ein bis zwei Semester bwz. ein bis drei Quarter

9. Abreisezeitpunkt:
je nach Hochschule unterschiedlich

10. Anmeldefrist oder Bewerbungsfrist:
Je nach Hochschule unterschiedlich; Anmeldung spätestens 2 bis 4 Monate vor Ausreise

11. Kosten:
ab 9.650 EUR für ein Semester, die Preise variieren von Land zu Land; weitere detaillierte Infos gibt es auf der Website. Im Preis u. a. enthalten: Vermittlung des Studienplatzes inkl. Studien- und Anmeldegebühren, Unterkunft (Gastfamilie, Studentenwohnheim oder Apartment), Betreuung vor dem Aufenthalt und während des Aufenthaltes durch den jeweiligen Partner vor Ort, Hin- und Rückflug, umfassendes Versicherungspaket.

13. Kosten während des Aufenthalts:
ggf. für öffentliche Verkehrsmittel für den Weg zur Hochschule; Verpflegung bei Unterkunft im Apartment; private Ausgaben

16. Bestimmte Staatsangehörigkeit vorausgesetzt:
Deutschland, Österreich, Schweiz

17. Länder / Gebiete des Aufenthalts:
USA, Kanada, Australien, Neuseeland, Südafrika, Costa Rica, England, Japan, Irland und Bali

ASSE Germany GmbH
Köln

ASSE (ASSE International Student Exchange Programs) ist eine der größten und renommiertesten Schüleraustauschorganisationen weltweit. Seit den Anfängen, die bis ins Jahr 1938 zurückreichen, hat ASSE seine Angebote stetig erweitert und bietet neben Austauschprogrammen für Schüler auch Austauschmöglichkeiten für Abiturienten, Studierende, Au Pairs, Work & Travel Teilnehmer, Praktikanten und Trainees an. Seit der Gründung haben Zehntausende junge Menschen aus Deutschland über die Partnerorganisation iSt Internationale Sprach- & Studienreisen an ASSE Austauschprogrammen teilgenommen. Im Jahr 2016 eröffnete ASSE eine eigene Geschäftsstelle in Deutschland, um jungen Menschen hier in Deutschland seine Programme nun auch direkt anbieten zu können. Mit dem ASSE Programm ‚Go Campus' kann grundsätzlich jeder Abiturient oder Studierende Stipendienangebote von amerikanischen Universitäten erhalten, die bis zu 70% der Kosten für Studiengebühren, Unterkunft und Verpflegung abdecken.
Siehe auch unter: „Au-Pair" und „Schulaufenthalt".

2. Name:
ASSE Germany GmbH

3. Anschrift:
Gürzenichstr. 21 a-c
50667 Köln

4. Kontaktinformationen:
Tel: 0221 – 5481 4500
Fax: 0221 – 5481 4499
E-Mail: info@assegermany.de
www.assegermany.de

5. Ansprechspartner:
Nina Weidenfeld (E-Mail: gocampus@assegermany.de)

6. Altersbegrenzung:
17 - 28 Jahre

7. Spezielle Voraussetzungen:
Teilnahmevoraussetzung ist ein bestandenes Fachabitur oder Abitur bei Abreise

8. Dauer des Aufenthalts:
Ab zwei Semestern bis zum kompletten Studium

9. Abreisezeitpunkt:
Zwei Abreisedaten:
August (zum Herbstsemester), Januar (zum Frühjahrssemester)

10. Anmeldefrist oder Bewerbungsfrist:
1. Mai (für Studienstart im August)
1. Oktober (für Studienstart im Januar)
Auf Anfrage ggfs. auch später

11. Kosten:
3600,- EUR Vermittlungsgebühr, eigene Anreise

13. Kosten während des Aufenthalts:
Krankenversicherung, Taschengeld, Lehrbücher, Studiengebühren, die nach Abzug des Teilstipendiums übrig bleiben. Die Gebühren beinhalten Studiengebühren sowie die Kosten für Unterkunft und Verpflegung auf dem amerikanischen Uni-Campus.

14. Finanzielle Förderung:
Stipendien, die bis zu 70% der Kosten für Studiengebühren, Unterkunft und Verpflegung abdecken.

16. Bestimmte Staatsangehörigkeit vorausgesetzt:
Für Bewerberinnen und Bewerber aus Deutschland, Österreich und der Schweiz.

17. Länder / Gebiete des Aufenthalts:
Stipendien für USA

edu seasons

Edu-Seasons Sprachreisen Berlin

Edu-Seasons Film – Beratung und Vermittlung von Schauspielschulen international und Filmhochschulen in den USA, Kanada, Australien und Europa. Bewerbungscoaching und Visasupport ohne Zusatzkosten als offizielle Vertretung der internationalen Hochschulen in Deutschland. Vertreten werden das Los Angeles Performing Arts Conservatory, die New York Film Academy mit Fakultäten weltweit, die Vancouver Film School, die Toronto Film School sowie die Central Film School in London.
Siehe auch unter „Sprachreisen" und „Schulaufenthalt im Ausland".

2. Name:
Edu-Seasons Sprachreisen

3. Anschrift:
Hönower Straße 35
10318 Berlin

4. Kontaktdaten:
Tel: 0049 (0) 30 12020486
E-Mail: info@edu-seasons.com
Homepage:
Öffnungszeiten: 9.00 – 16.00 Uhr montags bis freitags, Termine außerhalb dieser Zeit nach Vereinbarung

5. Ansprechspartner:
Milena Berné

6. Altersbegrenzung:
Mindestalter 16 Jahre

7. Spezielle Voraussetzungen:
Teilweise Abitur oder Schulabschluss+Berufsausbildung, Englisch B2/C1 Level, Darstellung des Talents durch Video/ Schriftproben/Zeichnungen je nach Studienfach

8. Dauer des Aufenthalts:
2 Wochen bis 2 Jahre

9. Abreisezeitpunkt:
Ganzjährig möglich

10. Anmeldefrist oder Bewerbungsfrist:
mind. 3-6 Monate vor Abreise

11. Kosten:
Je nach Programm und Dauer (Bsp. 2 Wochen Acting Workshop – ab 1.200 EUR, 1 Jahr Acting Certificate ab 18.000 EUR, 6 Monate Independent Filmmaking – ab 9.100 EUR)

13. Kosten während des Aufenthalts:
Lebenshaltungskosten ca. 1.000 EUR bis 1.500 EUR inkl. Unterkunft, Verpflegung, Versicherungen

14. Finanzielle Förderung:
Stipendienvergabe je nach Hochschule zwischen ca. 4.000 EUR und 10.000 EUR möglich. Informationen auf unserer Webseite.

16. Bestimmte Staatsangehörigkeit vorausgesetzt:
Deutschland, Österreich, Schweiz, EU-Bürger

17. Länder / Gebiete des Aufenthalts:
USA, Kanada, Australien, Italien, Frankreich, UK

Fontys International Campus in Venlo Universitiy of Applied Sciences Holland

Fontys

University of Applied Sciences

Fontys International Campus in Venlo bietet Studenten aller Nationen ein breit gefächertes Angebot an Bachelor- und Master-Studiengängen in den Bereichen Wirtschaftswissenschaften, Technik und Informatik sowie Logistik. Ein Teil der Studiengänge wird in englischer Sprache angeboten, andere auf Deutsch und Niederländisch mit einigen englischen Modulen, einige sowohl auf Englisch als auch auf Deutsch und Niederländisch.
Allen Angeboten gemein ist eine starke internationale Ausrichtung, die sich nicht nur inhaltlich sondern auch in weiteren Facetten niederschlägt. So gibt es mit Hochschulen in Europa, Amerika und Asien enge Kooperationen, die es den Studenten ermöglichen, einen Teil ihrer Studienzeit an einer Partnerhochschule zu absolvieren. Organisation, Anerkennung der Studienleistung und Hilfe bei der Inanspruchnahme eventueller Stipendien sind gewährleistet. Darüber hinaus gibt es einen großen Pool internationaler Unternehmen, die als aktive Partner im Bereich von Praktika, Projekten und Diplomarbeiten Angebote an Studenten machen.

2. Name:
Fontys International Campus in Venlo,
Universitiy of Applied Sciences

3. Anschrift:
Hulsterweg 2-6, Venlo.
Postalisch: Postbus 141, NL 5900 AC Venlo

4. Kontaktinformationen:
Tel: 0031 877 879 210, Fax: 0031 877 874 855
E-Mail: campusvenlo@fontys.nl
Homepage: www.fontys.nl/campusvenlo

5. Ansprechspartner:
Bitte nutzen Sie eine der unter 4. angegebenen Kontaktmöglichkeiten!

6. Altersbegrenzung:
Richtet sich nach den unter 7. angegebenen Voraussetzungen. Bitte beachten Sie, dass die Studiengebühren nach Alter variieren können!

7. Spezielle Voraussetzungen:
Fachhochschulreife

8. Dauer des Aufenthalts:
Regelstudienzeit 4 Jahre

9. Abreisezeitpunkt:
Beginn des Studienjahres jährlich Anfang September

10. Anmeldefrist oder Bewerbungsfrist:
Laufend während des Studienjahres

11. Kosten:
Studenten mit EU/EEA-Nationalität zahlen am International Campus in Venlo pro Jahr eine Studiengebühr in Höhe von derzeit 1.984 EUR und 47 EUR Einschreibegebühr, sofern sie bei Studienbeginn nicht jünger als 18 und nicht älter als 30 sind. Unabdingbare Voraussetzung ist, dass sie während des Studiums einen Wohnsitz in NRW, Niedersachsen, Bremen, den Niederlanden oder Belgien haben. Studenten, die nicht aus der EU/EEA stammen, zahlen 6.400 EUR. Kosten für Bücher und Skripte sind selber zu tragen.

13. Kosten während des Aufenthalts:

Unterbringung	325 EUR
Lebenshaltung	200 EUR
Öffentliche Vekehrsmittel	30 EUR
Bücher	40 EUR
Unterhaltung	90 EUR
Gesamt (geschätzt)	**685 EUR**

Die Aufstellung oben soll nur ein Anhaltspunkt sein, die tatsächlichen Kosten können davon abweichen!

16. Bestimmte Staatsangehörigkeit vorausgesetzt:
Frei für alle Nationen

17. Länder / Gebiete des Aufenthalts:
Niederlande. Bedingt durch die Grenznähe wohnen viele Studenten in Deutschland.

GOstralia!-GOzealand!

Kostenlose Studienplatzvermittlung in Australien, Neuseeland, Singapur, Malaysia und Vietnam.

Stuttgart, Hamburg, Berlin, Köln und Dortmund

GOstralia!-GOzealand! ist offizielle Vertretung australischer und neuseeländischer Hochschulen in Deutschland und hat sich seit 2000 auf die Vermittlung von Abiturienten und Studenten, die ein Studium in Down Under oder deren Campussen in Asien absolvieren möchten, spezialisiert. Die Agentur mit Büros in Stuttgart, Hamburg, Berlin, Köln und Dortmund bietet wertvolle Vorabinformationen zu den Universitäten und Studienangeboten, umfangreiche Unterstützung beim Bewerbungsprozess sowie eine persönliche Beratung und Betreuung durch erfahrene Studienberaterinnen die selbst in Down Under studiert haben. Der gesamte Service ist kostenfrei. Neben dem Auslands-BAföG, welches die Studiengebühren rückzahlungsfrei und teils vollständig finanziert und auch die Reisekosten abdeckt, gibt es zahlreiche weitere Finanzierungsmöglichkeiten. Weitere Informationen unter www.gostralia.de oder www.gozealand.de.

2. Name:
GOstralia!-GOzealand!

3. Anschrift:

Stuttgart:	Hospitalstraße 35, 70174 Stuttgart
Hamburg:	Alstertor 1 (Thaliahof), 20095 Hamburg
Berlin:	Immanuelkirchstraße 3/4, 10405 Berlin
Köln:	Hansaring 61, 50670 Köln
Dortmund:	Sudermannstraße 41, 44137 Dortmund

4. Kontaktinformationen:

Stuttgart:	T: 0711 400 910 40, fischer@gostralia.de
Hamburg:	T: 040 368 813 160, krug@gostralia.de
Berlin:	T: 030 467 260 810, hanisch@gostralia.de
Köln:	T: 0221 975 868 70, hellmig@gostralia.de
Dortmund:	T: 0231 950 981 39, meinert@gostralia.de
Homepage:	www.gostralia.de, www.gozealand.de

5. Ansprechspartner:

Stuttgart:	Rebecca Fischer
Hamburg:	Dr. Michaela Krug-von Vacano
Berlin:	Sonja Hanisch
Köln:	Svea Hellmig
Dortmund:	Elke Meinert

6. Altersbegrenzung:
Es gibt keine Altersbeschränkungen.

7. Spezielle Voraussetzungen:
Bewerber müssen Englischkenntnisse und eine Hochschulberechtigung (mindestens FH-Reife) nachweisen. Für die Zulassung in Masterprogramme muss ein Bachelor- oder ein äquivalenter Abschluss vorliegen. Dies kann sein: Vordiplom +2 weitere Semester, Uni- oder FH-Diplom, Magister. Bei der Suche nach dem passenden Studienprogramm bzw. der passenden Universität sind erfahrene Studienberaterinnen von GOstralia!-GOzealand! behilflich.

8. Dauer des Aufenthalts:
Ein Aufenthalt ist ab einem Semester, mind.12-14 Wochen möglich. Masterprogramme können je nach Studienfach und Vorleistungen in 2-4 Semestern abgelegt werden. Bachelorabschlüsse dauern je nach Uni 2 bis 4 Jahre. Den Doktorgrad erlangt man in 3 bis 4 Jahren.

9. Abreisezeitpunkt:
Semesterbeginn je nach Uni: Jan, Mär, Mai, Jul, Aug, Sep, Okt

10. Anmeldefrist oder Bewerbungsfrist:
Idealerweise spätestens 3 Monate vor Studienbeginn bei GOstralia!-GOzealand!. Kurzfristig möglich.

11. Kosten:
Die Flugkosten liegen zwischen 900-1.300 EUR. Eine Krankenversicherung ist kostet ca. 200 EUR pro Semester. Die Studiengebühren beginnen bei 3.700 EUR pro Semester.

12. Lohn während des Aufenthalts:
Studierende können während des Studiums 20 Stunden/Woche und Vollzeit in den Semesterferien jobben und dabei ca. 20 AUD pro Stunde verdienen.

13. Kosten während des Aufenthalts:
Die Kosten für Unterkunft variieren je nach Stadt, Uni und Unterkunftsart. WG-Zimmer kosten ca. 400-600 EUR pro Monat. Wohnheime sind meist teurer. Die Lebenshaltungskosten sind vergleichbar mit Deutschland, abhängig von der Lebensweise.

14. Finanzielle Förderung:
Das Auslands-BAföG ermöglicht einen rückzahlungsfreien Zuschuss zu den Studiengebühren bis 4.600 EUR sowie eine finanzielle Unterstützung zu den Reisekosten in Höhe von 1.000 EUR und den Krankenversicherungs- und Lebenshaltungskosten, welche individuell berechnet wird. Zahlreiche weitere Finanzierungsmöglichkeiten wie Bildungsfonds, Bildungskredit und verschiedene, auch 60 Stipendien zum 20. Jubiläum von GOstralia!-GOzealand! sowie durch die Universitäten selbst machen ein Studium Down Under möglich. Infos unter www.gostralia.de/stipendien, www.gozealand.de/stipendien

17. Länder / Gebiete des Aufenthalts:
Australien und Neuseeland, Singapur, Malaysia und Vietnam

Lynn Univ Study Abroad Irland

Lynn Univ Study Abroad bietet Möglichkeiten für Studien in Dublin während des Semesters und in den Semesterferien. Jeder erfolgreich absolvierte Kurs wird akademisch anerkannt durch die Lynn Univ. Weiter gibt es für Kursteilnehmer ein individuell ausgerichtetes internationales Praktikumprogramm.

2. Name:
Academic Adventures in Ireland - Lynn Univ Study Abroad

3. Anschrift:
Lynn Univ
Study Abroad Office
3601 North Military Trail
Boca Raton, FL 33431-5598
USA

4. Kontaktinformationen:
Tel: 001 (561) 237-7185
Fax: 001 (561) 237-7189
E-Mail: studyabroad@lynn.edu
Homepage: www.lynn.edu/studyabroad

6. Altersbegrenzung:
Abiturienten (also ab 17-19 Jahre)

7. Spezielle Voraussetzungen:
Studenten müssen eine gute Durchschnittsnote haben – entsprechend 2.0 (3 nach deutschen Noten).

8. Dauer des Aufenthalts:
Es gibt folgende Programme: Herbstsemester (August – Dezember), Frühlingssemester (Januar – Mai), ein ganzes akademisches Jahr (August – Mai), 4 -Wochen Sommer Programm, und 6 -Wochen Sommer Programm

10. Anmeldefrist oder Bewerbungsfrist:
Laufend. So lange Plätze frei sind.

11. Kosten:
Sommer, 6-Wochen (9 Std.):
Unterricht und Unterkunft 4.900 USD
Residence Center Deposit 150 USD (wird rückvergütet)
Internationale Versicherung (Alter unter 25 Jahren) 70 USD.
Voraussichtliche Kosten pro Student 5.120 USD

Sommer, 4-Wochen (6 Std)
Unterricht und Unterkunft 3.450 USD
Residence Center Deposit 150 USD (wird rückvergütet)
Internationale Versicherung (Alter unter 25 Jahren) 35 USD.
Voraussichtliche Kosten pro Student 3.635 USD

Sommer Internship Programm, 9-Wochen (6Std.):
Unterricht und Unterkunft 6.250 USD
Residence Center Deposit 150 USD (wird rückvergütet)
Internationale Versicherung (Alter unter 25 Jahren) 105 USD. Voraussichtliche Kosten pro Student 6.505 USD

Akademische Studienreise (zusätzliche Kosten):
Irish Commerce Studienreise 1.950 USD
Irish Mini Tour 250 USD
Arts & Humanities Studienreise nach Italien 1.950 USD

14. Finanzielle Förderung:
Alle neuen Studenten werden für das jährliche Stipendium vorgeschlagen 1.000 - 10.000 USD.

16. Bestimmte Staatsangehörigkeit vorausgesetzt:
Alle können teilnehmen

17. Länder / Gebiete des Aufenthalts:
Studenten haben die Möglichkeit einer Teilnahme an einer Studienreise nach Italien oder an einer Rundreise in Irland (zusätzliche Kosten).

NHL Stenden University of Applied Sciences
Leeuwarden, Emmen, Meppel, Terschelling
Niederlande

Die NHL Stenden ist eine internationale Fachhochschule mit rund 25.000 Studenten. Neben den Niederlassungen in den Niederlanden hat die NHL Stenden auch Standorte in Katar, Thailand, Indonesien und Südafrika an denen je nach Studiengang Teile des Studiums absolviert werden können. Studenten der der NHL Stenden können aus Bachelor und Master Studiengängen in den Bereichen: Wirtschaft & Management, Bildung & Soziales, Kommunikation Medien & IT, Naturwissenschaften und Technik sowie Maritim wählen. Je nach Studiengang ist die Unterrichtssprache Niederländisch oder Englisch. Studenten arbeiten an der NHL Stenden im Gruppenverband daran, fachspezifische Lösungsansätze für reale Probleme zu finden.

2. Name:
NHL Stenden University of Applied Sciences

3. Anschrift:
Postadresse:
P.O. Box 1298, 8900 CG Leeuwarden, Niederlande
Besucheradressen:
Leeuwarden:
Rengerslaan 8-10, 8917 DD Leeuwarden
Emmen:
Van Schaikweg 94, 7811 KL Emmen
Meppel:
Van der Duijn van Maasdamstraat 1, 7941 AT Meppel
Terschelling:
Dellewal 8, 8881 EG West-Terschelling

4. Kontaktinformationen:
Deutschland Team
Tel.: 0031 58 244 1259
WhatsApp: 0031 6 10 940 747
E-Mail: deutschland@nhlstenden.com
Internet: www.nhlstenden.com/de

5. Ansprechspartner:
Deutschland Team Tel: 0031 58 244 1259
Email: deutschland@nhlstenden.com
WhatsApp: 0031 6 10 940 747

6. Altersbegrenzung:
Richtet sich nach den unter Punkt 7. angegebenen Voraussetzungen.

7. Spezielle Voraussetzungen:
Nachweis der Fachhochschulreife (schulischer Teil ausreichend) oder Allgemeinen Hochschulreife, Interessenten ohne Fachhochschulreife können, wenn sie 21 Jahre oder älter sind, durch einen Zulassungstest den Zugang zur NHL Stenden erlangen.

8. Dauer des Aufenthalts:
Regelstudienzeit ist 4 Jahre. Fast Track (3 jähriges Studium) und Short Track (verkürztes Studium) möglich unter bestimmten Voraussetzungen.

9. Abreisezeitpunkt:
Studienbeginn ist September und Februar.

10. Anmeldefrist oder Bewerbungsfrist:
Laufend während des Studienjahres. Mehr Informationen findest du unter www.nhlstenden.com/de

11. Kosten:
Studenten mit EU/EEA-Nationalität zahlen an der NHL Stenden pro Jahr eine Studiengebühr in Höhe von EUR 2060,-

Alle weiteren Informationen findest du unter www.nhlstenden.com/de

14. Finanzielle Förderung:
Möglichkeiten: Auslands-BAföG (aus Deutschland, zu beantragen in Köln), Studienfinanzierung (NL), Collegegeldkrediet (NL), österreichische Studienfinanzierung, Stipendien, Studienkredite.

16. Bestimmte Staatsangehörigkeit vorausgesetzt:
Zugänglich für alle Nationalitäten.

17. Länder / Gebiete des Aufenthalts:
Studenten der NHL Stenden können entweder an einem der 4 internationalen Standorte oder an einer der über 120 Partnerhochschulen weltweit ihr Auslandssemester absolvieren. Die im Studium integrierten Praktika können weltweit absolviert werden. Studenten anderer Hochschulen können Austauschprogramme an Standorten der NHL Stenden belegen.

The Emirates Academy of Hospitality Management Vereinigte Arabische Emirate

Auslandsstudium (auf Wunsch mit Praktikum) als:

1. *Bachelor of Business Administration (Hons.) in International Hospitality Management*
2. *Master of Business Administration (MBA) in International Hospitality Management*

The Emirates Academy of Hospitality Management (EAHM) in Dubai ist eine der weltweit führenden Hotel Management Universitäten für Hospitality Business und gehört zur internationalen Luxus Hotel Unternehmensgruppe Jumeirah Group. EAHM ist ein führender Anbieter von Hospitality Business Studiengängen in Vollzeit oder als Auslandsstudium für Bachelor- und Masterstudenten. EAHM unterhält eine akademische Zusammenarbeit mit der Ecole hôtelière de Lausanne und alle Studiengänge sind voll akkreditiert durch das Ministerium für Höhere Bildung und Forschung (VAE), das Institute of Hospitality (GB) und bei THE-ICE (International Centre of Excellence in Tourism and Hospitality Education) (AUS). EAHM ist ebenfalls Vollmitglied im Universitätskreis des Council of International Schools (CIS).

2. Name:
The Emirates Academy of Hospitality Management

3. Anschrift:
PO Box 29662
Umm Suqeim 3, Al Saqool Street, Building 69
Opposite Burj Al Arab
Dubai, United Arab Emirates

4. Kontaktinformationen:
Tel: +971 4 315 5555
Fax: +971 4 315 5556
Email: info@emiratesacademy.edu
Website: www.emiratesacademy.edu
Öffnungszeiten: 08:00 – 18:00, Sonntag bis Donnerstag

5. Ansprechspartner:
Name: Andreas Beisser
Email: Andreas.Beisser@emiratesacademy.edu

6. Altersbegrenzung:
18+

7. Spezielle Voraussetzungen:
- Student an einer anerkannten Hochschule oder Universität
- Sehr gute Sprachkenntnisse in Englisch
- Abitur oder einen vergleichbaren Schulabschluss

8. Dauer des Aufenthalts:
Aufenthaltsdauer von einem bis drei Trimester im Auslandsstudienprogramm

9. Abreisezeitpunkt:
Zwei Tage vor Trimesterbeginn

10. Anmeldefrist oder Bewerbungsfrist:
Ende August
Ende November
Ende Februar

11. Kosten:
Ca. USD 13,000 per Trimester, inklusive Campusunterkunft und Visum

13. Kosten während des Aufenthalts:
Ca. 500 EUR pro Monat

14. Finanzielle Förderung:
Eigenfinanzierung, Auslands Bafög, Teilzeitarbeit vor Ort

16. Bestimmte Staatsangehörigkeit vorausgesetzt:
alle Nationalitäten

17. Länder / Gebiete des Aufenthalts:
Dubai, Vereinigte Arabische Emirate

University College South Denmark Esbjerg-Haderslev Dänemark

Das College bietet unter anderem eine international Lehreraubildung gezielt auf dänische Schulen und eine Sprach- und Kommunikationsausbildung an.

2. Name:
University College South Denmark

3. Anschrift:
Die internationalen Ausbildungen:
Lembckesvej 3-7
DK-6100 Haderslev
Dänemark

4. Kontaktinformationen:
Tel (+45) 72 66 20 00
E-Mail: ucsyd@ucsyd.dk
Homepage: ucsyd.dk/international
Öffnungszeiten: Montag bis Donnerstag 8-16, Freitag 8-14

5. Ansprechspartner:
Die internationale Lehrerausbildung
Jacob Buris Andersen
E-Mail: jban@ucsyd.dk
Durchwahl: (+45) 72 66 50 37
Wirtschaftssprache und IT-basierte Marketingkommunikation
Troels Ravn Klausen
E-Mail: trkl@ucsyd.dk
Durchwahl: (+45) 72 66 51 39

6. Altersbegrenzung:
Es gibt keine Altersbeschränkungen

7. Spezielle Voraussetzungen:
Abitur oder Fachabitur

8. Dauer des Aufenthalts:
Die internationale Lehrerausbildung (Bachelorstudiengang): 4 Jahre
Die sprach- und Kommunikationsausbildung (Bachelorstudiengang): 3,5 Jahre

9. Abreisezeitpunkt:
Mitte August

10. Anmeldefrist oder Bewerbungsfrist:
1. Februar bis 15. März, 12h

13. Kosten während des Aufenthalts:
Lebensunterhalt und
Hausmiete kostet etwa
EUR 650 bis 800 pro Monat.

14. Finanzielle Förderung:
EU-Bürger sind von Studiengebühren befreit.

16. Bestimmte Staatsangehörigkeit vorausgesetzt:
Nein

17. Länder / Gebiete des Aufenthalts:
Dänemark.

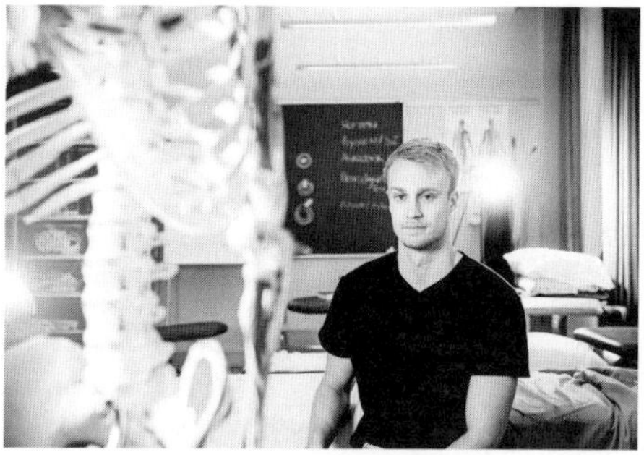

Viaa
Christian University of Applied Sciences
Zwolle, Niederlande

Die Viaa ist eine christliche Fachhochschule in den Niederlanden die dir drei soziale Studiengänge anbietet, die ausschließlich auf die Arbeit mit dem Menschen ausgerichtet sind: Sozialpädagogik, Soziale Arbeit und Pastorale Arbeit. Unter bestimmten Voraussetzungen gibt es auch die Möglichkeit, den Studiengang Grundschullehramt zu studieren. Einen Numerus Clausus gibt es in den Niederlanden nicht. Die Fachhochschule im Herzen von Zwolle ist für die angenehme Atmosphäre und das positive Lernklima bekannt. Niederländische und internationale Studenten studieren und leben hier zusammen. Desweiteren sind die praktische Arbeitserfahrung und Forschungsprojekte wichtige Teile des Studiums an der Viaa und können nach Belieben im In- und Ausland absolviert werden.

2. Name:
Viaa – Christian University of Applied Sciences

3. Anschrift:
Besucheradresse:
Grasdorpstraat 2
8012 EN Zwolle
Niederlande

Postadresse:
Postbus 10030
8000 GA Zwolle
Niederlande

4. Kontaktinformationen:
Tel: +31 384 25 55 42
Fax: +31 384 23 07 85
E-Mail: studieren@viaa.nl
Homepage: www.viaa.nl/willkommen

5. Ansprechspartner:
Team-Viaa
studieren@viaa.nl
Tel: +31 384 25 55 42

7. Spezielle Voraussetzungen:
- Nachweis der Fachhochschulreife oder Allgemeinen Hochschulreife
- Nachweis der Niederländischen Sprachkenntnisse

8. Dauer des Aufenthalts:
4 Jahre
Es besteht die Möglichkeit das Studium auf 3 bzw. 3,5 Jahre zu verkürzen. Für mehr Informationen wenden Sie sich bitte an studieren@viaa.nl
9. Abreisezeitpunkt:
Studienbeginn im September

10. Anmeldefrist oder Bewerbungsfrist:
1. Mai

11. Kosten:
Ca. 2000 EUR Schulgeld pro Jahr

14. Finanzielle Förderung:
Auslands-BAföG aus Deutschland, Niederländische Studienfinanzierung, Collegegeldkredite (NL), Studienkredite

16. Bestimmte Staatsangehörigkeit vorausgesetzt:
Zugänglich für alle Nationalitäten

17. Länder / Gebiete des Aufenthalts:
Niederlande
Auslandsaufenthalte während Praktika und Austauschsemester möglich

STUDIUM IM AUSLAND

Internationales Studium mit starken Partnern
Internationale duale Studiengänge

In Deutschland international studieren. Entweder bei einer Firma, die in Zusammenarbeit mit einer Hochschule einen internationalen BA-Abschluss ermöglicht oder an einer deutschen Hochschule mit Kooperations-Universitäten im Ausland.

Zirka 220 Hochschulen in Deutschland bieten im Rahmen von Kooperationsabkommen international ausgerichtete Studiengänge an. Das Besondere ist die Internationalität. So ist in der Regel ein unterschiedlich langer Aufenthalt im Ausland integriert. Oft kann dabei auch ein doppelter Studienabschluss (ein deutscher und ein ausländischer) erworben werden. Darüber hinaus stellen im Zuge der Internationalisierung der Hochschullandschaft derzeit zahlreiche Akademien und Hochschulen auf den neuen Bachelor-Abschluss um, der durch die internationale Vergleichbarkeit und Anerkennung ein weiterer Schritt in Richtung internationales Studium darstellt.

Unter http://www.hochschulkompass.de/ befinden sich alle internationalen Kooperationsbeziehungen deutscher Hochschulen mit ausländischen Hochschulen.

In der Datenbank AusbildungPlus sind zahlreiche duale Studiengänge enthalten, die eine umfassende internationale Orientierung aufweisen. Beispiele für international ausgerichtete Studienangebote sind:

Die European Business School (EBS) in Oestrich-Winkel verfügt nicht nur über ein quantitativ, sondern vor allem auch qualitativ hochwertiges Netzwerk an Partnerhochschulen: In 23 von den 30 wirtschaftlich wichtigsten Ländern (nach Größe GDP), welche 88% des Welt-GDPs und zudem 65% der Weltbevölkerung umfassen, mindestens eine der drei top Business Schools. Und in 13 der 15 wichtigsten Emerging Markets (Wichtigkeit nach Economist) mindestens eine, meistens aber zwei oder drei Partnerhochschulen aus den Top 3 Business Schools des jeweiligen Landes.

Bayer Industry Services GmbH & Co. OHG. bietet "Marketing and International Business Studies (MIBS)" an. Nach dreieinhalb Jahren wird die Diplomprüfung (FH) abgelegt, die durch ein einjähriges Auslandsstudium ergänzt wird.

Die Württembergischen Verwaltungs- und Wirtschafts-Akademie (VWA) bietet „International Business Administration" an. Das 4. Semester der Fachrichtung International Business Administration ist als verpflichtendes Auslandssemester an einer der acht VWA-Partneruniversitäten in Europa und den USA ausgelegt. Abgeschlossen wird das Studium mit dem Diplom-Betriebswirt/in (BA) und "Bachelor of Arts with Honours" der Open Univ (London).

Die Berufsakademie Mosbach „Engineering Technology Management - Internationales Technisches Management". Hier finden alle Vorlesungen des dritten Jahres an einer Partneruniversität in Großbritannien in englischer Sprache statt. Kooperationen bestehen derzeit mit der Univ of Glamorgan, der Cardiff Univ und der Anglia Polytechnic Univ. Die Absolventen erhalten ebenfalls ein Doppeldiplom bzw. Dual Degree.

BASF Trainee International Hotelmanagement. Die Ausbildung dauert 2 Jahre. Das daran anschließende Studium „International Management im Praxisverbund" an der Fachhochschule Worms mit Abschluss Bachelor of Arts dauert regulär 6 Semester. Das 2. Studienjahr wird komplett im Ausland verbracht. Mit dem Ausbildungsgang „International Business Administration" bieten wir eine Kombination aus praxisorientiertem Hochschulstudium und betrieblichen Phasen im In und Ausland. Die Verzahnung von Theorie und Praxis fördert von Anfang an unternehmerisches Handeln und wissenschaftliches Denken. Durch die enge Kooperation der BASF mit der Fachhochschule Ludwigshafen werden Sie optimal auf die Anforderungen des Berufslebens vorbereitet.

Weitere Infos und Datenbanksuche: https://www.bibb.de/ausbildungplus/de/index.php

Hier eine Auswahl der bekanntesten Universitäten

University of Cambridge
International Office
Fitzwilliam House, 32 Trumpington Street,
Cambridge CB2 1QY, UK
Tel: 0044 1223 332262
Fax: 0044 1223 764679
E-Mail: international.education@admin.cam.ac.uk
Homapage: www.cam.ac.uk

University of Oxford
International Office
Wellington Square
Oxford OX1 2JD, UK
Tel: 0044 (0)1865 (2)70105 / (2)80650
E-Mail: International.Office@admin.ox.ac.uk.
Homepage: www.ox.ac.uk

Università degli Studi di Roma "La Sapienza"
P.le Aldo Moro,5 00185 Roma,
Italien
Tel: 0039 0649911
E-Mail: urp@uniroma1.it
Homepage: www.uniroma1.it

Universidad Complutense de Madrid
Avda. Complutense, s/n
28040 Madrid, Spanien
Tel: 0034 1 3941299/98
Homepage: www.ucm.es

Université Paris-Sorbonne (Paris IV)
The International Relations Division,
Bureau F 664
1, rue Victor Cousin
75005 Paris, France
Tel: 0033 (0) 01 40 46 26 47
E-Mail: relations.internationales@paris-sorbonne.fr
Homepage: www.paris-sorbonne.fr

Columbia University in the City of New York
International Students and Scholars Office (ISSO)
524 Riverside Drive, Suite 200
New York, N.Y. 10027, USA
Tel: (212) 854-3587
Fax: (212) 854-3966
E-Mail: isso@columbia.edu
Homepage: www.columbia.edu

Harvard University
Harvard International Office
1350 Massachusetts Avenue
Holyoke Center Room 864
Cambridge, MA 02138-3800, USA
Tel: 001 617-495-2789
Fax: 001 617-495-4088
Homepage: www.hio.harvard.edu

Princeton University
Undergraduate Admission Office
P.O. Box 430
Princeton Univ
Princeton, New Jersey 08544-0430, USA
Tel: 001 (609) 258-3060
Fax: 001(609) 258-6743
E-Mail: uaoffice@princeton.edu
Graduate Admission Office
P.O. Box 270, Princeton Univ
Princeton, New Jersey 08544-0270
Tel : 001 609 258-3034
Fax: 001 609 258-6180
E-Mail: gsadmit@princeton.edu
Homepage: www.princeton.edu

University of California
UCLA Undergraduate Admissions
1147 Murphy Hall, Box 951436
Los Angeles, CA 90095-1436
Tel: 001 (310) 825-3101
E-Mail: ugadm@saonet.ucla.edu
UCLA Graduate Division
1237 Murphy Hall, Box 951419
Los Angeles, CA 90095-1419
Tel: 001 (310) 825-3819
E-Mail:gadmission@gdnet.ucla.edu
Homepage: www.ucla.edu

Yale University
The Registrar's Office Yale University
P.O. Box 208321
New Haven, CT 06520-8321, USA
Tel: 001 203 432 2331
FAX: 001 203 432 2334
E-Mail: fas.registrar@yale.edu
Homepage: www.yale.edu

Studium im Ausland.
FAQ: Frequently asked questions

1. Für wen ist ein Auslandsstudium sinnvoll?

Für alle, die später in einer internationalen Firma arbeiten möchten, oder im Ausland für eine einheimische oder ausländische Firma tätig werden wollen. Im Hinblick auf die fortschreitende Globalisierung gibt es kaum noch ein Argument gegen einen Auslandsaufenthalt, und sei es nur für ein Semester.

2. Welche Termine sind einzuhalten?

Die Informationssuche sollte mindestens 1 Jahr vor dem Auslandsaufenthalt erfolgen. Es gibt viele Fristen zu beachten: Visumantrag, Arbeits- und Aufenthaltsgenehmigungen, Bewerbungsfristen bei den Universitäten. Wichtig sind eventuelle Aufnahmeprüfungen, wie Sprachtests, die vor dem eigentlichen Aufenthalt abgelegt werden müssen.

3. Welche Möglichkeiten für ein Studium gibt es?

Es besteht die Wahl zwischen Vollstudium, Teilstudium und Einzelaufenthalten oder Gruppenprogrammen. Das **Vollstudium** beginnt an einer ausländischen Universität und endet mit dem Studienabschluss an dieser Universität. Besonders zu beachten sind die Zulassungsbeschränkungen und die Anerkennung des Abschlusses in anderen Ländern (z.B. öffentlicher Dienst in Deutschland). Bei einem **Teilstudium** (ein oder mehrere Semester) sollte zunächst das gewünschte Studium an einer deutschen Hochschule begonnen werden. Über Anerkennung des Auslandsaufenthalts und der erreichten Studienleistungen entscheidet die Hochschule, an der das Studium fortgesetzt wird. **Einzelaufenthalt oder Gruppenprogramme** haben den Vorteil, dass ein Großteil der organisatorischen Fragen geregelt ist. Hierzu zählen die Austauschprogramme, die viele deutsche Hochschulen anbieten. Mit einem **Aufbaustudium** nach einem an einer deutschen Hochschule abgeschlossenen Studium können weitere Qualifikationen erworben werden, z.B. mit einem durch ein Stipendium gefördertes Promotionsstudium im Ausland. Das **duales Studium** bietet die Möglichkeit Theorie und Praxis zu kombinieren. Der praktische Teil wird bei internationalen Unternehmen absolviert. Entweder als BA Studium oder an Universitäten, die diese Auslandspraktikas vermitteln.

4. Welche Sprachkenntnisse sind erforderlich?

Für ein erfolgreiches Studium im Ausland ist die Beherrschung der Sprache des Gastlandes in Wort und Schrift unabdingbar. Die Sprache sollte daher vor einem Studium erlernt werden, idealerweise mit Besuchen des Gastlandes. Einige Hochschulen setzen einen Sprachtest für die Aufnahme voraus.

5. Welche Hochschule ist die richtige?

Neben den Vorlieben für ein bestimmtes Land sollte natürlich auch das Hochschulsystem des Gastlandes begutachtet werden. Welche Studiengänge und Spezialisierungsmöglichkeiten werden auf welchem Niveau angeboten. Die Studienlaufzeit entscheidet nicht zuletzt auch über die Finanzierungsmöglichkeiten. Durch den Studienführer des Deutschen Akademischen Austauschdienstes kann man die Wunschhochschule im Ausland finden unter.
https://www.daad.de/de/laenderinformationen/

6. Welche Zulassungsbeschränkungen gibt es?

In der Regel gibt es im Ausland ähnliche Zugangsvoraussetzungen wie im Inland: Allgemeine Hochschulreife, Numerus Clausus, Sprachprüfungen (Wichtiger Hinweis: Gültigkeitsdauer von Sprachprüfungen sind zu beachten), Anerkennung von deutschen Leistungsnachweisen bei Studienfortsetzern (z.B. Vordiplom), Semestertermine. Auskunft über Einzelheiten erteilt die jeweilige Hochschule.

7. Welche Prüfungsleistungen werden anerkannt?

Die Anerkennung von im Ausland erbrachten Studienleistungen nimmt bei Magister- und Diplom-Studiengängen die deutsche Hochschule vor, an der das Studium fortgesetzt wird. Unproblematisch ist die Anerkennung bei europäischen integrierten Studiengängen. Wichtigster Rat: Vor Antritt des Studiums/Semesters sollte die Anerkennung geklärt werden (DAAD, Heimatuniversität). Bei einem Vollstudium entscheidet letztendlich der zukünftige Arbeitgeber über die Qualität der Ausbildung.

8. Welche Studiengebühren fallen an?

Viele ausländische Universitäten erheben Studiengebühren pro Semester. Die Höhe der Gebühren variiert zum Teil beträchtlich. Es ist daher sinnvoll die Möglichkeit von Stipendien zu klären. (siehe auch Kapitel Finanzierung und EU-Förderung)

9. Wie sieht die Finanzierung des Auslandsaufenthalts aus?

Die Lebenshaltungskosten können je nach Gastland sehr unterschiedlich ausfallen. Trotzdem gibt es viele verschiedene Möglichkeiten den Studienaufenthalt zu finanzieren. Staatliche Förderung über BAföG und Stipendien sind nur ein Weg. Ein Praktikum im Ausland kann ebenfalls das Studium, nicht nur fachlich, unterstützen. Durch Homestay in einer Gastfamilie lassen sich neben dem Familienanschluss auch die Kosten für die Unterkunft senken. Hinweis: In einigen Ländern wie der USA ist eine Arbeitserlaubnis notwendig, wenn man neben dem Studium jobben möchte. Ein Vorteil kann der Kontakt zu internationalen Konzernen sein, die im Rahmen einer Werksausbildung den Auslandsaufenthalt organisieren helfen, z.B. das Daimler Berufsakademie-Studium.

10. Welchen Wert hat ein internationaler Studienabschluss?

Man sollte bei seinen Entscheidungen berücksichtigen, dass der Studienabschluss auch in zehn bis zwanzig Jahren international als intellektuelle, wissenschaftliche und wirtschaftliche Reputation anerkannt ist. Die Umbrüche in der Weltordnung haben auch die Rangordnung der Universitäten durcheinander geworfen. Während bis zum Anfang der 90er Jahre europäische Studenten hauptsächlich in die USA zum Studieren gegangen sind, schreiben sich heute 90% der europäischen Austausch-Studenten in einem anderen europäischen Land ein. Spitzenposition in Europa halten Großbritannien, Frankreich, Spanien und Belgien. Wachsende Bedeutung als Zielkontinent für ausländische Studenten wird Asien, allen voran China und Japan. Der berufliche Wert eines Studienabschlusses macht sich auch am „Netzwerk der Ehemaligen“ fest, die morgen so wichtig sein werden. Und diese Netzwerke verschieben sich von den USA nach Eurasien (siehe Erasmus-Programme). Der Curriculum und die Verbindung unter den Universitäten wird wichtiger, als der Ruf der einzelnen Universität. Die berühmten MBA der US-Universitäten besitzen kein Monopol mehr. Durch die Bachelor- und Masterstudiengänge besteht die Möglichkeit an weltweit unterschiedlichen Universitäten die Ausbildung international zu gestalten und auch eine Phase der Berufstätigkeit oder ein Praktikum im Ausland aufzunehmen.

Die besten 100 Universitäten weltweit

Das Shanghai-Ranking stößt weltweit auf große Beachtung. Es gilt als einflussreichster internationaler Hochschulvergleich.

Indikatoren hinter dem Ranking sind Faktoren wie:
- Qualität der Ausbildung: Alumni, die einen Nobelpreis oder Ähnliches gewonnen haben.
- Qualität des Personals: Wissenschaftler mit Nobel-Preis oder Ähnliches.
- Häufig zitierte Forscher in 21 Fächern.
- Output in der Forschung: In Nature & Science publizierte Artikel, Artikel im Web of Science (SCI Expanded & SSCI Expanded).
- Größe der Institutionen
- Akademische Leistung mit Blick auf die Größe.

Hier sind die aktuellen Ergebnisse von 2022:

1	**Harvard University**	**US**
2	**Stanford University**	**US**
3	**Massachusetts Inst. Techn.**	**US**
4	**University of Cambridge**	**UK**
5	**Univ. California, Berkeley**	**US**
6	**Princeton University**	**US**
7	**University of Oxford**	**UK**
8	**Columbia University**	**US**
9	**California Inst. of Technology**	**US**
10	**University of Chicago**	**US**
11	Yale University	US
12	Cornell University	US
13	University of California, Los Angeles	US
14	Johns Hopkins University	US
15	University of Pennsylvania	US
16	Paris-Saclay University	FR
17	University of Washington	US
18	University College London	UK
19	University of California, San Francisco	US
20	ETH Zurich	CH
21	University of California, San Diego	US
22	University of Toronto	CA
23	Imperial College London	UK
24	The University of Tokyo	JP
25	New York University	US
26	Tsinghua University	CN
27	Washington University in St. Louis	US
28	University of Michigan-Ann Arbor	US
29	Univ of North Carolina at Chapel Hill	US
30	Northwestern University	US
31	Duke University	US
32	The University of Melbourne	AU
33	University of Wisconsin - Madison	US
34	Peking University	CN
35	The University of Edinburgh	UK
36	Zhejiang University	CN
37	The University of Texas at Austin	US
38	The University of Manchester	US
39	University of Copenhagen	DK
40	PSL University	FR
41	Karolinska Institute	SE
41	Kyoto University	JP
43	Sorbonne University	FR
44	Rockefeller University	US
44	University of British Columbia	CA
44	University of Minnesota, Twin Cities	US
47	The University of Queensland	AU
48	King's College London	UK
49	University of Illinois at Urbana-Champ	US

50	University of Maryland, College Park	US
51	University of Colorado at Boulder	US
52	Univ. of Texas Southw.Med. C. Dallas	US
53	University of Southern California	US
54	Shanghai Jiao Tong University	CN
54	Utrecht University	NL
56	Technical University of Munich	DE
57	University of California, Santa Barbara	US
57	University of Munich	DE
59	University of Zurich	CH
60	University of Sydney	AU
61	University of California, Irvine	US
62	University of Geneva	CH
62	Univ.y of Science and Tech. of China	CN
64	The University of New South Wales	AU
64	Vanderbilt University	US
66	University of Groningen	NL
67	Fudan University	CN
67	University of Oslo	NO
69	Aarhus University	DK
70	Heidelberg University	DE
71	National University of Singapore	SN
71	Univ.of Texas M. D. Ande. Cancer Cntr	US
73	McGill University	CA
74	Ghent University	BE
75	Monash University	AU
76	University of Bonn	DE
77	The Hebrew University of Jerusalem	IL
78	Université Paris Cité	FR
79	Sun Yat-sen University	CN
79	The Australian National University	AU
81	University of Bristol	UK
82	University of Pittsburgh	US
83	Purdue University - West Lafayette	US
83	Technion-Israel Institute of Technology	IL
83	University of Basel	CH
83	Weizmann Institute of Science	IL
87	Erasmus University Rotterdam	NL
88	Nanyang Technological University	SN
89	Uppsala University	SE
90	McMaster University	CA
90	Stockholm University	SE
92	University of Alberta	CA
92	University of Helsinki	FI
94	University of Florida	US
95	KU Leuven	BE
96	Huazhong Univ. of Science and Tech	CN
96	The University of Hong Kong	CN

(mehrere Universitäten mit gleichem Ranking)

Quelle: Center for World-Class Universities, Shanghai Jiao Tong University

SPRACHREISEN UND SPRACHSCHULEN

ADVARSEL !
Livsfare når
spillet arbejder
ACHTUNG !
Lebensgefahr wenn
winde in betribt

Sprachen sind der Schlüssel zum Erfolg

Jeder Aufenthalt, der hier im Buch beschrieben wird, ist auch eine Art Sprachaufenthalt, weil es ja unvermeidbar ist, die Landessprache des Reiseziels ein wenig besser kennen zu lernen. Durch Gespräche mit den Einheimischen, Zeitung lesen oder fernsehen lernt man etwas vom Alltagsleben vor Ort und man kann sich der Sprache nicht entziehen.

Da lauert aber auch die „Gefahr“, die Sprache „falsch“ zu lernen. Man kommt z.B. von Schottland zurück und spricht eine interessante Mischung aus Schulenglisch und schottischer Alltagssprache oder man war mit vielen anderen Ausländern aus aller Welt zusammen und hat sich vor Ort englisch unterhalten. Wenn Deutsche, Dänen und Spanier zusammen englisch sprechen, übernehmen sie oft unbewusst die Sprachfehler von den anderen.

Wenn man die Sprache gründlich und neutral lernen möchte oder wenn die Zeit wegen der Arbeit, Schule oder dem Studium nicht reicht, ist die Sprachreise die perfekte Lösung.

Die vielen Sprachreiseanbieter auf dem deutschen Markt bieten Sprachreisemöglichkeiten und Sprachschulen für fast alle Bedürfnisse, ob für Kinder oder für Erwachsene: von ein oder zwei Wochen bis hin zu mehreren Wochen - von einfachen Anfängerkursen bis hin zu Sprachintensivkursen.

Eine super Zeit in New York.

Ende September ging es endlich los. Von München über Frankfurt nach New York JFK. Etwas müde, aber voller Vorfreude und Neugierde auf meine Gastmutter und meine Unterkunft bin ich mit der Subway vom Flughafen nach Brooklyn gefahren. Ein freundlicher New Yorker hat mir ungefragt meinen Koffer vom Bahnsteig die Treppen hinauf getragen – wahrscheinlich sah ich so aus, als würde ich vor Schwäche gleich zusammen brechen. Erster Eindruck: sehr gut!

Angekommen an meinem neuen Zuhause für zwei Wochen, wurde ich sehr herzlich von Sharon, meiner Gastmutti aufgenommen. Sie hat mir gleich das Haus und die Nachbarschaft gezeigt. Hier in Park Slope wohnen viele Familien, es gibt kleine Geschäfte (Second Hand, Antiquitäten, Accessories, ...), Bars und Restaurants. Der Prospect Park ist auch nicht weit. Nach einer unruhigen ersten Nacht (der Jetlag!) bin ich mit der Subway zur Schule gefahren. Von Tür zu Tür habe ich keine halbe Stunde gebraucht. Auch in der Schule ist die Begrüßung sehr herzlich, aber der Blick aus dem Fenster toppt alles! Hier im 36. Stock hat man einen „amazing" Blick über Brooklyn Heights, zur Brooklyn Bridge, bis hinüber nach Manhattan. „Wow", alle Neuankömmlinge stehen mit offenem Mund da. Als wir uns alle wieder gefasst haben, machen wir uns untereinander bekannt. Das plaudern auf Englisch fällt hier viel leichter als zu Hause.

Nach einem schriftlichen und mündlichen Einstufungstest wurden wir in unterschiedliche Klassen zugeteilt. Das Sprachniveau ist sehr unterschiedlich bei den Schülern, aber für jeden gibt es eine geeignete Klasse. In der Pause am Vormittag treffen sich alle in der Küche, und bei einer Tasse Kaffee kommt man auch schnell mit den Schülern anderer Klassen ins Gespräch. Franzosen, Italiener, Schweizer, Spanier, Argentinier, Niederländer, Japaner, Schweizer, Deutsche – die Mischung ist kunterbunt und es wird viel gelacht. Die Schule ist eher klein und damit sehr familiär. Richard, der Schuldirektor, kennt alle Schüler beim Namen und das gesamte Team ist bei allen Fragen rund um Schule, Unterkunft oder New York allgemein sehr hilfsbereit. Auch mit den Lehrern hatten wir sehr viel Spaß während des Unterrichts. Mein Englisch ist leider in den letzten Jahren etwas „eingerostet", da ich es in meinem Beruf nur sehr selten benötige. Da war es sehr gut, dass Gabi, unsere Lehrerin dem Ganzen wieder auf die Sprünge geholfen hat.

Nach der Schule werden oft noch Ausflüge angeboten, z.B. zur Brooklyn Bridge, in ein Museum, eine Broadway Tour oder in ein Broadway Musical. Ich habe sehr viel mit Mitschülern unternommen, wir waren gemeinsam im MOMA, am Wochenende bei Lady Liberty und auf Ellis Island, auf dem „Top of the Rock", im Central Park beim Relaxen, am Times Square zum Staunen, im Kino, und natürlich waren die Girls gemeinsam shoppen. Auch abends musste man nicht alleine sein, wenn man nicht wollte. Essen in Chinatown oder ein Bier in einer Bar in Brooklyn.

Die Zeit in New York ging wahnsinnig schnell vorbei und gleichzeitig hatte ich am Ende das Gefühl, schon Monate hier zu sein. Der tägliche Weg zur Schule und nach Hause war mir schon so vertraut und ich konnte ganz cool anderen Touristen helfen, die sich in dem manchmal etwas verwirrenden Subway-Labyrinth verfahren hatten. Zwei Wochen New York sind aber auch anstrengend. Zwischendurch braucht es da eine kleine Auszeit im Central Park, um dem Lärm und der Hektik zu entkommen. An meinem vorletzten Abend war ich noch mal im Brooklyn Bridge Park, um einen letzten Blick auf die nächtliche Skyline von Manhattan und der Brooklyn Bridge zu werfen. Wehmütig wurden die Abreisenden am letzten Tag in der Schule verabschiedet. Ich hatte eine super Zeit in New York.

Elisabeth H. (2 Wochen Englischsprachkurs in den USA – New York, Brooklyn. Mit TravelWorks)

active abroad GmbH
Freising/München

active abroad wurde 1998 gegründet und bietet in Zusammenarbeit mit ausgewählten Partnern weltweit eine zuverlässige Vermittlung und Betreuung an. Wir helfen abenteuerlustigen, jungen Menschen mit einer individuellen und persönlichen Beratung bei der Auswahl des passenden Programmes. Im Sommer 2012 wurde uns als einer der ersten deutschen Au Pair Agenturen das RAL Gütezeichen verliehen, welches sicherstellt, dass die von der Gütegemeinschaft Au Pair e.V. vorgegebenen Qualitätsstandards eingehalten werden. Wir vermitteln junge Leute als Au Pair / Au Pair Expert / Demi Pair in die USA, nach Kanada, Australien, Neuseeland, China, Chile und in viele europäische Länder. Das Demi Pair Programm mit Sprachunterricht am Vormittag und Mithilfe in der Gastfamilie am Nachmittag bieten wir in Irland, Frankreich, Spanien, Italien, Australien, Neuseeland und Kanada an. Weitere Programme, die wir anbieten: „Au Pair/Demi Pair", „Work & Travel", „Camp Counselor", „Flex. Freiwilligenarbeit" und „Ök. Arbeit".

2. Name:
active abroad GmbH

3. Anschrift:
Obere Hauptstr. 8, 85354 Freising

4. Kontaktinformationen:
Tel: 08161-40288-0, Fax: 08161-40288-20
contact@activeabroad.net / www.activeabroad.de
Social Media:: activeabroad

5. Ansprechspartner:
Sabine Harrar, Maria Riedmaier, Anna Cieslak

6. Altersbegrenzung:
18+, auch Kurse für
Familien und kleine Gruppen möglich

7. Spezielle Voraussetzungen:
Keine Vorkenntnisse notwendig

8. Dauer des Aufenthalts:
Ab einer Woche

9. Abreisezeitpunkt:
Ganzjährig

10. Anmeldefrist oder Bewerbungsfrist:
Wir empfehlen eine frühzeitige Buchung, je nach Verfügbarkeit auch kurzfristig möglich.

11. Kosten:
Abhängig von Land, Unterkunft und Kursart, Preise auf Anfrage

13. Kosten während des Aufenthalts:
Persönliche Ausgaben

16. Bestimmte Staatsangehörigkeit vorausgesetzt:
Auf Anfrage

17. Länder / Gebiete des Aufenthalts:
England, Schottland, Irland, Frankreich, Italien, Malta, Spanien, Portugal, US A, Kanada, Australien, Neuseeland, Südafrika, Lateinamerika, Südkorea

AIFS
American Institute For Foreign Study
Bonn

AIFS ist eine der ältesten und größten Organisationen für kulturellen Austausch weltweit und ein führender Anbieter im Bereich Jugend- und Bildungsreisen. Im Rahmen des Programms Sprachreisen können junge Leute Englisch-Sprachkurse in New York und San Francisco (USA), Vancouver und Toronto (Kanada), Sydney (Australien), Auckland (Neuseeland), London und Cambridge (England), Irland (Dublin), Malta und Kapstadt (Südafrika) absolvieren.
Siehe auch unter „Au Pair", „Work & Travel", „Camp Counselor", „Flex. Freiwilligenarbeit", „Schule", „Studium" und „Erlebnisreisen".

2. Name:
AIFS (American Institute For Foreign Study)

3. Anschrift:
Friedensplatz 1
53111 Bonn

4. Kontaktinformationen:
Tel.: +49 (0)228/95730-0, E-Mail: info@aifs.de/info@aifs.at/info@aifs.ch; www.aifs.de/www.aifs.at/www.aifs.ch

5. Ansprechspartner:
Kristina Winter

6. Altersbegrenzung:
ab 16 Jahre, Kanada ab 17, Südafrika ab 18

7. Spezielle Voraussetzungen:
Grundkenntnisse Englisch

8. Dauer des Aufenthalts:
Je nach Land 1 bis 8 Wochen, jeweils zwischen 20 und 30 Unterrichtseinheiten pro Woche

9. Abreisezeitpunkt:
ganzjährig

10. Anmeldefrist bzw. Bewerbungsfrist:
spätestens 6 Wochen vor Kursbeginn

11. Kosten:
Die Kosten variieren je nach Land. Die genauen Preise und Leistungen gibt es auf der Website. Eine Sprachreise nach England startet bereits ab 490 EUR (ohne Hin- und Rückflug).

13. Kosten während des Aufenthalts:
Hin- und Rückflug, private Ausgaben während des Aufenthaltes; wenn Gastfamilienunterkunft nicht gebucht wird: Unterkunft und Verpflegung.

16. Bestimmte Staatsangehörigkeit vorausgesetzt:
Deutschland, Österreich, Schweiz

17. Länder / Gebiete des Aufenthalts:
USA, Kanada, Neuseeland, Australien, Südafrika, Irland, England und Malta

University of Delaware English Language Institute Newark, Delaware, USA

Die University of Delaware ist eine wunderschöne Campus Style University und eine der ältesten Universitäten in den USA. Die ideale Lage an der Ostküste macht einen Aufenthalt hier zu einem Traumurlaub. Das English Language Institute ist als eine der Top10 Sprachschulen in den USA bekannt und bietet eine Vielzahl interessanter Sprachprogramme für Schüler, Studenten und Berufstätige an. Vertiefe deine Sprach- und Kulturkenntnisse, besuche Washington DC, New York, Philadelphia und den Atlantischen Ozean, die alle innerhalb von ein bis zwei Stunden erreichbar sind. Erweitere deinen Horizont und maximiere den Lernerfolg, indem du bei einer amerikanischen Familie wohnst, und Freundschaften mit Schülern und Studenten aus aller Welt schließt.

2. Name:
University of Delaware-English Language Institute

3. Anschrift:
189 West Main Street
Newark, Delaware 19716 USA

4. Kontaktinformationen:
Telefon: +1-302-831-2674
Fax: +1-302-831-6765
Email: ud-eli@udel.edu
Internet: www.udel.edu/eli

5. Ansprechspartner:
Baerbel Schumacher

6. Altersbegrenzung:
Nicht jünger als 15 nach oben kein Limit

7. Spezielle Voraussetzungen:
Lust auf Abenteuer und Horizonterweiterung!

8. Dauer des Aufenthalts:
4 Wochen, 8 Wochen oder solange du möchtest

9. Abreisezeitpunkt:
Kurse werden das ganze Jahr angeboten

10. Anmeldefrist oder Bewerbungsfrist:
4 Wochen vor Kursbeginn

11. Kosten:
Abhängig von der Kursdauer. Zum Beispiel: Sprache und Abenteuer Sommersprachkurs USD 3950 für 4 Wochen all inclusive (ohne Flug). Weitere Infos unter: www.udel.edu/eli/languageadventureusa

13. Kosten während des Aufenthalts:
Taschengeld je nach persönlichen Einkaufsgewohnheiten

14. Finanzielle Förderung:
Nach einem abgeschlossenen 8 Wochenkurs können die Studenten sich für eine 8-wöchige Verlängerung um ein Partial Scholarship bewerben

16. Bestimmte Staatsangehörigkeit vorausgesetzt:
Studenten aus der ganzen Welt!

17. Länder / Gebiete des Aufenthalts:
Delaware, Washington DC, New York, Philadelphia, Baltimore

ECOS
Escuela de Español y Salsa
Cartagena de Indias
(Kolumbien)

Escuela de Español y Salsa

„Aprender español en ECOS es tocar el cielo con los manos"
Spanisch lernen bei ECOS macht aus verschiedenen Gründen glücklich. Die Schule liegt im Herzen von Cartagena de Indias, einer der schönsten Städte Kolumbiens. Die Stadt an der Karibikküste mit rund 1 Million Einwohnern wurde 1984 zum UNESCO Kulturerbe erklärt. Unsere Lehrpersonen verfügen neben dem Diplom in Linguistik und Literatur und der Lizenz in modernen Sprachen auch über das Diplom für den Unterricht der Spanischen Sprache als Fremdsprache. Die Schule ist die erste und einzige Schule in Südamerika, welche durch EAQUALS international zertifiziert ist. Zudem ist die Schule in den meisten Bundesländern Bildungsurlaub anerkannt.

„Adelante con los faroles, a toda vela!" Nur Mut, vorwärts, mit vollem Tempo!
Im ganzen Schulgebäude steht den Studierenden gratis Wifi zur Verfügung. Wir arbeiten mit eigenem didaktisch aufbereitetem Unterrichtsmaterial, welches wir ständig weiter entwickeln. Unsere Schule befindet sich in Gehdistanz zu den Gastfamilien, den Unterkünften, dem historischen Stadtzentrum, dem kulturellen Leben und dem Meer. Zudem kann in unserer Schule Salsa gelernt werden; unsere professionellen Salsalehrer/innen unterrichten leidenschaftlich die südamerikanischen Tänze.

2. Name:
ECOS Escuela de Español y Salsa

3. Anschrift:
Manga, Carrera 17 # 16-05, Cartagena de Indias, Kolumbien

4. Kontaktdaten:
Tel./WhatsApp: +57 301 505 99 36
Tel./WhatsApp: +41 79 335 20 74 (Auskunft auf Deutsch)
E-Mail: info@ecos-spanishschool.com
Homepage: www.ecos-spanishschool.com

5. Ansprechspartner:
Alle MitarbeiterInnen im Büro
Beat Jenni (für Auskunft auf Deutsch)
Schweizerisch-Kolumbianische Schulleitung

6. Altersbegrenzung:
Ab 18. Jahren oder auch jünger mit erwachsener Begleitperson

7. Spezielle Voraussetzungen:
Motivation und Spaß daran, eine Sprache zu lernen und neue kulturelle Erfahrungen zu machen

8. Dauer des Aufenthalts:
1 – 12 Monate

9. Abreisezeitpunkt:
Flexibel und nach Kundenwunsch

10. Anmeldefrist oder Bewerbungsfrist:
Ideal spätestens ca 4 Wochen vor dem gewünschten Kursbeginn. Kurzfristig grundsätzlich möglich, wenn noch Platz vorhanden ist.

11. Kosten:
Gemäss aktueller Preisliste und Kursangebot auf der Homepage

16. Bestimmte Staatsangehörigkeit vorausgesetzt:
Für alle

17. Länder / Gebiete des Aufenthalts:
Kolumbien

Edu-Seasons Sprachreisen Berlin

Familiensprachreisen – Sprachreisen für Familien, Bildungsurlaub mit Kind. Sprachen: Englisch, Spanisch und Französisch.
Siehe auch unter „Studium“ und „Schulaufenthalt im Ausland“.

2. Name:
Edu-Seasons Sprachreisen

3. Anschrift:
Hönower Straße 35
10318 Berlin

4. Kontaktdaten:
Tel: 0049 (0) 30 12020486
E-Mail: info@edu-seasons.com
Homepage: www.edu-seasons.com
Öffnungszeiten: 9.00 – 16.00 Uhr montags bis freitags, Termine außerhalb dieser Zeit nach Vereinbarung

5. Ansprechspartner :
Milena Berné

6. Altersbegrenzung:
Mindestalter ab 4 Jahre

7. Spezielle Voraussetzungen:
Keine speziellen Voraussetzungen notwendig.

8. Dauer des Aufenthalts:
Ab 1 Woche

9. Abreisezeitpunkt:
Familiensprachreisen sind ganzjährig möglich

10. Anmeldefrist oder Bewerbungsfrist:
mind. 1 Monat vor Abreise

11. Kosten:
Ab 1 Woche ca. 600 EUR inkl. Sprachkurse für 1 Kind und 1 Elternteil inkl. Unterkunft und eigene An-und Abreise

13. Kosten während des Aufenthalts:
unterschiedlich je nach Familiengröße und Programmdauer

14. Finanzielle Förderung:
Bildungsurlaubsanerkennung möglich

16. Bestimmte Staatsangehörigkeit vorausgesetzt:
Deutschland, Österreich, Schweiz, EU-Bürger und Weltbüger mit Aufenthaltstitel in Deutschland.

17. Länder / Gebiete des Aufenthalts:
England, Irland, Malta, Frankreich, Spanien

ENFOREX
24 Standorte in Spanien und Lateinamerika.

Spanish in the Spanish World: Alicante, Barcelona, Granada, Madrid, Málaga, Marbella, Salamanca, Sevilla, Teneriffa, Valencia, Cádiz, Pamplona & Lateinamerika

Siehe auch unter „Summer School".

2. Name:
ENFOREX – Spanish in the Spanish World

3. Anschrift:
Enforex Headquarter für alle Schulen
Gustavo Fernández Balbuena, 11
28002 Madrid
Spanien

4. Kontaktinformationen:
Tel:++34 91 594 37 76
Fax: ++34 91 594 51 59
E-Mail: info@enforex.es
Homepage: www.enforex.com

5. Ansprechspartner:
Antonio Anadon

6. Altersbegrenzung:
Sprachkurs: ab 14 Jahre
Golden Age Program: +50
(Keine Altersbegrenzung nach oben).

8. Dauer des Aufenthalts:
Spanisch-Intensivkurse: Mindestens 1 Woche

9. Abreisezeitpunkt:
Start: Jeden Montag, das ganze Jahr über, alle Level, max. 10 Studenten pro Klasse, inkl. Anfänger

10. Anmeldefrist oder Bewerbungsfrist:
Kurzfristige Buchung möglich, 1 Woche vor Beginn

11. Kosten:
Transport hin/zurück Deutschland – Zielland
Krankenversicherung 60 EUR / 4 Wochen
Kosten - Sprachkurs
Beispiele:
Intensivkurs, 10 Wochenstunden
1 Woche: 125 EUR / Woche
12 Wochen: 105 EUR / Woche
Superintensivkurs, 30 Wochenstunden
1 Woche: 335 EUR / Woche
12 Wochen: 309 EUR / Woche
Kosten – Unterkunft
Familie ab 175 EUR / Woche (mit Halbpension)
Im Studentenwohnheim ab 189 EUR / Woche (mit Halbpension). Studenten-WG: ab 115 EUR / Woche.
In jedem Enforex Center werden Nachmittags- und Abendaktivitäten organisiert. Es werden auch Wochenend-Aktivitäten organisiert (Halbtags- Ganztags- und Wochenendausflüge).

13. Kosten während des Aufenthalts:
Taschengeld

17. Länder / Gebiete des Aufenthalts:
Spanien: Alicante, Barcelona, Granada, Madrid, Málaga, Marbella, Salamanca, Sevilla, Teneriffa, Valencia, Cádiz, Pamplona. Lateinamerika: Argentinien, Bolivien, Chile, Costa Rica, Dominikanische Republik, Ecuador, Guatemala, Kuba, Mexiko, Peru

Bildungsurlaub: Superintensivkurs (30 Wochenstunden) anerkannt in Berlin, Brandenburg, Hamburg, Rheinland-Pfalz und Schleswig-Holstein.

ESL

ESL - Sprachreisen Köln

ESL Sprachreisen bietet 20 Sprachen auf 5 Kontinenten an und ist der Spezialist wenn es um Sprachreisen, bezahlte Jobs, Praktika und Volontariate geht. Von Englisch in Indien, Praktikum in New York bis Japanisch in Tokyo, ja sogar Türkisch in Istanbul bietet ESL Sprachreisen an. Die große Auswahl an Destinationen ermöglicht Ihnen das Umfeld Ihren Wünschen und Prioritäten entsprechend auszuwählen. In unseren Programmen enthalten sind allgemeine Sprachkurse, Vorbereitungskurse für offizielle Prüfungen, Unternehmenspraktika und Volontariate, bezahlte Jobs und Berufsbildungskurse. Unser erfahrenes Team bietet Ihnen eine auf Sie zugeschnittene und kostenlose Beratung. Wir kümmern uns von A bis Z um Ihr Studienprojekt im Ausland.

2. Name:
ESL Sprachreisen

3. Anschrift:
Apostelnstraße 11
D-50667 Köln

4. Kontaktinformationen:
Tel: 0221 570 879 39
E-Mail: info@esl.de
Homepage: www.esl.de
Mo - Fr: 8.00 - 19.00, Sa: 10:00 - 17:00

6. Altersbegrenzung:
Kinder und Jugendliche: 7 - 17 Jahren
Erwachsene: ab 16 Jahren.

8. Dauer des Aufenthalts:
1 - 48 Wochen

9. Abreisezeitpunkt:
Beginn Erwachsenen-Programm: jede Woche montags, zum Teil spezielle Starttermine für Anfänger- , Kinder- und Jugendprogramme im Frühjahr, Sommer und Herbst.

10. Anmeldefrist oder Bewerbungsfrist:
Keine konkrete Anmeldefristen, eine frühzeitige Buchung wird in der Hochsaison empfohlen.

11. Kosten:
Je nach Programmdauer und Kursort (siehe aktuelle Gratis-Broschüre)

13. Kosten während des Aufenthaltes:
Je nach Bedarf, ca. 100-150 EUR pro Woche

14. Finanzielle Förderung:
Begabtenförderung nach Ausbildung der IHK + Weltbürger-Stipendium

16. Bestimmte Staatsangehörigkeit vorausgesetzt:
Angebote gelten für alle Nationalitäten.

17. Länder / Gebiete des Aufenthalts:
Kanada, Südafrika, England, Australien, Irland, Nordirland, Indien, Malta, Neuseeland, USA, Schottland, Barbados, Philippinen, Spanien, Argentinien, Bolivien, Chile, Kolumbien, Costa Rica, Kuba, Ecuador, Mexiko, Peru, Panama, Dominikanische Republik, Frankreich, Westschweiz, Guadeloupe, Japan, Italien, China, Portugal, Brasilien, Ägypten,Griechenland, Niederlande, Belgien, Thailand, Martinique, Monaco, Lettland, Georgien, Jordanien, Marokko, Vereinigte Arabische Emirate, Taiwan, Südkorea, Türkei, Tschechische Republik, Ungarn, Polen, Dänemark, Norwegen, Schweden und Finnland

GET Global Education Tumulka GmbH München

GET
Global Education Tumulka

*Als renommierte internationale Bildungsberatung ist es das Ziel von **GET Global Education Tumulka**, nach den Wünschen und Bedürfnissen der Kinder und Jugendlichen die optimalen Programme für Sprachreisen und Summercamps rund um den Globus anzubieten - hochwertige Sprachreisen und individuelle Summer Schools in Internaten und Colleges an den schönsten Orten, in spannenden Metropolen und auf traumhaften Inseln. Gemeinsam mit gleichaltrigen Schülern aus der ganzen Welt kann nach Herzenslust viel Sport, Musik und Kunst ausprobiert werden. Spezielle Intensivkurse für junge Erwachsene, Univorbereitungskurse und Sprachzertifikate – fast alles ist möglich. Die persönliche Beratung und einen Rundum-Service zeichnen GET besonders aus.*

Siehe auch unter „Soziale Arbeit im Ausland", „Schulaufenthalt im Ausland" und „Summer School".

2. Name:
GET Global Education Tumulka GmbH

3. Anschrift:
Franz-Joseph-Str. 9
D-80801 München

4. Kontaktdaten:
Tel: 0049/89/41424540
Fax: 0049/89/4142454-22
E-Mail: info@get-education.com
Homepage: www.get-education.com
Öffnungszeiten: Montag – Freitag 9.00-18.00 Uhr

5. Ansprechspartner:
Alle Mitarbeiterinnen im Büro

6. Altersbegrenzung:
7 bis 99 Jahre

7. Spezielle Voraussetzungen:
Kurse gibt es für Anfänger, Fortgeschrittenen oder auch Berufstätige, die ihre Sprachkenntnisse für einen bestimmten Berufszweig vertiefen möchten.

8. Dauer des Aufenthalts:
Ab einer Woche möglich bis hin zu mehreren Monaten

9. Abreisezeitpunkt:
individuell

10. Anmeldefrist oder Bewerbungsfrist:
individuell

11. Kosten:
Unterschiedlich je nach Reisedauer und Aufenthaltsort

13. Kosten während des Aufenthalts:
individuell

16. Bestimmte Staatsangehörigkeit vorausgesetzt:
Nein, offen für alle Nationalitäten

17. Länder / Gebiete des Aufenthalts:
Viele Länder weltweit

SPRACHEN ZENTRUM BERLIN

GLS Sprachenzentrum Berlin

Jedes Jahr gehen rund 3.000 Schüler und Erwachsene aus Deutschland, Österreich und der Schweiz mit GLS ins Ausland, um dort eine Sprachreise, ein Praktikum oder einen Highschool Aufenthalt zu absolvieren. Unsere Programmpalette umfasst außerdem Abiturkurse, spezielle Angebote direkt nach dem Schulabschluss (Gap Year), 30+ und 50+ Kurse, Business Englisch und Intensivkurse, die als Bildungsurlaub anerkannt werden. Zudem bietet GLS Prüfungsvorbereitungskurse für diverse Sprachen an. Unter anderem TOEFL, IELTS, Cambridge, DELF/DALF, DELE, JLPTL uvm. Außerdem können zusätzliche Optionen in einigen Destinationen wie Surfen, Kochen, Yoga oder Tauchen gebucht werden. GLS ist DIN geprüfter Veranstalter nach EU Norm DIN EN 14804 und Mitglied beim Fachverband deutscher Sprachreiseveranstalter (FDSV). Siehe auch unter „Praktikum" und „Schulaufenthalt".

2. Name:
GLS Sprachenzentrum

3. Anschrift:
Kastanienallee 82
10435 Berlin

4. Kontaktinformationen:
Tel: 030 – 780 089-10
Fax: 030 – 780089-894
E-Mail: sprachreisen@gls-sprachenzentrum.de
Homepage: www.gls-sprachenzentrum.de
Öffnungszeiten: Mo.-Fr. 09:00 – 18:00 Uhr

6. Altersbegrenzung:
Schüler: zwischen 8 und 20 Jahren
Erwachsene: ab 16 Jahren

7. Spezielle Voraussetzungen:
Keine speziellen Voraussetzungen. Bei einigen Kursorten sind Grundkenntnisse in der jeweiligen Zielsprache notwendig.

8. Dauer des Aufenthalts:
Schüler: 1 – 6 Wochen
Erwachsene: ab 1 Woche

9. Abreisezeitpunkt:
Schüler: während der Schulferien
Erwachsene: ganzjährig buchbar, Kursbeginn i.d.R. jeden Montag möglich

10. Anmeldefrist oder Bewerbungsfrist:
Keine Anmeldefrist, es empfiehlt sich jedoch eine frühzeitige Buchung für Termine in der Hochsaison.

11. Kosten:
Variiert je nach Programmdauer und Kursart. Detaillierte Preise siehe Homepage www.gls-sprachenzentrum.de.

13. Kosten während des Aufenthalts:
Taschengeld, teilweise Kosten für öffentliche Verkehrsmittel; RRV sowie Versicherungspaket (Kranken-, Haftpflicht- und Unfallversicherung) zusätzlich buchbar.

14. Finanzielle Förderung:
Erwachsene: Förderung durch Bildungsprämie/ Bildungsscheck bzw. Begabtenförderungswerk/IHK möglich. Ganzjährig Angebote und Specials.

16. Bestimmte Staatsangehörigkeit vorausgesetzt:
Die Angebote gelten für alle Nationalitäten, jedoch müssen die Visabestimmungen des jeweiligen Landes beachtet werden.

17. Länder / Gebiete des Aufenthalts:
Ägypten, Argentinien, Australien, Brasilien, Chile, China, Costa Rica, Dominikanische Republik, England & Schottland, Frankreich, Griechenland, Hong Kong, Irland, Italien, Japan, Jordanien, Lettland, Kanada, Kuba, Malta, Marokko, Mexiko, Neuseeland, Peru, Polen, Portugal, Spanien, Südafrika, Türkei, USA.

Maltalingua School of English
St. Julians, Malta

Die Sprachschule Maltalingua bietet Sprachreisenden qualitativ hochwertige Englischkurse auf der Sonneninsel Malta für jedes Sprachlevel an. Sprachschüler können dabei zwischen allgemeinen Englischkursen, Business-Sprachkursen und Prüfungsvorbereitungskursen in Hinblick auf Tests, wie z.B. IELTS, wählen.
Alle Englischlehrer bei Maltalingua sind qualifizierte englische Muttersprachler und können in den kleinen Klassen individuell auf die Bedürfnisse der Sprachschüler eingehen (auf Wunsch sogar in Privatkursen).
Die Schule selbst wurde im April 2012 komplett neu renoviert und zeichnet sich durch ihre familiäre Atmosphäre, die hellen, modern ausgestatteten Klassenzimmer sowie die freundliche, sonnige Dachterrasse mit eigenem Swimming-Pool aus. Zudem ist Maltalingua eine der wenigen Schulen auf Malta, die über das renommierte EAQUALS-Qualitätssiegel verfügt. Sprachschüler aus der ganzen Welt lernen Englisch unter der maltesischen Sonne bei Maltalingua!

2. Name:
Maltalingua School of English

3. Anschrift:
Anschrift der Sprachschule:
Maltalingua School of English, 2, Birkirkara Hill,
St. Julians STJ 1141 , Malta
Anschrift des deutschen Vermittlungsbüros:
Maltalingua Ltd.
Vermittlungsbüro in Deutschland
Schwanthalerstr. 5, 80336 München, Deutschland

4. Kontaktinformationen:
Tel: (0049) 089 599455712
Fax: (0049) 089 599455711
E-Mail: frage@maltalingua.de
Homepages: www.maltalingua.de
www.maltalingua.com
Öffnungszeiten: Mo-Fr: 08.30 - 18.00 Uhr

6. Altersbegrenzung:
Erwachsenenprogramm: ab 16 Jahre
Schülerprogramm: 8-17 Jahre

7. Spezielle Voraussetzungen:
keine

8. Dauer des Aufenthalts:
ab Kursdauer eine Woche

9. Abreisezeitpunkt:
Individuell, da fortlaufende Kurse

10. Anmeldefrist oder Bewerbungsfrist:
Keine, auch Last-Minute-Buchungen möglich

11. Kosten:
Standardkurse (20 UE/Woche) ab 240,- EUR,
Intensivkurse ab 295,- EUR
Eine Woche Halbpension Gastfamilie ab 196,- EUR

12. Lohn während des Aufenthalts:
keiner

13. Kosten während des Aufenthalts:
Ausflüge, die zusätzlich zum Kursprogramm angeboten werden; Taschengeld

14. Finanzielle Förderung:
Bildungsurlaub, Stipendien

16. Bestimmte Staatsangehörigkeit vorausgesetzt:
nein

17. Länder / Gebiete des Aufenthalts:
Malta

nspyl.com
language courses abroad

nspyl.com – language courses abroad
Köln

nspyl.com bietet zum einen ein Online-Buchungsportal, auf dem sich der Interessent selbständig über Sprachkurse und Sprachschulen informieren, miteinander vergleichen und auch direkt buchen kann. Orientiert an gängigen Hotelbuchungsplattformen, soll unser Portal die Buchung eines Sprachkurses im Ausland so einfach wie eine Hotelbuchung übers Internet machen.
Darüber hinaus stehen wir aber natürlich auch für eine persönliche Beratung und Betreuung von der losen Idee eines Sprachkurses bis hin zum erfolgreichen Abschluss eines Kurses unter den folgenden Kontaktdaten zur Verfügung.
Sei es der reine Sprachkurs, oder ein Komplettpaket mit Unterkunft, Versicherung etc., bei uns können Sie alles aus einer Hand erhalten. Und sollte Ihnen auf unserem Portal etwas fehlen, wie ein bestimmter Zielort, eine Sprache oder eine sonstige Leistung, kontaktieren Sie uns einfach.

2. Name:
nspyl.com – language courses abroad

3. Anschrift:
Homburger Str. 11, 50969 Köln

4. Kontaktdaten:
Telefon und Whatsapp: +49 221 560 949 33
E-Mail: info@nspyl.com
Homepage: www.nspyl.com
Öffnungszeiten: Termine nach Vereinbarung
Instagram: nspyl_language_courses_abroad
Facebook: facebook.com/nspyl

6. Altersbegrenzung:
Kinder und Jugendliche: auf Anfrage
Erwachsene: ab 16 Jahren

8. Dauer des Aufenthalts:
Ab einer Woche möglich

9. Abreisezeitpunkt:
ganzjährig

10. Anmeldefrist oder Bewerbungsfrist:
ganzjährig auch lastminute möglich

11. Kosten:
Abhängig von Land, Unterkunft und Kursart

13. Kosten während des Aufenthalts:
Hin- und Rückflug, private Ausgaben während des Aufenthalts. Wenn keine Unterkunft gebucht wird: Unterkunft und Verpflegung. Kranken-, Haftpflicht-, Unfall- und Reiserücktrittsversicherung zusätzlich buchbar.

16. Bestimmte Staatsangehörigkeit vorausgesetzt:
Angebote gelten für alle Nationalitäten

17. Länder / Gebiete des Aufenthalts:
USA, England, Wales, Irland, Malta, Marokko, Frankreich, Kanada, Italien, Spanien, Ecuador, Mexiko, alle weiteren Länder auf Anfrage möglich.

Panke Sprachreisen GmbH
Ratekau (bei Lübeck)

Panke Sprachreisen veranstaltet Ferien-, Klassen und Erlebnis-Sprachreisen nach Bournemouth/Südengland und Valletta/Malta für Schüler und Erwachsene. Eigene Schulen, eigene Busse, qualifizierter Sprachunterricht, beste Betreuung, jede Menge Ausflüge – das alles mit Best Price-Garantie: Mit diesem Erfolgskonzept hebt das Familienunternehmen sich von anderen Sprachreiseveranstaltern ab – seit 1983. Die Englisch-Sprachlehrer unterrichten auf Muttersprachler-Niveau und sind bestens qualifiziert (mindestens CELTA). Die Unterbringung der Sprachschüler erfolgt, je nach Reisewahl, bei ausgewählten Gastgebern oder in Hotel- bzw. in Schulunterkünften. Das Motto von Panke Sprachreisen lautet "Lernen mit Fun", denn auch Spaß und gute Laune kommen beim Sprachurlaub mit Panke Sprachreisen garantiert nicht zu kurz.

2. Name:
Panke Sprachreisen GmbH

3. Anschrift:
Sereetzer Weg 20, 23626 Ratekau

4. Kontaktdaten:
Telefon: +49 (0)4503-89 831-0
Online-Videoberatung möglich
E-Mail: info@panke-sprachreisen.de
Website: www.panke-sprachreisen.de
Öffnungs- und Beratungszeiten
Mo - Fr 08:30 Uhr - 18:00 Uhr Sa 08:30 Uhr - 17:00 Uh

5. Ansprechspartner:
Stefan Panke

6. Altersbegrenzung:
Jugendsprachreisen (je nach Programm) von 9-17 Jahren
Erwachsenensprachreisen & Sprachkurse ab 16 Jahren

8. Dauer des Aufenthalts:
Sprachreisen, je nach Programm ab 1 Woche bis zu 6 Wochen. Sprachkurse ab 1 Woche bis unbegrenzt

9. Abreisezeitpunkt:
Schülersprachreisen finden in den Schulferien (Ostern, Pfingsten, Sommer, Herbst) statt, Erwachsenensprachreisen werden ganzjährig durchgeführt, Beginn immer montags.

10. Anmeldefrist oder Bewerbungsfrist:
Es gibt keine Anmeldefristen. Wir empfehlen jedoch aufgrund der starken Nachfrage (insbesondere bei den Sommerprogrammen) und der Möglichkeit, Frühbucherrabatte zu nutzen, eine möglichst frühzeitige Buchung.

11. Kosten:
Zum Beispiel:
16 Tage Sommersprachreise für Jugendliche nach Bournemouth/Südengland, Hin- und Rückreise im Bus mit Unterbringung bei privaten Gastgebern oder im Studentenwohnheim
- 40 Unterrichtsstunden.
- 7 Ausflüge, inkl. London

Gesamtpreis ab 1.987 EUR

13. Kosten während des Aufenthalts:
Taschengeld

14. Finanzielle Förderung:
Einige Sprachkurse sowie Sprachreisen (für Erwachsene) sind in vielen Bundesländern als Bildungsurlaub anerkannt.

16. Bestimmte Staatsangehörigkeit vorausgesetzt:
Sprachschüler aller Nationalitäten sind willkommen.

17. Länder / Gebiete des Aufenthalts:
England und Malta

Panke Sprachreisen ist qualitätsgeprüftes Mitglied im Deutschen Fachverband für Jugendreisen (Reisenetz), im Fachverband Deutscher Sprachschulen und Sprachreise-Veranstalter (FDSV) sowie Partner des BundesForum Kinder- und Jugendreisen. Das Unternehmen und die unternehmenseigenen Sprachschulen erhielten zudem das DIN-geprüft Siegel gemäß DIN EN 14804.

Schul- und Studienberatung
hauser

Schul- und Studienberatung Hauser Rednitzhembach

Schul- und Studienberatung Hauser vermittelt nach ausführlicher Beratung Kurse an Sprachschulen im Ausland. In Vorgesprächen gehen wir auf Ihre individuellen Bedürfnisse ein, um den passenden Kurs und Kursort zu finden. Viele Sprachschulen bieten „Extras" an, z.B. Sprache in Kombination mit Musik, Tanz, Kochen, Kultur oder Sport. Spezielle Kurse auch für alle 50+. Es gibt intensivere Varianten, Business Sprache, Lehrerfortbildung und Fachsprachenkurse. Ob für den Beruf, das Studium oder für die Freizeit – es gibt für alle den richtigen Kurs. Siehe auch unter "Schulaufenthalt" und „Summer School".

2. Name:
Schul- und Studienberatung Hauser

3. Anschrift:
Bahnhofstraße 3, 91126 Rednitzhembach

4. Kontaktdaten:
Tel: 09122-6954433
E-Mail: info@sprachenimausland.de
www.sprachenimausland.de

5. Ansprechspartner:
Katharina Hauser

6. Altersbegrenzung:
Meist ab 18 Jahren, manche Sprachschulen ab 16 oder 17 Jahren buchbar

7. Spezielle Voraussetzungen:
Motivation und Spaß daran, eine Sprache zu lernen und neue kulturelle Erfahrungen zu machen

8. Dauer des Aufenthalts:
Ab 1 Woche

9. Abreisezeitpunkt:
jederzeit

10. Anmeldefrist oder Bewerbungsfrist:
Ohne Unterkunft bis 1 Woche vor Kursbeginn.
Mit Unterkunft etwa 6 bis 8 Wochen vor Kursbeginn.

11. Kosten:
Abhängig von Art und Dauer des Programms sowie von der Unterkunft vor Ort
Reisekosten, ggf. Visum

13. Kosten während des Aufenthalts:
Taschengeld, Versicherung, Extras vor Ort (z.B. optionale Angebote/Trips, etc.)

16. Bestimmte Staatsangehörigkeit vorausgesetzt:
In der Regel alle Nationalitäten willkommen, nach Absprache mit der Sprachschule; eventuell bestimmte Visabedingungen

17. Länder / Gebiete des Aufenthalts:
USA , Kanada, Neuseeland, Australien, Argentinien, Irland, Großbritannien, Frankreich, Italien, Portugal, Belgien, Polen, Spanien, Malta, Lettland, Dubai, Panama, Brasilien, Costa Rica, Cuba, Südafrika, La Réunion, Martinique, China, Japan, Korea, Südkorea

Studio Cambridge England

Studio Cambridge ist die älteste englische Sprachschule in Cambridge, England. Unsere Englischkurse ziehen Studenten aus aller Welt an, die im professionellen und freundlichen Umfeld unserer Sprachschule lernen möchten. Das Hauptschulgebäude befindet sich im Herzen von Cambridge, in der Nähe des Bahnhofs. Im Sommer findet der Unterricht auch in einem nahe gelegenen Cambridge College statt. Wir organisieren seit mehr als 50 Jahren Camps für Kinder und Jugendliche. Wir bieten 7 Sommercamps und 1 ganzjähriges Jugendcamp an Schulen und Universitäten in Cambridge und im Südosten Englands an. Wie bieten eine Auswahl von 21 Stunden (28 Lektionen) oder 15 Stunden (20 Lektionen) pro Woche. Unsere Englischkurse für Erwachsene sind ideal für Personen ab 18 Jahren. Einige Kurse sind für Schüler ab 16 Jahren verfügbar. Der Unterricht findet wöchentlich von Montag bis Freitag statt. Sie können jeden Montag im Jahr einen allgemeinen und intensiven Englischkurs beginnen und wir unterrichten jeden Feiertag. Die Kurse sind auf allen Niveaus, vom Anfänger (Stufe 1) bis zum Fortgeschrittenen (Stufe 6). Sie werden am ersten Tag von einem Lehrer getestet und in eine Klasse auf dem für Sie geeigneten Niveau eingeteilt. Die Prüfungskurse haben jedoch bestimmte Startdaten und richten sich an Studierende mit mindestens mittleren Englischkenntnissen.

2. Name:
Studio Cambridge

3. Anschrift:
6 Salisbury Rd
Cambridge
CB1 2JF England

4. Kontaktinformationen:
Tel: 0044 1223 369701
Fax: 0044 1223 324605
E-Mail: admissions@studiocambridge.co.uk
Homepage: www.studiocambridge.co.uk
Öffnungszeiten: 8.30 – 17.00

6. Altersbegrenzung:
Erwachsene (Kurse beginnen jeden Montag) 16+.
Sommerkurse für Erwachsene (Juli und August) 18+
Kurse für Jugendliche (Juli und August) 10-14, 14-16 und 16-20 Jahre

7. Andere Voraussetzungen:
Lehrer aus Übersee, Business, ELT und Cambridge Examinations-Kurse sind offen ab dem mittleren Grad aufwärts. Alle anderen Kurse sind für Anfänger bis Fortgeschrittene

8. Dauer des Aufenthalts:
Studienaufenthalt von 1 bis 50 Wochen

9. Abreisezeitpunkt:
Kursbeginn jeden Montag. Normalerweise kommen die Studenten am Sonntag davor

10. Anmeldefrist oder Bewerbungsfrist:
2 Wochen vor Kursbeginn

11. Kosten:
Preisbeispiele für English For Life (20 Stunden/Woche, ab 16 Jahren, Unterkunft in einer Familie):

1 - 4 Wochen Unterricht:	275 GBP/Woche
5 - 12 Wochen Unterricht:	260 GBP/Woche
13 -19 Wochen Unterricht:	245 GBP/Woche
20-29 Wochen Unterricht:	230 GBP/Woche

Unterkunftmöglichkeiten:
Unterkunft in einer Familie: inkl. Frühstück und Abendessen Montag-Freitag mit Vollpension am Wochenende. Unterkunft in einem „Lodging House“ - eine Art WG, wo 6-7 Studenten gemeinsam mit einer Familie wohnen.

Der Preis beinhaltet nicht die Reise Deutschland - Cambridge hin/rück

13. Kosten während des Aufenthalts:
Taschengeld. Kostenlose Aktivitäten nach der Schule für Studenten: Film, Parties, Konversation / Grammatik, Clubs, Sport

16. Bestimmte Staatsangehörigkeit vorausgesetzt:
Für alle

17. Länder / Gebiete des Aufenthalts:
England (Cambridge)

TravelWorks Münster

Sprachreisen

Siehe auch unter „Au Pair", „Praktikum", „Work & Travel ", „Flex. Freiwilligenarbeit", „Schule", „Summer School" und „Erlebnisreisen".

2. Name:
TravelWorks

3. Anschrift:
Münsterstr. 111
48155 Münster

4. Kontaktinformationen:
Tel: 02506-8303-350, Fax: 02506-8303-230
E-Mail: sprachreisen@travelworks.de
Homepage: www.travelworks.de
Öffnungszeiten: 09:00 Uhr bis 16:00 Uhr

6. Altersbegrenzung:
Sprachreisen: ab 16 Jahren. Sprachferien und English Adventure Camps für 8- bis 17-Jährige.

8. Dauer des Aufenthalts:
Ab 1 Woche; Langzeitaufenthalte bis zu 36 Wochen.

9. Abreisezeitpunkt:
Anreise: Samstag/Sonntag. Kursbeginn i.d.R. ganzjährig jeden Montag möglich. Abreise: Samstag/Sonntag. Sprachferien und English Adventure Camps konzentrieren sich auf die Ferienzeiten (vorwiegend Sommer, teilweise Ostern, Pfingsten und Herbst).

10. Anmeldefrist oder Bewerbungsfrist:
Es gibt keine direkte Anmeldefrist; vor allem in der Hochsaison empfiehlt sich jedoch eine frühzeitige Buchung; sonst ca. 4 Wochen vor Kursbeginn für Sprachreisen (3-4 Monate vor Kursbeginn für die USA).

11. Kosten:
Je nach Land, Dauer und Art der Unterkunft, z.B. Sprachreise London Central: 601 EUR (2 Wochen Standardkurs I, Gastfamilie/Einzelzimmer/ Selbstverpflegung). English Adventure Camp Osmington Bay: 1.890 EUR (2 Wochen Englischkurs und Adventure-Aktivitäten inkl. Hin- und Rückreise im Bus, Unterkunft im Camp mit Vollpension). Sprachferien Brighton: 2.430 EUR (2 Wochen Englisch & Multi Activity, Freizeitprogramm und Unterkunft bei einer Gastfamilie mit Vollpension). Alle enthaltenen Leistungen, Programmvarianten und Details siehe www.travelworks.de bzw. im aktuellen Katalog.

13. Kosten während des Aufenthalts:
Richten sich nach den individuellen Bedürfnissen; ca. 150 EUR pro Woche sind ein realistischer Durchschnittswert (Ausgaben z.B. für öffentliche Verkehrsmittel, Ausflüge etc.).

14. Finanzielle Förderung:
Nach dem Ende einer Ausbildung kann man, wenn man zu den Jahrgangsbesten zählt, ein Stipendium für eine Sprachreise über das Begabtenförderungswerk beantragen.

16. Bestimmte Staatsangehörigkeit vorausgesetzt:
Die Angebote gelten i.d.R. für alle.

17. Länder / Gebiete des Aufenthalts:
Sprachreisen ab 16 Jahren
Englisch: Großbritannien, Irland, Malta, Südafrika, Australien, Neuseeland, USA, Kanada; Spanisch: Spanien, Kuba, Costa Rica, Argentinien; Französisch: Frankreich, Kanada; Italienisch: Italien; Portugiesisch: Portugal.
Sprachferien für 8- bis 17-Jährige
Englisch: Großbritannien, Irland, Malta, USA, Kanada, Französisch: Frankreich; Spanisch: Spanien.
English Adventure Camps ab 10 Jahren
Englisch: Großbritannien.

TravelWorks ist Mitglied im FDSV (Fachverband Deutscher Sprachreise-Veranstalter e.V.) und im Reisenetz (Deutscher Fachverband für Jugendreisen). Die Sprachreisen sind DIN-zertifiziert.

Fachverband Deutscher Sprachschulen und Sprachreise-Veranstalter e.V. (FDSV)

Was ist der FDSV?

Der Fachverband Deutscher Sprachschulen und Sprachreise-Veranstalter e.V. (FDSV) ist ein Zusammenschluss von 33 führenden deutschen Sprachschulen und Sprachreise-Veranstaltern, die sich den strengen Qualitätsrichtlinien des FDSV – auf Grundlage der Europäischen Sprachreise-Norm DIN EN 14804 – verpflichten. Der Fachverband wurde 1977 gegründet und war federführend an der Erarbeitung der Sprachreise-Norm beteiligt.

Aufgaben des FDSV

Der FDSV berät Sprachreise-Interessenten jeden Alters und für alle Zielländer und gibt konkrete Empfehlungen zu allen Punkten, die vor, während und nach einer Sprachreise zu beachten sind. Der Fachverband Deutscher Sprachschulen und Sprachreise-Veranstalter kümmert sich um die Qualitätssicherung und prüft die Einhaltung der FDSV-Richtlinien in Zusammenarbeit mit einem unabhängigen Fachbeirat.

Ziele des FDSV

In Deutschland gibt es eine Vielzahl von Sprachreise-Anbietern. Ziel des FDSV ist es, für Verbraucher überprüfbare Qualitätsstandards zu schaffen, zu deren Einhaltung sich die FDSV-Mitglieder verpflichten. Der Fachverband sorgt durch kontinuierliche Marktbeobachtung für Transparenz und hilft Sprachreise-Interessent*innen das für sie geeignete Angebot zu finden. Ein hilfreiches Tool hierfür ist der Sprachreise-Finder: Eine Suchmaschine mit allen Angeboten der FDSV-Mitglieder.

Qualität und Zertifizierung

Wichtigste Voraussetzung für den Erfolg einer Sprachreise ist deren Qualität. Der wissenschaftliche Beirat des FDSV überprüft deshalb regelmäßig Kataloge und Internetauftritte und begutachtet die Angebote der FDSV-Mitglieder durch Inspektionen vor Ort. Bei den regelmäßigen Überprüfungen der Sprachschulen, Sprachkurse und Unterkünfte wird sichergestellt, dass die Qualitätsrichtlinien des FDSV und die Vorgaben der Europäischen Sprachreise-Norm DIN EN 14804 eingehalten werden. Über 1000 dieser Schulinspektionen fanden bereits statt. Der Beirat ist unabhängig und nur den Qualitätsrichtlinien des FDSV verpflichtet. Erst wenn alle Vorgaben erfüllt sind, wird das FDSV-Siegel vergeben.

Vielfältiges Angebot

Das weltweite Angebot an Sprachreisen für Schüler und Erwachsene reicht vom Ferienkurs bis zum Businesskurs. Generell werden Sprachreisen gerne mit immer exotischeren Kombinationen angeboten. So lassen sich z. B. Englisch mit Wassersport, Spanisch mit einem Tanzkurs, Italienisch mit einem Kochkurs oder Französisch mit einem Weinseminar verbinden. Deutsch kann man in vielen unterschiedlichen Städten lernen und so die Kultur und die kulinarischen Highlights des Landes entdecken. Abiturvorbereitungskurse oder ein Aufenthalt in einer Summerschool, einer typisch englischen Internatsschule, stehen ebenfalls hoch im Kurs.

Kompetente Beratung

Die individuelle Beratung durch kompetente Fachleute ist durch nichts zu ersetzen. Tipp: Um die maßgeschneiderte Sprachreise zu finden, nutzt man am besten das kostenlose Beratungsangebot des FDSV sowie seiner unabhängig geprüften Mitgliedsunternehmen. Für einen ersten Überblick über das vielfältige Angebot kann man sich auch mit dem Sprachreise-Finder – der FDSV Suchmaschine – einen guten Überblick verschaffen.

Kontaktdaten:

Fachverband Deutscher Sprachschulen und Sprachreise-Veranstalter e.V. (FDSV),
Kastanienallee 82, 10435 Berlin
Tel.: 030-789 53 640, Fax: 030-789 54 313, info@fdsv.de, www.fdsv.de

FDSV
Quality Language Learning

Sprachen lernen als Bildungsurlaub

In den meisten Bundesländern haben Arbeitnehmer und Arbeitnehmerinnen einen gesetzlichen Anspruch auf Bildungsurlaub, das heißt auf fünf Tage pro Jahr bezahlte Freistellung von der Arbeit zum Zweck der beruflichen Weiterbildung. Es ist aber auch möglich den Bildungsurlaub von zwei aufeinander folgenden Jahren für eine zweiwöchige Sprachreise zu verwenden. Bei eine länger dauernde Sprachreise ist es möglich, einen Teil davon als Bildungsurlaub zu nutzen und für den Rest regulären Urlaub zu nehmen. Gesetzlicher Anspruch auf Bildungsurlaub kann vom Arbeitgeber nicht abgelehnt werden. Der Zeitpunkt der Inanspruchnahme muss jedoch vereinbart und genehmigt werden.

In Baden-Württemberg, Bayern, Sachsen und Thüringen gibt es zurzeit keinen gesetzlichen Anspruch auf Bildungsurlaub. Wenn man trotzdem an Bildungsurlaub für eine Sprachreise interessiert ist, klären soll es mit dem Arbeitgeber abgeklärt sein, ob einen tariflich vereinbarten Anspruch auf Bildungsurlaub vorhanden ist oder ob auf freiwilliger Basis Bildungsurlaub gewährt werden kann.

Die Buchung einer Sprachschule als Bildungsurlaub ist eine weitaus kompliziertere Angelegenheit als es zunächst scheint:
Weil in Deutschland die Bundesländer Bildungshoheit haben gibt es für den Bildungsurlaub in Berlin, Brandenburg, Hessen, NRW, Niedersachsen, Hamburg etc. überall unterschiedliche Regelungen und Anforderungen.

Generell gilt:
* Mindestens 30 Unterrichtseinheiten Sprachkurs pro Woche belegt werden
* Bildungsurlaub kann für eine oder für zwei Wochen gebucht werden
* Die Sprachschule muss für Bildungsurlaub vom jeweils betroffenen Bundesland (Kultusministerium) anerkannt sein

Beim Antrag verlangen die Bundesländer häufig detaillierte Lehrpläne, die bis hin zu den Modulen des Unterrichts gehen. Ein Fragebogen im Anschluss prüft, ob die Lehrinhalte auch eingehalten wurden.

Weitere Informationen zum Thema unter: http://www.bildungsurlaub.de/

Die 12 meistgesprochenen Sprachen der Welt .

Rang	*Sprache*	*Muttersprache*	*Sprecher insgesamt*
1.	Englisch	375 Mio.	1.500 Mio.
2.	Chinesisch	982 Mio.	1.100 Mio.
3.	Hindi	460 Mio.	650 Mio.
4.	Spanisch	330 Mio.	420 Mio.
5.	Französisch	79 Mio.	370 Mio.
6.	Arabisch	206 Mio.	300 Mio.
7.	Russisch	165 Mio.	275 Mio.
8.	Portugiesisch	216 Mio.	235 Mio.
9.	Bengalisch	215 Mio.	233 Mio.
10.	Deutsch	105 Mio.	185 Mio.
11.	Japanisch	127 Mio.	128 Mio.
12.	Koreanisch	78 Mio.	78 Mio.

Quelle: weltsprachen.net, 2023

SUMMER
SCHOOL

Sprachen lernen und Urlaub machen

Anstelle die ganzen Ferien zu Hause bei den Eltern zu verbringen, kann man mit anderen Schülern aus aller Welt Spaß haben und Ferien von zuhause machen. Toll für Schüler und für Eltern.

Schüler haben die Möglichkeit im Sommer während der Schulferien eine Summer School bzw. ein Summer Camp zu besuchen. Neben dem Sprachunterricht bieten solche Camps sportliche Aktivitäten und Exkursionen und man lernt Schüler und Jugendliche aus aller Welt kennen. Der beste Beitrag zur interkulturellen Kommunikation auf spielerische Art. Die Kinder zwischen 7 und 18 Jahren entwickeln Freundschaften und Teamgeist, aber vor allem haben sie Spaß am Spiel.

Für Kleinkinder gibt es auch Summer School Angebote, bei denen die Eltern am gleichen Ort Urlaub machen können. Sozusagen eine Sprachreise für Eltern und Kind. Einige Anbieter reagieren auf diese Anforderungen mit eigens hierfür eingerichteten Programmen.

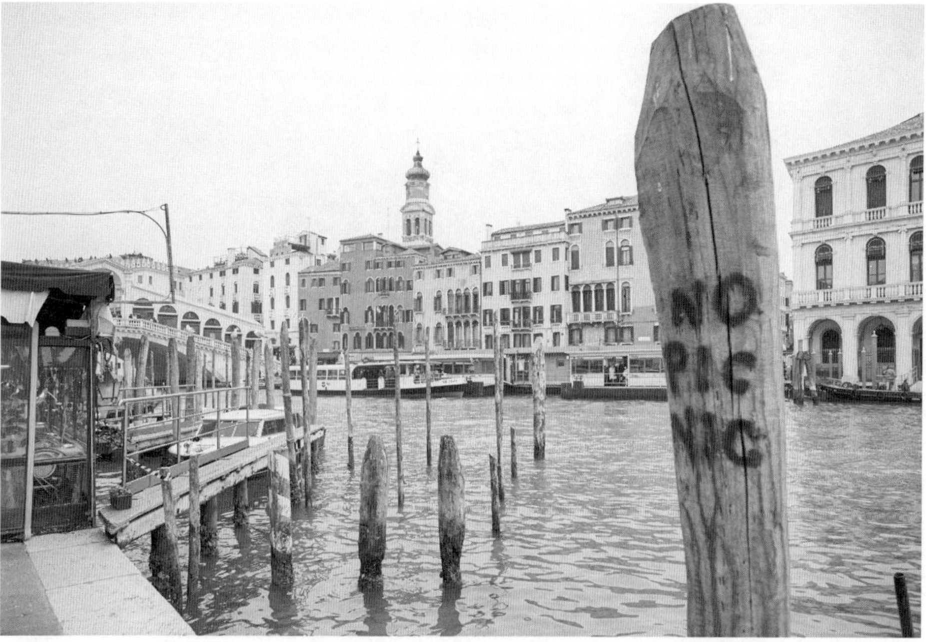

Noch nie habe ich in solch einer kurzen Zeit so viele Freundschaften geknüpft…

Zusammen mit einer Freundin hatte ich mich entschieden, an einer zweiwöchigen Schülersprachreise nach Dublin teilzunehmen. Wir freuten uns schon sehr, besonders auch auf unseren ersten Flug ganz alleine! Alles hat gut geklappt und bei unserer Ankunft wurden wir gleich von einer Mitarbeiterin der Sprachschule sehr freundlich begrüßt und unserem Taxifahrer übergeben, der uns direkt bis vor die Haustür unserer Gastfamilien gebracht hat. Wir hatten uns für zwei unterschiedliche Gastfamilien entschieden, was auch im Nachhinein die beste Entscheidung war! Wir wohnten in Stillorgan, einem wirklich schönen, ruhigen und sicheren Vorort Dublins. Ich wurde sehr herzlich und offen empfangen und fühlte mich gleich wohl in meiner Familie.

Wir waren eine kleine Klasse mit zehn Schülern und haben uns alle auf Anhieb gut verstanden; die Atmosphäre war sehr locker und angenehm. Nach ersten Begegnungen wartete ein erster kurzer Stadtrundgang auf uns. Mit unseren Betreuern fuhren wir das erste Mal mit der Straßenbahn (luas) in die Innenstadt und erkundeten die verschiedenen Ecken Dublins. Noch nie hatte ich so viele Straßenmusiker, überall mit Blumen geschmückte Straßen und bunte Pubs gesehen! Obwohl es eine Großstadt ist, hat Dublin auf mich einen sehr gemütlichen, sicheren und idyllischen Eindruck gemacht.

Wir waren ein bunt gemischter Haufen: Spanier, Italiener, ein Russe, eine Tschechin und wir zwei Deutschen. Gerade diese internationale Zusammensetzung war etwas ganz Besonderes und etwas, das wir aus den gewohnten Englischstunden in der Schule nicht kannten. Die Vormittage waren gefüllt mit jeweils drei Unterrichtsstunden: Zwei Stunden grammar, speaking, reading und skills und eine dritte Stunde Irish culture. Die Arbeitsatmosphäre war die ganze Zeit über gut. Man brauchte keine Angst zu haben, Fehler zu machen, denn auch die anderen konnten die Sprache nicht perfekt! Für die Nachmittage waren abwechselnd Ausflüge in die Umgebung und Aktivitäten in der Schule organisiert. Die Halbtagesausflüge waren sehr abwechslungsreich und interessant und auch an den Abenden wurde es durch gemeinsame Unternehmungen wie Minigolfspielen oder Bowling nie langweilig. An den „freien" Abenden haben wir unser eigenes Programm zusammengestellt, weil wir so viel Zeit wie möglich mit unseren neugewonnenen Freunden verbringen wollten. In dieser Hinsicht gaben mir meine Gasteltern alle Freiheiten, ich hatte einen eigenen Schlüssel zum Haus. Des Öfteren bin ich auch einfach Zuhause geblieben und habe mit den Kindern gespielt, was ich sehr genossen habe. Besonders beeindruckt war ich neben den überaus höflichen und zuvorkommenden Umgangsformen der Iren von deren großer Gastfreundschaft, die wirklich von Herzen kommt, und der liebevollen Art, was ich alles sehr bei meinen Gasteltern schätzte.

An dem freien Samstag haben wir uns selbst eine Tagestour überlegt und sind auf eigene Faust ans Meer gefahren. Die zweite Woche verlief ganz ähnlich wie die erste. Allerdings kannte man jetzt die anderen schon viel besser und es hatten sich Gruppen aus den Schülern gebildet, die sich am besten verstanden. Das war ein sehr schönes Gefühl, denn man hat gemerkt, wie sehr man zusammenwächst! Gerade hatten wir uns so richtig eingelebt und schon waren wir leider am letzten Schultag angelangt! Nach einer Abschiedsfeier in der Schule und der Übergabe der Zertifikate hieß es schon bei den Ersten, Abschied zu nehmen. Alle hatten die Hoffnung auf ein Wiedersehen und wir versprachen uns, auf jeden Fall in Kontakt zu bleiben (was sich bis heute gehalten hat!). Auch der Abschied von meiner Gastfamilie ist mir überaus schwer gefallen. Am Flughafen wartete schon ein Mitarbeiter der Organisation auf uns, der uns beim Einchecken geholfen und uns bis an den Sicherheitscheck gebracht hat.

Fazit: Ich bin sehr froh, dass meine Eltern mir diese Reise ermöglicht haben! Noch nie habe ich in solch einer kurzen Zeit so viele Menschen kennengelernt, enge Freundschaften geknüpft, eine fremde Kultur hautnah miterlebt und einmal ganz auf mich gestellt das Leben in einem anderen Land gespürt! Das war eine einmalige, unvergessliche Erfahrung, die mich geprägt hat und an die ich oft und sehr gerne zurückdenke!

Suzan, 17J, 2 Wochen Schülersprachkurs in Dublin. Die Reise wurde organisiert von den Carl Duisberg Centren

Carl Duisberg Centren Köln

Die Carl Duisberg Centren vermitteln anspruchsvolle Schülersprachreisen und Summer Camps mit unterschiedlichen Schwerpunkten freizeitorientierter Art (z. B. Englisch und Fußball, Outdoor Adventure, Reiten, Tennis oder Film-making), Sprachcamps für ältere Jugendliche mit fortgeschrittenen Sprachkenntnissen (Young Leaders, Academic English) sowie Familiensprachreisen. Wir bilden bewusst keine deutschen Gruppen; unsere Teilnehmer reisen als einzelne Teilnehmer an und werden in die international gemischten Gruppen der Camps integriert. Siehe auch unter „Praktikum“, „Work & Travel“, „Ök. Arb., Farmstay, Wildlife Experience“ und „Schulaufenthalt im Ausland“.

2. Name:
Carl Duisberg Centren gemeinnützige GmbH
Abt. Sprachreisen

3. Anschrift:
Hansaring 49-51
50670 Köln

4. Kontaktdaten:
Tel: 0221-16 26-289
Email: sprachreisen@cdc.de
www.carl-duisberg-sprachreisen.de
#carl_duisberg_im_ausland

5. Ansprechspartner:
Véronique Albrecht

6. Altersbegrenzung:
Ab 7 Jahren in Begleitung der Eltern, ansonsten ab ca. 11 bis 18 Jahre.

8. Dauer des Aufenthalts:
1 - 4 Wochen.

9. Abreisezeitpunkt:
In den Schulferien (Oster-, Sommer- und Herbstferien).

10. Anmeldefrist oder Bewerbungsfrist:
2-4 Wochen vor Kursbeginn, viele Programme sind aber schon viel früher ausgebucht.

11. Kosten:
Je nach Art und Dauer des Aufenthaltes ab 1.775 EUR für 2 Wochen (Kurs, Unterkunft mit Vollpension Freizeitprogramm, Ausflüge).

13. Kosten während des Aufenthalts:
Anreise, Taschengeld.

17. Länder / Gebiete des Aufenthalts:
Großbritannien, Irland, Malta, USA, Kanada, Australien, Frankreich, Spanien.

Die Carl Duisberg Centren sind Mitglied im Fachverband Deutscher Sprachreiseveranstalter (FDSV) und durch die Canadian Tourist Commission bzw. die Australian Tourist Commission ausgezeichnet als Canada Specialist / Aussie Specialist.

ENFOREX
Internationale Sommer Camps
Spanien

Enforex

ENFOREX - Internationale Englische oder Spanische Sommer Camps in Spanien. 60% der Schüler sind Spanier und 40% sind international.
Spanish in the Spanish World: Barcelona, Granada, Madrid, Marbella, Salamanca und Valencia

2. Name:
ENFOREX Internationale Sommer Camps

3. Anschrift:
Enforex Head Office
C/ Alberto Aguilera 26
28015 Madrid

4. Kontaktinformationen:
Tel:++34 91 594 37 76
Fax: ++34 91 594 51 59
E-Mail: info@enforex.es
Homepages: www.enforex.com
www.enfocamp.com/camps

5. Ansprechspartner:
Antonio Anadon

6. Altersbegrenzung:
5 – 18 Jahre

8. Dauer des Aufenthalts:
Mindestens 2 Wochen

9. Abreisezeitpunkt:
Termine Juli - August

10. Anmeldefrist oder Bewerbungsfrist:
Kurzfristige Buchung möglich,
bevorzugt 3-4 Wochen vor Beginn

11. Kosten:
Transport hin/zurück Deutschland – Spanien,
Transfer Flughafen hin/rück

Kosten „Sommer Camp“
Beispiel Salamanca 2 Wochen (20 Wochenstunden):
1.250 EUR
Beinhaltet: Unterricht, Unterkunft, Vollpension,
Krankenversicherung, Textbuch, Aktivitäten,
Exkursionen + Sport

13. Kosten während des Aufenthalts:
Taschengeld

17. Länder / Gebiete des Aufenthalts:
Spanien: Barcelona, Granada, Madrid, Marbella, Salamanca,
Valencia

NB: Granada Junior Programme:
nur internationale Studenten von 14-18 Jahren

GET
Global Education Tumulka

GET Global Education Tumulka GmbH München

*Als renommierte internationale Bildungsberatung ist es das Ziel von **GET Global Education Tumulka**, nach den Wünschen und Bedürfnissen der Kinder und Jugendlichen die optimalen Programme für Sprachreisen und Summercamps rund um den Globus anzubieten - hochwertige Sprachreisen und individuelle Summer Schools in Internaten und Colleges an den schönsten Orten, in spannenden Metropolen und auf traumhaften Inseln. Gemeinsam mit gleichaltrigen Schülern aus der ganzen Welt kann nach Herzenslust viel Sport, Musik und Kunst ausprobiert werden. Spezielle Intensivkurse für junge Erwachsene, Univorbereitungskurse und Sprachzertifikate – fast alles ist möglich. Die persönliche Beratung und einen Rundum-Service zeichnen GET besonders aus.*

Siehe auch unter „Soziale Arbeit im Ausland“, „Schulaufenthalt im Ausland“ und „Sprachreisen“.

2. Name:
GET Global Education Tumulka GmbH

3. Anschrift:
Franz-Joseph-Str. 9
D-80801 München

4. Kontaktdaten:
Tel: 0049/89/41424540
Fax: 0049/89/4142454-22
E-Mail: info@get-education.com
Homepage: www.get-education.com
Öffnungszeiten: Montag – Freitag 9.00-18.00 Uhr

5. Ansprechspartner:
Alle Mitarbeiterinnen im Büro

6. Altersbegrenzung:
7 bis 99 Jahre

7. Spezielle Voraussetzungen:
Kurse gibt es für Anfänger, Fortgeschrittenen oder auch Berufstätige, die ihre Sprachkenntnisse für einen bestimmten Berufszweig vertiefen möchten.

8. Dauer des Aufenthalts:
Ab einer Woche möglich bis hin zu mehreren Monaten

9. Abreisezeitpunkt:
individuell

10. Anmeldefrist oder Bewerbungsfrist:
individuell

11. Kosten:
Unterschiedlich je nach Reisedauer und Aufenthaltsort

13. Kosten während des Aufenthalts:
individuell

16. Bestimmte Staatsangehörigkeit vorausgesetzt:
Nein, offen für alle Nationalitäten

17. Länder / Gebiete des Aufenthalts:
Viele Länder weltweit

Schul- und Studienberatung Hauser Rednitzhembach

Wenn Du den Sommer mal anders verbringen möchtest als zu Hause auf dem Sofa, solltest Du eine „Summer School" in Betracht ziehen. „School" kann ja etwas befremdlich klingen – eigentlich hast Du ja Ferien - aber es erwartet Dich mehr Spaß, als Du es einer „School" zutrauen würdest! Allgemein gesagt, handelt es sich um Ferienkurse! Wir bieten für die Ferien Sprachkursprogramme in mehreren Ländern an. Mit uns kannst Du Deine Sprachkenntnisse verbessern und in der Schule die Früchte ernten! Aber nicht nur Sprachenlernen steht an: Du kannst Deinen Aufenthalt mit Sport kombinieren, mit Musik oder Kunst, mit Kochen, Theater spielen oder Programmieren oder aber einem ganz allgemeinen Freizeitprogramm. Du kannst einen Einblick bekommen in die großen Fragen der Wissenschaft, Technik und Wirtschaft, in den Rocky Mountains campen oder auf der Chinesischen Mauer spazieren gehen. Das große Abenteuer wartet auf Dich! Mach Dich auf den Weg!
Siehe auch unter "Schulaufenthalt" und "Sprachreisen".

2. Name:
Schul- und Studienberatung Hauser

3. Anschrift:
Bahnhofstraße 3, 91126 Rednitzhembach

4. Kontaktdaten:
Tel: 09122-6954433
E-Mail: info@sommerimausland.de
www.sommerimausland.de

5. Ansprechpartner:
Katharina Hauser

6. Altersbegrenzung:
Abhängig vom Programm; meist zwischen 10 und 17 Jahren; Eltern-Kind-Kurse ab 4 Jahren

7. Spezielle Voraussetzungen:
Offenheit für Neues; Interesse, in den Ferien etwas zu „lernen".

8. Dauer des Aufenthalts:
1 bis 8 Wochen

9. Abreisezeitpunkt:
In den Osterferien und Sommerferien (ca. Mitte Juni bis Ende August)

10. Anmeldefrist oder Bewerbungsfrist:
Anmelden so früh wie möglich, manche Kurse sind schnell ausgebucht

11. Kosten:
Ab ca. 750 EUR /Woche für Kurs, Unterkunft, Verpflegung, Betreuung; dazu kommen Reisekosten, eventuell Versicherung, ggf. Visum

13. Kosten während des Aufenthalts:
Taschengeld

16. Bestimmte Staatsangehörigkeit vorausgesetzt:
In der Regel alle Nationalitäten willkommen, nach Absprache mit dem Partner; eventuell bestimmte Visabedingungen

17. Länder / Gebiete des Aufenthalts:
Großbritannien, Irland, Malta, Kanada, USA , Frankreich, Belgien, Italien, Spanien, Polen, China, Korea, Japan

TravelWorks Münster

Summer School

Siehe auch unter „Au Pair", „Praktikum", „Work & Travel", „Flex. Freiwilligenarbeit", „Schule", „Sprachreisen" und „Erlebnisreisen".

2. Name:
TravelWorks

3. Anschrift:
Münsterstr. 111
48155 Münster

4. Kontaktinformationen:
Tel: 02506-8303-600, Fax: 02506-8303-230
Homepage: www.travelworks.de
E-Mail: ckoch@travelworks.de
Öffnungszeiten: 09:00 Uhr bis 18:00 Uhr

6. Altersbegrenzung:
I.d.R. ab 12 bis 18 Jahren (ab 14 Jahren in Australien und Costa Rica, und ab 8 Jahren in Großbritannien)

7. Spezielle Voraussetzungen:
SchülerIn einer weiterführenden Schule, Englischnote mindestens ausreichend, Bewerber sollten offen für Neues sein.

8. Dauer des Aufenthalts:
1-6 Wochen

9. Abreisezeitpunkt:
In den Oster- bzw. Sommerferien, genaue Termine je nach Schule. In Großbritannien an den öffentlichen Schulen: ganzjährig von September bis Juli.

10. Anmeldefrist oder Bewerbungsfrist:
I.d.R. 6 Wochen vor Programmstart.

11. Kosten:
Je nach Reiseland und gewählter Schulform, z.B. 3 Wochen Summer School England: 4.300 EUR. Enthaltene Leistungen: Unterkunft, Schul- und Kursgebühr, Unterkunft in Internat mit Vollpension, Freizeitaktivitäten und Ausflüge, Eintrittsgelder und Transfers für alle Programmaktivitäten, TravelWorks-Shirt, Betreuung durch TravelWorks und durch Partner vor Ort, 24-Stunden-Notrufnummer, Teilnahmezertifikat uvm. Alle enthaltenen Leistungen, Programmvarianten und Details siehe www.travelworks.de bzw. im aktuellen Katalog.

13. Kosten während des Aufenthalts:
Taschengeld, ggf. Zubringerflug nach Deutschland, ggf. Bücher und Lernmaterial, ggf. Visumsgebühr, ergänzende Versicherungen.

16. Bestimmte Staatsangehörigkeit vorausgesetzt:
Keine.

17. Länder / Gebiete des Aufenthalts:
Nordamerika: USA und Kanada. Lateinamerika: Costa Rica. Ozeanien: Australien und Neuseeland. Europa: Großbritannien.

TravelWorks ist Mitglied im FDSV (Fachverband Deutscher Sprachreise-Veranstalter e.V.) und im Reisenetz (Deutscher Fachverband für Jugendreisen). Die Sprachreisen sind DIN-zertifiziert.

FDSV Fachverband Deutscher Sprachreise-Veranstalter e.V.

Links und Informationen zum Thema

Von Jahr zu Jahr nimmt der Anteil des außerschulischen Fremdsprachenlernens zu. In dieser Situation wollen die Sprachreise-Veranstalter Partner der Institution Schule sein – Partner, die mit speziellen Jugendreiseangeboten den schulischen Fremdsprachenunterricht von der Unterstufe bis hin zum Abitur wirkungsvoll unterstützen und ergänzen. Die Sprachreise steht nicht in Konkurrenz zur Schule, und sie ist auch keine pädagogische Wunderwaffe, die die drohende Fünf über Nacht in eine Vier oder gar in eine Drei verwandelt. Sprachreisen wenden sich nicht vorrangig an »schlechte Schüler«, sondern sind durchaus auch für »gute Schüler« gedacht.

Der Erfolg einer Schülersprachreise ist eher langfristig und vielseitiger angelegt: Der Schüler erwirbt einen neuen Zugang zur Fremdsprache. Er erlebt vor Ort wirkliche Kommunikation, ist in die Kultur des Zielsprachenlandes eingebettet und lernt eine andere Welt kennen. Er wird mit neuen Methoden und Themen konfrontiert. Schulischer Notendruck und Disziplinierung über Klassenarbeiten und Tests sind vergessen; der Lehrer erweist sich als Partner, der den Schüler für die Sache selbst, für die Sprache und für die Kultur, zu interessieren sucht. Der Schüler findet durch eigene Erfahrungen zu einem (neuen) Weltbild: Er lernt kulturelle Alternativen kennen, er dringt ein in andere Lebensweisen und eine andere Sicht der Dinge. Dies fördert die soziale und interkulturelle Kompetenz junger Menschen. Im Rahmen der Exkursionen, die stets integrativer Bestandteil der Schülersprachreisen sind, erhält der Jugendliche einen lebendigen Eindruck vom Alltagsleben und der Geschichte des Landes. Aus diesen Gründen ist die Sprachreise keineswegs nur etwas für „schwache“ Schüler.

Schülersprachreisen sind jugendgerechte und betreute Reisen. Neben den Fremdsprachenlehrern wirken dabei die Gastfamilien und die Reisebegleiter mit. Dass auch für die Hin- und Rückreise eine kompetente Betreuung vorhanden ist (bei Flugreisen ab/bis Zielflughafen), versteht sich für verantwortungsbewusste Veranstalter von selbst.

Es gibt Schülersprachkurse, bei denen ein deutscher Fremdsprachenlehrer vor Ort anwesend ist, um mit den Schülern speziell jene Bereiche zu bearbeiten, die in der deutschen Schule gefordert werden, wie z. B. Grammatik, Übersetzungen oder abiturspezifische Textanalysen. Auch wenn sie für die Kommunikationsfähigkeit im späteren Leben vielleicht nicht so bedeutsam sind: Im Abitur sind sie es.

Überlegungen vor der Buchung einer Schülersprachreise:

- Welche Aussagen macht der Veranstalter zu den Altersunterschieden der Schüler in den Lerngruppen (je geringer die Unterschiede, desto besser).
- Gibt es vor Ort deutschsprachige Mitarbeiter, an die sich die Schüler bei Bedarf wenden können?
- Macht die Organisation Aussagen über Inhalte und Lernziele des Unterrichts?
- Welche Lehrmaterialien werden verwendet? Verbleiben diese im Besitz der Schüler oder werden sie leihweise zur Verfügung gestellt?
- Sind die Lerngruppen mehrsprachig zusammengesetzt oder teilen die Schüler die gleiche Muttersprache?
- Welche Ausflüge, Besuche, Sport- und Freizeitaktivitäten sind vorgesehen und im Reisepreis enthalten? Die Programmbeschreibung sollte hier auch exakte Angaben zu Eintrittsgeldern und Transportkosten enthalten.
- Welche zusätzlichen außerschulischen Aktivitäten sind am Kursort möglich?
- Welche Betreuung des Kursprogramms ist vorgesehen? Wie ist das Zahlenverhältnis von Betreuern zu Schülern?
- Wie ist die Reise von Kurs- und Reiseleitern begleitet? (Abholung am Zielflughafen absolut erforderlich)
- Welches Transportmittel und welche Reiseroute benutzt der Veranstalter?

Weitere Informationen unter: http://fdsv.de/sprachreisen/ratgeber-fuer-sprachreisen/

HOMESTAY / INTERKULTURELLE BEGEGNUNGEN

In der Welt zu Gast bei Freunden

Wenn die Dänen Weihnachten feiern, dekorieren sie den Baum mit vielen kleinen rot-weißen dänischen Fähnchen und tanzen um den Baum. Das gehört zu den Dingen, die in keinem Schulbuch stehen und an keiner Universität gelehrt werden. Man muss sie einfach erleben.

Homestay bedeutet, dass man in einem fremden Land in eine Gastfamilie aufgenommen wird. Manchmal für ein paar Tage und manchmal auch länger. Die Idee, die dahinter steckt, ist, eine bessere Völkerverständigung zwischen unterschiedlichen Kulturen zu entwickeln. Die interkulturelle Kommunikation wird gefördert. Es geht vordergründig nicht um eine Sprachreise oder Au-pair. Es ist nicht einfach eine billige Unterkunftsmöglichkeit. Es wird erwartet, dass der Gast aktiv am Familienleben teilnimmt. Homestay lässt sich somit auch hervorragend mit anderen Auslandsaktivitäten wie Sprachschulen, Praktika usw. verbinden.

Die vermittelnden Organisationen arbeiten meist gemeinnützig und ehrenamtlich. Die Angebote beziehen sich sowohl auf Kinder und Schüler für die Dauer der Schulferien, als auch auf Erwachsene.

Erfahrungsbericht: Gastfamilienaufenthalt Irland

Schon seit vielen Jahren bin ich von Irland, der grünen Insel, fasziniert und konnte Land und Leuten bereits in mehreren Urlaubsaufenthalten begegnen. Dieses Mal aber entschied ich mich für einen mehrwöchigen Aufenthalt in einer Gastfamilie. Das Angebot von Experiment e.V. schien mir genau richtig- hier wurden meine individuellen Wünsche berücksichtigt.

Mitte Juli begann mein Experiment in Irland. In dem gemütlichen Dorf Oughterard, nahe der lebendigen Studentenstadt Galway, empfing mich meine Gastmutter an der Bushaltestelle. Kurz darauf lernte ich ihre drei Kinder kennen. Anfangs musste ich mich wirklich an den Trubel im Haus und die anderen Familiengewohnheiten gewöhnen. Ich war sehr froh über mein eigenes kleines Zimmer, das mein Gastbruder extra für mich geräumt hatte. Schon nach einer Woche fühlte ich mich wie zu Hause und unternahm erste Ausflüge alleine oder in Begleitung meiner Familie in der wunderschönen Connemara Region.

Einer meiner Lieblingsstellen war das Ufer des Corrib Sees mit seinen zahlreichen baumbewachsene Inseln und dem glasklaren Wasser. Schon beim kleinsten Sonnenstrahl kamen Besucher hierher. Schnell kam ich mit Einheimischen ins Gespräch, die fast alle großes Interesse gegenüber Fremden mitbrachten. Von der Offenheit und Freundlichkeit der Iren wurde ich in den verbleibenden Wochen noch oft überrascht. So lud mich eine Frau spontan zu einer cup of tea ein, nachdem wir uns zuvor auf der Straße unterhalten hatten. Bald hatte ich keine Scheu mehr, englisch zu sprechen und den irischen Akzent hatte ich ohnehin längst liebgewonnen. Die Tage vergingen wie im Fluge und auf dem Programm standen u.a. Castle- und Städtebesichtigungen, malerische Gärten, Spaziergänge, Einkäufe mit meiner Familie, Kino- und Pubbesuche.

Natürlich gab es auch schwierige Momente, z.B. wenn ich mit meinem Englisch nicht weiterkam, die Jungs auf der Straße mich ärgerten oder ich meine Freunde hin und wieder vermisste. Die intensiven Gespräche mit meiner Gastmutter, das Zusammenleben mit meinen Gastgeschwistern, das Erleben von der irischen Verbindung aus Tradition und Moderne zeigten mir jedoch, dass sich dieser Aufenthalt in jeder Hinsicht lohnte.

Viel zu schnell verstrich die Zeit und nach fünf Wochen hieß es dann leider Abschied nehmen. Da allerdings meine Dankbarkeit für all die schönen Erlebnisse überwog und noch 10 Tage Irlandurlaub mit meinen Freunden auf mich warteten, überkam mich letztlich doch ein freudiges Gefühl.

Ich hatte die persönliche Herausforderung eines selbstgeplanten, längeren Irlandaufenthaltes mit Hilfe von Experiment e.V., erfolgreich gemeistert und die irische Lebensweise noch mehr kennen und lieben gelernt. Nur gut, dass ich während meines Aufenthaltes ein Reisetagebuch geführt und eine Menge Fotos gemacht habe - so werde ich immer Erinnerungen wachrufen und anderen zu einem solchen Experiment raten können. Und eines steht sowieso fest: Ich komme wieder.

Simone Lechner war mit Experiment e.V. unterwegs

cisv international
building global friendship

Deutsche Gesellschaft für internationale Kinder- und Jugend-begegnungen CISV

Weltweit stattfindende internationale Kinder- und Jugendbegegnungen. Der Verein arbeitet ehrenamtlich und ist frei von politischen, religiösen oder rassischen Bindungen. Er ist als gemeinnützig anerkannt. Themenschwerpunkte der Aufenthalte: Friedenserziehung, Völkerverständigung und Förderung von interkulturellen Freundschaften.

2. Name:
Der Verein heißt in Deutschland: Deutsche Gesellschaft für Internationale Kinder- und Jugendbegegnungen e.V., Int.: CISV – Children's International Summer Villages

3. Anschrift:
Roter Hof 5
35037 Marburg

4. Kontaktinformationen:
Tel: 0049 (0) 163 8043159
Email: secretary@cisv.de
www.cisv.de (CISV Deutschland), www.cisv.org (CISV Int.)

5. Ansprechspartner:
Constanze Kirschenmann, Nationale Geschäftsstelle

6. Altersbegrenzung:
Teilnehmer: ab 11 Jahre / Begleiter: ab 21 Jahre

7. Spezielle Voraussetzungen:
CISV ist KEIN Reiseunternehmen, welches Kinder/Jugendliche zum Erlernen einer Fremdsprache ins Ausland schickt, sondern hat das Ziel ein besseres Verständnis für die Völker unserer Erde zu entwickeln und ein friedliches Zusammenleben zu fördern.

Für Betreuer sind gute englische Sprachkenntnisse unbedingt erforderlich, ein offenes und kontaktfreudiges Wesen außerdem die Bereitschaft fremde Kulturen kennenzulernen und gerne mit vielen Kindern zu spielen, leben und arbeiten. Teilnehmer sollten auch Englisch sprechen können und Interesse am Austausch mit Menschen aus vielen anderen Nationen haben. Bei jüngeren Kindern sind Englischkenntnisse nicht erforderlich.

8. Dauer des Aufenthalts:
Je nach Programm 1-4 Wochen

9. Abreisezeitpunkt:
Sommer: Anfang Juli / Winter: Ende Dezember

10. Anmeldefrist oder Bewerbungsfrist:
Im November für das darauffolgende Jahr

11. Kosten:
Je nach Programm und Reiseziel unterschiedlich zwischen 500 EUR und
1.500 EUR (inkl. der Reisekosten!)

12. Lohn während des Aufenthalts:
Betreuer bekommen keinen Lohn, müssen aber auch nichts bezahlen, weder Kost, noch Logis noch Reisekosten. Teilnehmer müssen die Reisekosten tragen

13. Kosten während des Aufenthalts:
Minimal, Versicherungen übernimmt der Verein, nur Taschengeld erforderlich. Da es in allen Programmen Vollverpflegung gibt und auch Ausflüge im Preis enthalten sind, braucht man nicht viel Taschengeld

17. Länder / Gebiete des Aufenthalts:
62 Länder weltweit

Experiment Bonn

Explore. Exchange. Experience.
Experiment ist Deutschlands älteste gemeinnützige Austauschorganisation und sitzt in Bonn. Seit über 90 Jahren hat sie es sich zum Ziel gesetzt, den Austausch zwischen Menschen aller Kulturen, Religionen und Altersgruppen zu fördern. Der Verein bietet eine große Bandbreite an interkulturellen Programmen in vielen verschiedenen Ländern, darunter Schüleraustausche, Freiwilligendienste, Ferienprogramme, Praktika und Sprachreisen. Experiment ist Gründungsmitglied des „Arbeitskreises gemeinnütziger Jugendaustausch"(AJA), und legt großen Wert auf die Qualität der Austauschprogramme.

*Ferienprogramme: Experiment vermittelt Ferienprogramme für Schüler*innen von 14-17 Jahren. Diese Ferienprogramme finden statt als Sprachprogramme in internationalen Jugendgruppen, Schulbesuche an einer High School für einige Wochen, Aufenthalte auf einer Pferderanch, die Teilnahme an einem Summercamp oder reine Gastfamilienaufenthalte. Angeboten werden diese Programme unter anderem in folgenden Ländern: Großbritannien, Irland, Frankreich, Spanien, USA, Kanada, Australien und Neuseeland. Siehe auch unter „Au Pair", „Praktikum", „Flex. Freiwilligenarbeit", „Gef. Freiwilligendienste" und „Schulaufenthalt".*

2. Name:
Experiment – Deine Austauschorganisation

3. Anschrift:
Gluckstraße 1, 53115 Bonn

4. Kontaktinformationen:
Tel.: 0228 95722-0, Fax: 0228 358282
E-Mail: info@experiment-ev.de
Internet: www.experiment-ev.de
Social Media: experiment.ev

5. Ansprechspartner:
Eva Kirch, kirch@experiment-ev.de

6. Altersbegrenzung:
14-17/18

7. Spezielle Voraussetzungen:
Grundkenntnisse der Landessprache

8. Dauer des Aufenthalts:
1-8 Wochen (je nach Programm).

9. Abreisezeitpunkt:
Überwiegend in den Sommerferien, teils in anderen Ferienzeiten oder außerhalb von deutschen Ferien.

10. Anmeldefrist oder Bewerbungsfrist:
Spätestens 8 Wochen vor dem gewünschten Abreisedatum

11. Kosten:
Ab 800 EUR, je nach Dauer und Reiseland sowie Programminhalt, inkl. Unterkunft und Verpflegung, Betreuung vor Ort

12. Lohn während des Aufenthalts:
Unterkunft und Verpflegung frei

13. Kosten während des Aufenthalts:
Flug, Taschengeld und Versicherungen, ggf. Kosten für erforderliche Quarantäne

16. Bestimmte Staatsangehörigkeit vorausgesetzt:
Angebote offen für alle.

17. Länder / Gebiete des Aufenthalts:
Australien, Ecuador, Frankreich, Großbritannien, Irland, Italien, Kanada, Malta, Neuseeland, Spanien, USA

SERVAS Germany e.V.
Berlin

SERVAS ist eine internationale Friedensorganisation, die unter den Völkern der Erde ein besseres Verständnis durch persönliche Kontakte schaffen will. Das Ziel von SERVAS ist es, durch Begegnungen von Mensch zu Mensch Vorurteile unter den Völkern abzubauen, zu einem besseren Verständnis der gegenseitigen Probleme zu gelangen und dadurch einen Beitrag zum (Welt)-Frieden zu leisten. SERVAS bringt Menschen unterschiedlicher Herkunft und Gesinnung, verschiedenen Glaubens und unterschiedlicher Hautfarbe zusammen, damit sie sich gegenseitig kennenlernen. Weltweit öffnen Gastgeber den SERVAS-Reisenden ihre Türen, um ihnen für einige Tage einen Einblick in ihren Alltag zu geben.
SERVAS ist auf allen Kontinenten der Erde vertreten. Nach den politischen Veränderungen Ende der 80er Jahre ist auch der Anteil osteuropäischer SERVAS-Kontaktmöglichkeiten gestiegen.

2. Name:
SERVAS Germany e.V.

3. Anschrift:
Servas Germany e.V.
O'Swaldstr. 32
22111 Hamburg

4. Kontaktinformationen:
E-Mail: info@servas.de
Homepage: www.servas.de
International: www.servas.de

5. Ansprechspartner:
Die regionalen Koordinatorinnen und Koordinatoren

6. Altersbegrenzung:
ab 18. Für Jugendliche zwischen 14 und 18 Jahren, die gemeinsam mit ihren Eltern schon Servas-Erfahrungen gesammelt haben, gibt es die Möglichkeit, mit einem speziellen „Letter of Introduction for Young Members“ zu reisen

7. Spezielle Voraussetzungen:
Kein Gastgeber ist verpflichtet, Reisende zu jedem Zeitpunkt aufzunehmen. Der Reisende verlässt mit dem Gastgeber die Wohnung, wenn dieser z.B. zur Arbeit geht.
Ausnahmen werden nur vom Gastgeber angeboten.
Verwechseln Sie Reisen mit SERVAS nicht mit einem Hotelaufenthalt! Ihre Gastgeber möchten Sie kennenlernen und sich mit Ihnen über Ihr Land und Ihre Erfahrungen austauschen.
Aufnahme in das Servas-Host-System

8. Dauer des Aufenthalts:
In der Regel 2 Tage pro Besuch, sofern die Gastgeber nicht mehr anbieten. Die Dauer der Reise ist unbegrenzt

9. Abreisezeitpunkt:
Keine Vorgaben

10. Anmeldefrist oder Bewerbungsfrist:
Aufnahme ist ständig möglich.
Verfahrensdauer 4-6 Wochen

11. Kosten:
Alle Mitarbeiter von SERVAS arbeiten ehrenamtlich. Trotzdem fallen Kosten an z.B. für den Druck der Gastgeberlisten, Telefon, Büromaterialien usw.
Außerdem wird ein Teil der Einnahmen zur Finanzierung der internationalen Kontakte und zur Unterstützung von SERVAS-Vertretungen, die noch im Aufbau begriffen sind, an SERVAS INTERNATIONAL weitergeleitet.
Die Gebühr für die Ausstellung eines LOI beträgt derzeit 20 EUR pro Person, mitreisende Kinder unter 18 zahlen nichts. Reisende und Gastgeber haben bei SERVAS GERMANY e.V. den Status eines Fördermitglieds. Der Fördermitglieds-Beitrag von 10 EUR wird bei den Gastgebern jährlich mit der Aktualisierung der Gastgeberliste fällig. Die Reisenden zahlen diesen jährlichen Beitrag zusätzlich zu der LOI Gebühr bei der Ausstellung eines neuen LOI.

16. Bestimmte Staatsangehörigkeit vorausgesetzt:
Alle können teilnehmen

17. Länder / Gebiete des Aufenthalts:
120 Länder in allen Kontinenten

Terre des Langues e.V.
Regensburg

HOMESTAY / Leben mit einer Gastfamilie

2. Name:
Terre des Langues e.V.

3. Anschrift:
Pflanzenmayerstr. 16
93049 Regensburg

4. Telefon:
Tel: 0941 / 56 56 02
Fax: 0941 / 56 56 04
E-Mail: Terre des Langues@t-online.de
Homepage: www.Terre-des-Langues.de

5. Ansprechspartner:
Frau Petra Schmidt

6. Altersbegrenzung:
12-18 Jahre

7. Spezielle Voraussetzungen:
Die Teilnehmer sollten freiwillig den Entschluss fassen, eine zeitlang bei einer ausländischen Familie zu leben, sich dort als Mitglied der Familie zu fühlen und alles mitzumachen, was von den Gasteltern angeboten wird. Sie sollten Interesse haben, andere Kulturen kennen zu lernen, Offenheit und Toleranz zeigen. Die Familien in den USA, Mexiko und Frankreich laden Sie unentgeltlich ein. Sprachkenntnisse sind erforderlich.

8. Dauer des Aufenthalts:
1-12 Wochen

9. Abreisezeitpunkt:
Dieses Programm ist während des ganzen Jahres nach Terminabsprache verfügbar

10. Anmeldefrist oder Bewerbungsfrist:
Die Teilnehmer möchten sich bitte möglichst frühzeitig bewerben. Kurzfristige Anmeldungen können nur nach Rücksprache mit unseren ausländischen Partnern angenommen werden

11. Kosten:
Z.B. Florida, Virginia,
North Carolina und Montana.

2-3 Wochen 2.850 EUR
4 Wochen 2.950 EUR

inkl. Flug, Transfers zw. Flughafen und Gastfamilie, Unterkunft und Verpflegung bei einer Gastfamilie als einziger Deutsch sprechender Gast, Betreuung vor Ort

13. Kosten während des Aufenthalts:
Taschengeld

17. Länder / Gebiete des Aufenthalts:
Australien, USA, Kanada, Frankreich, England

In Frankreich, England haben die Teilnehmer die Möglichkeit, zusammen mit dem Kind der Gasteltern die Schule zu besuchen

HOMESTAY / INTERKULTURELLE BEGEGNUNGEN

Links und Informationen zum Thema

Lions Club

Fürs Leben lernen – kulturübergreifend und weltweit
Jedes Jahr können junge Menschen im Rahmen des internationalen Lions-Jugendcamp- und Austauschprogramms ins Ausland reisen und andere Kulturen kennenlernen. Jeder Jugendaustausch beinhaltet einen längeren Aufenthalt, bei dem einer der vielen internationalen Clubs der Gastgeber ist.

Als Teilnehmer werden Sie
- bei einer Gastfamilie in einem anderen Land leben
- Leute von überall her in Ihrem Alter kennenlernen
- etwas darüber lernen, was uns alle verbindet und was uns unterscheidet – und dass wir Unterschiede respektieren müssen, egal wo wir herkommen und wo wir leben

Jugendcamps und Jugendaustausch
Ein Austausch kann in Hunderten von Ländern und Orten organisiert werden; überall dort wo es Lions-Clubs gibt. Die meisten Austauschprojekte laufen über einen Zeitraum von vier bis sechs Wochen, wobei die Teilnehmer (zwischen 15 und 21) während dieser Zeit bei einer oder auch mehreren Gastfamilien im Gastland untergebracht sind.

Jugendcamps laufen über einen Zeitraum von ein bis zwei Wochen und verfolgen das Ziel, junge Menschen (zwischen 16 und 22) aus der ganzen Welt zusammenzubringen. Mit der Teilnahme am Jugendcamp ist in der Regel ebenfalls ein Aufenthalt in einer Gastfamilie verbunden, der sich über ein bis vier Wochen erstrecken kann. Die Lions veranstalten jährlich in ca. 40 Ländern mehr als 100 Jugendcamps. Die Teilnehmer besuchen dabei Orte, die von kulturellem oder allgemeinem Interesse sind, und nehmen an Sportereignissen oder landeskundlichen Veranstaltungen teil, die von den Campteilnehmern selbst organisiert werden.

https://www.lions.de/jugendprogramme

Rotary Club

Der rotarische Ferienaustausch bietet dir die Möglichkeit, für 3 bis 6 Wochen in Familien in einem Gastland zu leben. Der Austausch ist kein touristischer Aufenthalt, sondern will Jugendlichen einerseits die Möglichkeit geben, ein neues Land, seine Bevölkerung und Lebensgewohnheiten, seine Kultur kennenzulernen, und andererseits als Botschafter im Gastland über seine Heimat berichten zu können. Du wirst in einer Gastfamilie wohnen und deine Familie wird für die gleiche Aufenthaltsdauer Gastgeschwister aufnehmen.

Die Ziele unseres Ferienaustausches oder auch „family-to-family"-Austausch sind die Förderung des internationalen Verständnisses und des guten Willen durch Ausweitung der internationalen Kommunikation auf der persönlichen Ebene.

http://www.rotary-jd.de/

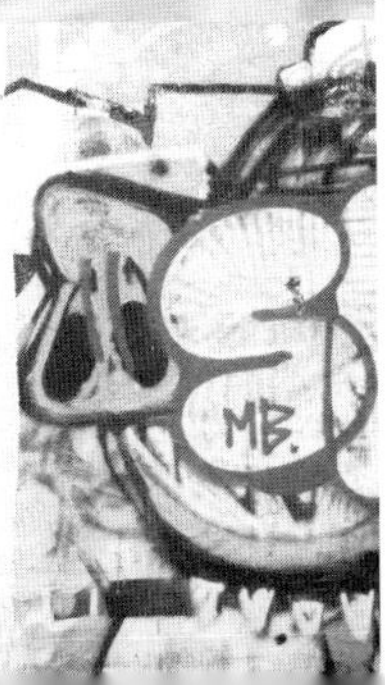

HOMESTAY / INTERKULTURELLE BEGEGNUNGEN

ERLEBNISREISEN

Abenteuer erleben

Abenteuer in der inneren Mongolei, Safari durch das Hinterland in Australien, Trekking in Südafrika, in 80 Tagen um die Welt - Expeditionen rund um den gesamten Erdball - oder ganz ausgefallen: Crewmitglied bei einer Yachtüberführung. Der Name ist bei diesem Auslandsaufenthalt Programm. Sozusagen der Freestyle unter den Auslandsreisen. Alles ist möglich - Nichts ist unmöglich. Um so wichtiger ist eine gute Vorbereitung und Planung der Aktivitäten. Ob als Auszeit oder als Verlängerung eines Arbeitsaufenthaltes im Ausland.

Menschen, Natur, Land und Leute kennen lernen. Mit einer guten Portion Abenteuerlust. Das sind die Voraussetzungen für eine Erlebnisreise. Sicher nicht für jedermann. Man lernt seine Grenzen kennen und macht sich fit für neue Herausforderungen des Lebens.

Gute körperliche Verfassung und Willensstärke gehören genauso dazu wie Teamgeist und Enthusiasmus. Fit for fun eben.

Adventure Alternative Ltd.
Belfast
Irland

ADVENTURE ALTERNATIVE
The Responsible Adventure Travel Company

Erlebnisreisen in Kenia und Nepal. Safaris, Bergsteigen, die Einwohner kennenlernen und helfen. Außerdem: Expeditionen und Wüstensafari in Marokko.

2. Name:
Adventure Alternative Ltd.

3. Anschrift:
2a Church Street, Portstewart, Northern Ireland, BT55 7AH
Correspondence:
PO Box 14, Portstewart, Northern Ireland BT55 7WS

4. Kontaktinformationen:
Tel/Fax: 0044 28708 31258
Email: office@adventurealternative.com
Homepage: www.adventurealternative.com

5. Ansprechspartner:
Gavin Bate
oder Chris Little

6. Altersbegrenzung:
Ab 16 Jahre

7. Spezielle Voraussetzungen:
Grundkenntnisse Englisch. Die Kinder in Kenia sprechen und lernen Englisch. In Nepal ist es etwas schwieriger aber man kann mit Englisch gut kommunizieren. Es ist deswegen notwendig, dass jeder Bewerber ein Formular für das Auswahlverfahren ausfüllen muss.
Keine anderen Anforderungen außer Enthusiasmus und Offenheit.

8. Dauer des Aufenthalts:
1 Monat Keniaexpedition, 3 Monate Unterrichtspraktikum, 6 Wochen Krankenpflege/Medizinalpraktikum.
Bergsteigerexpeditionen von unterschiedlicher Länge. Nach jeder Expedition oder jedem Unterricht ist es möglich, für eine individuelle Reise im Land zu bleiben. Wir können bei der Planung und Umsetzung behilflich sein.

9. Abreisezeitpunkt:
Die Keniaexpeditionen beginnen im Juli und August. Die Praktika und alle anderen Expeditionen finden das ganze Jahr über statt. Für die aktuellen Reiserouten rufen Sie uns bitte an.

10. Anmeldefrist oder Bewerbungsfrist:
3-6 Monate vor Reisebeginn.

11. Kosten:
1 Monat Keniaexpedition - 1.345 GBP.
6 Wochen Krankenpflege/Medizinalpraktikum in Nepal oder Kenia - 950 GBP
Individuelle Expeditionen auf Anfrage. Zusätzliche Kosten für eigene Versicherung, Visum, persönliche Ausgaben.
Kosten beinhalten alle Aktivitäten, Unterkunft, Verpflegung, Betreuung und Material

13. Kosten während des Aufenthalts:
Taschengeld

17. Länder / Gebiete des Aufenthalts:
24 Reiseziele weltweit

AIFS
American Institute For Foreign Study
Bonn

AIFS ist eine der ältesten und größten Organisationen für kulturellen Austausch weltweit und ein führender Anbieter im Bereich Jugend- und Bildungsreisen. Mit AIFS sind Adventure Trips in Australien, Bali, Island, Japan, Kanada, Neuseeland, Südkorea, in Tansania und auf Sansibar, in Thailand und den USA möglich. Diese Reisen sind eine gute Mischung aus einer Handvoll Abenteuer, einer großen Portion Spaß, den schönsten Orten der Welt und der Möglichkeit, fremde Kulturen kennezuleren. Die Adventure Trips sind mit weiteren AIFS Programmen kombinierbar. Siehe auch unter „Au Pair“, „Work & Travel“, „Camp Counselor“, „Flex. Freiwilligenarbeit“, „Schule“, „Studium“ und „Sprachreisen“.

2. Name:
AIFS (American Institute For Foreign Study)

3. Anschrift:
Friedensplatz 1
53111 Bonn

4. Kontaktinformationen:
Tel.: +49 (0)228/95730-0, E-Mail: info@aifs.de/info@aifs.at/info@aifs.ch; www.aifs.de/www.aifs.at/www.aifs.ch

5. Ansprechspartner:
Work and Travel & Co. Abteilung

6. Altersbegrenzung:
ab 17 Jahre

7. Spezielle Voraussetzungen:
ausreichende Englischkenntnisse

8. Dauer des Aufenthalts:
je nach Land 7 bis 22 Tage

9. Abreisezeitpunkt:
ganzjährig

10. Anmeldefrist bzw. Bewerbungsfrist:
mind. 4 Wochen vor Ausreise

11. Kosten:
Die Preise variieren je nach Programm, Land und Dauer. Auf der Website gibt es zu allen Möglichkeiten detaillierte Informationen zu den Preisen.

13. Kosten während des Aufenthalts:
Hin- und Rückflug, private Ausgaben während des Aufenthaltes

16. Bestimmte Staatsangehörigkeit vorausgesetzt:
Deutschland, Österreich, Schweiz

17. Länder / Gebiete des Aufenthalts:
Australien, Bali, Island, Japan, Kanada, Neuseeland, Südkorea, Tansania & Sansibar, Thailand, USA

Basecamp Group Ltd.
England

Base Camp Group Snowsports Programme sind eine fantastische Möglichkeit, Ski oder Snowboardlehrer für eine Saison zu werden. Dieses Programm ist das erste seiner Art in der EU, und ideal für jeden, der ein freies Jahr, eine Pause oder einen Karrierewechsel machen möchte. Werde ein Ski oder Snowboard Instruktor: Off-piste, freestyle, freeride, racing and mogul training, Lawinen-Soforthilfe und Ski/Snowboard Tuning Clinics. Alles in den größten Skigebiete der Welt: Mt. Ruapehu, Banff, Meribel und Val d'Isere Resorts.

2. Name:
Basecamp Group Ltd.

3. Anschrift:
Queensgate House
48 Queen Street
Exeter EX4 3SR
Großbritannien

4. Kontaktinformationen:
Tel: 0044 (0) 115 9407198
E-Mail: hello@basecampgroup.com
Homepage: www.basecampgroup.com

6. Altersbegrenzung:
Keine Altersbegrenzung, aber wenn du jünger als 18 bist, müssen deine Eltern den Vertrag unterschreiben.

7. Spezielle Voraussetzungen:
Es ist zu empfehlen, dass du bereits einige Ski- oder Snowboard-Erfahrung hast.

8. Dauer des Aufenthalts:
Zum Beispiel 10 Wochen Ski All Mountain oder 7 Wochen Ski Instructor Course in Frankreich

9. Abreisezeitpunkt:
Anfang Januar

10. Anmeldefrist oder Bewerbungsfrist:
Wir empfehlen nicht später als Ende des Sommers.

11. Kosten:
Für Frankreich (10 Wochen): ab 195 GBP. Folgende Leistungen sind inklusive: Persönliche Entwicklung, Off-piste, Moguls, Racing, freeride und Snowpark Training / Vorbereitung für alle Instructor Prüfungskurse / Snow Systems Instruction (6 Stunden pro Tag, 5 Tage in der Woche) / Registrierung als ein BASI Mitglied /Trainee Ski Instructor Course oder Trainee Snowboard Instructor Course (7 Wochen) ab 5.995 GBP: Les 3 Vallees' season lift pass (7 Tage pro Woche) / BASP Erste-Hilfe-Kurs / Lawinen- und Berg-Kenntnis-Kurs / Ski und Snowboard Tuning Clinics / Französisch Sprachkurs / Unterkunft / Continental breakfast und Abendessen (5 Tage pro Woche) / Flughafen - Meribel Transfer.
Nicht inklusive sind: Transport Deutschland - Frankreich hin/ zurück, Versicherung, Wintersportausstattung sowie Base Camp Group Ski oder Snowboard Bekleidung.

13. Kosten während des Aufenthalts:
Taschengeld, Verpflegung am Wochenende.

17. Länder / Gebiete des Aufenthalts:
Frankreich, Schweiz, Neuseeland und Kanada

Flying Fish
Isle of Wight
England

Kombinierte Erlebnisreise und Ausbildung. Flying Fish bildet Wassersport-Lehrer und Yachtskipper aus. Seeleute, Taucher, Surfer und Windsurfer, die bei Flying Fish geschult werden, haben Zugang zu einem Jobvermittlungsservice.

2. Name:
Flying Fish

3. Anschrift:
5 Birmingham Road, Cowes,
Isle of Wight PO31 7BH
England

4. Kontaktinformationen:
Tel: +44 1983 280641
Fax : +44 1983 281821
E-Mail: mail@flyingfishonline.com
Homepage: www.flyingfishonline.com

5. Ansprechspartner:
Training Adviser

6. Altersbegrenzung:
18 +

7. Spezielle Voraussetzungen:
Muss schwimmen können, sowie Interesse an Wassersport haben.
Fließend Englisch.

8. Dauer des Aufenthalts:
Variiert von 2 Wochen bis 4 Monate. Viele Kurse sind maßgeschnitten für Anfänger, andere sind für Fortgeschrittene

9. Abreisezeitpunkt:
Kurse fangen das ganze Jahr an

10. Anmeldefrist oder Bewerbungsfrist:
Jederzeit, so lange es freie Plätze gibt

11. Kosten:
Da die Kurse und Preise sehr unterschiedlich sind, bitte direkt anfragen

13. Kosten während des Aufenthalts:
120-150 GBP pro Woche

16. Bestimmte Staatsangehörigkeit vorausgesetzt:
Das Angebot gilt für alle

17. Länder / Gebiete des Aufenthalts:
Griechenland, Australien, Kanada und Großbritannien

Reliance Yacht Management
Hampshire / England

Seetüchtig? Abenteuerlustig? Für alle, die es mal erleben möchten, wie das Leben auf einen Yacht als Mannschaft oder Matrose ist - was man dort macht und mal probieren will, wie es ist, die Weltmeere zu überqueren. Yacht Deliveries Worldwide – nur für Volontäre.

2. Name:
Reliance Yacht Management

3. Anschrift:
1st Floor Suite
127 Lynchford Road
Farnborough
Hampshire
GU14 6ET, ENGLAND

4. Kontaktinformationen:
Tel: +44 (0) 1252 378 239
Fax: +44 (0) 1252 521 736
info@reliance-yachts.com

Montag – Freitag
9:00 – 17:30 Uhr

5. Ansprechspartner:
Mr. Nick Irving (Managing Director)

6. Altersbegrenzung:
Ab 17 Jahren, gute körperliche Verfassung

7. Spezielle Voraussetzungen:
Wir verlangen keine Segelscheine, aber die Crew sollte entsprechende Vorbildung und Erfahrung mitbringen.
Alle zusätzlichen Fähigkeiten bezogen auf traveling & sailing sind immer willkommen und wertvoll (fischen, kochen, Sprachen, Segelflicken oder die Fähigkeit einen guten Kaffee zu kochen).

8. Dauer des Aufenthalts:
Wir haben eine jährliche Mitgliedschaft. In dieser Zeit bekommt jedes Crewmitglied soviel Angebote wie möglich vermittelt. Normale Trans Atlantik Überfahrten auf einer Segelyacht dauern 5-6 Wochen.
Normale Mittelmeer Überfahrten auf einer Segelyacht dauern 14 Tage.

9. Abreisezeitpunkt:
Wir haben das ganze Jahr über Yachtüberführungen.

10. Anmeldefrist:
Keine Begrenzung. Crewmitglieder können sich jederzeit anmelden, sollten aber einige Monate verfügbar sein, damit es sich lohnt. Unser Anmeldeformular auf Reliance website.

11. Kosten:
Die Reisekosten Deutschland- Yachthafen müssen selbst getragen werden. Nur in einigen Fällen werden kosten von der Firma übernommen. Unterkunft auf der Yacht ist frei im Gegenzug zur Mithilfe auf der Yacht. Falls die Yacht nicht rechtzeitig verfügbar ist sind die Kosten für Unterkunft vor Ort selbst zu tragen.

13. Kosten während des Aufenthalts:
Alle Ausgaben an Bord wird von Reliance gedeckt. Die Crewmitglieder haben Ausgaben in den Häfen auf der Route. Sie benötigen eine Krankenversicherung (vor Reiseantritt).
16. Bestimmte Staatsangehörigkeit vorausgesetzt:
Alle können mitmachen

17. Länder / Gebiete des Aufenthalts
Weltweit

TravelWorks Münster

Erlebnisreisen

Siehe auch unter „Au Pair“, „Praktikum“, „Work & Travel “, „Flex. Freiwilligenarbeit“, „Schule“, „Sprachreisen“, „Summer School“ und „Studium im Ausland“ .

1. Name:
TravelWorks

3. Anschrift:
Münsterstr.111, 48155 Münster

4. Kontaktinformationen:
Tel: 02506-8303-350, Fax: 02506-8303-230
E-Mail: info@travelworks.de
Homepage: www.travelworks.de
Öffnungszeiten: 09:00 Uhr bis 16:00 Uhr

6. Altersbegrenzung:
Ab 18 Jahren.

7. Spezielle Voraussetzungen:
Ggf. gute Englischkenntnisse. Costa Rica: körperliche Fitness, ggf. erweitertes polizeiliches Führungszeugnis.

8. Dauer des Aufenthalts:
1 bis 12 Wochen.

9. Abreisezeitpunkt:
Abhängig vom Programm, aber grundsätzlich im gesamten Jahr.

10. Anmeldefrist oder Bewerbungsfrist:
Mind. 6-8 Wochen vor Ausreise.

11. Kosten:
Australien ab 2.150 EUR, Neuseeland ab 2.600 EUR, Thailand ab 910 EUR, Bali ab 910 EUR, Vietnam ab 1.090 EUR, Costa Rica ab 2.560 EUR, Kuba ab 1.990 EUR, Südafrika ab 2.330 EUR. Enthaltene Leistungen, z.B: Südafrika: sämtliche Übernachtungen (Camping + Hotel); Teil der Mahlzeiten; Aktivitäten wie z.B. Krüger National Park, Panorama Route uvm.; Informationsmaterial; Betreuung von einer festen Programmkoordinatorin vor Abreise; englischsprachige Ansprechpartner vor Ort; 24-Stunden-Notrufnummer uvm.

16. Bestimmte Staatsangehörigkeit vorausgesetzt:
EU- oder Schweizer Staatsangehörigkeit

17. Länder / Gebiete des Aufenthalts:
Australien, Neuseeland, Costa Rica, Kuba, Südafrika, Bali, Vietnam und Thailand.

FINANZIERUNG
EU-FöRDERUNG

Förderungsmöglichkeiten für Auslandsaufenthalte

Zur Wahl der richtigen Auslandsreise gehört auch die Frage nach der Finanzierung. Natürlich kostet auch der Lebensunterhalt in Deutschland Geld, aber nicht jeder kann sich ein Studium oder den Aufenthalt im Ausland aus eigener Tasche leisten oder hat eine finanzkräftige Familie hinter sich. Viele jobben deswegen in ihren Ferien und der Freizeit als Teil der Vorbereitung, um die Reisekasse zu füllen. Es ist daher empfehlenswert, die Planung für eine Auslandsreise ein Jahr im Voraus zu beginnen. Wenn die finanziellen Mittel fehlen, muss dies nicht unbedingt ein Hindernis auf dem Weg ins Ausland bedeuten. Im Folgenden werden einige Fördermöglichkeiten und EU-Förderprogramme vorgestellt

Mit welchen Kosten sind zu rechnen:

- Reisekosten zum Zielort und zurück, aber auch die Reisekosten vor Ort: Flug, Bahn, Bus etc.
- Kosten für die Unterkunft, Lebensmittel und andere Lebenshaltungskosten
- Kosten für Krankenversicherung im Ausland oder auch eine Reiseversicherung: Impfkosten
- Kosten für touristische Aktivitäten: Eintrittsgelder etc.
- Gebühren der Agentur, die den Aufenthalt ins Ausland vermittelt
- Schul- und Studiengebühren, Kosten für Sprachkurse und Sprachtests
- Seminar- und Betreuungskosten
- Gebühren und Bearbeitungskosten für Visum, Reise- und Arbeitsgenehmigungen

Vor Antritt des Aufenthalts im Ausland sollte man sich möglichst umfassend über das Zielland und die oben genannten Kosten informieren, damit es vor Ort zu keinen bösen Überraschungen kommt.

Was sind die wichtigsten Bereiche einer Förderung:

Es gibt unterschiedliche Programme und Institutionen in Deutschland und Europa, die Auslandsaufenthalte fördern. Die EU-Programme fördern die allgemeine und berufliche Bildung der Jugend. Daneben gibt es Auslands BAföG und die unterschiedlichsten Stiftungen, die finanzielle Unterstützung leisten. Allen gemein ist das begrenzte finanzielle Kontingent, sodass eine Auswahl bei der Vergabe der Plätze vorgenommen wird. Die Auswahlkriterien sind meist leistungsbezogen.

Die wichtigsten Bereiche einer Förderung sind:
- finanzielle Förderung
- Förderung bei der Auswahl von Studien- und Praktikumsplätzen

Je nach Status und Programm des Auslandsaufenthaltes gibt es unterschiedliche Ansätze zur Finanzierung:
- Finanzierung von Freiwilligenarbeit und Soziale Dienste im Ausland
- Finanzierung von Arbeitsaufenhalten wie Praktika, Work & Travel, Au Pair etc.
- Finanzierung von Schulaufenthalten bei Schüler, Studenten und Auszubildenden

Wie werden Arbeitsaufenthalte im Ausland finanziell gefördert?

Freiwilligenarbeit - Es gibt geförderte und nicht geförderte Freiwilligenarbeit und Freiwilligendienste.

Freiwilligendienste mit Förderung
Das Freiwillige Soziale / Ökologische Jahr (FSJ/FÖJ), weltwärts, kulturweit, IJFD (Internationaler Jugendfreiwilligendienst) und das Europäische Solidaritätskorps (ESK) werden vom Staat bzw. von der EU gefördert, d.h. die ganzen oder ein großer Teil der Kosten, die für den/die Freiwillige/n entstehen, werden übernommen; das Kindergeld wird bis zu einem Jahr weiterbezahlt. Deshalb sind diese Stellen auch sehr begehrt und knapp. Die Förderprogramme haben zum Teil unterschiedliche Zielsetzungen, d.h. konkret: Sie fördern Aufenthalte in unterschiedlichen Erdteilen und Ländern und unterschiedliche Formen des Engagements. Nicht jedes Programm kommt also für die gesuchte Wunschstelle in Frage. Die Aufenthalte dauern mindestens 6 Monate.

Die Förderung besteht darin, dass es Vorbereitungs- und Begleitseminare (Bildungstage) gibt, und dass Unterkunft und Verpflegung übernommen werden. In Bezug auf Taschengeld, Reisekosten, Versicherungen, muss man sich erkundigen und vergleichen; im Idealfall übernimmt der Träger alles, oft gibt es nur Zuschüsse.

Selbst bei den geförderten Stellen können für ein ganzes Jahr einige tausend EUR anfallen. Das Geld wird entweder als einmalige Gebühr bezahlt oder in monatlichen Raten durch einen Förderkreis gesammelt.

Förder-/Unterstützerkreis:
Der Aufbau eines Förderkreises/Spendenkreises/Unterstützerkreises, der vor allem bei kirchlichen Organisationen üblich ist, kann die Kosten etwas im Rahmen halten: Der/die Freiwillige wirbt Familienmitglieder, Freunde oder Bekannte, die für die Dauer des Dienstes einen monatlichen Betrag (z.B. 5 - 10 EUR) für das Projekt spenden, in dem er/sie sich engagiert. Als Gegenleistung erhalten die Förderer dann regelmäßige Informationen über die Freiwilligentätigkeit.

Weitere Infos und Tipps (z.B. zum Aufbau eines Förderkreises) gibt es z.B. bei rausvonzuhaus unter:
https://www.rausvonzuhaus.de/downloads/Bestellservice/eurodesk-broschuere-unterstuetzerkreise-18.pdf

Freiwilligendienste ohne Förderung
Freiwilligendienste ohne Förderung haben meistens den Vorteil, dass die Vermittler ein riesiges, globales Angebot haben, aber oft ist der eigene Kostenanteil entsprechend hoch. Zudem kommen die Freiwilligen oft direkt von der Schule und müssen betreut und angelernt werden, was einen höheren Arbeitsaufwand bedeuten kann. Die Kosten entstehen dadurch, dass die meisten Projekte an ihrer Arbeit nichts verdienen und keine staatlichen oder kirchlichen Zuschüsse bekommen. Freiwilligendienste bei nicht für die Durchführung zugelassenen Organisationen werden nicht als FSJ oder FÖJ anerkannt. Auch bei nicht geförderten Diensten bietet sich natürlich die Möglichkeit an, einen Förder-/Unterstützerkreis aufzubauen.

Kein selbstverständlicher Anspruch auf Kindergeld.
Bei einem nicht-geförderten Freiwilligendienst wird das Kindergeld nicht unbedingt weiter gezahlt, da der Bildungsanspruch, den gesetzlich geregelte und geförderte Freiwilligendienste haben, nicht unbedingt immer erfüllt ist. Deswegen muss nachgewiesen werden, dass der soziale Dienst im Ausland ähnliche Rahmenbedingungen (regelmäßige soziale Mitarbeit, pädagogische Begleitung und Seminarangebote) wie die gesetzlich geregelten Dienste hat. Dies ist in der Regel problemlos möglich, wenn die Kindergeldstelle in die Planung mit einbezogen wird.

Zu beachten gilt, dass kurze Dienste unter 6 Monaten nicht gefördert werden, auch wenn die Trägerorganisationen üblicherweise geförderte Freiwilligendienste anbieten.

Praktika, Work&Travel, Au pair, Camp Counselor, Tourismusjobs und Co.

Bei Aufenthalten wie Work&Travel, Au pair, Camp Counselor und Tourismusjobs ist die Unterkunft, Lebensmittel und andere Lebenshaltungskosten in der Regel ganz oder zum größten Teil durch das Arbeitsentgeld gedeckt, weil es hier um bezahlte Arbeit geht. Als Au pair bekommt man zwar „nur" Taschengeld, wohnt und lebt aber kostenlos bei der Familie. Es ist trotzdem eine gute Idee ein kleines finanzielles Polster vorab zu haben, um Extrakosten wie Freizeit und touristische Aktivitäten zu decken. Oder wie es bei Work & Travel durchaus vorkommen kann, dass man eine Woche ohne Arbeit da steht, weil man irgendwo ist, wo man gerne länger bleiben möchte, aber gerade kein Job in Aussicht ist. Für diesen Fall hat man dann besser eine finanzielle Reserve für Kost und Logis.

Bei vielen Auslandspraktika bekommt man keinen Lohn. Das hängt sehr stark von den eigenen Fähigkeiten und Vorkenntnissen ab. Auf den ersten Blick scheint diese Art der Arbeitsaufenthalte im Ausland ziemlich kostenintensiv zu sein. Es gibt aber einige Fördermöglichkeiten.

Fahrtkostenzuschüsse:
Der DAAD hat sein Programmangebot für deutsche Studierende neu strukturiert und ermöglicht deutschen Hochschulen über das Programm PROMOS, selbst Akzente in der Auslandsmobilität zu setzen. Weitere Informationen zu PROMOS sind über die Akademischen Auslandsämter erhältlich. Für Praktika im Ausland können Fahrtkostenzuschüsse dann gewährt werden, wenn die Besetzung der Praktikumsplätze über die Austauschorganisationen IAESTE, AIESEC, Bvmd, ZAD und DCGM erfolgt. Richtlinien und Antragsformulare sind über die IAESTE- oder AIESEC-Lokalkomitees oder im Downloadbereich erhältlich. Studierende der Wirtschaftswissenschaften bewerben sich über die AIESEC, Studierende der Humanmedizin direkt bei der Bundesvertretung der Medizinstudierenden in Deutschland e.V. (bvmd), Studierende der Zahnmedizin über den Zahnmedizinischen Austauschdienst (ZAD). Siehe auch im Kapitel „Praktikum" für die entsprechende Anlaufstellen.

BAföG-Förderung für Auslandspraktika:
Studierende, die keine Inland-BAföG-Förderung erhalten, können unter bestimmten Voraussetzungen eine BAföG-Auslandsförderung für ihren praxisbezogenen Auslandsaufenthalt erhalten. Zuständig hierfür sind besondere, von den Bundesländern bestimmte kommunale Ämter. Nähere Informationen erteilen das Studentenwerk bzw. das zuständige BAföG-Amt - siehe auch Auslands BAföG in diesem Kapitel.

Bildungskredit:
Für die Teilnahme an einem in- oder ausländischen Praktikum - auch außerhalb Europas - können Studierende in fortgeschrittenen Studienphasen einen zeitlich befristeten, zinsgünstigen Kredit, den sogenannten Bildungskredit beantragen. Der Bildungskredit ersetzt nicht die BAföG-Förderung und kann sogar neben dem BAföG in Anspruch genommen werden. Ein Rechtsanspruch auf den Bildungskredit besteht allerdings nicht, da es sich, anders als beim BAföG, um ein Programm mit einem vorgegebenen Budget handelt. Ist die Jahressumme überschritten, entscheidet das Datum des Antrageingangs beim Bundesverwaltungsamt.

Kurzstipendien für Praktika in deutschen Außenvertretungen oder in internationalen Organisationen, an deutschen Schulen im Ausland, Deutschen Geisteswissenschaftlichen Instituten im Ausland (DGIA) gibt es in der Stipendiendatenbank des DAAD.

Weitere Informationen unter: https://www2.daad.de/ausland/studieren/stipendium/de/70-stipendien-finden-und-bewerben/

Die 6 wichtigsten Möglichkeiten und Anlaufstellen für Schüler und Studenten sind:

1. Erste Adresse ist die Heimatschule und Heimatuniversität, da deren Partnerschaften von der EU gefördert werden. Vorteil: Qualität der ausländischen Partnerschulen und Universitäten sind bekannt und die Anerkennung der Leistungen sind meist geregelt (schriftliche Bestätigung einholen). Ansprechpartner sind zum Beispiel Akademisches Auslandsamt und Deutscher Akademischer Austauschdienst (DAAD www.daad.de)

2. Ausland BAföG basiert auf einer gesetzlichen Grundlage und gewährt jedem unter bestimmten Vorraussetzungen einen Förderbetrag analog dem Inland BAföG (www.bafoeg.bmbf.de). BAföG-Empfänger können auch während ihres Stipendiums BAföG beziehen. Das Stipendium wird in monatlichen Raten ausgezahlt.

3. Bildungskredit – Ergänzend zur BAföG-Finanzierung steht Studenten die Möglichkeit offen, zur Bezuschussung der Kosten durch den Aufenthalt im Ausland einen Bildungskredit zu nutzen. Der Bildungskredit ist ein zeitlich befristeter, zinsgünstiger Kredit, der unabhängig vom Einkommen und Vermögen der Studenten und ihrer Eltern ist. Er kann zusätzlich zum Auslands-BAföG beantragt werden. Die Höhe der monatlichen Raten kann 100, 200 oder 300 EUR betragen, die Finanzierung erfolgt monatlich im Voraus durch die KfW gezahlt. Somit können maximale Kosten von 7.200 EUR für das Studium im Ausland bewilligt werden.

4. Stipendien – Eine Reihe von Stiftungen und staatlichen Einrichtungen vergibt Stipendien an Studenten, die von einem Aufenthalt im Ausland träumen. Der bekannteste Anbieter von Stipendien für Semester im Ausland ist der Deutsche Akademische Austausch Dienst (DAAD). Der DAAD bietet eine Stipendien-Datenbank, in der Studenten gezielt nach einer Übernahme der Kosten durch ein Stipendium suchen können. Die Auslandsstipendien des DAAD werden nach fachlicher Qualifikation und persönlicher Eignung vergeben. Die Studenten müssen sich zum Zeitpunkt der Bewerbung mindestens im zweiten Semester ihres derzeit studierten Fachs an einer Hochschule in Deutschland befinden. Bachelor Absolventen stehen die Programme für Graduierte offen. Neben den genannten staatlichen/EU Förderprogrammen gibt es eine Reihe Stiftungen und Gesellschaften, die den Kulturaustausch und die Bildung fördern. Träger sind politische Parteien, staatliche Stellen und private Förderkreise. Zu nennen sind hier z.B.: Fulbright-Kommission (www.fulbright.de), Rotary-Club, Dr. Carl Duisberg Stiftung (Bayer AG). Siemens AG, Friedrich Ebert-Stiftung e.V. (SPD nahe Stiftung), Friedrich Naumann-Stiftung (FDP nahe Stiftung), Konrad-Adenauer Stiftung e.V. (CDU nahe Stiftung), Heinrich Böll Stiftung (Die Grünen nahe Stiftung) Auskünfte erteilen der Stifterverband der deutschen Wissenschaft (www.stifterverband.de), die Akademischen Auslandsämter (AAA) an den Hochschulen und das Deutsche Studentenwerk. Eine weitere Möglichkeit sind die sogenannten Taschengeldstipendien, die von zahlreichen Organisationen ausgelobt werden. Es lohnt sich also auf alle Fälle, bei der vemittelnden Organisation gezielt danach zu fragen.

5. Allgemeine Studienförderung in Deutschland fördert auch zeitlich begrenzte Studienabschnitte im Ausland. Z.B.: Begabtenförderung wie das Plus-Stipendium - Begabtenförderung im Hochschulbereich. Zwölf vom Bundesministerium für Bildung und Forschung (BMBF) unterstütze Begabtenförderungswerke vergeben Stipendien an junge Menschen. (www.stipendiumplus.de)

6. Jobben neben dem Studium
Manche Auslandsprogramme ermöglichen den Studenten vor Ort einen Job auszuüben und so ein bisschen Geld für die anfallenden Kosten dazu zu verdienen. Allerdings sollte man sich nicht darauf verlassen, da natürlich keine Garantie besteht, dass der Student im Ausland tatsächlich eine Stelle findet. Wichtiger Hinweis: Grundsätzlich ist darauf zu achten, nicht ohne Arbeitsgenehmigung, Aufenthaltsgenehmigung sowie gültigen Arbeitsvertrag im Ausland (speziell USA, Australien) zu arbeiten. Die Gefahr, ausgenutzt bzw. ausgewiesen zu werden ist nicht zuletzt auch für den beruflichen Lebenslauf eher hinderlich, von den persönlichen Gefahren ganz abgesehen.

Besondere Möglichkeiten für die Finanzierung eines Schulaufenthalts

Einige Veranstalter, die Schulaufenthalte organisieren, bieten auch finanzielle Hilfe. Anforderungen und Fristen sollte man bei der Anmeldung erfragen.

Auch viele Stiftungen unterstützen Schulaufenthalte finanziell. Infos unter: www.stiftungen.org

Außerdem sollte man Verbände aufsuchen, wie z.B. der Deutsche Fachverband High School e.V. (DFH), der jährlich 12 Vollstipendien für ein High-School-Jahr in den USA vergibt. Infos unter: http://www.dfh.org/

Der Deutsche Bundestag unterstützt durch das Parlamentarische Patenschaftsprogramm den Schulaufenthalt in den USA für ein Jahr, unter: https://www.bundestag.de/ppp

Wer in Deutschland Anspruch auf BAföG hat, erhält möglicherweise auch für sein Auslandsschuljahr BaföG.

Der gegenseitige Schüleraustausch
Der gegenseitiger Besuch von Schülern verschiedener Ländern finden in der Regel in Gruppen statt und wird von Partnerschulen oder Partnerstädten durchgeführt. Normalerweise dauert ein solcher Austausch höchstens 3-4 Wochen. Hier müssen die eigene Schule oder die örtlichen Gemeinde/Stadtverwaltung angefragt werden, ob es entsprechende Partnerschaften gibt und ob man als Schüler/-in bzw. Bürger/-in an Austauschmaßnahmen teilnehmen kann.

Eine weitere Möglichkeit ist es, den lokalen Rotary-Club (http://www.rotary-jd.de) zu kontaktieren. Der Verein hat spezielle Programme zur Förderung von gegenseitigen Schüleraustausch-Aufenthalten.

Der Bayerische Jugendring fördert den individuellen Schüleraustausch nach Australien, Kanada, Neuseeland
England und Frankreich mit einem zwei- bis dreimonatigen individuellen Austausch auf Gegenseitigkeit.
Internet:https://www.bjr.de/foerderung/internationale-jugendarbeit-/-schulaustausch/foerderung-internationaler-schuelerinnen-austausch

Weitere Programme:

USA und Kanada Programm für Studierende und Doktoranden
Ziel: Bildung und Forschung
Ansprechpartner: DAAD unter
https://www.daad.de/de/im-ausland-studieren-forschen-lehren/

Go East: Initiative zur Förderung deutscher Studierender und Graduierter. Aus Mitteln des Bundesministeriums für Bildung und Forschung startete der DAAD im Frühjahr 2002 die Initiative „Go East". Ziel ist es, den akademischen Austausch mit den Ländern Mittel-, Südost- und Osteuropas sowie den Ländern der GUS zu fördern.
http://goeast.daad.de/

Carlo-Schmid-Programm für Studierende und Graduierte: Förderung länderspezifischer Vollstipendien für Studierende und Graduierte und diverse Praktikumsplätze
https://www.studienstiftung.de/carlo-schmid/

Weitere Stipendien und Förderungen über DAAD und Akademische Auslandsämter an den Hochschulen
Auslandsstipendien für Studierende über Stiftungen im Stifterverband der deutschen Wirtschaft.
Suche nach Austauschprogrammen: www.hochschulkompass.de

Auslands BAföG

Für die Ausbildung im Ausland wird eine Förderung beim Vorliegen besonderer Voraussetzungen gewährt.

Berechtigter Personenkreis:
Deutsche und sonstige Ausländer, die im Inland nach § 8 Abs. 2 BAföG förderungsberechtigt sind.

Förderungsvoraussetzungen im Einzelnen sind:

Ausbildungsstätten:
Eine Ausbildung in Ausländischen Ausbildungsstätten, die den Gymnasien ab Klasse 11, höheren Fachschulen, Akademien, Hochschulen oder bestimmten Berufsfachschulklassen gleichwertig sind.

Sprachkenntnisse:
Ausreichende Kenntnisse der Unterrichts- und Landessprache. Vorraussetzungen siehe BMBF

Fallgruppen der Auslandsförderung:
Zum Teil ist eine einjährige Ausbildungsphase im Inland erforderlich. Genaue Informationen über:
www.bafoeg.bmbf.de
- Studienaufenthalte in einem Land der Europäischen Union
- Studienaufenthalte außerhalb der Europäischen Union
- Grenzüberschreitende integrierte Studiengänge
hier sollte das Auslandsamt rechtzeitig um Informationen gebeten werden.

Auslandspraktikum:
Ein im Rahmen eines Studiums durchgeführtes Auslandspraktikum mit einer Mindestdauer von 12 Wochen kann gefördert werden. **Praktika außerhalb Europas** werden nur gefördert, wenn sie besonders förderlich sind.

Leistungshöhe:
- die notwendigen Studiengebühren (bis zu 4.600 EUR)
- Reisekosten (einmalig Hin- & Rückreise)
- ggf. Zusatzleistungen für die Krankenkasse
- und für eine Ausbildung im EU-Ausland einen je nach Land unterschiedlichen Auslandszuschlag (zwischen 60 EUR und 255 EUR monatlich)

Die Leistungen nach der BAföG-Auslandszuschlagsverordnung erhaltet ihr prinzipiell als Zuschlag und brauchen deshalb nicht zurückgezahlt werden. Ihr solltet, auch wenn ihr kein „ Inlandsbafög „ bekommt, einen Antrag auf Auslandsbafög stellen, weil sich hier etwas Unterstützung für euch ergeben könnte, da die höheren Förderungssätze im Ausland Zuschüsse für die Ausbildung ermöglichen. Diejenigen unter euch, die BAföG als Bankdarlehen erhalten, bekommen auch den Auslandszuschlag als Bankdarlehen.

Internetlink: www.auslandsbafoeg.de

Neben dem BAFöG kann ein **Bildungskredit** für Auslandsaufenthalte beim Bundesverwaltungsamt in 50728 Köln unter folgenden Adressen beantragt werden:
https://www.bva.bund.de/DE/Services/Buerger/Schule-Ausbildung-Studium/Bildungskredit/bildungskredit_node.html

Auslands-BAföG für Schüler:
Für Schüler werden keine Zuschläge nach der BAföG-Auslandszuschlagsverordnung geleistet. Bei einer Ausbildung im europäischen Ausland erhalten Schüler von Gymnasien und Berufsfachschulen jedoch innerhalb eines Kalenderjahres die notwendigen Aufwendungen für Hin- und Rückfahrten zu der Ausbildungsstätte ersetzt (§ 12 Abs. 4 BAföG).

Wichtiger Hinweis: Die hohen zusätzlichen Kosten einer Ausbildung im Ausland können dazu führen, dass auch solche Auszubildende während des Auslandsaufenthaltes nach dem BAföG gefördert werden, die im Inland wegen der Höhe des Einkommens ihrer Eltern keine Förderung erhalten.

Förderung vollständiger Auslandsausbildungen:
Grundsätzlich kann eine vollständig im Ausland durchgeführte Ausbildung nach dem Bundesausbildungsförderungsgesetz nicht gefördert werden.
Eine Ausnahme besteht nur
- für deutsche (Grenzpendler);
- für deutsche Auszubildende mit ständigem Wohnsitz im Ausland (Auslandsdeutsche), denen ausnahmsweise nicht zugemutet werden kann, ihre Ausbildung in Deutschland durchzuführen (z.B. minderjährige Schüler). Ausbildungsförderung für eine vollständige Ausbildung im Ausland wird auch Deutschen geleistet, die der dänischen Minderheit angehören.

Antragsverfahren:
Mindestens 6 Monate vor Beginn des Auslandsaufenthaltes bei dem zuständigen Amt für Ausbildungsförderung gestellt werden.
Hierfür sollte dem Amt für Ausbildungsförderung mindestens vorgelegt werden:
- Formblatt 1
- Formblatt 6
- schulischer und beruflicher Werdegang
- Nachweis ausreichender Sprachkenntnisse
- letzter BAföG-Bescheid in Kopie

Ein Anspruch auf „Inlands-BAföG" besteht während des Auslandsaufenthaltes nicht.

Zuständig für die Förderung im Ausland sind die folgenden Ämter, denen jeweils ein bestimmter Länderbereich zugeordnet ist:

Ägypten, Algerien, Angola, Äquatorialguinea, Äthiopien, Benin, Botsuana, Burkina-Faso, Burundi, Côte d'Ivoire, Dschibuti, Eritrea, Gabun, Gambia, Ghana, Guinea, Guinea-Bissau, Kamerun, Kap Verde, Kenia, Komoren, Kongo (Demokratische Republik), Kongo (Republik), Lesotho, Liberia, Libyen, Madagaskar, Malawi, Mali, Marokko, Mauretanien, Mauritius, Mosambik, Namibia, Niger, Nigeria, Ruanda, Sambia, Sao Tome und Principe, Senegal, Seychellen, Sierra Leone, Simbabwe, Somalia, Südafrika, Sudan, Swasiland, Tansania, Togo, Tschad, Tunesien, Uganda, Zentralafrikanische Republik, Fidschi, Kiribati, Marshallinseln, Mikronesien (Föderierte Staaten von), Nauru, Neuseeland, Papua-Neuguinea, Samoa, Timor-Leste, Tuvalu
Studentenwerk Frankfurt (Oder),Tel.: 0335 / 5650 922,
E-Mail: bafoeg@studentenwerk-frankfurt.de
Internet: http://www.studentenwerk-frankfurt.de

Albanien, Bosnien und Herzegowina, Griechenland, Kroatien, Mazedonien, Montenegro, Serbien, Slowenien, Zypern, Australien
Studentenwerk Marburg, Tel.: 06421 / 296 – 0
E-Mail: bafoeg@studentenwerk-marburg.de
Internet: http://www.studentenwerk-marburg.de

Bahamas, Barbados, Belize, Costa Rica, Dominica, Dominikanische Republik, El Salvador, Grenada, Guatemala, Haiti, Honduras, Jamaika, Kuba, Mexico, Nicaragua, Panama, St. Kitts und Nevis, St. Lucia, St. Vincent und die Grenadinen, Antigua und Barbuda, Argentinien, Bolivien, Brasilien, Chile, Ecuador, Französisch-Guayana, Guyana, Kolumbien, Paraguay, Peru, Suriname, Trinidad und Tobago, Uruguay, Venezuela
Senatorin für Bildung und Wissenschaft, Bremen
Tel.: 0421 / 361 – 11993
E-Mail: auslands-bafoeg.lfa@bildung.bremen.de
Internet: http://www.bildung.bremen.de

Bulgarien, Estland, Lettland, Litauen, Moldau, Polen, Rumänien, Russische Föderation, Slowakei, Tschechische Republik, Ukraine, Ungarn, Armenien, Aserbeidschan, Georgien, Kasachstan, Kirgisistan, Tadschikistan, Turkmenistan, Usbekistan
Studentenwerk Chemnitz-Zwickau
Tel.: 0371 / 5628 – 450
E-Mail: auslands.bafoeg@swcz.de
Internet: http://www.studentenwerk-chemnitz-zwickau.de

Großbritannien, Irland
Region Hannover, Fachbereich Schulen
Tel.: 0511 / 616 -22252
E-Mail: bafoeg@region-hannover.de
Internet: http://www.bafoeg-region-hannover.de

Dänemark, Island, Norwegen
Studentenwerk Schleswig-Holstein
Tel.: 0431 / 8816 – 168
E-Mail: gs.kiel@studentenwerk-s-h.de
Internet: http://www.studentenwerk-s-h.de

Finnland
Studentenwerk Halle
Tel.: 0345 / 6847 – 113
E-Mail: bafoeg.finnland@studentenwerk-halle.de
Internet: http://www.studentenwerk-halle.de

Frankreich, Monaco
Kreisverwaltung Mainz-Bingen, Amt für Ausbildungsförderung
Tel.: 06132 / 787 – 0
E-Mail: kreisverwaltung@mainz-bingen.de
Internet: http://www.mainz-bingen.de

Belgien, Luxemburg, Niederlande
Bezirksregierung Köln, Dezernat 49
Tel.: 0221 / 147 – 4990
E-Mail: Auslandsbafoeg@bezreg-koeln.nrw.deInternet: http://www.bezreg-koeln.nrw.de

Italien, Vatikanstadt
Bezirksamt Charlottenburg-Wilmersdorf von Berlin
Tel.: 030 / 9029 -10
E-Mail: bafoegitalien@charlottenburg-wilmersdorf.de
Internet: http://www.berlin.de/ba-charlottenburg-wilmersdorf/org/buergerdienste/auslands_bafoeg.html

Kanada
Studentenwerk Thüringen
Tel.: 03677 / 692 – 752
E-Mail: fri@stw-thueringen.de
Internet: http://www.stw-thueringen.de

Malta, Portugal
Universität des Saarlandes, Amt für Ausbildungsförderung
Tel.: 0681 / 302 – 4992
E-Mail: bafoeg-amt@studentenwerk-saarland.de
Internet: http://www.studentenwerk-saarland.de

Österreich
Landeshauptstadt München, Referat für Bildung und Sport
Tel.: 089 / 233 – 96266
E-Mail: afa.rbs@muenchen.de
Internet: http://www.muenchen.de/afa

Schweden
Studentenwerk Rostock
Tel.: 0381 / 4592 – 878
E-Mail: auslands-bafoeg@studentenwerk-rostock.de
Internet: http://www.studentenwerk-rostock.de

Liechtenstein, Schweiz
Studentenwerk Augsburg
Tel.: 0821 / 598-4930
E-Mail: augsburg@bafoeg-bayern.de
Internet: http://www.studentenwerk-augsburg.de

Spanien
Studentenwerk Heidelberg
Tel.: 06221 / 54 54 04
E-Mail: foe@stw.uni-heidelberg.de
Internet: http://www.studentenwerk.uni-heidelberg.de

USA
Studierendenwerk Hamburg
Tel.: 040 – 41902-0
E-Mail: bafoeg@studierendenwerk-hamburg.de
Internet: http://www.studierendenwerk-hamburg.de/

Afghanistan, Bahrain, Bangladesch, Bhutan, Brunei Darussalam, China, Indien, Irak, Iran, Israel, Japan, Jemen, Jordanien, Kambodscha, Katar, Korea (Demokratische Volksrepublik), Korea (Republik), Kuwait, Laos, Libanon, Malaysia, Malediven, Mongolei, Myanmar, Nepal, Oman, Pakistan, Saudi Arabien, Singapur, Sri Lanka, Syrien, Taiwan, Thailand, Türkei, Vereinigte Arabische Emirate, Vietnam, Indonesien, Philippinen
Studentenwerk Tübingen-Hohenheim
Tel.: 07121 / 9477-0
E-Mail: auslandsbafoeg@sw-tuebingen-hohenheim.de
Internet: http://www.tuebingen-hohenheim.de

Bildungsprogramme bei der EU
(Generaldirektion allgemeine und berufliche Bildung, Jugend und Kultur)

Die EU-Programme fördern die allgemeine und berufliche Bildung der Jugend in Europa. Innerhalb der EU werden alle EU-Studenten gleichgestellt bezüglich der erhobenen Studiengebühren. Der Vorteil ist, dass die Anerkennung der Leistungen meist geregelt sind. Trotzdem am besten eine schriftliche Bestätigung einholen. Die allgemeinen Ziele der Bildungsprogramme ist die gesellschaftliche Förderungswürdigkeit, die Chancengleichheit, die Würdigung besondere Leistungen. Die Förderung bezieht sich auf Teilstipendium, Vollstipendium, Studienplatzförderung.

Erasmus+

Erasmus+ hat zum 1. Januar 2014 das Programm für lebenslanges Lernen (PLL) abgelöst. Mit einem Budget von 14,8 Milliarden EUR können mehr als vier Millionen Bürgerinnen und Bürger Zuschüsse erhalten, um im Ausland zu studieren, zu arbeiten oder eine Freiwilligentätigkeit auszuüben.
Das auf sieben Jahre angelegte Programm der Europäischen Kommission soll Kompetenzen und Beschäftigungsfähigkeit verbessern und die Modernisierung der Systeme der allgemeinen und beruflichen Bildung voranbringen. Ein wichtiges Ziel ist die Bekämpfung der Jugendarbeitslosigkeit in Europa, indem junge Menschen die Möglichkeit erhalten, ihre Kompetenzen und Fähigkeiten durch Auslandserfahrungen zu erweitern.
Erasmus+ vereint alle derzeitigen EU-Programme für allgemeine und berufliche Bildung, Jugend und Sport, darunter das Programm für lebenslanges Lernen (Erasmus, Leonardo da Vinci, Comenius, Grundtvig), Jugend in Aktion und fünf internationale Kooperationsprogramme (Erasmus Mundus, Tempus, Alfa, Edulink und das Programm für die Zusammenarbeit mit Industrieländern). Förderanträge sollen erleichtert und Zugangsmodalitäten verbessert werden.
Die Aktionen werden innerhalb der jeweiligen Bildungssektoren Berufsbildung, Erwachsenenbildung, Schulbildung und Hochschulbildung umgesetzt. Zusätzlich besteht auch die Möglichkeit, sektorübergreifende Aktivitäten zu planen.

Hochschulbildung

Internationale akademische Mobilität wird immer wichtiger. Mit dem Erasmus+ Programm bietet die Europäische Kommission seit mehr als 25 Jahren eine effiziente Förderung von Studienaufenthalten und Praktika in mittlerweile 33 Ländern.
Das Erasmus+ Programm fördert unter anderem den Austausch von Studierenden von zwei bis zwölf Monaten Länge (für ein Praktikum) und drei bis zwölf Monaten Länge (für ein Studium).
Es steht Studierenden aller Fachrichtungen und allen Hochschularten (auch Musik- und Fachhochschulen) offen. Als Erasmus+ Stipendiat zahlt man im Ausland keine Studiengebühren, erworbene Leistungen werden anerkannt, zudem erhält man eine monatliche Förderung von bis zu 500 EUR (Studium) bzw. 700 EUR (Praktikum). Die Förderungshöhe richtet sich nach drei Ländergruppen (erstellt nach Lebenshaltungskosten), die die EU-Kommission eingerichtet hat. Die Hochschulen in Deutschland legen innerhalb dieser Gruppen ihre Fördersätze für Studium und Praktikum fest.
Übrigens: Erasmus+ Stipendien sind kombinierbar mit BAföG und Deutschlandstipendium. Studierende, die ihre Kinder mit ins Ausland nehmen, erhalten ebenso wie behinderte Studierende eine zusätzliche Förderung.
Bewerbungen für ein Erasmus+ Stipendium sind direkt an die eigene Hochschule zu richten (bei Praktika manchmal auch an ein Hochschulkonsortium). Bitte wenden Sie sich für Informationen zum Bewerbungsverfahren an das Akademische Auslandsamt oder die Erasmus+ Koordinatoren Ihrer Hochschule.

Weiter Informationen unter:
https://www.daad.de/ausland/studieren/stipendium/de/118-das-erasmus-programm-der-europaeischen-union/

Berufsbildung und der Erwachsenenbildung

Die NA beim BIBB ist in Deutschland für die Umsetzung von Erasmus+ für den Bereich der Berufsbildung und der Erwachsenenbildung zuständig: https://www.na-bibb.de/erasmus-erwachsenenbildung/

Zielgruppen:

Lernende
- Personen in nichttertiären, beruflichen Aus-und Weiterbildungsgängen, zum Beispiel:
- Auszubildende
- Berufsschüler und –schülerinnen
- Berufsfachschüler und –schülerinnen
- Personen in formal geordneten Weiterbildungsgängen nach Landes- oder Bundesrecht (z.B. zum Meister/zur Meisterin, Staatlich Geprüften Techniker/Staatlich Geprüften Technikerin)
- Absolventinnen und Absolventen der genannten Bildungsgänge bis 12 Monate nach Abschluss
- Personen in der Berufsausbildungsvorbereitung, wenn der Bildungsgang auf eine sich anschließende Berufsausbildung angerechnet werden kann

Dauer des Aufenthalts: zwischen 2 Wochen und 12 Monaten

Bildungspersonal
- Personen im Bereich der Berufsbildung, zum Beispiel:
- Ausbilderinnen und Ausbilder
- Lehrkräfte
- Berufsberaterinnen und -berater
- Leiterinnen und Leiter von Ausbildungseinrichtungen
- Personen, die für die Ausbildungsplanung, Personalentwicklung und die berufliche Orientierung zuständig sind.

Dauer des Aufenthalts: zwischen 2 Tagen und 2 Monate

Auslandsaufenthalte für das Bildungspersonal werden gefördert zum Zweck des Lernens (z.B. berufliches Praktikum, Hospitation oder Jobshadowing, neue Technik lernen) und zum Zweck des Lehrens. Dabei soll die Mobilität Teil der Personal- und Organisationsentwicklung der Einrichtung sein und entsprechend begründet werden.

Weitere Informationen unter: http://www.erasmusplus.de/erasmus

Rialto
Rialto

VERSICHERUNG
REISE
TRANSPORT
CHECKLISTEN

Versicherungen

Obligatorisch bei einem Auslandsaufenthalt sind Kranken- und Unfallversicherung. Bei der Krankenkasse sollte nachgefragt werden, ob ein Auslandskrankenschein (in der EU) oder eine Zusatzversicherung notwendig ist. Haftpflichtversicherung und Reisegepäckversicherung sollten nach Bedarf ebenfalls abgeschlossen werden. Letzteres macht nur bei Wertgegenständen wirklich Sinn.

Dr. Walter GmbH
Versicherungsmakler
Eisenerzstraße 34
53819 Neunkirchen-Seelscheid
Tel.: (0) 2247 9194 -0
Fax: (0) 2247 9194 -40
E-Mail: info@dr-walter.com
Homepage: www.dr-walter.com

Europäische Reiseversicherung AG
Rosenheimer Straße 116
81669 München
Tel.: (0 89) 4166 - 1102
Fax: (0 89) 4166 - 2717
E-Mail: contact@reiseversicherung.de
Homepage: www.reiseversicherung.de

HanseMerkur Reiseversicherung AG
Siegfried-Wedells-Platz 1
20352 Hamburg
Tel.: (0 40) 41 19 - 15 01
Fax: (0 40) 41 19 - 30 40
E-Mail: reiseservice@hansemerkur.de
Homepage: www.hmrv.de

finanzen.de
In Zusammenarbeit mit dem GKV-Spitzenverband, dem Verband der Privaten Krankenversicherung e.V., dem DAAD, dem ADAC und weiteren Experten geben wir jungen Menschen alle notwendigen To-Do's an die Hand, die sie vor ihrer Abreise brauchen. Die Hinweise machen sie #abenteuersicher und bereiten sie optimal auf das Leben in der Ferne vor. Außerdem erfahren die Au-pairs, Praktikanten und Studenten, welche Infos vor Ort unbedingt notwendig sind und was nach der Rückkehr nach Deutschland wichtig ist. Weitere Infos unter:
https://www.facebook.com/finanzen.de/posts/10153616529891130/?locale2=de_DE

pronova BKK
Rheinallee 13
67061 Ludwigshafen
Tel.: (0621) 53391-1000
Fax: (0621) 53391-7000
E-Mail: service@pronovabkk.de
Homepage: www.pronovabkk.de

rds Reisedienst Deutscher Studentenschaften GmbH
Grindelallee 114
20146 Hamburg
Tel.: (040) 41 46 49-0
Fax: (040) 41 46 49-44
E-Mail: contact@isic.de
Homepage: www.isic.de

„Welche Versicherungen sind für einen Auslandsaufenthalt wichtig“

Grundsätzlich gilt:
Der Versicherungsschutz in der Heimat endet mit Verlassen des Heimatlandes. Daraus ergibt sich mindestens die Notwendigkeit eine Reise-Krankenversicherung für die gesamte Aufenthaltsdauer abzuschließen.

Folgende Leistungen sollten enthalten sein:

- ambulante Behandlungskosten
- stationäre Behandlungskosten
- Operationen und Röntgen
- Arznei- und Verbandmittel
- schmerzstillende Zahnbehandlung
- Krankentransporte
- Medizinisch sinnvoller Rücktransport in die Heimat
- Überführungskosten
- Im Falle einer Transportunfähigkeit Nachhaftung bis zur Wiederherstellung der Transportfähigkeit
- Keine Begrenzung der Leistungshöhe für den Gesamtvertrag. Manche Versicherer begrenzen die Gesamtleistung des Vertrages.

Wichtig sind auch Serviceleistungen des Versicherers. Ein weltweiter Notrufservice ist unverzichtbar, wenn im Ausland etwas passiert, benötigt man Hilfe rund um die Uhr. Grundsätzlich sollte eine direkte Abrechnung mit Ärzten/ Krankenhäusern im Ausland möglich sein.

Reise-Haftpflichtversicherung- Deckung mindestens 1.0 Mio.EUR

- Haftpflichtgefahren des täglichen Lebens
- Mietsachschäden, wenn ich gemietete Sachen beschädige
- Berufshaftpflicht, wenn ich als Praktikant oder work and traveler unterwegs bin

Besonders junge Leute sind im Rahmen einer Familienhaftpflichtversicherung bei den Eltern versichert. Hier kann man rechtzeitig vor Reisebeginn nachfragen, ob die Versicherung auch im Ausland für die gesamte Aufenthaltsdauer gilt und ob derartige Risiken versichert sind.

Daneben können sinnvolle Ergänzungen eine

- Reise-Unfallversicherung
- Reise-Gepäckversicherung
- Notfallversicherung

Quelle: HanseMerkur Reiseversicherung AG

Impfungen

In einigen Ländern und Regionen ist eine Impfung dringend zu empfehlen. Welche dies im Einzelnen sind, sollte mit dem Hausarzt besprochen werden. Bei einigen Reisen, wie z.B. bei den Erlebnisreisen, sollte vor Reiseantritt ohnehin ein Gesundheitscheck durchgeführt werden.

Informationen des Gesundheitsdienstes

Der Gesundheitsdienst des Auswärtigen Amts informiert Sie umfassend zum Thema Reisen und Gesundheit. Die Informationen können jedoch ein Gespräch mit dem Hausarzt oder einem Facharzt nicht ersetzen.

Infos unter:
https://www.auswaertiges-amt.de/de/ReiseUndSicherheit/reise-gesundheit

Weitere Informationen findet man unter www.crm.de

CRM Centrum für Reisemedizin gibt auf diesen Seiten aktuelle Informationen rund um die Gesundheitsvorsorge für mehr als 200 Länder und Regionen weltweit: Man erfährt, welche Impfungen man haben muss und welche man haben sollte. Hier kann man nachlesen, was in die Reiseapotheke gehört und wie man sich vor Malaria und Mücken schützen kann.

Tropeninstitute sind in Sachen „Impfung" ebenfalls eine gute Anlaufstelle

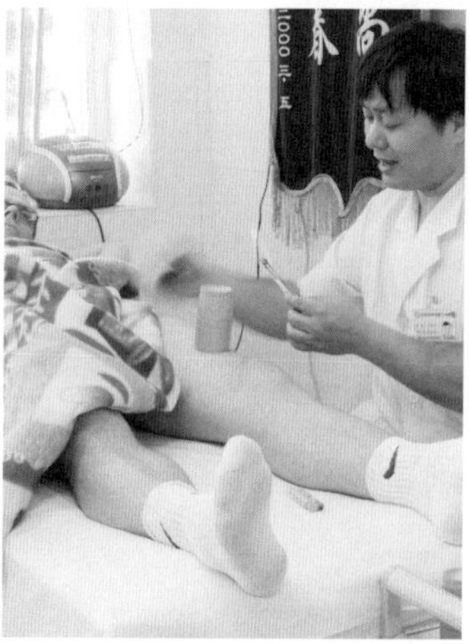

Sicher geschützt die Welt entdecken

Auslandsreise geplant?

Sprachreisen, Work und Travel, Auslandspraktikum oder Urlaub: Jungen Menschen stehen viele Möglichkeiten offen. Wer auch im Ausland gesund bleiben möchte, sollte sich rechtzeitig über notwendige Impfungen informieren. Die pronova BKK beteiligt sich an den Kosten für Schutzimpfungen, die bei einer Auslandreise empfohlen werden.

Der Traum von unbeschwerten Wochen in der Ferne kann leicht platzen. Bei akuten Krankheitssymptomen hört der Spaß auf. Daher ist es wichtig, sich vorab über Gesundheitsrisiken in den entsprechenden Gebieten zu informieren und sich impfen zu lassen. Impfungen gehören zu den wichtigsten und wirksamsten Maßnahmen, die es in der Medizin gibt. Einen Checkup zu notwendigen Reiseimpfungen für das Zielland übernimmt der Hausarzt oder die Hausärztin. Auch die kostenlose Impfberatung der pronova BKK gibt telefonisch Auskunft unter 0621 53391-4911.

Kleiner Piks mit großer Wirkung

Moderne Impfstoffe sind gut verträglich und unerwünschte Nebenwirkungen treten nur selten auf. Impfungen schützen sowohl die geimpfte Personen vor Ansteckung und den teilweise schlimmen Folgeerkrankungen, aber auch andere Menschen: Bei einer hohen Impfquote wird die Ausbreitung hochansteckender und komplikationsreicher Erkrankungen so verhindert.

Die Impfungen können von Kassenärzten oder dem Gesundheitsamt ärztlich empfohlen und durchgeführt werden. Nach Vorlage der Originalrechnung und dem Originalrezept erstattet die pronova BKK den Betrag zu folgende Impfungen:

- Cholera
- FSME Zecken-Hirnhautentzündung (Frühsommer-Meningoenzephalitis)
- Gelbfieber (In Deutschland dürfen ausschließlich staatlich zugelassene Gelb fieberimpfstellen die Impfung vornehmen)
- Hepatitis A und B
- Japanische Enzephalitis
- Malaria

Die Kostenbeteiligung beinhaltet dabei den Impfstoff (100 Prozent Erstattung durch die pronova BKK) und die ärztliche Leistung (maximal 15 Euro je Impfung).

Impfschutz ist generell wichtig

Auch für die Einreise in Regionen ohne spezielle Impfanforderungen ist es sinnvoll, über seine Standardimpfungen den Überblick zu behalten. Nach heutigem Wissensstand bieten manche Immunisierungen einen dauerhaften Schutz, andere müssen regelmäßig aufgefrischt werden. Alle Grundimmunisierungen sind im persönlichen Impfpass festgehalten. Er kann digital in der Vivy App hinterlegt werden.

Mehr unter
https://www.pronovabkk.de/leistungen/ausland-und-reisen/reiseimpfungen.html#section-id-sicher-reisen-

Visum

Visumpflicht

In den Mitgliedstaaten des Schengener Abkommens benötigt man kein Visum. Folgende Staaten wenden die Bestimmungen des Schengen-Acquis vollständig an (sog. Schengen-Vollanwenderstaaten). Man sollte aber immer den Personalausweis oder Reisepass bei sich haben:

Belgien, Deutschland, Frankreich, Griechenland, Italien, Luxemburg, Niederlande, Portugal, Spanien, Österreich, Dänemark, Finnland, Island, Norwegen, Schweden, Estland, Lettland, Litauen, Malta, Polen, Slowakei, Slowenien, Tschechien, Ungarn, Schweiz

Dänemark, Irland, Vereinigtes Königreich, Island, Norwegen, Andorra, Liechtenstein, San Marino, Bulgarien, Rumänien und Zypern sind nur zum Teil, oder gar nicht mit dabei - oder sie sind unter Vorbehalt dabei.

Bei Ländern außerhalb der EU sollte man sich vor Reiseantritt beim Auswärtigen Amt über Visum- und sonstige Reisebestimmungen erkundigen.

Reisen in die USA, nach Kanada, Asien oder Australien unterliegen strengen Richtlinien, vor allem, wenn es um Arbeitsaufenthalte geht.

Hinweise unter www.auswaertiges-amt.de

Telefonzentrale: (24-Stunden-Service): 03018-17-0
Bürgerservice: (Mo bis Fr 9.00 bis 15.00 Uhr): 03018-17-2000

Bargeld oder Karte

Was ist das richtige Zahlungsmittel im Ausland

Wie weit ist es zum Bankomat? Das kommt natürlich auf die Bevölkerungsdichte an. In Großstädten kann man sich problemlos mit der Kreditkarte bewegen. In bestimmten Ländern und abseits von Städten ist Bargeld erforderlich. Da gilt es dann abzuwägen wieviel wirklich benötigt wird. Aus Sicherheitsgründen sollte man Bargeld möglichst unauffällig mit sich führen, eventuell vor dem Bezahlen das benötigte Geld unauffällig abzählen.

In einigen Ländern ist eine Kreditkarte für die Buchung von Hotelzimmer, Mietwagen oder Flutickets notwendig. Onlinbuchungen können ebenfalls das Leben leichter machen. Wichtig ist, immer die Sicherheit- und Datenschutzhinweise beachten.

Bargeld bedeutet Flexibilität und Unabhängigkeit. Leider verlangen ausländische Banken bei Bargeldabhebungen im Ausland fast immer hohe Gebühren. In Ländern der europäischen Gemeinschaftswährung sind dies meistens Gebühren, die durch den Karteneinsatz an „fremden Geldautomaten“ erhoben werden. In Ländern ohne Euro fallen zusätzlich noch besondere Umtauschgebühren an. Meist ist der Umtauschkurs vor Ort der bessere.

Das Schülerkonto ist zum bargeldlosen Zahlen, Sparen, Überweisen oder Geld abheben schon in jungen Jahren sinnvoll. Ob fürs Taschengeld, dem Azubi-Gehalt, dem Weihnachtsgeld von der Oma oder dem Lohn aus dem Ferienjob - ein Girokonto für Schüler macht es leichter und unkomplizierter mit seinem Geld umzugehen. Mit dem Schülerkonto kannst Du bspw. Geld abheben, in der Schulmensa bargeldlos bezahlen oder Dein Taschengeld verwalten.

Die Konditionen der Schülerkonten unterscheiden sich enorm. Wir haben die kostenlosen Girokonten für Schüler analysiert und bewertet. Es fallen also keinerlei Kontoführungsgebühren an.

Wüstenrot Top Giro young

Postbank Giro start direkt

Targo Bank Starter Konto

Top-Girokonto der norisbank

DKB Cash U18

Jugendkonto der netbank

Sparda Young+ Konto

http://www.mystipendium.de/studienfinanzierung/schuelerkonto

VERSICHERUNG, REISE, TRANSPORT UND CHECKLISTEN

Transport

Die schnellste, beste und günstigste Anreise ist eine Kunst für sich.

Bei dem klassischen **Interrail** unter **www.bahn.de** kommt es auf die Zonen an, für wie viel Geld man wie lange unterwegs sein kann. 30 europäische Länder einschließlich der Türkei. Es gibt InterRail-Pässe für Jugendliche zwischen 12 - 25 Jahre, für Erwachsene ab 26 Jahre. Kinder (4 - 11 Jahre) erhalten eine Ermäßigung in Höhe von 50% auf den Preis für die InterRail-Pässe für Erwachsene

Ein anderer Klassiker ist die **Busreise**. Eurolines (Die Deutsche Touring Gesellschaft)hat ca. 500 Haltestellen in Deutschland und fährt in 35 Länder.
Eurolines, Servicetelefon: (069) 79 03 - 501, Homepage: www.eurolines.de

Für Jugend- und Studentenreisen gibt es eigene Reiseveranstalter wie **STA TRAVEL** mit 250 Reisebüros weltweit, die bei der Planung, Umbuchung und Durchführung von Angeboten, Überland-Tickets und Round-the-World-Flügen behilflich sind.
Servicetelefon: (069) 74 30 32 92, Homepage: **www.statravel.de**

Eine **Mitfahrzentrale** ist eine gute Möglichkeit für diejenigen, die günstig, nicht alleine (Leute kennen lernen wollen) und umweltfreundlich reisen wollen.
Auf der Homepage **www.clickapoint.com** findet man Mitfahrgelegenheiten für Ziele in Deutschland und Europa

Billigflieger und Internet
Für europäische Strecken empfiehlt sich der Blick ins Internet. **Billigflieger** bieten tagesaktuell kleine Kontingente besonders günstiger Flüge an. Die Buchungskosten und Flughafengebühren sollten aber nicht vergessen werden.
Auf der Homepage: **www.travelstart.de** werden Angebote von mehreren „Billig"- Anbietern verglichen, um das günstigste Angebot zu finden.

Checkliste

Hier noch einige Extratipps, die vielleicht hilfreich sein können:

Für das Handgepäck:
- Reisepass
- Visa
- Impfausweis
- Alle Fahrscheine
- Versicherungsnachweis
- Reiseschecks
- Alle Notfallnummern
- Passfotos (mind. 6 Stk.)
- Studentenausweis
- ISIC Karte (internationaler Studentenausweis)
- Stifte
- „Moneybelt"

Hardware:
Uhr, Reisewecker, Taschenlampe, Batterien, Taschenmesser (nicht im Handgepäck bei Flugreisen), Kamera mit Ladegerät, Speicher-Karten und Kabel, Handy / Smartphone / Organizer mit Ladegerät und Kabel, MP3-Player / Radio mit Batterien / Akkus / Ladegerät(e), Gehörschutz, Adapter für Elektrostecker.

Fotokopien für den Notfall:
Für den Notfall (Diebstahl) ist es die halbe Rettung, wenn man vor der Abreise, Fotokopien von den wichtigsten Dokumente gemacht hat - und Kopien davon bei den Eltern oder bei Freunden deponiert (idealer Weise sollte man die Kontaktdaten von dieser Person auswendig können):

Führerschein, Botschaftsadressen, Seriennummer von Fahrscheinen, Internationaler Führerschein, Rezept für Brillen / Kontaktlinsen, Passnummer und Datum, Seriennummer von Reiseschecks, Seriennummer bei Wertgegenständen wie Kamera, alle Ausweise und Mitgliedskarten, alle Versicherungsdetails und Notfallkontaktrufnummern bei Versicherungsfirmen, Kreditkartennummern und Telefonnummern für Sperrung von Konten.

Bücher:
Phrasenbuch, Wörterbuch, Adressbuch, Tagebuch, Guide Bücher

Für Jobsuche und um Leute im Ausland kennen zu lernen:
Arbeits- und andere Zeugnisse (Fotokopien und/oder als Dateien), Fotos von der Familie und dem Leben zu Hause.

Medikamente:
Soweit erforderlich eine ausreichende Anzahl von rezeptpflichtigen Arzneimitteln mitnehmen.

Die zehn Gebote

Anhand von Checklisten kann man vor der Reise überprüfen, ob man an alles gedacht hat: Hier unsere „10 Gebote“ für die Planung in den Monaten / Wochen vor Abreise:

1. Welche Auslandsreise ist die richtige: Sprachreise oder Erlebnisreise? Sind die Voraussetzungen erfüllt. Z.B. Numerus Clausus, Toefl-Test?

2. Wie wird der Aufenthalt finanziert: Gibt es BAföG oder ein Stipendium?

3. Mit welcher Organisation soll verreist werden: Direktkontakt in Eigenregie oder All inclusive, Welche Unterkunft vor Ort?

4. Welche Impfungen werden benötigt oder gefordert? Ist ein Gesundheits-Check notwendig?

5. Habe ich alle notwendigen Versicherungen?

6. Wurden alle Einreisebestimmungen beachtet: Visum, Reisepass oder Personalausweis, Dokumente für Drittländer?

7. Reisegepäck: nicht zu viel, nicht zu wenig?

8. Nützliche Adressen vor Ort sammeln: Kontaktadressen nicht nur für den Notfall

9. Wurden alle Formalitäten berücksichtigt: z.B. amerikanischer oder internationaler Führerschein?

10. Ist die Rückreise organisiert?

WICHTIGE KONTAKTE

Messen

Checkliste Messe

Messen sind eine gute Gelegenheit, Kontakte zu Organisationen und Veranstaltern zu knüpfen, um sich ein eigenes Bild vom Markt zu machen. Hier kann man viele Anbieter in kurzer Zeit vergleichen, sich mit anderen Jugendlichen austauschen, Tipps holen und den richtigen Auslandsaufenthalt wählen.

Vor der Messe:
Wer stellt aus? Welche Firmen interessieren mich? Gibt es interessante Vorträge? Eine Liste der Aussteller und Vorträge gibt es häufig auf der Website des Veranstalters oder der Messegesellschaft. Wo sind die Messestände dieser Firmen? Auf dem Messeplan markieren oder Halle und Standnummer notieren. Was will ich wissen und fragen? Eine Liste hilft, um auf dem Messestand alle Fragen parat zu haben. Hierzu ist eine Prioritätenliste hilfreich - was mir besonders wichtig ist, steht ganz oben.

Auf der Messe:
Ausreichend Zeit für jede Firma einplanen. Messehallen können ziemlich groß sein. Also auch die Wege einplanen.Die Namen von interessanten Gesprächspersonen notieren oder die Visitenkarte geben lassen. Nur Prospekte und Flyer einsammeln, die auch wirklich interessant sind.

Nach der Messe:
Alle Unterlagen direkt nach der Messe sortieren – dann sind alle Informationen noch präsent im Gedächtnis.

Messe für Ausbildung, Studium & Gap Year
Infos, Unternehmens-profile und Messeter-mine findest Du auf einstieg.com
einstieg
Deine Zukunft
Dein Ding
Eintritt frei

Messen

Hier die wichtigste Auswahl an Messen in 2023 (sowie die Daten vom 1. Halbjahr 2024, wenn diese beim Redaktionsschluss bekannt sind).

azubi- & studientage - and more
Homepage: www.azubitage.de

29.09. - 30.09.2023 in Kassel, Messe Kassel
10.11. - 11.11.2023 in Leipzig, Leipziger Messe
08.03. - 09.03.2024 in Wiesbaden, RheinMain Cong.Cente
12.04. - 13.04.2024 in München, MOC München
19.04. - 20.04.2024 in Koblenz, CGM ARENA

Berufsinfomesse (BIM) in Offenburg
Homepage: www.berufsinfomesse.de
20.04. - 24.04.2024

Bildungsmesse didacta
die Bildungsmesse findet im Wechsel mit den Standorten Stuttgart, Köln und Hannover statt.

Homepage: www.didacta-hannover.de
20.02. - 24.02.2024 in Hannover

Chance in Gießen
Homepage: www.chance-giessen.de
26.01. - 27.01.2024 Hessenhallen Gießen

Chance in Halle
Homepage: www.chance-halle.de
23.02. - 24.02.2024 Messe Halle

Messen

EINSTIEG Abi
Homepage: www.einstieg.com

Einstieg Messen

25.08. - 26.08.2023	EINSTIEG Dortmund
17.11. - 18.11.2023	EINSTIEG Berlin
24.11. - 25.11.2023	EINSTIEG München
16.02.- 17.02.2024	EINSTIEG Köln
23.02. - 24.02.2024	EINSTIEG Hamburg
03.05.- 04.05.2024	EINSTIEG Frankfurt - die Berufswahlmesse

Berufe live Messen

27.10. - 28.10.23	Berufe live Rheinland |
(Termin folgt)	Ausbildungstag Ahrweiler

Literaturtipp: Buss, Denis und Tillmann, Anke
„Aus dir wird was! - Alles zur Studien- und Berufswahl"
EINSTIEG. 2014. ISBN 978-3-00-044683-2

EXPOLINGUA Berlin 2023
Homepage: www.expolingua.com
Internationale Messe für Sprachen und Kulturen in Berlin
01.12. - 02.12.2023
Veranstaltungsort:
Reinhardtstraße 12-16, 10117 Berlin-Mitte

horizon –
die messe für studium und abiturientenausbildung
Homepage: www.horizon-messe.de

02.09.2023	HORIZON Mitteldeutschland
16.09.2023	HORIZON Karlsruhe
04.11.2023	HORIZON Mainz
25.11.2023	HORIZON Düsseldorf
02.03.2024	HORIZON Münster
13.04.2024	HORIZON Freiburg

marktplatz: ARBEIT SÜDBADEN
Messe für Karriere, Studium, Aus- und Weiterbildung
Homepage: www.marktplatzarbeit.de

17.11. - 18.11.2023	Messe Freiburg

Messen

Jugendbildungsmessen (JUBI)
Homepage: www.weltweiser.de

13.05.2023 Lübeck
20.05.2023 Friedrichshafen
21.05.2023 Online
03.06.2023 Dortmund
04.06.2023 Online
10.06.2023 Frankfurt
17.06.2023 Köln
17.06.2023 Hamburg
18.06.2023 Online
22.06.2023 Online
24.06.2023 Hannover
24.06.2023 Berlin
01.07.2023 Stuttgart
02.07.2023 Online
08.07.2023 München
19.08.2023 Essen
26.08.2023 Köln
02.09.2023 Dresden
02.09.2023 Oldenburg
09.09.2023 Berlin
09.09.2023 Hamburg
16.09.2023 Düsseldorf
16.09.2023 Frankfurt
23.09.2023 Potsdam
23.09.2023 Mannheim
30.09.2023 Erlangen
30.09.2023 Braunschweig
07.10.2023 München
07.10.2023 Stuttgart
14.10.2023 Gießen
14.10.2023 Berlin
21.10.2023 Wien
28.10.2023 Bochum
04.11.2023 Hamburg
11.11.2023 Bonn
11.11.2023 Hannover
18.11.2023 Karlsruhe
18.11.2023 Kiel
25.11.2023 Münster
25.11.2023 Bremen
02.12.2023 Berlin
02.12.2023 Frankfurt

Auf in die Welt: Die Messe für Auslandsaufenthalte und internationale Bildung der Deutschen Stiftung Völkerverständigung
Homepage: www.aufindiewelt.de

06.05.2023 Online
13.05.2023 Köln
23.05.2023 Online
03.06.2023 Hamburg
10.06.2023 Berlin
10.06.2023 Hannover
24.06.2023 München
27.06.2023 Online
19.08.2023 Köln
26.08.2023 Münster
29.08.2023 Online
02.09.2023 Bremen
09.09.2023 Dortmund
09.09.2023 Hamburg
16.09.2023 Braunschweig
16.09.2023 Leipzig
23.09.2023 Hannover
23.09.2023 Wiesbaden
26.09.2023 Online
07.10.2023 Berlin
22.10.2023 München
14.10.2023 Heidelberg
14.10.2023 Nürnberg
17.10.2023 Online
21.10.2023 Köln
04.11.2023 Düsseldorf
11.11.2023 Dresden
11.11.2023 Hamburg
18.11.2023 Frankfurt
18.11.2023 München
25.11.2023 Köln
25.11.2023 Stuttgart
28.11.2023 Online
02.12.2023 Berlin
02.12.2023 Hamburg
05.12.2023 Online

Wenn man sich z.B. über das Schulsystem oder die Jobmöglichkeiten in einem bestimmten Land informieren will, sind die einzelnen Botschaften und Kulturinstitute in Deutschland gute Anlaufstellen.

Weitere Botschaftsadressen und Konsulate findet man im Internet unter:
https://www.auswaertiges-amt.de/de/ReiseUndSicherheit/vertretungen-anderer-staaten

Australische Botschaft
Wallstr. 76-79
10179 Berlin
Tel. 030 880088-0
Homepage: www.germany.embassy.gov.au

Kgl. Dänische Botschaft
Rauchstr. 1
10787 Berlin
Tel: 030 50 50 20 00
Homepage: www.daenemark.org

Französische Botschaft
Pariser Platz 5
10117 Berlin
Tel: 030 590 03 90 00
Homepage: www.botschaft-frankreich.de

Botschaft von Italien
Hiroshimastr. 1
10785 Berlin
Tel: 030 25 44 00
Homepage: www.ambberlino.esteri.it

Botschaft von Japan
Hiroshimastraße 6
10785 Berlin
Tel: 030 210 940
Homepage: www.de.emb-japan.go.jp

Botschaft von Kanada
Leipziger Platz 17
10117 Berlin
Tel : 030 203120
Homepage: www.dfait-maeci.gc.ca/canadaeuropa/germany

Botschaft von Neuseeland
Friedrichstrasse 60
10117 Berlin
Tel: 030 20621 0
Homepage: www.nzembassy.com

Botschaft von Schweden
Rauchstr. 1
10787 Berlin
Tel 030 50 50 60
Homepage: www.schweden.org

Spanische Botschaft
Lichtensteinallee 1
10787 Berlin
Tel. 030 25 40 07 0
Homepage: www.spanischebotschaft.de

Britische Botschaft
Wilhelmstr. 70
10117 Berlin
Tel: 030 20 45 70
Homepage: www.britischebotschaft.de

Amerikanische Botschaft
Pariser Platz 2
10117 Berlin
Tel: 030 83050
Homepage: www.usembassy.de

**Bayerisch-
Amerikanisches Zentrum im
Amerika Haus München e.V.**
Karolinenplatz 3
80333 München
Tel.: 089 55 25 37 0
Homepage: www.amerikahaus.de

CIDU Institut Francais
Kurfürstendamm 211
10719 Berlin
Tel: 030 88 59 02 85
Homepage: www.kultur-frankreich.de

The British Council
Alexanderplatz 1
10178 Berlin
Tel.: 030 31 10 99 0
Homepage: www.britishcouncil.de

Information vom Auswärtigen Amt für Reisende vor Abreise:

Aktuelle „Reisehinweise“ für die meisten Länder und Visumerfordernisse für Deutsche können im Auswärtigen Amt schriftlich, telefonisch (030-1817 0) oder im Internet: www.auswaertiges-amt.de abgerufen werden.

Für Österreicher:
www.bmeia.gv.at/reise-aufenthalt/reiseinformation/laender/

Für Schweizer:
www.eda.admin.ch/eda/de/home/vertretungen-und-reisehinweise.html

Eine Auslandsvertretung ist weder eine Filiale eines Kreditinstituts oder Reisebüros, noch eine Zweigstelle der AOK.
Es gibt also keinen Urlaub auf Steuergelder. Die Hilfe muss in Deutschland umgehend wieder erstattet werden.

Die Auslandsvertretungen helfen bei:

Verlust von Geld und Papieren:
rückzahlbare finanzielle Hilfe und Ausstellung von Reiseausweisen

Konkursen von Reiseveranstaltern:
Betreuung und eventuell rückzahlbare Finanzhilfen

Unfällen:
Betreuung von Opfern, Benachrichtigung der Anghörigen

Schweren Erkrankungen:
Organisation des Transports nach Deutschland

Überfällen:
Betreuung

Entführungen:
Vermittlung zwischen Entführern, Angehörigen und Gastland

Inhaftierungen:
Vermittlung eines Rechtsanwalts, Besuche und Betreuung im Gefängnis

Bürgerkrieg / Unruhen:
Evakuierung

Flugzeugabstürzen:
Kontakt mit Angehörigen, Identifizierung und Überführung von Verstorbenen, Hotline für Angehörige

Vermisstenfällen:
Nachforschungen

Todesfällen:
Mitwirkung bei der Überführung

Für Informationen über Zielländer von der geplanten Auslandsreise sowie Adressen von Vertretungen der Bundesrepublik sind die Homepages von deutschen Vertretungen im Ausland oft hilfreich.

Ägypten, Kairo
www.kairo.diplo.de

Algerien, Algier
www.algier.diplo.de

Argentinien, Buenos Aires
www.buenos-aires.diplo.de

Armenien, Eriwan
www.eriwan.diplo.de

Äthiopien, Addis Abeba
www.addis-abeba.diplo.de

Australien, Canberra
www.canberra.diplo.de

Bangladesch, Dhaka
www.dhaka.diplo.de

Belgien, Brüssel
www.bruessel.diplo.de

Bolivien, La Paz
www.la-paz.diplo.de

Bosnien und Herzegowina, Sarajewo
www.sarajewo.diplo.de

Brasilien, Brasilia
www.brasilia.diplo.de

Brunei, Bandar Seri Begawan
www.bandar-seri-begawan.diplo.de

Bulgarien, Sofia
www.sofia.diplo.de

Chile, Santiago de Chile
www.santiago.diplo.de

China, Peking
www.peking.diplo.de

Costa Rica, San José
www.san-jose.diplo.de

Côte d'Ivoire, Abidjan
www.abidjan.diplo.de

Dänemark, Kopenhagen
www.kopenhagen.diplo.de

Dom. Republik, Santo Domingo
www.santo-domingo.diplo.de

Ecuador, Quito
www.quito.diplo.de

Kanada, Ottawa
www.ottawa.diplo.de

Kasachstan, Almaty
www.almaty.diplo.de

El Salvador, San Salvador
www.sansalvador.diplo.de

Estland, Tallinn
tallinn.diplo.de

Finnland, Helsinki
www.helsinki.diplo.de

Frankreich, Paris
www.paris.diplo.de

Georgien, Tiflis
www.tiflis.diplo.de

Ghana, Accra
www.accra.diplo.de

Griechenland, Athen
www.athen.diplo.de

Großbritannien , London
www.london.diplo.de

Guatemala, Guatemala-Stadt
www.guatemala.diplo.de

Guinea, Conakry
www.conakry.diplo.de

Honduras, Tegucigalpa
www.tegucigalpa.diplo.de

Indien, New Delhi
www.new-delhi.diplo.de

Indonesien, Jakarta
www.jakarta.diplo.de

Iran, Teheran
www.teheran.diplo.de

Irland, Dublin
www.dublin.diplo.de

Israel, Tel Aviv
www.tel-aviv.diplo.de

Italien, Rom
www.rom.diplo.de

Japan, Tokyo
www.tokyo.diplo.de

Jemen, Sanaa
www.sanaa.diplo.de

Kambodscha, Phnom Penh
www.phnom-penh.diplo.de

Kamerun, Jaunde
www.jaunde.diplo.de

Kenia, Nairobi
www.nairobi.diplo.de

Kirgisistan, Bischkek
www.bischkek.diplo.de

Kolumbien, Bogotá
www.bogota.diplo.de

Kroatien, Zagreb
www.zagreb.diplo.de

Kuba, Havanna
www.havanna.diplo.de

Kuwait, Kuwait
www.kuwait.diplo.de

Lettland, Riga
www.riga.diplo.de

Libanon, Beirut
www.beirut.diplo.de

Litauen, Wilna
www.wilna.diplo.de

Luxemburg, Luxemburg
www.luxemburg.diplo.de

Madagaskar, Antananarivo
www.antananarivo.diplo.de

Malawi, Lilongwe
www.lilongwe.diplo.de

Malaysia, Kuala Lumpur
www.kuala-lumpur.diplo.de

Malta, Valletta
www.valletta.diplo.de

Marokko, Rabat
www.amballemagne-rabat.ma

Mexiko, Mexiko-Stadt
www.mexiko.diplo.de

Moldau, Chisinau
www.chisinau.diplo.de

Namibia, Windhuk
www.windhuk.diplo.de

Nepal, Kathmandu
www.kathmandu.diplo.de

Neuseeland, Wellington
www.wellington.diplo.de

Nicaragua, Managua
www.managua.diplo.de

Niederlande, Den Haag
www.den-haag.diplo.de

Nigeria, Abuja
www.abuja.diplo.de

Lagos
www.lagos.diplo.de

Norwegen, Oslo
www.oslo.diplo.de

Österreich, Wien
www.wien.diplo.de

Pakistan, Islamabad
www.islamabad.diplo.de

Panama, Panama
www.panama.diplo.de

Paraguay, Asunción
www.asuncion.diplo.de

Peru, Lima
www.lima.diplo.de

Philippinen, Manila
www.manila.diplo.de

Polen, Warschau
www.warschau.diplo.de

Portugal, Lissabon
www.lissabon.diplo.de

Rumänien. Bukarest
www.bukarest.diplo.de

Rusland, Moskau
www.moskau.diplo.de

Saudi-Arabien, Riad
www.riad.diplo.de

Schweden, Stockholm
www.stockholm.diplo.de

Schweiz, Bern
www.bern.diplo.de

Senegal, Dakar
www.dakar.diplo.de

Serbien und Montenegro, Belgrad
www.belgrad.diplo.de

Singapur, Singapur
www.sing.diplo.de

Slowakei, Pressburg
www.pressburg.diplo.de

Slowenien, Laibach
www.ljubljana.diplo.de

Spanien, Madrid
www.madrid.diplo.de

Sri Lanka, Colombo
www.colombo.diplo.de

Südkorea, Seoul
www.seoul.diplo.de

Syrien, Damaskus
www.damaskus.diplo.de

Tansania, Daressalam
www.daressalam.diplo.de

Thailand, Bangkok
www.bangkok.diplo.de

Trinidad und Tobago, Port-of-Spain
www.port-of-spain.diplo.de

Tschechische Republik, Prag
www.prag.diplo.de

Tunesien, Tunis
www.tunis.diplo.de

Türkei, Ankara
www.ankara.diplo.de

Ukraine, Kiew
www.kiew.diplo.de

Ungarn, Budapest
www.budapest.diplo.de

Uruguay, Montevideo
www.montevideo.diplo.de

USA, Washington
www.germany-info.org

Usbekistan, Taschkent
www.taschkent.diplo.de

Vatikan, Heiliger Stuhl-Rom
www.vatikan.diplo.de

Venezuela, Caracas
www.caracas.diplo.de

Vereinigte Arabische Emirate, Abu Dhabi
www.abu-dhabi.diplo.de

Vietnam, Hanoi / Ho-Chi-Minh-Stadt
www.hanoi.diplo.de

Zypern, Nikosia
www.nikosia.diplo.de

Wenn dich im Ausland das Heimweh packt, du Lust hast, mal wieder Deutsch zu sprechen, Weihnachten unter „gleichgesinnten" zu feiern oder einfach nur soziale Kontakte zu knüpfen. Überall auf der Welt gibt es deutsche Kirchengemeinden, die sehr gerne Besucher aus dem deutschsprachigen Raum begrüßen.

Deutsche Seemannsmission - Deutsche Evangelische Kirche im Ausland

Die Seemannsmission wurde eigentlich gegründet, um Seefahrern fern ab der Heimat Kontaktmöglichkeiten zu ihren Familien und Nachrichten aus der Heimat zu vermitteln. Heute ist die Seemannsmission auch Anlaufstelle für "Landratten". Jeder ist herzlich willkommen. Adressen findet man unter: **www.seemannsmission.org**

Deutsche Seemannsmission e.V.
Geschäftsstelle, Jippen 1, 28195 Bremen
E-mail: headoffice@seemannsmission.org

Auslandsgemeinden der Evangelischen Kirche Deutschland

Weltweit weit über 100 mit der EKD verbundenen Gemeinden. Informationen für alle, die mit und ohne Familie – im Ausland leben oder auf Urlaubsreise gehen. Teilnahme an Gottesdiensten, Gespräche über andere Religionen und Kultur und Geselligkeit im Gemeindeleben vor Ort.

Auf der Homepage der Evangelischen Kirche Deutschland findet man eine Liste über deutsche Auslandsgemeinden
Von Abano bis Wladiwostok ... unter:
http://www.ekd.de/international/index.html

Deutschsprachige katholische Gemeinden im Ausland

Auf allen Kontinenten und in vielen Ländern der Erde gibt es deutschsprachige katholische Gemeinden und Seelsorgestellen. Eine Liste, sortiert nach Ländern, wo Interessierte vor oder während dem nächsten Auslandsaufenthalt Kontakt aufnehmen können:
https://www.auslandsseelsorge.de/auslandsgemeinden-weltweit/

REGISTER

A

AbroadConnection 180
Academic Embassy 222
Academy of European Studies & Communication 223
active abroad GmbH 22, 60, 72, 104, 121, 244
Acttiv Leisure Projects S.L. 79
Adventure Alternative Ltd. 285
Ägypten 82, 250, 252
AIESEC (Deutsches Komitee der AIESEC e.V.) 40
AIFS (American Institute For Foreign Study) 23, 61, 73, 105, 181, 224, 245, 286
AJA (Arbeitskreis gemeinnütziger Jugendorganisationen) 203
Aktion Sühnezeichen Friedendienste (ASF) 141
Anerkennung von ausländischen Schulabschlüssen in Deutschland 202
Arbeitsagentur 97f
Arbeitsaufenhalt im Ausland 15f
Archaeological Institute of America 172
Archäologische Ausgrabungen 169f
Argentinien 42, 47, 48, 49, 64, 107, 122, 145, 146, 149, 182, 188, 192, 197, 249, 250, 256
Armenien 124, 150
ASC Göttingen von 1846 e.V. 140
ASSE Germany GmbH 24, 182, 225
Au-pair / Demi-Pair 15f
Aupair Society e.V. 17
Auslands BAföG 301
Auslandsgemeinden der Evangelischen Kirche Deutschland 329
Australien 22, 23, 26, 27, 28, 29, 30, 31, 42, 45, 47, 49, 50, 60, 61, 62, 64, 65, 66, 67, 105, 107, 110, 112, 121, 122, 125, 148, 180, 181, 182, 183, 188, 190, 192, 193, 197, 198, 200, 224, 226, 228, 244, 245, 250, 256, 266, 270, 277, 279, 286, 288, 290
Aus- und Weiterbildung im Ausland 205f
Auswärtiges Amt 326
Azoren 194

B

Bali 105, 113, 224, 286, 290
Barbados 250
Basecamp Group Ltd. 287
Belgien 29, 124, 141, 144, 145, 188, 250, 256, 269
Benin 107, 146
Beratungsstelle „Berufsbildung ohne Grenzen" der Handwerkskammer Düsseldorf 41, 208
Bermuda 194
Berufsausbildung im Ausland 214
Bildungsprogramme bei der EU 304
Bildungsurlaub 260
Bolivien 50, 110, 144, 145, 149, 249, 250
Bosnien-Herzegowina 155
Botschaften und Kulturinstitute in Deutschland 325
Botsuana 108
Brasilien 149, 182, 197, 250, 256
Brüssel 44
Bulgarien 124

C

Camp Counselor 69f
Camphill Village Trust International 114
Carl Duisberg Centren gemeinnützige GmbH 42, 62, 122, 183, 266
Chile 22, 31, 42, 50, 60, 64, 66, 110, 112, 121, 122, 123, 192, 249, 250
China 22, 29, 47, 182, 197, 222, 250, 256, 269
CISV - Children's International Summer Villages 276
Club Med 80
Costa Rica 42, 47, 50, 64, 105, 107, 108, 109, 110, 112, 113, 122, 144, 149, 153, 188, 190, 191, 194, 200, 224, 249, 250, 256, 270, 290
Council for British Archaeology 173
C.S.I.E.T. (Council on Standards for International Educational Travel) 202
Cultural Care Germany GmbH 25
Curacao 194

D

Dänemark 145, 182, 184, 188, 197, 212, 232, 250
Deutsche Archäologische Institut (DAI) 173
Deutscher Verein vom Heiligen Lande (DVHL) 142
Deutsche Seemannsmission - Deutsche Evangelische Kirche im Ausland 329
Deutsch-Kanadische Gesellschaft e.V. (DKG) 43
Deutschsprachige katholische Gemeinden im Ausland 329
DFH - Deutscher Fachverband High School e.V. 203
Diakonisches Jahr im Ausland (DJiA) 145
Die besten 100 Universitäten weltweit 238
Dominikanische Republik 50, 105, 110, 149, 153, 249, 250, 252
DSJW (GSAYA) Deutsch-Südafrikanisches Jugendwerk e.V. 106, 143
Duale Studiengänge, Internationale 234
Dubai 256

E
Earthwatch Institute 123, 173
EcoExchange 184
École Franco-Allemande de Commerce et d'Industrie Paris 210
ECOS Escuela de Español y Salsa 247
Ecuador 26, 50, 107, 109, 110, 146, 149, 150, 153, 155, 188, 249, 250, 254, 277
EducationUSA 201
Edu-Seasons Sprachreisen 185, 226, 248
EF Education (Deutschland) GmbH 186
EF High School Exchange Year 187
EIRENE Internationaler Christlicher Friedensdienst e.V. 144
ENFOREX Internationale Sommer Camps 267
ENFOREX - Spanish in the Spanish World 249
England 27, 29, 108, 181, 182, 183, 184, 186, 189, 192, 194, 224, 244, 245, 248, 250, 252, 254, 255, 257, 279
Erasmus+ 304
Erlebnisreisen 283f
ESL Sprachreisen 250
Estland 124, 182, 188
Europäische Kommission 44
Evangelische Freiwilligendienste gGmbH 145
Experiment - Deine Austauschorganisation 26, 45, 107, 146, 188, 277

F
Fabrica Spa 209
Fach- und praxisspezifische Praktika 52
Fachverband Deutscher Sprachschulen und Sprachreise-Veranstalter e.V. (FDSV) 259
Farmstays International 125
Fidschi 105, 153
Finanzierung und EU-Förderung 293f
Finnland 149, 182, 197, 250
Flexible freiwilligenarbeit und -dienste 101f
Flying Fish 288
Fontys International Campus in Venlo 227
Frankreich 22, 27, 28, 29, 32, 49, 81, 124, 141, 144, 145, 149, 182, 188, 189, 192, 194, 197, 210, 226, 244, 248, 250, 252, 254, 256, 266, 269, 277, 279, 287
Freiwilligenarbeit- und dienste 101f
Freiwilligendienste im Sport 140
Freiwilliges Internationales Jahr (FIJ) 147
freiwillig-freiwillig 147

G
Georgien 124, 250
GET Global Education Tumulka GmbH 108, 189, 251, 268
Ghana 50, 105, 107, 110, 112, 113, 149, 150, 153
Gibraltar 194
GLS Sprachenzentrum 252
GO4AUPAIR Löchel & Mäder GbR 27
GO international Work and Travel Providers 46, 63
GOstralia!-GOzealand! 228
Griechenland 50, 82, 105, 110, 113, 124, 145, 250, 252, 288
Großbritannien 32, 141, 145, 149, 187, 188, 190, 197, 198, 200, 226, 256, 266, 269, 270, 277, 288
Guadeloupe 250
Guatemala 107, 249

H
HiCo Education 190
High School Experts GmbH 191
homestay / interkulturelle begegnungen 273f
Hong Kong 252

I

IBO, Internationaler Bauorden 124
ICJA Freiwilligenaustausch weltweit e.V. 149
iE international Experience e.V. 192
Impfungen 310
Indien 47, 50, 64, 107, 109, 110, 146, 149, 150, 151, 250
Indonesien 50, 109, 110, 149, 150
Industrie- und Handelskammer Aachen 210
Internationale Jugendgemeinschafts-dienste ijgd 150
Internationaler Bund Südwest gGmbH für Bildung und soziale Dienste 148
Interswop Auslandsaufenthalte Sprach- und Bildungsreisen GmbH 47, 64
IN VIA Deutschland e.V 28
Irland 22, 26, 27, 28, 29, 31, 32, 42, 45, 49, 105, 107, 108, 122, 181, 183, 184, 185, 187, 188, 190, 192, 193, 197, 198, 200, 224, 229, 244, 245, 248, 250, 252, 254, 256, 266, 269, 277
Island 27, 50, 60, 105, 110, 113, 121, 149, 286
Israel 141, 142, 149, 154, 155, 197
Italien 22, 27, 28, 29, 32, 49, 50, 108, 110, 124, 145, 182, 188, 192, 197, 209, 226, 229, 244, 250, 252, 254, 256, 269, 277

J

Japan 61, 81, 105, 149, 182, 188, 197, 224, 250, 252, 256, 269, 286
Jobsuche im Ausland 85f
Jordanien 250, 252

K

Kambodscha 47, 64, 113
Kanada 22, 23, 26, 27, 29, 42, 43, 45, 46, 47, 49, 60, 61, 63, 64, 66, 67, 81, 105, 107, 108, 113, 121, 122, 125, 144, 180, 181, 183, 184, 185, 188, 189, 190, 192, 193, 197, 198, 200, 222, 224, 226, 244, 245, 250, 252, 254, 256, 266, 269, 270, 277, 279, 286, 287, 288
Kap Verden 194
Karl Kübel Stiftung für Kind und Familie 151
Kenia 109, 149, 150, 285
Kibbutz Program Center (KPC) 166
Kibbuz und Moschaw 163f
Kindermissionswerk ‚Die Sternsinger' e.V. 152
King Au Pair 29
Kolping Jugendgemeinschaftsdienste 109, 153
Kolumbien 149, 194, 247, 250
Korea 256, 269
Kosovo 145, 155
Kroatien 50, 110, 124, 149
Kuba 194, 249, 250, 252, 256, 290
kulturweit-Freiwilligendienst 136, 173

L

La Réunion 256
Lateinamerika 125
Lettland 145, 222, 250, 252, 256
Lions Club 280
Litauen 109, 124
Luxemburg 27, 44
Lynn Univ Study Abroad 229

M

Madagaskar 105
Malawi 109, 153
Malaysia 228
Malta 49, 190, 197, 244, 245, 248, 250, 252, 253, 254, 255, 256, 266, 269, 277
Maltalingua School of English 253
MAP MUNICH ACADEMIC PROGRAM GMBH 193
Marokko 124, 144, 149, 194, 250, 252, 254, 285
Martinique 250, 256
Mauritius 64, 107
Messen 320
Mexiko 107, 109, 113, 146, 149, 150, 188, 249, 250, 252, 254
Moldawien 124, 150
Monaco 250
Mongolei 182
Mosambik 149